王雲五傳

胡志亮著

漢美圖書有限公司印行

台北・紐約・洛杉磯

1937年攝於上海

1943年國民參政會訪英團團員與邱吉爾首相合影

出席聯合國大會中國代表團合影

出席聯合國大會第二十屆會中國代表團合影

1957年出席聯合國大會代表團合影（前排左第四人為胡適）

約紐於日二月一十年六十四國民華中

1958年總統府臨時行政改革委員會委員與行政院長陳誠等合影

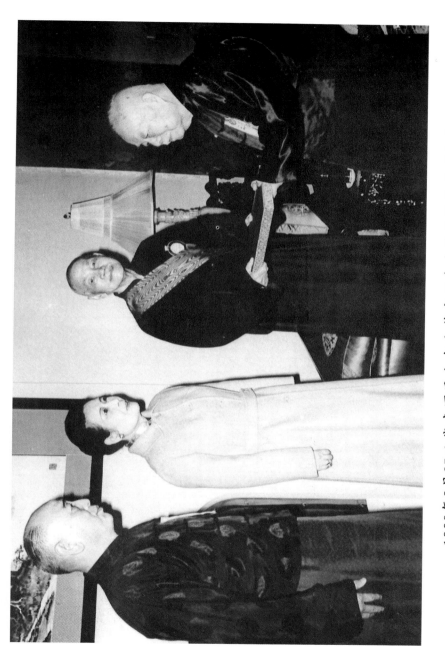

1966年3月25日代表國民大會向蔣中正先生致送總統當選證書

1978年3月25日代表國民大會向蔣經國先生致送總統當選證書

王雲五先生八秩華誕與行政院長嚴家淦等合影

王雲五先生七二華誕與政大政研所歷屆同學合影

抗戰期間王雲五先生全家在重慶汪山合影

王雲五先生致其門生胡述兆教授親筆函

目　錄

弁言 ……………………………………………… 胡述兆

序 ………………………………………………… 金耀基

上　部

第一章　艱困青少年 …………………………………3

　一　難產的嬰兒 ………………………………3

　二　初履故土 …………………………………7

　三　少年苦讀 …………………………………15

　四　走上社會 …………………………………44

　五　總統府的青年秘書 ………………………55

　六　"同鄉"釀風波 ……………………………66

　七　偶顯譯技 …………………………………73

　八　陷入是非場 ………………………………78

第二章　商務印書館時期 …………………………89

　一　初長商務 …………………………………89

　二　雄才大展 …………………………………106

　三　中外圖書統一分類法 ……………………113

四　　四角號碼檢字法 ……………………………… 118

五　　《萬有文庫》──無量數小圖書館的誕生 … 135

六　　出國考察　泛遊歐美 ………………………… 143

七　　科學管理的先行者 …………………………… 174

八　　劫後重生 ……………………………………… 182

九　　日出一書 ……………………………………… 205

十　　告別商務 ……………………………………… 234

第三章　初涉政壇 ………………………………………… 242

一　　國民參政會 …………………………………… 242

二　　經濟部長 ……………………………………… 269

三　　行政院副院長 ………………………………… 282

四　　財政部長 ……………………………………… 305

五　　改革幣制　引咎辭職 ………………………… 310

下　部

第四章　從大陸到臺灣 …………………………………… 335

一　　香港暫棲 ……………………………………… 335

二　　遷居臺灣 ……………………………………… 352

三　　老當益壯「龍倦飛」 ………………………… 362

四　　說明專家　國大之寶 ………………………… 368

第五章　重返政壇 ………………………………………… 382

一　　協理考政 ……………………………………… 382

二　　推行行政改革 ………………………………… 406

三　　重任行政院副院長 …………………………… 437

第六章　教學生涯 …………………………………………475

一　政大政研所的兼職教授 ················· 475

二　"博士之父" ······················ 483

三　亦師亦友的學生——胡適 ··············· 491

第七章　謝政以後 ······················ 497

一　再長商務 ······················· 497

二　熱心公益 ······················· 510

三　著書立説 ······················· 538

四　名譽博士 ······················· 557

五　雲五圖書館 ······················ 562

六　兒女躍龍門　桃李吐芬芳 ··············· 568

七　哲人逝去 ······················· 599

尾聲 ···························· 609

後記 ···························· 614

弁　言

在二十世紀的中國名人中，王雲五先生無疑的是一位值得立傳的人物之一。雖然他的生平與志事，已見於《岫廬八十自述》、《岫廬最後十年自述》、《王雲五先生哀思錄》、《王雲五先生年譜初稿》等著作中，一本綜合性的傳記，至今尚付闕如。

為王雲五先生立傳，是我多年來的一個心願。這不僅他在中國教育文化方面的貢獻，也因為我是他的學生。我入雲師門下受教，始於1957年，那年我攷入政大政治研究所碩士班，造讀他的「現代公務管理」，三年後進入博士班，又跟他從事中國歷代政治典籍之研究，我在政大的碩、博士論文，也是由他指導（政大的博士論文沒有完成，我的博士學位是在美國取得的），後來我去國民大會擔任編輯科長及一九六二年赴美留學，均受到他的鼓勵與協助。在雲師謝致後擔任商務印書館董事長期間，適我在美國大學講授「美國政府」與「圖書館學」，雲師常就美國的圖書與出版有所垂詢，並曾奉他的指示，蒐集《教育雜誌》倖存在海外圖書館的卷期，使該雜誌得以在台灣完璧重印。由於這些關係，我與雲師晚年的交往頗為密切，也加深了我對他的認識與崇敬。

這本《王雲五傳》的著者胡志亮先生，是一位頗負盛名的傳記文學家，他近年已在中國大陸出版過暢銷的《傅抱石傳》、《文天祥傳》等傳記，現正撰寫《歐陽修傳》。他的成名之作《傅抱石傳》，曾於一九九五年榮獲首屆中國傳記文學作品獎，與鄧小平女兒毛毛（鄧榕）所撰的《我的父親鄧小平》，同為當時中國大陸十大傳記名著之一。為此，我曾將他的《傅抱石傳》在台灣印行繁體字版，並徵詢他撰寫《王雲五傳》的意願，他欣然同意。志亮先生是一位認真負責的作家，為了蒐集雲師前半生的背景資料，他曾數度赴上海及廣東中山，從事實地攷察。初稿完成後，又就章節的安排與內容，多次與我交換意見。全文之撰述，費時五年，數易其稿，始告竣事。其一絲不苟的態度與實事求是的精神，令我十分感佩。

　　本書承雲師的得意門生、現任香港中文大學副校長的金耀基院士作序；《王雲五先生年譜初稿》的編者，也是雲師的得意門生王壽南博士提供資料，檢視初稿，並協助選取照片；雲師的哲嗣，現任王雲五基金會董事長的王學哲先生閱讀全文，並提供寶貴意見，在此一併致謝。

　　　　　　　　　　　　台大名譽教授　贛渝胡述兆謹識
　　　　　　　　　　　　2001年4月於國立台灣大學

金　序

　　一九七九年八月十四日，一代奇人王雲五在台灣逝世。承治喪委員會之託，我在香港撰寫了《王雲五先生墓誌銘》。當我開始提筆時，心境是異常沉重的，但在我完稿時，我已從痛失恩師的落寞中走出，我感覺到的是：王雲五先生的九十二歲人生是活得那麼豐富，那麼精彩，他的人生舞台是二十世紀的中國，他是二十世紀的中國大故事中一位有色有聲的人物。雲五先生自謂「人生斯世，如像一次的壯游」。他的九十二個年頭的人生，實是一次偉大的壯游。人生至此，確沒有甚麼憾恨了。那時我心中只有一個想法：王雲五不能無傳，像雲五先生這樣的人物，不止屬於他的時代，也是屬於後世後代的。

　　雲五先生去世二十年之後，終於有了胡志亮先生的《王雲五傳》。我之得知胡志亮先生已寫就數十萬言的《王雲五傳》的書稿是老同學胡述兆教授告訴我的。不須說，我對王雲五先生有了《王雲五傳》是十分興奮的，我特別高興知道寫傳的胡志亮先生是一位著名的傳記作家，他的《傅抱石傳》獲得首屆（1990-1994）「中國優秀傳記文學作品獎」。胡志亮先生與傳主王雲五從未有一面之緣，據述兆兄說，當胡志亮先生研讀了雲五先生資料後，對雲五先生油然產生了崇慕之心，認為是當代難得一有的大人物。他還特地到雲五先生的家鄉廣東中山市及上海等地蒐集一手資料，令他感到嗒然有失的是，他在這些雲五先生生長與做事的地方，竟然發現王雲五是一個陌生的名字，這更加激發了胡志亮先生為王雲五作傳的決心，他說他要為他的傳主討個公道。

　　雲五先生是上半生在大陸、下半生在台灣過的，兩岸隔絕近半個世紀，由於政治之高牆，大陸與台灣的中國人的世界被分割為二了，中國的現代史也被分割為二了，胡志亮先生通過對傳主一生壯游足跡的追索，終於使王雲五先生的生命歷程的全貌得以在書中再現。是的，他再現於二十世紀的整體的中國現代歷史中。雲五先生是屬於兩岸的中國人的。

　　王雲五先生一生波瀾起伏，九十二歲的生命歷程變化多而複雜，要掌握他一生所有有關資料是十分艱難的。雲五先生顯然很同意又是學生、又是朋友的胡適之先生提倡寫日記、寫傳記的主張，他自己也的確寫了不少自述性的文字。但是，對有些涉及極端敏感的話題，甚至關乎到他歷史功過的事實，如他在金圓券事件中的角色，雲五先生終其一生，就我所知，就不曾留過文字，也不曾透過口風，即使有幾次師生聚會，雲五先生偶爾微醺入醉之時，也只聽他用朗朗上口的英文演講，卻不曾吐露胸中的塊壘。我擔心有的史料已隨傳主之去世而湮沒，這當然增加了寫傳的困難。胡志亮先生為雲五先生作傳時，有不少地方，是靠他同情的理解與出色的文學想像，彌補了史料的缺漏。不論如何，作為一個王雲五先生的學生與仰戴者，我衷心感激胡志亮先生寫了《王雲五傳》，真的，這是一樁文字功德。

中央研究院院士、香港中文大學副校長

金　耀　基　謹識

2001年2月於香港

上　部

第一章　艱困青少年

一　難産的嬰兒

公元一八八八年，即民國前二十四年（清光緒十四年）陰曆六月一日上午，在上海一條狹窄里弄的一家簡陋房屋裏，一位姓梁的婦女就要臨產了。

梁氏的丈夫王光斌，在某洋行任倉庫保管員，祇是一個中級職員，收入雖不豐，却必須時刻忠於職守，極少有閑暇時間。即使妻子面臨生產，他仍在倉庫忙碌着，清點着進出的貨物，並隨時守候在倉庫裏，以備不時有人要進貨和出貨。

正值酷暑，屋外驕陽似火，屋內由於空間狹窄，逼悶而炎熱，即將臨盆的梁氏雖不是第一次生產，却也因爲久生不下，屋內酷熱難耐，加之身體虛弱，早已是大汗淋灕，渾身如浸泡在水中，沒有一絲力氣了。

算起來，這已是梁氏的第七胎了。正所謂窮人偏多仔，在這次生產之前，她已經生有六胎，是三子三女，却由於家境貧困，無力撫養，加之孩子體弱多病，至今祇剩下二子二女，也正應了窮人命賤這句俗話。因此，在今天生產時，祇有鄰居代爲請來的接生婆在一旁幫忙。身邊的四個孩子，最大的也僅八歲，不僅幫不上忙，躺在牀上的母親還不時要關照操心他們的生活，真是"屋漏偏逢連陰雨"。

經過了一番嘶心裂肺的嚎叫和痛苦的挣紮，孩子終於生下來了，是個男孩，接生婆一看這個弄得他母親死去活來的嬰兒，立刻找到了梁氏難產的原因。原來這孩子個頭不大，頭却特別大，與他瘦小單弱的身體極不成比例。那樂觀的接生婆也樂哈哈地説。"好呀，頭大如斗，將來日進斗金，以斗稱金！"説完，幫梁氏將嬰兒洗浴後包紮好，喜氣洋洋地走了。

哪知，這梁氏待孩子出生後，已是精疲力竭，剛才爲之付出的力量已是消耗殆盡，正是氣虛體衰，加之酷暑之下屋內悶熱，竟一下子氣血不暢，昏過去了。守候在一旁的孩子們驚慌失措，不知如何是好，父親又不在身邊，立刻一齊哭了起來，"姆媽——，姆媽！"地喊個不停。年紀大些的兒子日華趕快出去請來鄰居，好心的鄰居嬸子一看，知道是產後體虛和天熱氣悶中暑造成的，立刻一面將王家的門窗打開，一面幫產婦鉗痧揉心口，同時趕快吩咐自家的男人提兩隻水桶，買來兩桶冰塊，送到王家，分裝在幾隻臉盆和水桶裏，放置在產婦的四周，以減少暑熱。不久，梁氏才漸漸甦醒過來。

晚上，王光斌回到家裏，見到剛剛來到人世的初生嬰兒，又瞭解到妻子產後的苦難經歷，也不禁感慨係之。他趕緊到鄰居家去再三道謝，感謝鄰居在危難之時的扶助之情。

回到家裏，王光斌望着這個頭大如斗的嬰兒，心裏又是百感交集。

　　窮人命苦，寄居上海的外鄉人更是命苦！

　　原來，王氏先世由河南省遷至福建，至宋代再自閩南遷居廣州府東官（莞）縣香山鎮。宋高宗二十二年，東莞縣的香山鎮加以鄰近數縣的瀕海地區，建置爲香山縣。縣治石歧便爲王氏家族移粵世祖税院公所居之地，至七世祖保善公才遷居該縣東鄉四字都的泮沙村。所以，王氏籍貫爲香山縣泮沙村人。

　　泮沙村的大姓爲許姓，保善公娶許族竹侶公的女兒爲妻，自此遂落籍於泮沙村，世代務農。

　　王氏第二十世祖容香，娶陳氏爲妻，生尊儒。即王光斌的父親。

　　尊儒娶楊氏爲妻，生了四個兒子：長子光文，中年早逝，遺下一子，名觀洪；觀洪又生一子，名康德。次子某也生有一子，名觀果，娶妻後無所出而早逝；另收有一義子觀芳。三子某早年隨親戚前往檀香山，舟船在海中傾覆後失去踪跡；也有人説其所乘桅船遇風浪避入大海中之某島，被島上土著蠻族所殺害。王光斌是尊儒的第四子，號禮堂。弱冠時隨長親赴上海經商，遂定居上海。算起來，王光斌一家到上海就業也就是近十來年的事，因此，在上海，王光斌祇算屬於外鄉的廣東人。

　　王光斌的妻子梁氏也是香山縣人。自與王光斌結婚後，生活貧困而清苦，加之兒女成行，更感不堪重負，僅賴勤儉而得以維持一家的生計。其時，一家六口，正是度日維艱，今日，又添了男丁，這在富貴人家，正是大喜大貴之事，而對於王光斌一家來説，祇是徒添了一張吃飯的口，家庭的負荷將更爲繁重已是不言而喻。

　　不過，王光斌是個天性樂觀的人，他對生活充滿了自信，自從弱冠之齡隨長親來上海謀生，他見多了那些在艱苦中奮發圖強而終於成就事業的成功者。他自己雖然不能說也算一個成功者，然而，以他一個在廣東香山縣農村務農的青年，初闖上海而能站住脚跟並終於有了自己的家庭和事業，不也是一個奮發有爲的明證嗎？雖然，這個家還是一個貧困而清寒的家，他的事業也祇是一個卑微的中級職員，然而，這對於那些許多仍在街頭踟躕無業可就無家可歸的流浪漢來說，王光斌的境況已足以令他們稱羨萬分了。

因此，今天，雖然又添了一個男丁，雖然這個已經不堪重負的家庭又增加了一些負擔，王光斌仍對他這個家庭的將來充滿了信心。特別是他見這個初生的嬰兒雖個小體弱，手脚粗短，却有着一個與他的身材極不相稱的碩大的頭顱，一股舐犢之情便油然溢於心頭，他的心中更升起一種莫名的喜悅。

其時，長子日華已經八歲，次子日輝四歲，三子日清早夭。王光斌經過一番思索之後，欣喜地說：“就取名日祥。這個小兒能給我家帶來吉祥！”說完，王光斌將這渾身仍充滿胎兒氣息的小兒子高高舉起。

就是這個日祥，在十多年後，爲自己改名“雲五”。後來，“王雲五”這個名字，曾響徹中國長城內外、大江南北，成爲影響中國數代甚至更長時間的光輝的名字，成爲中國家喻戶曉的名字；是廣東中山縣（一九二五年，孫中山先生逝世，其故鄉香山縣易名爲中山縣）民國期間除孫中山外四位總理級的人物之一（另三位是唐紹儀、孫科、吳鐵城）。

王雲五（日祥）成年之後，瞭解到自己在出生之時，先父以一位艱苦營生之人，要贍養一個許多孩子的家庭，先母除獨自每日照顧一群小孩子的生活外，並無一位幫傭的人，却在大熱天的陰曆六月初一把自己生下來，以至昏厥而不省人事。深知自己的生日便是母親受難之時，因此，數十年來，不忍在母難之日慶祝自己的生日，除了每年的小生日決不舉行慶祝外，凡逢五逢十的整壽，都避壽在外，悄悄地度過，以表示對母親養育之恩的孝敬感激之情。甚至在一九六七年的八十大壽時，都堅持悄悄地在外避壽，以至蔣介石總統親臨其宅府賀壽都撲了一個空，沒有見到壽星老人，益增社會各界對王雲五的崇仰之情，這是後話。

二　初履故土

一八九一年，即清光緒十七年，王雲五四歲的時候，父親王光斌携全家由上海返回香山探親。

王光斌回香山是爲他在泮沙村所建的新屋舉行落成典禮和一系列喜慶活動。新屋落成，等於在家鄉有了基業，是大喜之事，爲了讓兒女對家鄉也有更深的認識和瞭解，他將兒女們也帶回了家鄉。

這是王雲五第一次回到家鄉。

王光斌在香山泮沙村原是有祖屋的，自他到上海謀生後，原有的祖屋已經被他的兩位也已成家的兄弟居住了，他在故鄉便沒有屬於自己的住處。王光斌又是忠厚之人，對兄弟情同手足，無意與兄弟爭奪一份祖産，以免引起兄弟之間的不和和齟齬。爲自己將來落葉歸根計，在家鄉便必須有自己的房屋，因此，自成家後，他便一直思謀在故鄉自建房屋。儘管自己以洋行倉庫管理的微薄的薪資收入，養活一個七口之家已屬不易，要積攢起建房的資金更是難上加難，然而，王光斌仍然勉力爲之。爲實現這一心願，他勤謹度日，省吃儉用，家庭生活僅僅維持在最低的水準之上。經過多年積儲，才略有餘資，勉強湊足了建房的資金，便將全部積蓄匯給在香山的長兄王光文，託其在故鄉擇地建房。

王光文不負弟弟的重託，從擇地到施工，精打細算，經過近一年的辛勞，終於將房屋建成。

香山習俗，在外謀生的族人若回鄉建房，房屋建成後，需大擺宴席，宴請族中叔伯父老、表兄子侄等以及全村長輩，爲之“入伙宴”，有認親之意，並請日後關照。

王光斌在香山故鄉居住數月，因尚有在滬上的職責，不便久留，於是在泮沙大擺宴席舉行了所謂入伙宴之後，便將妻子和兒女留在家鄉，隻身返回上海。

王雲五在故鄉泮沙度過了四年印象極其深刻、難忘而歡樂的童年生活。

王光斌所建的房屋在王姓家族集居的閘門處，閘門橫額上有一塊牌匾，名“德仁里”。進閘門後，經過一所名爲康公的小廟，王家的新居便在康公廟後面約十丈的地方。新房屋前有大片的空地，年幼的王雲五因而有了一個可以玩耍的場所。

雖然如此，幼年的王雲五不僅體弱，而且膽小，屬於那種循規蹈矩的孩子，從不敢隻身離家遠出，日常即使出門，也僅在門外的空場上徘徊。倘遇頑童挑釁，也絕不敢與之爭執，他會立刻避回家中，與兄姐玩耍。好在此時兄姐年齡也尚幼，除大哥大姐能稍稍幫助母親料理家務外，二哥和二姐也比他大不了幾歲，儘可與他一同嬉玩。新居雖不算豪華氣派，面積却比上海的居所大得多，王雲五因此感到，在泮沙新居的生活真是其樂無窮。

位於泮沙村約數里之距的南蓢，是一個不小的圩鎮。每逢圩日，附近的商販便在圩鎮上擺攤設點，進行商品交易。從布匹衣物到日用百貨，從零星小吃到大米谷類，應有盡有。四里八鄉的農民也紛紛雲集南蓢圩。這時，平時顯得空蕩蕩的南蓢會變得熱鬧起來，偌大的圩鎮真是人山人海，吆喝和交易的嘈雜聲音在圩集上廻響不絕。

逢到圩日，王雲五便喜歡隨同相鄰而居的堂伯光平伯步行前往南蓢，一般是遵照母親的囑咐購買日用的物品，有時也會隨同兄姐前往南蓢圩鎮上遊玩或購物。每到這時，王雲五便會感到無比的愉悦和快樂。

隨着前往南蓢購物次數的增多，大人們很快發現，年幼的王雲五對於計算有着一種特別的愛好和天賦。王雲五購物雖然不多，却非常喜歡計算。他不但能很快計算出自己所買物品的價錢，而且還喜歡幫光平伯計算價錢，有時，往往貨主打算盤還沒有算出來，王雲五已經心算出來了。以此，每次去南蓢買東西，祇要王雲五在場，計算價錢便成了王雲五的“專利”。大人們往往在貨主報出價錢後，還要低下頭去問問年僅幾歲的王雲五是否準確，要得到王雲五的認可才肯付錢。

有一次，王雲五計算的結果與貨主用算盤計算的結果不一樣，貨主堅稱自己正確，王雲五却笑嘻嘻地請貨主再算一遍。貨主再算之後，果然是王雲五的正確，令貨主大爲驚訝，稱讚這孩子小小年紀便如此聰明伶俐，將來長大必成大才。

光平伯回到家裏，也高興地對王雲五的母親説：“你這兒子，買東西計算既快又準，長大一定是個商場能手，還能克紹箕裘，將來超過他的父親"

王雲五兄弟三人。大哥日華比王雲五大八歲，生性好學，學習極爲用功，每日讀書寫字，潛修學問，大部分時間都是在書房裏度過的。

二哥日輝比王雲五大四歲，其秉性却與大哥相反，活潑好動，性格開朗，尤喜交朋結友。時年雖僅十歲左右，每日祇是和村中年齡相仿的兒童一起遊玩，或到村外去相聚，家中很少能見到他的人影。時間不長，便有了一幫年齡與他一般大小的少年聚集在他周圍，而以他爲核心。有一次，家裏有一批家具和粗笨物品要搬到外面，母親正思謀請大伯家幾個男子漢來幫忙搬動，哪知，不一會，日輝便率領十來個不大不小的男孩，"唉嗨"一聲，便搬運起來，很快就將家具等物品搬運到指定地點。日輝問明確已搬運完畢，十來個孩子又"呼啦"一聲，跑得無影無蹤了。

兩位姐姐依照當時農村的習俗，輕易不大出門，平時祇在家裏幫助母親做家務，或學做女工、針綫一類的手工活。

王雲五則喜歡伴同大哥在書房看書寫字，並聆聽大哥的指教。一則是因爲他自幼身體較弱，母親疼愛備至，不放心他到外面去嬉遊；其次，王雲五秉性文靜，用鄉下話說是"坐得住，不野"。這樣，經過大哥一段時間的教習，小小年紀的王雲五便能認識百數十字了。母親見小兒學習用功，且日見長進，自然是喜在心裏。

就這樣，在父親返歸上海就業之後，王雲五與母親和兄姐團聚在泮沙故鄉，生活雖不算富裕，然而，母子們怡然相處，共享天倫之樂，真是其樂融融。

轉眼間便是年終，嶺南過年極爲熱鬧，春節也是王雲五非常興奮和激動的時刻。平時，泮沙農村天黑即關門閉户，早早睡覺，而在除夕則不必如此。家家的老老少少都聚在家裏守歲，吃糖果點心，聽鞭炮聲。等到黎明時分，天尚未亮的時候，大人小孩則紛紛手提燈籠，打開財門，走出大閘門，前往附近的一所北帝廟進香祝福，恭祝菩薩保佑。每到這時，王雲五兄弟三人也會隨同鄰居叔伯一起前往北帝廟進香。在暗夜中，可以看見四面八方到處都是星星點點的燈火照耀。北帝廟內外更是熱鬧非凡，硝烟彌漫，鞭炮齊鳴，燈火照耀亮如白畫，極爲有趣，給小小年紀的王雲五留下了深刻的印象。

第二年，即一八九二年，王雲五的大哥和二哥都到泮沙村中一位許姓秀才所辦的私塾讀書。

大哥日華本聰明穎悟，且勤奮好學，讀書用功，兩年後，十五歲時便轉入離家七里的一所稱爲雲衢書院的經館繼續攻讀，準備應童子試。

二哥日輝則仍然留在許氏秀才的私塾讀書。

王雲五却因爲體弱多病，在以後一年多的時間裏，幾乎整日以藥爲伍，令母親和遠在上海的父親非常擔憂，頗爲焦慮。後來，母親從一位親戚處得到一個秘方，即以田鷄（又名青蛙）蒸以食之，每日至少一餐。於是，母親和兄長到處去捕捉或購買田鷄，爲雲五蒸食，這樣，除醫藥之外，又增加了日常的進補。一年以後，王雲五的疾病才稍癒，身體也比過去強壯多了。

公元一八九四年（清光緒二十年）六月，中日爆發了甲午戰爭。

勇武而好戰的日本一直想侵佔朝鮮和中國。在這年，趁朝鮮東學黨起義，出兵侵佔了朝鮮；七月，又對中國海陸軍發動突然襲擊；十月，日軍分陸海兩路進攻中國東北，侵佔九連城、安東等地；十一月又陷大連、旅順。

對於日軍的瘋狂侵略，中國人民和愛國官兵進行了英勇的作戰和殊死的抵抗，但由於清政府的腐敗和無能，中國軍隊慘遭失敗。特別是在一八九五年二月，中國海軍在山東威海衛與日軍的激戰中，北洋艦隊遭到全軍覆滅的可悲結局，令國人感到震驚和痛心。

八歲的王雲五從父老鄉親口中聽到了中國軍隊戰敗而全軍覆滅的消息。以我泱泱大國，如此不堪一擊，所有中國軍艦在海戰中非沉即降，這個令人觸目驚心的恥辱消息，對少年王雲五產生了強烈的感情衝撞。

王雲五記得，村中父老議論最多、反對最烈的有兩個人：一是慈禧太后，因她祇顧自己享樂，把海軍的軍費都移供建造頤和園，而置國家的安危於不顧；二是李鴻章，因他主張對日本屈服，國人慷慨激昂，多主張嚴辦他。

正在這時，又傳來了一個令人震驚的消息：鄰村一位在北洋海軍擔任某軍艦艦長的，在對日作戰中，由於傷亡太大，死傷累累，實在無法戰鬥下去，不得已向日本投降了。

消息傳來，不僅鄰村的族人大為震驚，怒不可遏，連泮沙一帶的村民也感到受了奇恥大辱，難以接受。這位艦長過去在該村曾是村民和鄉親的驕傲，族人們曾寄希望於他揚我國威，勇禦外侮，而如今，該艦長竟貪生怕死，屈服於日軍的淫威而屈膝投降。族人們憤怒地聚在一起，感到義憤填膺，最後一致決議，對該艦長予以“除族”（不承認其為該族人）的處分。

聽到這個消息，八歲的王雲五感到大惑不解。他向村中一位曾到過檀香山工作見過世面且有學問的唐伯伯詢問：“爲什麼要對他給予除族的的處分呢？”

“因爲，這位艦長貪生怕死，屈膝投降，違背了中華民族的傳統道德標準。”唐伯伯說。

“中華民族的傳統道德標準又是什麼呢？”王雲五問。

“一個國家有一個國家的道德標準。”唐伯伯說，“在美國，戰敗而無能爲力的人，爲免犧牲過多，投降是可以的，算不得是壞事，也不能視爲恥辱。然而，在中國，弘揚的是‘貧賤不能移，富貴不能淫，威武不能屈’，民族之間和國與國之間的戰爭，在‘生’與‘死’的選擇上，要捨生而取義。戰爭失敗了，應該慷慨赴死，而不應留戀一己的生命。否則，屈服於敵人的淫威，貪生怕死，便是不能捨生取義，便違背了中國的古訓，違背了中華民族的傳統道德標準，會永遠被後世唾罵。這不僅是他個人的恥辱，也是他全族人的恥辱，是萬萬要不得的。所以，他的族人才會將他開除出族。懂嗎？”

王雲五似懂非懂地點了點頭。

聽了唐伯伯的話和村中父老的評論，在王雲五幼稚的心靈裏，便留下了兩件終生不能消除記憶的事情：一是痛恨慈禧太后和誤國的官吏；二是痛恨日本人。日本人侵我國土，將我海軍人艦俱亡，斬盡殺絕，犯下了不可饒恕的滔天罪行，這是中國人民永遠都不應該忘記的。

一八九五年，王雲五隨母親和兄妹來到泮沙已經四年了。這年，在上海的父親因離開家人太久，甚爲想念，於是寫信給在家鄉讀書的大兒子日華，囑他照顧母親和弟妹回上海居住。

其時，日華十六歲，已是一個青年人了，讀書明理，一切都能通曉，在家中儼然是個主心骨。於是，在日華的主持和照料下，王雲五隨母親和兄姐離開生活了四年的故鄉——香山縣泮沙村。

從香山到上海的旅途是非常驚險和饒有趣味的。由於當時廣東到上海的陸路不暢，道路坎坷，且頗費時，又不安全，一般走海路，經香港再轉上海。

王雲五一家在親友的護送下，從泮沙步行約十多里路，到達名爲泮沙環的海邊，乘上一艘小艇，然後一半靠着搖槳，一半靠着一二人涉水將小艇緩緩推向深水，到了離岸有一段水程的深海面上，才看見停舶有一艘渡船，説是渡船，其實也就是一艘較大的帆船。王雲五一家便捨小艇登上渡船，直駛香港。

渡船啓航後不久，便駛入了一片寬闊的海面，四周無邊無際，其實，這衹是一條海峽，即著名的零丁洋。橫渡零丁洋也非常驚險而有趣。風平浪静時，海水碧藍，水天一色，鷗鷺翔集，令人心曠神怡；一旦遇着風浪，特別是風雨交加時，船上的人便動也不敢動，一令渡船在波峰浪谷中巔簸，將生命也維繫在這搖擺不定的渡船上了。一些不習慣舟行的乘客甚至昏暈嘔吐，船上因此一片狼藉，令人緊張而難受。直至駛到香港，乘客們才算鬆了一口氣。

到了香港，王雲五一家便暫時住入一位親戚開設的一家客棧。數日之後，又登上一艘更大些的輪船，直駛上海。經過了大約一星期的旅程和航行，一家人總算到達了上海。

離別四年，王雲五又回到了他的第二故鄉。

三　少年苦讀

王雲五的父親在上海租住的房屋，位於英租界五馬路，又名廣州路。那是一樓一底的格式，一家七口住在裏面顯得有些局促，幸而兄弟姊妹年齡都不大，也都沒有成家，擠在一起也不覺得有什麼不方便。

房屋的安排，王雲五同兩個姐姐與父母住在樓上，大哥二哥則住在客堂後面樓梯下所隔的一個小房間裏，唯一的客堂就在樓梯的前面，這裏既是飯廳，又是書房，也兼接待室。一天三頓飯在這裏，大哥和二哥讀書也在這裏，偶然有些親戚來訪，也在這裏接待。其時，大哥仍在專心自修，準備將來回鄉應試；二哥在附近一家私塾讀書；王雲五則還是在家裏由大哥負責對他進行初步的教育；而兩位姐姐，那時候入塾讀書的風氣還未開，所以，也在家裏由大哥教她們認字。這樣，小小的客堂儼然成爲一座讀書的殿堂。

這年的中秋節，王雲五的父親請了一位老師在家裏爲王雲五啓蒙。廣東的習俗，稱“啓蒙”爲“開文蒙”，即啓發文盲。啓蒙的日子常選擇中秋日爲之，有桂子飄香之意。因爲父母對兒子的將來寄望深厚，啓蒙的儀式也就頗爲隆重，要恭請啓蒙師到家中單獨舉行儀式。屆時，要設先聖牌位，由啓蒙師引導，跪拜如儀，然後，由家長督導學童向啓蒙師行敬師禮，一如對於先聖的牌位。

王雲五的啓蒙師也是香山縣人，姓林，名熾勛，由父親的一位朋友聘爲專管教師。啓蒙儀式上，林老師在上首端坐，王雲五在父母的督導下，向老師行跪拜禮，然後，林老師教王雲五讀三字經一頁，雖然這三字經王雲五已經能熟練的背讀如流，仍然必須跟隨林老師一字一句地認真念誦。一頁三字經讀完，林老師又執着王雲五的手教他描紅寫字，不過，衹寫了"上大人，孔夫子"幾個字，就不再寫了，啓蒙的儀式也就結束。於是，一家人也就歡歡喜喜地將早已準備好的糕點和果品，塞到林老師手裏，將林老師送出大門。早已能認識幾百字的王雲五才算是正式開了文蒙。

本來，學童在啓蒙後，一般要進入啓蒙老師的私塾讀書，但王雲五却沒有。一是因爲他體弱多病，年齡又小，在家中更便於照顧；二是林老師的家塾距王家較遠，往返不便。而更重要的原因，還是王家自己就有一位很好的教師，其學問比林老師或有過之，這個人便是王雲五的大哥。

王雲五的大哥日華是一個典型的舊式讀書人，治學很勤，教書也頗得法，他在自己研修之餘，仍然抽出時間來教弟弟。王雲五雖然已經啓蒙却沒有進入私塾讀書，仍由大哥教導，倒比在私塾內讀書所獲要多得多。

在父母的精心照料下，經過一段時間的調養，王雲五的身體已經漸漸康復，脫離了病痛之苦。由於身體漸佳，他讀書的勁頭也更足了。

日華其時雖年僅十七歲，學問却非常好，他對指導弟弟讀書不但費力而且費心，諄諄善誘，循序漸進。他教弟弟初讀《三字經》，繼讀《千字文》，《三字經》和《千字文》學完之後，便開始讀《四書》。

通常，讀《四書》的順序是《大學》、《中庸》、《論語》，最後才是《孟子》。王雲五的大哥認爲，《孟子》比

《大學》和《中庸》較淺顯易懂，所以先教弟弟讀《孟子》，然後才是《論語》，最後才讀《大學》、《中庸》。這樣由淺入深，王雲五深感身心愉悅，讀書興趣濃厚，進步非常快，數月時間，已能認識上千字了。

王雲五在家中就讀，心境是愉快而寧靜的，大哥日華不但將自己豐富的知識傳授給弟弟，而且，兄弟之間進行交流，學習時經常能迸發出思想的火花，相互促進，相得益彰。

一天，大哥指導王雲五讀《孟子》中的一段話：

> 孟子告齊宣王曰：“君之視臣如手足，則臣視君如腹心；君之視臣如犬馬，則臣視君如國人；君視臣如土芥，則臣視君如寇仇。”

大哥在將這段話的意思解釋給弟弟聽了之後，又進一步闡述這段話的意義：“所謂投挑報李，士爲知己者死，又所謂滴水之恩，當湧泉相報。”大哥説，“賢明的君主，總是懂得這個道理，所以待臣下如手足，臣下便把君主當腹心，以死相報。比如説，劉皇叔用關羽、張飛、諸葛亮，至今傳爲美談，否則，本來是恩義的雙方，倒反目成仇，兩敗俱傷，也就君不君，臣不臣了。這樣，國家也就不能治理好，對老百姓也是一個禍害。所以，在一個國家，臣民最爲重要，帝王必須愛臣民；若不顧臣民的死活，臣民則對帝王視同仇敵。孟子又説：民爲貴，社稷次之，君爲輕。《尚書》中也説：民爲邦本，本固君寧。老百姓才是國家的根本，根本穩固了，國家也就安寧了。”

聽了大哥這樣解釋，王雲五心中豁然開朗，而且，他想得更多、更遠。

　　王雲五想起，去年，他的表兄陸皓東追隨孫中山革命，在廣州被捕，清廷說他造反而將他殺害。那時候，他聽大哥談起這件事，心裏一面難過，一面爲表兄鳴不平，但是，他找不出什麼理由來爲表兄申冤。今天，讀到"君之視臣如土芥，則臣視君如寇仇"這段話，出自我國古聖賢之口。同時，又想起前年中日甲午戰爭，中國大敗而至全軍覆滅，老百姓都痛恨西太后把軍費移供自己奢侈享受，以至海軍有名無實，竟打不過東洋小國。西太后既然這樣置國家的安危於不顧，那麼，老百姓對國君又有什麼恩義可言！

　　想到這裏，王雲五忍不住激動地對大哥說："那個西太后把臣民當作土芥，臣民爲什麼不能把她視同寇仇！還有，陸表兄的舉動，祇是要反人民的寇仇，怎麼算得是造反呢？"

　　大哥聽了弟弟的這番話，不覺大吃一驚。

　　"呀，四弟，你可千萬不要胡說，在外面說這個話是要殺頭的。"大哥說完，還緊張地望了望門外，神色嚴肅而緊張。

　　不過，此後，大哥對四弟倒是有些另眼相看了。

　　春去秋來，正當王雲五在大哥的指導下身心愉悦地潛心苦讀的時候，這種融洽交流的讀書生活却維持不下去了。

　　大哥因爲要應童子試，必須回到原籍香山縣，因此，秋天過後，他隻身一人匆匆返回故里去了，王雲五從此失去了一位優秀的家庭教師。父親爲不中斷他的學業，不得不讓他加入鄰居的一家私塾。

　　這家私塾是一位譚姓右鄰在其家所設，由其內弟蕭老師任教。譚家的獨子宗榮與妹妹同爲該私塾的學生，其它學生皆爲同一里弄居住的兒童。爲就近，王雲五也就隨同在這裏讀書。

　　沒有想到，自從到這個私塾讀書，王雲五的學習狀態與在大哥身邊完全不一樣了。

　　蕭老師是那種舊式的先生，教書是照本宣科，機械簡單，而且，嚴格地按照《四書》的順序，先讀《大學》，後《中庸》，再《論語》，最後才是《孟子》。而且，蕭老師祇要求學生死記硬背，對書中的內容不進行講解，使學生不知所云。《大學》本來比《孟子》難懂，又不加講解，使王雲五如墜五里霧中，讀來興味索然，絲毫不感興趣，因此，學習的成績和效果也遠較在大哥身邊讀書時減退。蕭老師偶然遇見王雲五的父親時，談起王雲五，對他的評價也並不好，說：「你的兒子讀書還循規蹈矩，却不如譚家的宗榮聰明。」王雲五得知這個情況，對蕭老師更增添了一層厭惡，更加不願意在他的私塾讀書,希望還是由大哥來教他更好。

　　然而，王雲五想在大哥身邊讀書的希望永遠不能實現了。

　　這年秋天，從廣東香山縣傳來噩耗，日華回去後僅數月時間，便因染惡疾不幸去世。

　　日華讀書勤勉用功，聰明穎悟，且性格寬厚沉穩，父母親異常疼愛，一家人都把他看作是王家的希望。日華也確實沒有辜負父母的厚望，這次隻身一人回鄉應試，在眾多的考生當中，居然一試而中，考取縣學的生員，成為王家世代以來第一名秀才。獲此殊榮，上海的父母兄弟和王家在廣東香山的族人無不為之歡欣鼓舞，激動萬分。

　　想不到，僅僅兩三個月之後，一家人還沉浸在日華得中秀才的喜悅之中時，突然接到家鄉發來的電報，年屆弱冠，前途無量的日華因患惡疾不幸去世。數月時間，一喜一悲，全家人都弄得暈暈糊糊，不知所措了。

　　王家自有記載的家譜上，一二百年來，十幾代從未出過一名秀才，這次也算老天開眼，破天荒由日華以未冠之年得此殊榮，正是喜極而慶，光宗耀祖之時，却飛來橫禍。

　　遭此意外打擊，王雲五的父親悲傷而哀嘆：唉，我們王家注定不能出貴人哪！看樣子，是我們王家的風水不好。以後，像我們這樣的生意人，祇好安於天命，不要去奢望出什麽讀書人，出什麽秀才了。

　　王雲五的父親深感這是天意，無法違拗，祇好聽天由命，順其自然了。從此，在王雲五的父親心中，提到讀書，提到培養後代，他們心中便會籠罩着一層陰影，真是別有一番滋味在心頭啊。

　　大哥日華的去世，對王雲五也產生了鉅大的影響。

　　王雲五不僅失去了一位敬愛的長兄和優秀的老師，他原來曾經幻想過的重新回到大哥身邊讀書的希望也不能實現了。而且，父親覺得王家的風水不好，不宜有讀書人，這層觀念也對王雲五產生了深切無比的影響。當然，這是後話。

　　重新回到大哥身邊讀書的希望落了空，王雲五祇有耐着性子繼續在蕭老師的私塾裏讀書。

　　這時，蕭老師已將《大學》、《中庸》、《論語》教完，繼而教學生讀《孟子》。

　　一年前，王雲五已經隨大哥讀過《孟子》，而且，《孟子》淺顯易懂，所以，對其已經讀過的部份，不待老師解說，已經明瞭在胸。王雲五對蕭老師本來不懷好感，這時，對蕭老師的講解就不僅僅是恭而聽之，而是可以指出他的不足了。

　　一天，蕭老師教到《孟子》的一段話：

　　桃應問曰：“舜爲天子，皋陶爲士，瞽瞍殺人，
則如之何？”孟子曰：“執之而已矣。”“然則舜不
禁與？”曰：“夫舜惡得而禁之？夫有所受之也。”
“然則舜如之何？”曰：“舜視棄天下猶棄敝屣也。
竊負而逃，遵海濱而處，終身欣然，樂而忘天下。”

　　講到這裏，蕭老師笑着説：“這是一個很有趣的故事，你
們想明白嗎？我可以破例爲你們解説一下。孟子的學生桃應一
次問孟子説，舜做天子，皋陶做法官，假如舜的父親瞽瞍殺了
人，那怎麼辦？孟子回答説，把他逮捕起來就是了。桃應接着
問，難道舜不阻止嗎？孟子説，舜怎麼能阻止呢？皋陶是按所
受職責在辦事。桃應又問，那麼，舜該怎麼辦呢？孟子説，舜
把拋棄天子之位看得像拋棄一雙破鞋一樣。他偷偷地背着父親
逃走，在海濱找個地方住下來，與父親終身逍遙，把曾經做過
天子的事都忘掉了。”

　　講到這裏，蕭老師得意地説：“你看，舜在父親犯罪之
後，能够視棄天下猶棄敝屣，連天子之位都不要了，棄官救
父，隱居海濱，爲了救父親而放棄了自己的一切。

　　“這樣看來，舜的孝心真是了不起呀！進爲天子，退爲逃
犯，隱居海濱而終身欣然，樂而忘天下的樂觀通達，真是非等
閑之輩所能有的特殊稟賦。從這個意義上來説，舜作爲聖賢是
一點都不爲過的呀。”

　　聽了蕭老師的講解，王雲五覺得蕭老師專意强調舜的孝
心，側重於棄官而逃，遵海濱而處，終身欣然，樂而忘天下。
却把“夫舜惡得而禁之？夫有所受之也”一段的法制與守法精
神不加講解和闡明。王雲五本來對蕭老師的教學沒有好感，於

是就大膽地提出質問。

「蕭老師，」王雲五站起來説，「你剛才説舜以他的孝行作爲聖賢是一點都不爲過的，那麼請問，‘夫舜惡得而禁之？夫有所受之也’這一段又怎樣解釋呢？」

王雲五以一個十歲的孩童這樣質問老師，蕭老師大概覺得有辱他的尊嚴，於是，剛才的笑容立刻變成了正顏厲色，他嚴厲而大聲地説：「這段意義深遠，不是你們孩童所能明白的，你也不應該問。」

懾於師道尊嚴，蕭老師説過之後，王雲五便啞口忍着，不再説一句話。

從此，王雲五更加厭惡蕭老師，恨不得立刻離開這個他感到討厭的私塾。

然而，老師畢竟是老師，蕭老師對王雲五雖然沒有什麼好感，却也無可指責。他教書注重背誦，背誦不出或者背誦錯誤便要打手心。一年下來，王雲五能够把大學和中庸一字不差地背誦出來，蕭老師聽過之後非常滿意，王雲五因此獲得了一册法帖的獎勵。

更令王雲五沒有想到的是，一次意外事件，使他受到蕭老師平生第一次打手心的處罰，繼而又得到蕭老師的大加讚賞。

事情説來有趣。

王雲五家所住的里弄，約有房屋十幾家，王家住在弄底，隔壁就是蕭老師的私塾。靠近弄口有一家姓唐的，祇有母子二人，其子比王雲五年長三四歲，不喜讀書却蠻橫好鬥，常常無端欺負同弄的小孩。在該里弄已家喻户曉，惡名遠揚。不過，由於祇是小孩子之間的事情，一般忠厚家庭也不去同他計較，祇是交待自家的孩子少去惹他，離他遠些就是。

　　王雲五有時偶然到弄堂外去，經過他家，經常會被他攔住，要求王雲五給他零食，仿佛是索賣路錢一般，王雲五自知年幼無力，打也打不過他，不能與他計較，祇得忍受他的欺侮，然而，總是窩着一肚子火。

　　有一天，王雲五外出經過他家，又被那姓唐的小孩攔住，而且竟無故被他摑了一巴掌。也許是久積在心中的惡氣未消，王雲五此時忍無可忍，不顧一切，用頭猛地撞向他的腹部，他始料不及，跌倒在地，但隨即又爬起來，向王雲五大打出手。王雲五也拼命抵抗，而且不知爲什麼如此勢兇力強，正所謂"惡向膽邊生"吧，最後，王雲五終於將他擊倒在地下。恰好旁邊有一個自來水龍頭，王雲五便騎在他身上，讓他不能翻身，放開水龍頭，把大量的自來水猛地噴在他身上。姓唐的男孩動彈不得，又被自來水灌射，便大聲呼救。其母聞聲奔出來察看，見愛子被人毆打，自己又年老體弱，無力相助，於是拼命哭救，請鄰居幫忙。鄰居們聞聲，紛紛跑出來，見是唐姓惡少年受到懲處，大家心中雖然高興，但還是上前勸阻，把王雲五拉開，讓姓唐的男孩站起來。

　　唐某起來後，竟恬不知恥，大哭起來。其母心疼兒子，拉着兒子到私塾找到蕭老師，控告王雲五毆打其子，要求蕭老師懲處。

　　見到渾身濕透，一身泥水的男孩站在面前，事實俱在，蕭老師不得不取出戒尺，當衆打了王雲五手掌三下，以安慰唐母。見王雲五受到懲處，唐母才牽着兒子，罵罵咧咧地走了。

　　等到唐母和圍觀的鄰居走散後，蕭老師又當着課堂裏的學生，撫慰王雲五說："姓唐的惡名在里弄盡人皆知，今天，你無疑是奮起反抗，但是，既然擊傷了他，我不得不稍加懲戒。

但是——」蕭老師説到這裏，轉而慈祥地微笑起來，當着課堂上的同學表揚王雲五説，「你一個弱小兒童，年齡和個頭都比他小，却能抵抗强横，並將强横打敗，志可嘉，勇可佩，本着這種精神，將來長大一定有出色地表現。

「而且，你近來的作文經常獲得貼在課堂上供同學觀摩的榮譽，文章有如此進步，精神也可佳，祝你將來文武全才，爲國効力。」

剛剛還受到老師的懲戒，窩着一肚子委屈的王雲五又突然受到老師如此的表揚，使他深爲感激，反倒不好意思起來。不僅不埋怨老師對他的懲戒，而且，還主動承認自己的不是。他説：「今天，受到責備是應當的，對老師的鼓勵却不敢當，但是，我一定會好好努力，不辜負老師對我的厚愛和期望。」

一場委屈之後轉而得到嘉獎，真是富於戲劇性，坐在課堂裏的全體同學覺得王雲五對惡少的懲處，爲他們解了氣，快何如之，都向王雲五鼓掌祝賀，真是出乎王雲五意料之外。

更令王雲五沒有想到的是，從此，同弄的兒童對王雲五無不肅然起敬。有些孩童見到他還竪起大姆指，稱讚王雲五：「祥哥，第一！」

而那姓唐的男孩見到王雲五則遠遠地避開，再也不敢上前欺侮了。

天下事真是無奇不有。數年之後，王雲五在上海同文館任教師，擔任第五、六級的國教課。當走進第五級的教室，王雲五一眼便看見唐某坐在下面教室裏。大概唐某也沒有料到，昔日孩童時的冤家却會成爲他的老師，立刻顯得坐立不安。王雲五却泰然走上去，與他握手，若無其事地笑着對他説：「老朋友，真想不到我們有機會在這裏重會。」唐某却始終不安，非

常尷尬。過了幾天，聽説他託辭休學了，此後，便再也没有看
見過他。

　　一九〇〇年（清光緒二十六年）四月開始，北京和全國爆
發義和團運動。七月，八國聯軍攻陷北京，局勢動蕩。爲了一
家人的安全，王光斌囑妻子携帶子女返回香山居住，王雲五也
隨母親回到了泮沙村。直到第二年春天，全家人才返回上海。

　　王雲五回到上海，他的家却搬離了五馬路。新居離蕭老師
的私塾太遠，加之他不願再跟蕭老師讀書，便在新居附近一位
順德縣的李老師辦的私塾讀書。

　　李老師的教學方法和作風，和蕭老師完全不同。

　　清末時代，還不太容易接受新的教育方法，李老師却能主
張把要讀的書分爲精讀與略讀兩類。比如，他要王雲五備好
《古文評註》、《孟子》、《左傳》、《唐詩三百首》、《曾
文正公家書》、《閲微草堂筆記》、以及《三國演義》各一
部。後三種聽任王雲五自己閱讀，也就是所謂略讀；而前幾種
書，由他隨時選擇講授，也就是所謂精讀。對於這些要精讀的
書，李老師講解不厭其詳，不僅對字句的意義絲毫不肯放鬆，
對章法句法也一一闡述分明，這也許就是李老師高人一籌的地
方，也使王雲五獲益不淺。

　　李老師的字寫得非常好，但是對於練習書法或寫字，他也
有獨到的見解。他對王雲五説：“字是文字的衣冠，衣冠不一
定要美，但不可不整潔，字寫得好是書家的事，但寫得像樣是
每個人的事。”因此，他自己雖長於書法，却不勉强他的學生
都學他的榜樣，也不强迫學生臨帖。指導學生寫字，他除了糾
正學生執筆和坐位的姿勢以外，衹對學生解釋字的結構，怎樣

才算自然，怎樣太不像樣。他常常叫幾個學生，將自己所寫的字，放在他的書桌前，由他一一指正。這樣，一段時間下來，王雲五的確覺得自己寫的字要比從前像樣多了。

三年前，王雲五已經在蕭老師那裏開始學習做策論。然而，蕭老師教策論祇是教學生做八股文。王雲五本來對做策論非常感興趣，在蕭老師身邊，他的思想和見解却不能得到儘情發揮。李老師對做策論，却有他自己的一套見解和方法。他除了照例出題給學生作文外，有時候，也叫學生對於所讀的書，儘量發表自己的議論。

也許是數年前同蕭老師發生的那次觀點衝撞印象太深的緣故，有一次，王雲五仍然以孟子“舜爲天子，皋陶爲士，瞽瞍殺人……執之而矣”這一段，寫了一篇近千字的議論文。

王雲五認爲，皋陶與舜的處置，都是合理而符合實際的。

天子以法治天下，如果自己的家人犯法而縱容，怎麼能强迫人民守法。古時，有太子犯法刑其師傅者，表面上似乎重法，實際上，人民犯法，既不能以他人代其受刑，何以太子犯法却可刑其師傅爲代？這顯然是重人不重法。

他認爲，能够免受法律懲罰的至多祇限於天子一人，因爲天子是法的最高主持人，用自己主持的法來懲罰自己，事實上是辦不到的。而且，天子犯法漸多，自有另一種有效的懲罰，那就是湯武對於桀紂的革命，所謂順乎天而應乎人。

但是，瞽瞍是舜的父親，父子是天倫關係，聖人又以孝治天下。父犯法，子爲天子而不許執法，固有違法徇私之嫌；父犯法，子爲天子而執法，則又有破壞天倫戕賊人性之弊。“其父攘羊而子證之”，不合中庸之道，正是此理。因此，舜能“竊負而逃，遵海濱而處”，實在是兩全的辦法。

　　王雲五將自己寫就的這篇文章交給李老師審閱，李老師看了之後，大爲驚訝，連聲讚嘆不已。對王雲五説：“唉呀！不簡單，不簡單，以你十三歲的年紀便有如此的思辯能力，不容易不容易。日祥同學，在同齡人中，你真是與衆不同啊！”

　　李老師本來就對王雲五頗有好感，讀了這篇文章之後，更對他另眼相看了。

　　李老師這種交流啓發式的教學，他對學生兄弟般的摯愛關係，使王雲五在讀書期間感到身心愉悦。他與李老師的關係，已經不僅僅限於師生的教學相長，實際上，他們已經是一對親密的忘年交了。

　　有一次，李老師的弟弟遠道來探望他，住在李老師的私塾大約有一個月時間，王雲五稱他爲師叔。

　　師叔據説是一位舉人，在地方做候補官，究竟他是什麼官，王雲五那時還不懂。由於李老師對王雲五另眼相看，所以，特別將王雲五介紹給他的弟弟。在介紹的時候，李老師説了許多稱讚王雲五的話；同時也對王雲五説，師叔的文章學問比他要好得多，尤其是師叔的書法，人人稱讚。這樣，王雲五便介入了他們兄弟的生活，在這一個多月的時間内，王雲五經常有機會和師叔相聚、閑談。從師叔的口中，他聽到了很多他以前不曾聽説過的事情。

　　師叔雖做了候補官，然而，看來是朝中無人，仕途並不順利，所以在談論時事、社會和官場時，總是唉聲嘆氣，貶謫的意思很多。王雲五從師叔的口中聽到不少關於官場的惡習。

　　師叔告訴王雲五説：“現在，辛苦讀書而很有學問的人，簡直無法和有錢而僥倖考試中式者或請槍手考試（就是冒名替考的人）而中式者比，尤其是近來公開捐官，有錢的人不論是否草包，都可做大官，而有學問的寒士却久坐冷板凳候補。官場如此腐敗，朝廷如此昏庸，怎麼能正確地施政，如何能很好地治理國家！”說完之後，總是感嘆不已。

師叔又感嘆說：“我老啦，當年的朝氣幾乎全消，早年的壯志已不復存在，國家前途唯有寄託於後起之秀，寄託於像你這樣的人身上。”師叔還有點神秘而嚴肅地對王雲五說，“我懂得看相，你將來一定不是一個平庸的人，好自爲之吧。但是，你要記住兩條：第一，不要畏難；第二，不要自滿。將來才一定能够有所作爲。”

聽了師叔的話，王雲五很感動，心裏也確實湧動着一股要爲國家儘力獻身的念頭。他深深地感到，雖然自己還是少年，祇有十四歲，師叔已經完全是把他作爲一個大人來看待，對他寄於厚望的。

和師叔在一起相處的日子裏，王雲五的心境既恬適，又興奮，他很願意聽師叔談社會、談人生、談時事。他覺得，聽師叔談論這些，他的胸中能升起一股豪情，這股豪情能使他奮發向上，催人奮進。

很遺憾，師叔在李老師的私塾裏祇住了一個來月，就要離開上海，重返他候補的地方去。臨走的時候，師叔又和王雲五坐在一起聚談，他們都想到，以後，也許再也沒有機會在一起相聚了。想到這裏，師叔想給王雲五留下一點什麼作爲紀念。

“小兄弟，我給你另外起個什麼別號吧，”師叔說到這裏，突然興奮起來。

“好哇，”王雲五答應說。他的小名是日祥，入私塾以後，也一直用這個名字。“你給我取一個什麼名字呢？”

師叔沉思片刻，說：“你不是叫日祥嗎？日祥意爲旭日東昇，萬物祥和，好。那麼，我給你引伸一下，叫雲五怎麼樣？"

王雲五一聽，立刻接着説："雲五，日下現五色祥雲，好，我喜歡這個名字。"

師叔見王雲五表示同意，立刻取過毛筆，替他寫了方寸大小的"王雲五"三個字交給他，又説："將來，找個刻字好手刻出來，並可用它作爲名片。"

小小年紀的王雲五哪裏用得着名片，不過，對於師叔的美意，他也非常感激，他接過師叔遞給他的"王雲五"三個字，小心收藏起來，保存在身邊許多年。

從此，王雲五一直使用師叔爲他取的這個別號，而且，還把它作爲名字使用終生。

數年前，還是在蕭老師的私塾讀書時，蕭老師便特別注重教學生作對聯。王雲五卻認爲，這種文字遊戲沒有什麼意義，對此不太感興趣，但這既是課堂內容，又有功課，不得不學，也就懂得一些。

到了李老師的私塾，李老師偶然也教學生作對聯，但不作爲主要功課。由於此時的心境和情緒不同，偶然作起來，王雲五覺得倒也有些興味，祇是不太潛心下功夫罷了。

没有想到的是，他根本不感興趣也無心鑽研的作對聯卻讓他在一次活動中，出盡了風頭，大大風光了一回。

李老師私塾所在的虹口青雲堂一帶，都是廣東人聚居的地方，由廣東人開設的私塾便有十幾家，文風很盛。這裏常有一些稱爲文社的團體，舉行一些徵聯活動。即由文社出上聯，然後懸賞徵求最佳下聯。爲了體現公平和高水準，所有應徵對聯都由出題的文社聘請旅居上海的科舉人物評定優劣，將錄取而高列的前幾名分別給於獎勵。發榜的時候，將錄取的結果用紅紙貼在青雲堂總衙的入口處，還要舉行一個頒獎儀式，請錄取下聯的作者站在臺階上，主持者將他們一一向圍觀的市民作介紹，然後發給物資獎品。這時，鞭炮齊鳴，人人都興高采烈，喜氣洋洋，好像恭賀一名秀才中了舉人一樣。

這樣的活動，每隔二、三個月舉行一次，由於獎勵物品的內容是預先公佈的，所以，很激發一些人來參加應徵。應徵者什麼人都有，私塾中的高才生，附近里弄中通文墨的居民，甚至私塾中的老師也有參加應徵的。

有一次，公佈的上聯爲“菊放最宜邀友賞”。這個上聯看來太平凡，因此，下聯必須有其特點，別出心裁，否則，以平凡對平凡就是平庸之作，將很難脫穎而出。其實，這正是出上聯者的高明之處，如果上聯太高深，觀者會感到太難對而不參加應徵，於平凡中見新奇才是真功夫。果然，這一帶的許多廣東文士都躍躍欲試，街談巷議都說的是對對聯的事情。

這天，李老師看了公佈的上聯以後，回到私塾對王雲五說：“作對聯並不是什麼學問，我平時並不注重，不過這次徵對的冠軍獎品是一套袍褂料，可以算是優厚，聽說應徵者特別多。日祥同學，你具有相當縝密的思考和文字的功底，是否願意試一試呢？”

對於這次徵聯的情況，王雲五已經有所瞭解，卻沒有考慮自己去參加應徵，現在既然老師鼓勵他去，便也躍躍欲試。他回答說：“既然老師這樣鼓勵我，我就去試一試吧。”

“好。”李老師見王雲五答應了，接着分析說，“我認爲，‘菊放最宜邀友賞’這樣一道上聯，人人都能對得相當工整，要從無數工整的下聯中評判出冠軍來是不容易的，因此，要想名列前茅，唯有能別出心裁，出奇制勝，才有取勝的希望。

「我一定按照老師的指導去考慮。」王雲五說。

「不過，」李老師補充說，「我平生最恨考試的‘槍替’，絕對不能為你的作品潤飾，祇是定稿後不妨給我看一看，看看是否值得應徵。」

第二天，王雲五將他擬好的下聯交給李老師。

「哦，這麼快，」李老師高興地接過就念了起來：「蘇來奚後慰民思」

「這是本着孟子‘後來其蘇’與‘奚為我後’之意，」王雲五見李老師在吟哦，繼續解釋說，「把‘蘇’字照其最初的意義為草芥，與‘菊’字相類,而其用法却不作為草類。」

李老師看了這個下聯，不待王雲五說完，高興得幾乎要跳起來，連說：「好極，好極！難得你有這樣的心思和氣魄。嗯，我的眼光真不錯。我看，祇要評閱的人真有眼光，保你高中前三名。」

得到李老師這樣的鼓勵，王雲五心裏也非常興奮。於是，高興地將這幅下聯送去應徵了。

在等待發榜的時間內，王雲五心裏不免牽掛不已，這種患得患失的感覺，是他過去從來沒有體驗過的。

真是沒有想到，數天之後，在鞭炮齊鳴，文榜高張的時候，王雲五的名字竟赫然高列冠軍。居住在虹口青雲堂一帶的廣東人更沒有想到，在數百名應徵者當中，第一錦標竟被一個未滿十四歲的私塾學生奪取了！

這天，站在臺前領取獎品的少年王雲五，成為無數廣東人和市民談論、誇獎的中心人物。人人都説，小小年紀便如此聰明有學問，將來必是國家的棟梁之才！聽説，還有人打算爲這個小孩子做媒哩！

李老師高興萬分，爲自己有這樣的學生感到驕傲和自豪。

王雲五的父母親則仿佛又得到兒子高中秀才的喜訊，全家人都沉浸在歡樂的喜慶之中。

王雲五自己内心的喜悦更是不可言喻。

不過，静下心來之後，王雲五反思自己在静候發榜時心中的患得患失，却有些自責之意。他想，像這樣近乎投考方式而静候發榜的事情，這次固然是他一生中的第一次，也就讓它成爲一生中的最後一次吧。他決定，以後再也不去應考了。不去應考，自然就不會患得患失了。

正當王雲五在李老師的諄諄教誨之下，身心愉悦，躊躇滿志，準備繼續勤學苦讀，而後在學業上有所成就，將來向更高一級的學校發展時，他却遇到一個未曾料到的挫折。

第二年春季，開學之前，王雲五的父親突然要他變更計劃，改爲半工半讀。便是白天習業當學徒，晚間讀英文。

幾年來，王雲五讀書勤奮，學業精進，備受師長們稱許，即使在香山泮沙王家的族人以及在上海私塾的同齡人中，他也算是一個佼佼者。師長們都期望他將來能在功名上有所成就，或成爲一個名播四方的學者。可王光斌却依然作出決定，終止了他的學業，改爲半工半讀，原因究竟何在？

説來話長。

王光斌毅然終止王雲五的學業，歸根結底，還是由於王雲五大哥日華的死。王光斌惑於風水之説，認爲王家無福産生一位科第人物，與其讓王雲五讀下去，將來即使成績優良，説不定得到他大哥同樣的下場。倒不如改弦更張，白天當學徒，晚間讀英文，一邊讀書，一邊習業，說不定還能成就大業。

其實，王光斌也有他的苦衷，他作出這個重大的決定，自有他深層的考慮。

以王光斌的經驗，他從一個香山泮沙的農家子弟跟隨親戚到上海經商，一輩子雖無什麼大成就，也還過得去。而他的次子日輝早年便習業，白天做工，晚間讀英文，也頗有成就。王光斌也深知，雲五勤學苦讀，正是一塊讀書的料，讓他繼續深造，將來的成就可能不下於他的大哥。但是，一想到長子的早逝，要他棄學經商的決心就更加堅決。這也是出於愛護兒子的至情，而以王雲五目前的國文程度和水平，在商業界應付已綽綽有餘。

要習業從商便必須從少年開始。當年，王光斌從家鄉到上海來習業時正是十四歲，其次子開始習業是十五歲，王雲五目前已滿十四歲，如果習業，正是最合適的年齡。於是，王光斌徵得一位同鄉的同意，讓王雲五在其開設的一家五金店裏當學徒，同時讓他在一所英文學校的夜班中開始讀英文。

此時，少年王雲五縱然有天大的志向，也祇好遵從父命，走上了一條半工半讀的道路。

對王雲五來說，學徒的生活是枯燥而無味的，白天掃地抹桌子，端茶遞水站櫃臺，做一些諸如勤雜工一類的事情。晚上還要燒水、做飯，伺侯老板一家人。做得再好，也是應該的，不被責罵已經是不錯的了。

然而，這位在去年曾奪得廣東同鄉中徵聯冠軍的少年學子，在老板眼裏，却是又滿意又不滿意。

　　在商店當學徒，首先要學會珠算。算盤的加減法比較容易，但乘法需念"九九訣"，除法尤需熟悉"除訣"。一般的少年，往往歷時半年還不能熟練掌握。王雲五則因爲對數學素有興趣，加之幾次避亂回鄉時，無意中與長輩學習過心算和珠算。所以，到五金店當學徒之後，經其他店員略加指點，他便立即成爲珠算的能手。這一點，令老板甚爲滿意。但是，正所謂"江山易改，秉性難移"，酷愛讀書的王雲五，在五金店櫃臺裏坐堂，靜候顧客來臨的時候，他總是一卷在手，專注地讀書。有時看得入神，根本沒有注意顧客的詢問，更談不上對顧客殷勤接待。這一點，是老板最不滿意的。因此，老板認爲，縱然他的珠算熟練，却不能成爲一個優秀的學徒。

　　每天晚上五金店下班之後，吃過晚飯，王雲五便到一家私人開辦的英文夜校去上課。

　　這所學校在英租界南京路附近一家酒莊的樓上。建校人把連接的三幢房屋拆通了，構成了一間很大的講堂，同時可容納學生一、二百人。上課的時候，學生幾乎擠滿了這個講堂。

　　夜校的校長和教員其實就是一個人，姓吳。吳先生白天在一間英國大律師事務所當譯員，晚間開辦這所學校，既能發揮他的專長，又能增加收入。

　　這真是一個特殊的龐雜的學校。一、二百學生中，以程度言，從初學英文字母的，以至讀到五、六册讀本的都有；以年齡來看，從十、三四的少年，以至四、五十歲的中老年，無不有之。這些形形色色程度不同的人，都聚集於唯一的講堂內，而吳先生在一個晚上，必須對五、六種程度的學生都予以授課，真是難爲了他。

上課的順序是程度最淺的最先授課，最深的最後授課。尚未輪到授課的學生，都在自己選定的座位上準備功課。授課完畢的學生可以離校，也可以留在講堂內自習。

座位的安排，學生到校後，可在一排排的長凳上，任意選擇自己的座位。但是，接近講堂的第一排座位必須空着。這排座位，是留給輪到授課的一班學生坐的。所以，每晚給五、六種程度的學生上課，講堂中的座位就必須調換五、六次。講堂內也因此引起五、六次的響動，其嘈雜程度可想而知。

更有甚者，在這樣擠滿了一、二百人像茶館似的一間大講堂裏，當教師尚未開始授課時，講堂內讀書聲和談笑聲混在一起，嘈雜不堪。即使在開始授課後，按規定，除坐在第一班學習的學生必須依照教師的吩咐朗誦所讀的課文，或者回答老師的提問外，其他各班的學生是不許發出讀書的聲音的，尤其是不准講話。但由於學生人數太多，流品太雜，不授課的學生不許讀書和談話的標語雖然貼遍了講堂的四壁，卻變成了一紙空文，輕輕的讀書聲和喁喁細語仍然時有聚蚊成雷的狀態。因此，除了坐在第一排的學生接近教師的席位能夠聽清楚老師講讀的聲音外，其餘坐在較後幾排的，祇能看見教師的嘴和身子在動，根本聽不見他在說什麼。較用功的學生，想在本班的功課之外還能聽到比自己高一班或低一班的講課，便祇能搶先坐在第二、三排的凳子上，因為那裏還勉強能聽見老師授課的聲音。反之，不甚用功或喜歡談話的學生，都搶着坐在最後幾排，可以和幾個知好的同學進行茶館式的消遣。吳先生雖然坐着或站在講臺上，可以居高臨下，對於後排學生的舉動，能看得清楚，卻無法聽到他們的聲音，正如他們無法聽到吳先生教書的聲音一樣。因此，同學們對於前面第二、三排和後面倒數

二、三排的座位共同起了個雅號，前面稱爲"前包廂"，後面稱爲"後包廂"。把戲院的名稱都搬到學校的講堂上了。

　　王雲五初入教室，不知就裏，祇揀空位而坐，既不擇前後，也不去找同伴。因爲他認爲，來這裏既以讀書爲目的，橫豎在授課時都有輪流移坐第一排的機會，而在自己準備功課時，更用不着和同伴坐在一起，以免閑談分心。但到後來，經過觀察，有了一些經驗，便儘可能趁早到校，在"前包廂"內爭取一個座位，這樣，就能兼聽比較高一級的功課。以此，同在一所英文夜校上課，效果却截然不同。有些學生事倍功半，王雲五却能事半功倍。

　　然而，就是這樣的夜校學習，也沒有能够維持多久。半年之後的秋天，王雲五的二姐要回廣東出嫁，父親要他陪同母親和二姐經香港返回香山，辦理二姐出嫁的婚事。於是，王雲五又中斷了夜校的學習。

　　王雲五這次在家鄉住了半年。

　　二姐出嫁之後，二姐夫梁仲喬的母親梁老太太與王雲五的母親商量，仲喬想去上海攻讀英文，問能否寄住在王家，以便經常有個照料，家裏更爲放心。王雲五的母親當然同意。於是，一九〇三年（清光緒二十九年）春節之後，王雲五的二姐在婆家與小姑相伴，二姐夫仲喬則與王雲五一同返回了上海。

　　二姐夫到上海專門攻讀英文，王雲五心裏暗暗高興。到了上海之後，便向父母親提出要求，准許他放棄學徒生活，和二姐夫同入一所日校讀書。在母親的極力支持下，王光斌見此情況，也滿口答應了。於是，這年三月，王雲五和二姐夫梁仲喬同時進入虹口的守真書館攻讀英文。

　　守真書館是美國教會辦的一所英文專修學校。主持校務而兼教高級功課的，是一位美國牧師太太，名叫 Mrs. Woodbury。另外還聘請了兩位教師，一位是牧師的女兒；另一位，是曾在北洋醫學堂畢業後又留學美國的中國人王培元醫師。牧師太太很有學問，她的女兒也是在美國大學畢業，得有學位。因此，守真書館的教學質量很高。

守真書館的英文教學分爲八級。第一級爲最高級，第八級程度最淺。一二三級的功課，由牧師太太與她的女兒分任，四五六七八級的功課則由王醫師擔任。

王雲五初入校時，經過考試，插入第六級，二姐夫梁仲喬因爲曾在香港攻讀過兩年英文，進入第五級學習。

與衆不同的是，守真書館的教學、考試和升級，既嚴格又靈活。

守真書館是一所以英文爲主體的專修學校。設置的科目除英文讀本和英文文法外，還有英文的美國史、世界史、世界地理；算學則有代數、平面幾何和立體幾何。越到高一級越難，而祇要有一門不及格就不能升級。該校教學的一個最大特點是，升級不限時期，每月一次考試，如果成績特優，便可以升級。這樣，能激勵同學刻苦用功，同學之間互相競爭，都希望能得到破格的晉升。

該校的考試又是極其嚴格的。比如，考試英文讀本時，所有學生都站在教師面前，排成一行，每人背後放一張座椅，由教師依序提出一個生字，給輪到的學生拼字和解釋意義，答得滿意的仍然站着，答不出的或答錯的，便讓他坐下。最後站着的兩個人便可以爭奪這門功課的第一名，教師便對二人輪流發問，一道題又一道題，一關又一關，競爭非常激烈。而這一級的名次還要加上其它科目，如算學、英文法和史地的成績綜合評定，最後才能決出本級的名次。

　　讀書時讀時輟，求知欲又極强的王雲五，深知讀書的機會對他來說是多麼難得，因此，他不僅認真對待每一節課，回到家裏，還充分利用晚上的時間，手不釋卷地讀書到深夜。其勤奮好學的精神令父母親也感到欣慰。

　　與衆不同的是，無論對哪一門學科，王雲五總是抱着極濃厚的興趣。學習過程中，他不僅希望能够一步步深入，而且還努力探訪其臨近的知識，所以，他的學習成績總是穩步上升，其進步的神速爲守真書館辦學以來所罕見。

　　王雲五初入學時，是插入第六級。第一次月考以後，王醫師便將他升到第五級，和他的姐夫梁仲喬同級了。又經過二、三個月的學習，到這年七月暑假前，他又升到第四級。這樣，王雲五在一個學期連升兩級。

　　王雲五充分意識到，功課越深則越難，級別越高越艱苦。爲了給下學期的學習打下堅實的基礎，也爲了在下半年至少再升一級，王雲五充分利用了暑假兩個月的時間。

　　暑假開始之後，他購買了第三級所用的全部課本，自己摸索自修了代數前半部和平面幾何的一部分，又自修通讀了世界歷史和世界地理，這樣，暑假後的第二個學期，他已經超前了同級的其它同學。四月底舉行第一次月考後，考試成績公佈，王雲五的成績列全年級的第一名。主課教師王醫師向牧師太太建議，把他升到第三級。

　　牧師太太聽説這個情況，覺得不可思議，便親自出題，把正在講授的第三級課程讓王雲五考試。結果，除世界地理稍差外，其它的課程已達到第三級水準，尤其是算學，成績更爲優異。王雲五又破例升到第三級學習。

　　在第三級期間，經過兩個多月的學習，第二年一月舉行年終考試，王雲五又名列前茅。牧師太太認爲，以他的學習成績，下學期開學時，他可以升入第二級學習。

　　在短短的一個半學期，實際上課不滿八個月，王雲五從第六級升到第三級。年終考試的結果，又有升至第二級的可能，這不能不說是一個奇跡，而這年，王雲五還祇有十六歲。

　　以一個尚未進入弱冠之齡的十六歲青年，便取得了這樣非凡的學習成績，僅僅用聰明、勤奮、用功幾個詞來解釋它的原因是遠遠不够的。這裏，除了王雲五每天以大量的時間，高度的自覺性和牛一般的精神，勤奮學習，刻苦攻讀之外，他珍惜每一次學習機會，身處逆境而毫不氣餒，一往無前地頑强拼搏精神，也是他取得成功的重要原因。另外，我們也不得不承認，他那超出常人的高效率的學習方法，無法比擬的驚人的領悟能力和記憶力，也是他異於常人的地方。而這種能力是與生俱來的，是無法培養的，是天生成的。一句話，這是天才。

　　王雲五在青少年時代便鮮明地、强烈地表現出了這方面的天才。

　　也許，命運就是這樣不公，也許，生活就是這樣安排的。春節過後，新學期開學時，王雲五本可以在守真書館升入第二級就讀，然而，命運似乎總是這樣折磨他，捉弄他，一件意外的事情使王雲五又不得不輟學。

　　原因還在他的家庭。

　　王雲五的父親在一家洋行任倉庫主任之職，日常必須同外國人往來和通信，由於王雲五的二哥日輝曾通過半工半讀學過英語，而且成績優良，最近幾年一直由他擔任父親的助理。由於他善於外交，待人接物周全得體，又精於英語，最近在外面獲得了一個銀行買辦的位置，收入相當豐厚。王光斌爲着日輝的前途，衹好讓他離開助理的位置去赴任。日輝走後，王光斌一時找不到適當的人代替。他知道，雲五這幾年來學習英文努力精進，成績優良，完全能够勝任日輝的工作，便要雲五從新年開始，暫停學業來幫助他。王光斌深知，雲五當然希望繼續學業，但爲了一家人的生活，衹好勉爲其難。

王雲五心裏雖然捨不得離開學校，更不願從事商業，但是，如不答應相助，要父親另行物色適當而可靠的人，恐怕一時不易辦到。所以，當父親徵求他的意見時，也就答應下來。

王雲五又開始了一種新的半工半讀的生活。

所謂新的半工半讀，便是夜校也不能去讀了。白天，王雲五協助父親工作；晚上，甚至節假日休息時，他總是一卷在手，努力自修，刻苦攻讀。

有什麼辦法呢，王雲五生於貧困之家，不能像那些富家子弟，有充裕的時間，優越的經濟條件悠遊地讀書，充分享受進學堂的樂趣，他却沒有這種幸運。小時候，由於體弱多病，不能早讀書；童年時在私塾裏學習國文，剛有進展，又由於家庭原因改爲半工半讀；好容易入守真書館讀英文，成績優良，又遭遇輟學的厄運。也許命運便是這樣安排的。

王雲五不甘心屈服於命運的安排。有機會讀書，當然珍惜這個機會；不能進學校，他也決心通過自修來彌補這個缺憾。去年在守真書館讀書時，他不是利用暑假的兩個月時間，通過自修，學習了代數、幾何、歷史、地理，而在開學後獲得了優良的學習成績嗎？這種成績的獲得雖然相當艱難，但是，他也嘗到了自學的甜頭，對自學有了非常充沛的信心，他已經漸漸養成了對厄運苦鬥，對困難迎難而上的習慣。當然，這不是每個人都能具備的品質和秉賦，它需要經過刻苦的磨煉之後，才能造成堅強的意志和一往無前的精神。

儘管如此，王雲五仍然在時刻尋找機會，再入學校讀書。

到了五六月間，王雲五私下裏與姐夫梁仲喬商量，極力慫恿他同意，由他代替自己擔任父親的業務助理。梁仲喬正好想學以致用，去社會上謀一個職業。於是，一拍即合，王雲五重新入校讀書的障礙解除了。

王雲五還考慮，自己已經十七歲，也算是一個成年人了，既不能爲父親出力做工，還要父親爲他出錢讀書，實在於心不忍，於是，決心自己解決讀書費用。正巧此時，有一位朋友推薦他去一家英文夜校當助教，每月有二、三十元的收入，足够負擔自己白天入校讀書的費用。一切就緒，他便先同母親商量。母親總是支持兒子讀書深造，將來有所作爲的，不僅欣然同意，而且主動去向他父親勸說，果然，一說就成。暑假過後，王雲五便又進入一家英文專修學校－－同文館就讀。

同文館是一位英國老教師布茂林先生私人所設。

布茂林來中國已多年，曾在北京同文館當教師，後來該校停辦，他便到上海來創辦這所學校，沿用同文館的名稱。所設課程以英文爲主，同時，也兼學歷史、地理、普通科學以及經濟學、論理學等等。各科目的程度，是按照英國的中等學校的水平，以投考英國劍橋、牛津等大學校爲標準，按程度分爲五級。教師祇是布茂林先生一人唱獨角戲，另外還有一位助教。其實，這位助教也是該校的學生，他的任務是每天的上午幫助布先生教第三級以下學生的一部分功課，下午則可以在布先生教第一級時隨班聽講。

　　王雲五入校時，插入該校的第二級，祇讀了三個月便以優異的成績升入第一級學習。

　　在同文館，王雲五的學習生活發生了一個重大的轉變。

　　大約在王雲五升入第一級四個月的時候，由於原任助教的黃某應某省高等學堂的聘任，離開了同文館。布茂林先生認爲，王雲五的英文程度和水平，足可以代替黃某擔任助教。於是，徵得王雲五同意，聘請他爲同文館教席。擔任教席之後，除無需繳付學費外，每月還可領取津貼二十四元。

　　這是一九〇五年，王雲五年僅十八歲。

　　每天上午，王雲五幫助布先生教第三級以下學生的部分功課，對他來説，可謂駕輕就熟，得心應手，實際上對他過去的學業也是一種鞏固和提高；下午，王雲五則可以進入布先生所教的第一級班聽講，而且隨時可以將自己的作文請布先生評改，讀書有疑問時也可以向布先生請教。王雲五覺得，他似乎翱翔在一個廣闊而無垠的天空。

　　在同文館，王雲五還有一個意外的收穫。

　　布茂林先生的書房裏有着豐富的藏書；那些書絕大多數是英文名著，滿滿當當地擺滿了幾大墻壁，足有上千册。書的範圍也很廣泛，各科各類無所不包，其中還有一些是外國人所著的有關中國的書籍。王雲五走進布先生的書房，仿佛在他的眼前綻開了一個知識的寶庫。

　　王雲五的家庭雖不是窮困潦倒，却也不是書香世家，家裏够得上檔次而唯一有用的圖書，是父親過去購藏的一部《二十四史》，此外，簡直没有什麽圖書可供閱讀。布茂林先生是一個熱情的文化人，他將自己的藏書無私地向王雲五敞開，任其閱讀或借閱。

　　王雲五有了一個可以自由閱讀布先生藏書的便利條件，真是欣喜若狂，仿佛是鄉下人進城，見了什麼都新奇。從此，他就常常沉緬於布先生的書房，把每本書都翻閱一遍。徵得布先生的同意，每隔幾天，他便要借一本書回家閱讀。又怕布先生自己要用，所有借出的書，都不敢耽擱過久，於是，養成了一種快讀的習慣。每天下午，王雲五總是在布先生的書房裏，將布先生的藏書一本一本的做全面的、閃電式的快讀，然後有計劃地挑選出自己認爲重要的書借回家去，細細閱讀。

　　王雲五真是神清氣爽，身心俱佳，他可以在每天晚上下學之後，回到家裏，走進房間，把門一關，小小的房間便成爲他無拘無束的一統天下，然後，掏出從布先生那裏借來的英文書籍，便立刻沉緬其中，在無邊無垠的知識的海洋中遨遊。

　　王雲五真是精神惬意，痛快淋灕，在這個促狹的小天地裏，他可以自主天下，快何如之！他或是坐在書桌前，或是斜躺在牀上，夜以繼日地挑燈夜讀，而一任時間的流淌。每天晚上，總是讀書到深夜，有時甚至通宵達旦，不知東方之既白。

　　由於讀書的興趣日漸濃厚，讀書的範圍日漸廣泛，王雲五閱讀西方的書籍已經不僅限於英文的文法和歷史、地理等書籍，還開始廣泛閱讀西方的政治學、經濟學、社會學、哲學甚至自然科學的書籍了。此時，他又對中國的文史發生了興趣，開始廣泛涉獵中國的史籍，如《史記》、《通鑑紀事本末》以及家中所藏的一部《二十四史》，都通通翻閱了一遍。

　　有一次，王雲五見上海《南方日報》徵求翻譯的小品文章，便將一篇數千字的法國文豪雨果的名著《可憐的人》節本一口氣譯完，給該報投去。《南方日報》對王雲五的譯稿深表滿意，將他的文稿在數天內連續刊登完，又約他給該社長年供應翻譯稿件。於是，王雲五利用每天的閑暇時間，選取有關世界珍聞的內容，每天翻譯一篇，每篇大約一千字左右，連續刊登了二、三年之久。

王雲五所有翻譯文章均以“出岫”爲筆名。

命運對待王雲五曾經是那麼不公平，然而，命運也似乎特別垂青於王雲五這樣不畏艱險、毫不退縮、奮勇攀登的人。

在同文館半工半讀的王雲五真是躊躇滿志，生活似乎向他鋪開了一條坦途。有一個固定的工作，有比較豐厚的收入，每日無凍餓之虞，所從事的又是自己心儀的、喜愛的職業，如果沒有什麼意外的話，王雲五幾乎用不着去奔波和操心，就可以過着非常愜意而舒心的生活。

然而，如果王雲五從此安於現狀，停滯不前，從此不思進取，心滿意足地醉心於當前的優裕生活，那他就不是今天的王雲五了。不，王雲五不是這樣的人！

一年之後，王雲五便辭去同文館教席的職務，應聘去獨立主持一所私立的英文專修學校。

四　走上社會

如果說，在同文館，王雲五還屬於半工半讀性質的話，那麼，自從應聘主持這家私立的英文專修學校之後，他就算真正地走上社會了。

這家英文專修學校名爲益智書室。校主姓梁，畢業於香港皇仁書院，因爲英文功底非常好，到這裏求學者不下百人。而教師也是他一人獨任，備極忙碌和辛苦。正在這時，英國駐上海領事館又聘請他擔任秘書，這個職務在華籍職員中的地位是最高的，於是他答應聘任。接受了新職務的梁先生，又不願意解散他多年來辛苦經營的學校，便急於找一個合適的人代替他的工作。恰好，他有一位親戚肄業於同文館，是王雲五的學生，這位學生極為敬佩年輕有為的王雲五，又常常聽見布先生稱讚他的英文程度，便向梁先生推薦王雲五。梁先生經過明查暗訪之後，認為王雲五所具條件非常適合主持益智書室，經過和王雲五交談之後，便決定聘請王雲五為益智書室的唯一的教員。給他的報酬是每月至少二百元，並許諾，如果將來學生人數有所增加，還可以增加他的薪酬。

王雲五見益智書室的報酬是同文館的八倍，而且將來還可能增加，覺得實在是難於拒絕。在徵得父母親的同意後，便欣然接受了這一職務。

主持益智書室，王雲五便有了一個施展才幹的天地。

經過一段時間的觀察、瞭解和思考，王雲五對益智書室的教學進行了幾項大膽的革新。

第一，年終考試後，他選拔了兩名學習優秀而且品行優良的學生給予津貼，讓他們對學生進行輔導並修改練習作業。

第二，加強英文文法的教學，並且特別注重圖解的分析。

第三，增加代數及平面幾何兩科算學課程，使對算學有興趣者儘量提高他們的程度。

第四，讓英文程度較深的學生閱讀有關世界史、地理和普通科學的知識，並和他們展開討論。

這些措施實行以後，學生的讀書興趣大為增強，學習的成績也有了很大的提高。

一年之後，一位學生居然考取唐山路礦學堂，還有一位僅在學校讀書一年的學生，考入了郵局，這在當時，都被看作是重大的成就，在社會上產生了很大的影響。這年暑假後開學，前來益智書室就讀的學生人數大增，王雲五的每月收入也由二百元增加至二百八十多元。王雲五的影響已經波及社會，許多地方都在傳揚益智書室的王老師教學非常有一套。在當時，一個警察每月的薪水也僅有十元左右，而每月收入達到二百多元的王雲五年僅十八歲。

前面說過，命運總是垂青那些緊緊抓住機遇而不斷進取的人，永遠不知滿足的王雲五又緊緊地把握住了另一個機會。在益智書室工作了一年之後，一九０六年（清光緒三十二年）十月，王雲五又受聘於中國新公學，擔任英文教員。

一九０五年（清光緒三十一年）十一月，日本的文部省公佈了一項取締清國留日學生規定，對中國學生入學嚴加限制。此舉引起了在東京的中國留日學生的強烈憤慨，不久，東京八千餘名留日中國學生舉行罷課抗議，許多留日中國學生紛紛退學返國，僅各省留日學生退學返抵上海的便達到三千多人。爲使回國的學生不致失學，留學生中的幾位熱心者積極奔走，湊集經費，在北四川路橫賓橋租下一幢民房作爲校舍，籌辦了一所中國公學。清兩江總督端方在興論壓力下，飭財局每月撥銀一千兩，於是，中國公學於一九０六年二月正式開學，共招學生三百十八人。分大學班、中學班、師範速成班、理化專修班等。但是，數月之後，由於經費以及其他原因，主辦的同學與朝廷委派的校董發生分歧。一些不滿學校所爲的學生，在火車站附近的慶祥里另外組建中國新公學。

中國新公學籌備就緒以後，缺幾位教員，其中最急需的是英文教員。留學生中有一位是王雲五過去的學生，深知王雲五老師的水平足以勝任中國新公學的教學，於是，向主持教務者推薦。主持者經過調查、瞭解，認爲王雲五是理想的英文教員，便託那位學生向王雲五探詢是否願意應聘，其條件是每星期教課十八小時，月薪二百五十元。

對於中國新公學的籌建過程，王雲五已從報章上有一個大概的瞭解，對於該校的聘請，王雲五經過深思熟慮之後，認爲有一利一弊。利者，中國新公學的地位，遠遠高於益智書室，而每星期十八小時教學任務，祇佔六個半天，所費時間祇佔在益智書室工作的一半，而收入與在益智書室相差無幾。如果應聘的話，他每天可以騰出半天時間進修，對自己較爲有利。

但是，另一方面，該校學生大多比他年長，而且有許多是留學生，經歷過兩次辦學的風潮，特別是那些主持人，都是同學們推選出來的，可謂經過風雨，見過世面，而王雲五既無文憑，年紀又輕，如果任教之後，不能滿足學生的期望，便很難在學校長期工作下去。他目前已經擁有一個固定的職位，驟然改就一個不太可靠的職位，未免有些冒險。

王雲五權衡利弊，他對自己勝任教學還是有把握的。他想，祇要自己所任的功課教得好，學生們爲自己的利益考慮，一定會歡迎他的教學。縱然將來他自己要走，學生們也一定會極力挽留，又何必多所顧慮。還有，益智書室祇是一所私人學校，發展的可能性很小，假如他堅守益智書室的位子，恐怕一輩子很難再有發展，轉移陣地，倒可能開闢新的途徑。何況，祇要自己有一技之長，又能努力工作，何愁找不到好的職業呢，這點風險還是值得去冒的。根據選擇利多弊少的原則，經過深思熟慮，王雲五毅然決定，答應中國新公學的聘請。

這年十月初，王雲五受聘於中國新公學，擔任英文教師。

在中國新公學，王雲五的教學真可謂奇特且富戲劇性。

他教的是高級英語班，坐在教室裏的學生許多是剛從日本返國的留學生，年紀都在二十上下，有的甚至接近三十歲，而走進教室的王老師，祇有十八九歲。由於衣着樸素，個子又矮小，雖然看起來少年老成，而在這些學生眼裏，更像一個土少年。特別惹人注目的是，大多數教員和學生已經將辮子剪掉，走進教室的王老師還拖着一條長長的辮子。學生看見老師的這副形象，開始覺得新奇，繼而不免懷疑起王老師的教學能力。

王雲五教的是英語文法和修辭學，初上課時，也許是檢驗王老師的教學能力和英語水平，學生質疑問難者特別多。但是，年僅十八歲的王老師，從容不迫，胸有成竹，對學生的質疑問難，滔滔不絕，應對自如，表現出豐富的知識蘊藏和高超的英語水平，學生們才心悅誠服。幾天以後，質疑問難者漸漸地少了，最後，倒是王老師對他們隨時詢問是否理解老師的教學內容。學生們見王老師年紀輕輕，居然有如此高深的學問和高超的英語水平，又瞭解到王老師完全是通過自學和短期的學校學習，便達到了今天這樣的成就，更對王老師產生了由衷的欽佩。

在第一級（高級英語班）的學生中，有幾名是一邊學習，同時兼任初級班的教學的。其中有兩位後來成爲王雲五畢生的好友。

一位是朱經農。

朱經農，江蘇寶山人，一八八七年（清光緒十三年）六月二十五日生於浙江浦江縣；出生時，父親朱其恕任浦江縣令；

經農八歲喪父，投靠在湖南的叔叔朱其懿。朱經農少年聰明穎悟，學習勤奮，十六歲時，以第一名考入常德府中學堂，十七歲赴日本留學，第二年加入同盟會。中國公學發生風潮時，朱經農是新公學同學推舉的三名幹事之一。王雲五執教中國新公學以後，朱經農一面在王雲五主講的英文第一級聽課，同時，協同辦理學校行政，還兼教日文，在學校人緣極好，很有威望，顯示了良好的學業修養和老練的工作才幹。

另一位是胡適。

胡適字適之，安徽績溪人，一八九一年（清光緒十七年）十一月十七日生於上海；五歲喪父，由寡母撫養，就讀於家鄉蒙館；在家鄉十年，遍讀《十三經》、《資治通鑒》等書，奠定學問和人品的基礎。十四歲隨兄離鄉赴上海就讀，到上海後，先入梅溪學堂，再轉澄衷學堂讀書，接觸西方新思想。

胡適十六歲轉入中國新公學，在王雲五執教的英語第一級學習，第二年將近畢業時，又在本校兼教初級英文，故與王雲五有師生之誼，終生稱王雲五為老師。

胡適後來說：“我在中國公學兩年，受姚康侯和王雲五兩先生的影響很大。他們都是注重文法上的分析，所以我那時候不大能說英國語，卻喜歡分析文法的結構，尤其喜歡拿中國文法來做比較。現在做了英文教師，我更不能不把字字句句的文法弄得清楚，所以這一年之中，我雖沒有多讀英國文學書，卻在文法方面得着很多的練習。”

胡適離開中國新公學後，曾應聘擔任上海工部局所設的華董公學的國文教員。這一職位，正是王雲五推薦的。

王雲五應聘中國新公學時，用的是“王之瑞”的名字。這是一年前，王雲五和幾位友人在一起閑談，有位朋友說：“雲

五二字祇可視同別號，不大像名字。"王雲五當即想到，雲五
二字是從"日下現五色祥雲之瑞"而來，便説："之瑞二字倒
像堂堂正正的名字，就以之瑞爲名吧"，此後，王雲五便以王
之瑞名行。

第二年夏初，新公學與老公學決定合併，由於王雲五的教
學深受新公學學生的歡迎，新公學將繼續聘任王雲五作爲合併
的條件之一。因此，合併後的中國公學，仍然聘請王雲五繼續
任教。

本世紀初葉，青年學子刻苦攻讀，特別是苦學英文，無非
是出於兩個目的：第一，是找份好的工作，特別希望能在洋行
或使、領館等涉外機構找到一份收入豐厚的工作；再一個目
的，便是出國留學，特別是希望能到美國去留學。

此時的王雲五，學業優異，事業有成，特別是他的英語更
爲上乘，爲許多英美外籍人士所稱道。對於將來個人事業的發
展，他隱藏在内心深處的一個願望，便是出國深造。雖然王雲
五沒有任何學歷，但是，他清醒地認識到，以老師地位獲得留
學機會的，也不乏其人。祇要自己肯努力上進，將來就一定有
機會實現自己的願望，對此，他充滿了信心。也由於這個原
因，雖然父母親經常催促他結婚，他却絲毫不去考慮自己的婚
姻大事。

然而，家裏突然發生的一件意想不到的不幸事故，給了王
雲五一個極大的打擊。

這便是二哥日輝的去世。

王日輝比王雲五大四歲。他天資聰明，中國書雖然讀得不
多，英文却非常棒，能説會寫，尤其善於應付和交際。前年，
他二十二歲的時候，就被聘請擔任一家洋行的買辦，每年的收

入在一、二萬元左右，可謂生活優裕，志得意滿。

不料，王日輝因福得禍，豐厚的收入竟成爲他不幸的根源。當他有了豐厚的收入時，便成日花天酒地，還替一個名妓贖身，在外間同居；又染上鴉片烟癮，每年一、二萬元的鉅額收入，不僅毫無積蓄，甚至到了入不敷出的地步；參與投機買賣，又一敗塗地，迫使洋行將他解聘；接着，他的外室也自動離去；窮困潦倒的王日輝遷回家中，已是身無分文，傷心悲苦，又染上了肺病，真是禍不單行；烟癮戒不掉，肺病又無法醫治，每日還要靠父親和弟弟的接濟才能維持生命；終於在一天晚上，大口吐血不止，等到王雲五和父母親急跑到他房內，王日輝已是奄奄一息。趕緊延醫救治，醫師趕到時，他已經命歸黃泉，悲苦地離開了這個人世。

二哥日輝的去世，對王雲五和他的父母親，都是一個極大的打擊。

母親呼天搶地，哭得死去活來，五十多歲的父親也老淚縱橫。確實，老年喪子，白髮人送黑髮人，怎麼不會令兩位老人悲痛欲絕。

説來也是令人不堪回首，託祖宗庇佑，王家也算人丁興旺。王光斌共生有四個兒子，豈知三兒子幼年夭亡；長子日華自幼聰明穎悟，勤奮好學，正是王家的希望，日華也不辜負父母厚望，十八歲回家鄉考取生員，中了秀才，結束了王家世世代代沒有功名的歷史，父母親和王家的族人都稱慶賀喜，豈知天有不測風雲，僅過了兩、三個月，日華就得怪病而死。從此，父親便深信王家不能有讀書人，於是要二兒日輝輟學。日輝經商也算精明能幹，幾年時間依靠自己的聰明才智和勤奮努力，終於有了豐厚的收入，打下了紮實的根基，又豈知飛來橫禍，一切都化作烟雲，最後，連自己的命都搭了進去。

王光斌一輩子勤懇勞作，忠厚待人，上蒼何以如此不公，要將這樣的厄運降臨到王家來！難道上蒼注定王家不能發達，老天爺執意安排王家遭到如此悲苦的下場嗎？

王雲五在傷心的抽泣中，分明聽見母親在邊哭邊訴：兄弟四人，大哥尚未結婚不幸早逝；二哥雖已成家，又未曾生育，皆無所出，如今又遭夭亡；小兒雖已成年，爲出國深造又不肯結婚。二老已是衰年之人，將來不知什麼時候才能傳宗接代！

聽到這裏，王雲五心中一驚，深感自己沒有儘到爲人子的責任，致使二位老人憂心懸念。於是，當着二老堅決表示，放棄出洋留學的念頭，並儘早考慮結婚，免去二老後顧之憂。

王雲五是個孝子，又言而有信，儘管當時是爲着安慰二老而言，但此後，他再也沒有提起過出洋留學深造的事。

出國深造的念頭可以改變，王雲五讀書的興趣却絲毫沒有減退，而且，愈益濃厚，愈加强烈。

爲着要讀書，就必會買書。王雲五在同文館任教席時，每月所得的二十四元，除將半數交給母親零用外，自己支配的十二元已經綽綽有餘。去年到益智書室擔任英文教員並主持教學之後，每月有二百元的收入了，仍然將一半給他的母親，剩下的一百元對於一個年屆弱冠的少年，真是一筆不小的數字。他不抽烟不喝酒，除了偶然和幾位少年朋友吃些點心，別無其它嗜好，每月還送給二嫂二、三十元零用，剩下的大概七、八十元便都變成了書籍。於是，每有閑暇和星期日休息，王雲五總是在北京路一帶的舊西書店和河南路、福州路一帶的中文書店消遣。這些舊書店多從拍賣行把回國的外國人不便帶走的書籍一起買來，然後出售。由於不懂西書的内容，便衹憑外表裝訂的優劣與書籍的新舊隨便定價，價格往往定得很低。王雲五因爲西書看得很多，其價值一望而知，所以，往往能在這裏以很低的價格買到很有價值的名著。同時，他還經常在掃葉山房等書店購買中文的時應古書，在廣志書局等書店購買日本翻譯書，在文明書局、商務印書館等書店購買各種新書。這樣，不到一年，他便聚集了中外新舊的書籍好幾百册。這些圖書，在他獨居的小小的卧室堆滿了三面墙壁，儼然一個小型圖書館。

這一年，王雲五還做了一件令他自己都怦然心跳的事，他以分期付款的方式，從商務印書館西書部購買了一套原裝的《大英百科全書》。

這是一部共三十五鉅册的精裝英文書籍，裝潢華美，印刷精良。商務印書館西書部爲推銷這套書，採取先取書，分期付款的方式，每月付款十二元，兩年內付清。許多專家學者看見這部書，雖愛不釋手，但要將其買下，不免難下決心，十八歲的王雲五却毫不猶豫地將它買了回來。

這部精美的圖書，擺在王雲五卧室裏，佔去了他寬寬的一層書架，立刻使小小的卧室燦然生輝。

書買了回來，不是擺設，王雲五又做了一件令人不可思議的事情，他決心從頭至尾通讀這部《大英百科全書》。

多少年來，王雲五都是通過自學積累自己的知識，通過自學的磨練大大增强了他的理解能力。由於幾乎對每一項新的科目都有濃厚的興趣，而且在入門的開始，都不會感到困難，這樣，通讀百科全書就具備了基本的條件。

於是，從這部書買回來那天起，王雲五幾乎每天都把該書閱讀二至三個小時。閱讀的方法除按各條順序進行外，又通過索引將某一科目及其相關的內容，作較有系統的閱讀。結果，除了許多無關重要的人名地名等略而不讀外，所有重要條文皆通讀一遍，全部書讀完，費了將近三年時間。

也許，有人會說，博則博矣，博而不專。是的，世界上各門各類都有專其一門或數門的專家。然而，王雲五的博學（許多門類也達到了專精的程度），於學無所不窺，乃成爲博通古今，學貫中西的通才，使萬千後進、莘莘學子和社會各行各界，無論遇到什麼困難和疑惑，都能從他那裏得到解答；無論碰到什麼問題，都能通過他迎刃而解，這難道不是社會之幸，時代之幸，國家之幸嗎？

也有人會說，這樣讀書，很笨拙，很愚蠢。確實，這個時代，有很多人總想通過簡單的勞動便一蹴而就，創造輝煌的業績，達到高遠的目的。殊不知，世界上沒有不經過艱苦的勞動和孜孜不倦的創造就能成就一番事業的。社會的進步，時代的前進，國家的發展，正是通過千千萬萬的這樣"愚蠢"的人，"笨拙"的人踏踏實實地工作，鍥而不捨地奮鬥才實現的。這些人才是時代的驕子，國家的脊梁。而在當今的社會裏，這樣的人不是多了，而是太少了。

由於出國留學的念頭已經打消，爲了研究一門專門的學科，也爲了擴大自己學問的範圍，王雲五打聽到，美國的萬國函授學校設有各種專門學科，可以通過函授獲得文憑。於是報名參加了土木工程科的函授學習。在兩年時間內，他對數理機械的各種基本課程都已修業完畢，在理化、力學、高等數學方面，奠定了紮實的基礎。

這年秋天，王雲五又應江寧提學史李瑞清的邀請，擔任他所創辦的"留美預備學堂"教務長，並兼英文文法的教學。

與此同時，王雲五還爲上海《天鐸報》總編輯李懷霜之邀，擔任該報館外兼職主筆，每星期爲該報撰寫社論至少一篇。署名文章皆以"出岫"或"岫廬"爲筆名。

一九一０年（清宣統二年），王雲五舉辦了婚事，終於了了父母縈繞於懷的心願。妻子姓徐，名寶蓮，也是廣東香山縣人，出生於上海，也算王雲五的同鄉。岳父徐乃華先生，字子實，是一位茶葉商人。徐寶蓮比王雲五小三歲，曾受過中等教育，知書識禮，賢惠勤勞，對父母公婆也非常孝敬。王雲五爲她取一字，爲凈圃。婚後，夫妻恩愛，琴瑟和鳴，與結婚前的獨身生活相比，自別有一番旖旎風光。

五　總統府的青年秘書

教學、購書、讀書、爲文，王雲五在書海中遨遊，翻波湧浪，真是如魚得水。有一份甚至數份相對固定的工作，有優厚的薪俸收入，加之新婚燕爾，妻子聰明賢惠，每日工作完畢，回到家裏，妻子端茶遞水，噓寒問暖，然後在妻子的陪伴和照顧下，看書寫文章，真是舒心而愜意。王雲五由衷地覺得，這種境況維持下去，祇要沒有意外的變故，他願意安享來日，直至永遠。

然而，正如王雲五總結出來的，由於自己勤奮苦讀，成績卓著，步入社會以後，幾年來，總是事找他，因此，在這激烈動蕩的社會中，誰也無法主宰自己的命運，或者說，你會不由自主地被捲入到風起雲湧的時代的潮流中去。正所謂樹欲靜而風不止，時代和社會在進行着激烈的變化，而這是任何一個人都無法扭轉的歷史趨勢。

就在王雲五新婚之後的第二年，爆發了震驚中外的武昌起義，孫中山領導的辛亥革命取得了成功。維持了二百六十多年的滿清皇朝宣告結束。

孫中山是中國偉大的革命先驅者，他領導的革命推翻了滿清皇朝，他的豐功偉績名垂千古，應該永遠載入史冊。

孫中山，廣東香山人，一八六六年（清同治五年）生於香山縣翠亨村，二十六歲在香港西醫書院畢業後，行醫於澳門、廣州。

孫中山早年即有志反清。公元一八九四年，他北上上書李鴻章，提出革新政治主張，被拒絕，於是，赴檀香山主持興中會，次年在香港設機關，準備在廣州起義未成。一九〇〇年，派人至惠州三洲田發動起義遭失敗，失敗後，繼續在國外開展革命活動。一九〇五年，在日本成立中國同盟會，確定“驅除韃虜，恢複中華，建立民國，平均地權”的革命政綱，提出“三民主義”學說，創辦《民報》，宣傳革命。此後，在國內外發展革命組織，聯絡華僑、會黨和新軍，多次發動武裝起義，每遭失敗後，仍不屈不撓，繼續組織反清革命活動。武昌起義是孫中山組織的第十次起義，終於取得成功。

武昌起義成功後，各省紛紛響應，革命之火形成一股燎原之勢。

一九一一年十二月二十五日（農曆十一月初六），孫中山從海外返抵國門上海。四天後，即十二月二十九日，十七省代表匯集南京，以絕對多數選舉孫中山為中華民國臨時大總統。

翻天覆地的變化，振奮民心的大喜事，全國的民眾歡欣鼓
舞，百姓們傳頌着孫中山的豐功偉績，慶賀滿清皇朝的覆滅，
並滿懷希望地迎接新生活的到來。

廣東香山縣在上海的同鄉更加欣喜雀躍，興奮異常。他們
和孫中山同鄉，香山縣出了一位臨時大總統，怎麼不讓他們高
興無比，深感自豪。

王雲五和他的家人更多了一層激動和驕傲，他們的故里泮
沙村和孫中山先生的故里翠亨村相距僅數里路，在行政區劃上
同屬四都，可以說，不僅同鄉，而且同里。怎不令他們格外感
到興奮和激動。

陽曆新年來臨的頭一天晚上，即公元一九一二年元旦前
夕，孫中山先生將乘滬寧鐵路夜車前往南京就職。當晚啟程
前，香山縣的同鄉理當相送，於是，香山縣四都和大都的同鄉
在上海老把子路的宸虹園聯合宴請孫中山先生，孫中山非常高
興地接受了邀請。當晚，王雲五和他的父親都參加了宴會。

令王雲五感到意外的是，出席宴會的大部分都是香山同鄉
中的高年長輩或資深的成年人，他們却一致公推王雲五為晚會
的主席，請他代表香山同鄉父老即席致詞。

由於這兩小時的職務，王雲五的人生經歷竟發生了一個戲
劇性的變化。

這是一個小規模的宴會，出席的主賓共四十來個人，也就
是四、五桌。年僅二十三、四歲的王雲五，在出席宴會的人當
中年紀算最輕的，因為他被同鄉父老公推為主席，不但與孫中
山坐在同一席，而且與孫先生相鄰而坐。

宴會開始後，王雲五代表香山縣同鄉首先致詞。

幾年來，王雲五已經有在益智書室、中國公學和留美預備

學堂講課的經驗，經歷過在各種場合對各種人士的演講，許多複雜的情況都能應付自如，因此，對於今晚宴席上的即席致詞，可以說是胸有成竹，加之他聲音洪亮，口齒清楚，似乎天生就一副演說的口才，他的演講往往能收到極好的效果。

在孫中山先生身邊，王雲五精神振奮，神態從容，沉穩地發表了一篇熱情洋溢的即席講話。

王雲五首先代表香山縣的同鄉，對孫中山先生和他的革命同志歸國表示熱烈地歡迎。他說，孫先生領導的武昌起義，推翻了滿清皇朝，這是開天闢地的大義舉，具有劃時代的意義，其卓著的功勛，應該載入史冊。我們香山縣的父老兄弟，無不以有孫先生這樣的同鄉感到驕傲和自豪，並希望孫先生將來能繼續領導中國的革命，造福國家，造福桑梓，造福人民。

王雲五又說，今晚這個聚會，既是歡迎，又具有歡送的意義。孫先生將就任中華民國臨時大總統，這對我們國家和人民，都是一件大幸事，標誌着社會在進步，歷史在向前發展。

王雲五對中華民國建國的意義進行了一番陳說之後，最後表示，中華民國的成立，將使中國走向一個新的階段。中國的民眾和百姓，對孫先生寄予了厚望，希望孫先生堅定地實行其所倡導的"三民主義"，領導中國人民進入一個自由、民主、幸福的新世界。

王雲五的即席致詞簡短而又熱情，情真語摯，句句都打動着與會者的心。無論是孫中山先生還是參加宴會的香山縣同鄉，都爲王雲五的即席致詞而受到深深地感染和鼓舞。

致詞結束，與會者報以熱烈的掌聲。

王雲五致詞後，孫中山先生也發表了熱情洋溢的講話。

孫先生致答詞後，便開始了隨意的交談，都是同鄉，交談是在輕鬆而熱烈的氣氛中進行的。

因為與孫先生相鄰而坐，王雲五與孫中山先生交談的機會特別多，孫中山也特別注意身邊這位年輕的、才華橫溢的同鄉，極願意與他交談。

經過了短時間的交流，孫中山便對王雲五通過自學而致有今天的情況，瞭解得一清二楚，不禁對這位青年同鄉刮目相看了。他稱許王雲五是今天青年人的楷模和榜樣。

接着，孫中山向王雲五提出了一個意想不到的問題。

孫中山說："明天，我將就任中華民國臨時大總統，需要一批革命同志到總統府工作，我很希望你能來京襄助我。"

"啊，孫先生，這個我倒是沒有想到，"王雲五確實感到很意外，接着說，"祇是，你想要我到總統府幹什麼工作呢？"

"請你充任臨時總統府的秘書，"孫中山明確而具體地說。

"孫先生的盛意邀請，真是讓晚輩受寵若驚，"王雲五恭謙地說，"祇是晚輩出身寒庶，又沒有學歷，涉世未深，特別是沒有在政府工作的經驗，貿然充此重任，就怕不能勝任工作而影響總統治國大計啊。"王雲五這樣考慮，確實是出自他的由衷之言。

"不，不，根據我剛才的觀察和瞭解，你完全能勝任總統府的秘書工作。你年輕有為，為國出力正當其時，希望你能考慮一下，"孫中山誠懇地說。

"孫先生覺得晚輩能勝任總統府的秘書工作嗎？"

"完全能勝任。"孫中山興奮地說，"你從事這個工作有很多優越條件，你在報紙上發表了數百篇政論文章，有很深的國文功底，又會國語、廣東話、上海話，英文也是第一流。而且我發現你非常精明、幹練，正適合做秘書工作。」

孫先生分析得合情合理，連王雲五自己也覺得確實能够勝任這個工作了，便說：「既然孫先生如此盛情相邀，晚輩祇好恭敬不如從命了。祇是，以後還要請先生多加指教，以不貽誤工作爲要。」

「那好，我們就這樣說定了。」孫中山高興地說，「你什麼時候能來報到呢？」

「我手邊還有一些未了的事情，全部了結大概需要兩星期，兩星期後進京報到，可以嗎？」王雲五也如實相告。

「可以，兩星期後，我們在南京見。」孫中山慨然答應。

事情就這麼決定了。

王雲五感到特別激動，激動之餘，又對孫先生增加了一層敬佩之情。他知道，在民國前的清朝，參加政府工作，大多要經過兩個途徑。一是科舉考試，二是花錢捐官。但無論考試還是捐官，都要自己通過找門路和託人幫忙，費去不少銀錢，才能獲得一個實職。想不到自己以一個未曾參加過革命工作，又沒有加入革命組織，連同盟會會員都不是的人，僅因一面之緣和宴席上的一席話，便承新建國的元首孫中山先生主動破格擢用，真讓他感到出乎意料之外。孫先生如此大膽提拔青年後學，如何不令王雲五激動之至，欽佩之至。

王雲五辭去了中國公學和留美預備學堂的工作，於一九一二年（民國元年）一月中旬，到南京臨時大總統府報到。

總統府設在前清兩江總督衙門。王雲五報到後，臨時大總統孫中山先生得知王雲五已經到任，親自接見，並下手令，委派王雲五爲臨時大總統府秘書。

王雲五開始了臨時大總統府的秘書工作。

王雲五的工作，是在接待處代替總統接見一切來訪的賓客。正如大總統所說，由於他能操一口流利的英語，又擅長國語和廣東話、上海話，對此任務，最爲適宜。臨時大總統還具體交待王雲五，任何要見他的人，都先由王雲五接見，除經特約者外，如王雲五認爲無須親謁總統的，便請其分別改向總統府中有關單位或府外有關部會接洽；如認爲確需總統接見的，便把要進謁的事由與其住址記下來，經請示總統後，核定接見時間，再由王雲五去函通知。因此，王雲五每日都要向總統孫中山報告一次，或用書面，或當面請示。由於這項職務關係，王雲五便以一位初出茅廬的秘書身份，經常有機會當面向總統請教，而每次匯報工作時，孫中山都以很和藹的態度對他進行指示，使王雲五深感身心愉悅外，更對孫中山先生產生了由衷的崇仰之情。

豈知，王雲五在總統府任職不到半個月，就遇到一件令他兩難的事情。

一天，王雲五突然接到從上海家裏轉來的寄給他的一封信，信的落款署名是"中華民國教育部"。他感到很奇怪，他和教育部素無來往，怎麼會有人寫信給他，於是，急切地將信打開，展開信紙，首先看了看寫信人的名字，更讓他感到驚訝，原來，信末的署名竟是中華民國教育總長蔡元培，這封信竟是當時聲名卓著的蔡元培先生寫給他的親筆信。在信中，蔡元培先生熱情相邀，聘請他前往教育部任職，"相助爲理"，看到這裏，王雲五才突然想起一個月前的一件事。

原來，王雲五在赴京到總統府任職以前，由於在學校任教多年，對我國的教育政策和制度頗有感慨，不大滿意。經過深入地思考和全面地研究，形成了一系列的設計和主張，於是，便把自己的全面意見，寫成一個建議，寄給了蔡元培先生。王雲五與蔡元培並不相識，也從無一面之緣，祇是將自己作爲教育界的一份子，提出一點有關教育的意見，也算是做點微薄的貢獻。在寄出這封信之前，王雲五已有孫中山先生聘請的總統府的職務，毫無藉此機會毛遂自薦求職的意思。想不到，蔡元培先生對於一位從未謀面的青年的建議如此重視，認爲王雲五的進言正切中當時教育界的時弊，所提建議也甚切合蔡元培自己改革教育的思路，切實可行。蔡元培認爲，如按照王雲五的建議改革中國的教育，那麼，中國的教育將有所改觀，出現一個新的局面，於是，熱情邀請王雲五來教育部工作。

這真是出乎王雲五的意料之外，除對蔡元培先生平添了一份好感之外，也使他陷入了兩難之中。

王雲五從十七八歲開始擔任教師，多年來一直在學校工作，對教育頗感興趣。他覺得，以他的興趣和專長，從事教育是最理想的選擇。現在，教育總長蔡元培先生熱情相邀，假如自己能趁此機會重回教育界，參加革新教育的任務，自己歷年來改革教育的夙願能得以實現，機會難得，當然非常愉快。

現在，他承民國臨時大總統孫中山先生意外拔擢，擔任總統府秘書，雖然自己對所任的職務並不見得有什麼特別的興趣，然而，擔任此職，能每天聆聽孫先生的教誨和指示，如沐春風，如浴甘霖，一旦離開此職，實在有些捨不得，也有拂孫中山先生的美意，如何能夠向孫先生啓齒。思來想去，他決定還是把孫中山先生視同自己的家長，而不當他是國家的元首，將此事同孫先生商量，聽聽孫先生的意見，亦無不可。於是，王雲五持着蔡元培先生的信，面謁孫中山先生請示。

孫中山先生不愧爲一位偉人和經驗豐富的長輩，他看了蔡元培先生的信，又聽了王雲五如實的報告，考慮了一下説：「你多年從事教育，擔任教育部的工作是最適宜的，能最大限度地發揮你的才幹，也是爲國家服務。但你在總統府任職也很得力，我非常滿意，兩邊都需要你。這樣，我有一個兩全的辦法，就是上午在總統府工作，下午在教育部工作。上午總統府接待處來訪的人較多，你留在這裏處理公務，下午則往教育部辦事，也能實現你改革教育的主張，這樣各得其所，兩不相妨。」

孫中山先生的指示，解決了王雲五的左右爲難，既兼顧了總統府的工作，又能使自己從事教育。聽完孫先生的指示，王雲五既欽佩又激動，一股暖流湧上心頭，不禁深深地向孫先生鞠了一躬，表示了無限的感激之情。

孫中山不愧爲大總統，辦事周全又仔細，爲免除王雲五的後顧之憂，使他每日下午能安心教育部的工作，又特意加派一位秘書到接待處工作，上午協助王雲五，下午便代替他工作。

這樣，王雲五又以一半的時間和精力，開始了在教育部的工作。

中華民國雖然成立，國內的形勢仍然是嚴峻而複雜的。

武昌起義成功後，權勢正盛的北洋軍閥首領袁世凱在帝國主義的支持下，要挾清廷，委以全權重任，擔任了內閣總理大臣。袁世凱擔任內閣總理大臣後，立即出兵，向革命黨要挾義和，並威脅孫中山讓位，同時，挾制清帝退位。孫中山先生本着爲國而無私的精神，爲避免戰事延長，向袁世凱表示妥協，提出五項和議條件，要求袁世凱宣佈政見，贊成共和，敦促清帝退位，如能實現，將辭去臨時大總統職務，推舉袁世凱爲大總統。袁世凱垂涎大總統之位，乃有意逼迫清帝退位，此後，清駐外使節和清軍將領聯名致電，請清帝退位，定共和政體。

二月十二日，清帝溥儀宣佈退位，第二天，孫中山實踐諾言，向議院提出辭呈，並推薦袁世凱爲臨時大總統。二月十五日，參議院選舉袁世凱爲臨時大總統，並派蔡元培、宋教仁等爲專使，前往北平迎接袁世凱南下就職。然而，袁世凱不願到革命形式較强的南方就職，暗中指使曹琨所部在北京、天津等地舉行兵變，袁世凱便藉口北方形勢不穩而不肯赴南京就職。三月六日，參議院決定允許袁世凱在北京宣誓就職。三月十日，袁世凱在北京就任中華民國臨時大總統，中央政府北遷。

袁世凱竊取了中華民國臨時大總統的職位，實際上開始了北洋軍閥對中國的統治。

袁世凱任臨時大總統後，政府各部門重新組建。王雲五仍留教育部任用，並被任命爲專門教育司第一科科長，隨教育總長蔡元培先生遷赴北京辦公。

在專門教育司第一科，王雲五的主要工作是起草大學和專門學校令。他所起草的這些辦學方針和政策，實際上是蔡元培先生採納王雲五在南京政府成立初時對教育部所提的建議。

王雲五對教育改革的建議，主要有以下三點：

一、提高中等學校程度，廢止各省所設高等學堂。在大學校附設一、二年的預科，考選中等學校畢業生或相當程度者入學。預科畢業者，升入大學。

二、大學不限於國立，應準許私立。國立者不限於北平原設的一所，全國暫行分區各設一所。並主張除北平原設之京師大學堂外，南京、廣州、漢口應儘先各設一所。

三、各省得視需要，設專門學校。其修業年限較大學爲短，注重實用。

以此，王雲五雲縈繞於懷的對教育的改革終於有了一個實施的機會。

在教育部，一天，有客人來訪，原來是曾與他同在中國新公學任教的一位學生朱經農。朱經農現在北京《民主日報》擔任編輯，該報系同盟會（後來改組爲國民黨）設在北京的機關報，主持人爲湖南人仇蘊存。朱經農知道王雲五曾在上海爲《天鐸報》撰寫社論，邀他爲《民主日報》擔任社外主筆，撰寫社論，每月報酬一百五十元。王雲五擔任公職後，早晚有很多閑暇時間，於是答允用“岫廬”或“出岫”筆名，每星期爲該社寫三篇社論。這樣，王雲五在公務之外，又多了一項業餘爲報社寫社論的工作。每月大約十二、三篇，在一年多的時間裏，共寫社論一百五十多篇。

與此同時，國民黨在北京皇城根創辦了一所大學，名爲“國民大學”，校長爲湖南人袁雪安。袁雪安知道王雲五對教授英文很有經驗，邀王雲五爲該校兼任每週數小時的英文教學。此時，王雲五已經放棄美國函授學校的土木工程專科函授，而改學美國拉沙爾函授大學法律全科，業餘時間極爲有限，本不想去應聘，考慮自己過去所教的學校皆屬中等程度，現在有一個對大學生教書的機會，不妨嘗試一下。於是，接受了這一聘請。

以此開始，王雲五兼任國民大學法科英文教授，持續了四、五年，直至離開北京時爲止。

這年八月，孫中山、宋教仁等以同盟會爲基礎，合併共和黨、國民共進會、國民工會等黨派，成立中國國民黨，並於二十五日在北京舉行成立大會，選舉孫中山先生爲理事長。

這年九月，王雲五加入中國國民黨，成爲國民黨黨員。

六　　"同鄉"釀風波

政壇的風雲變幻真令王雲五未能料及。

孫中山擔任臨時大總統未及三個月，即讓位於袁世凱。

民國國務總理的任命，也如走馬燈：一九一二年（民國元年）三月，袁世凱提名唐紹儀爲國務總理；六月，唐紹儀即辭去國務總理，同月，以陸徵祥爲國務總理；僅二個多月，袁世凱又任命趙秉鈞爲國務總理；民國二年九月，袁世凱利用進步黨熊希齡組成名流內閣；不到半年，熊希齡辭職，孫寶琦又代理國務總理。

每次內閣總理的任免，又牽涉到一大批政府官員和公務人員的去留。

一九一二年六月，唐紹儀辭去內閣總理，蔡元培也堅持連帶辭去教育總長的職務。七月，袁世凱即任命原教育次長范源濂爲教育總長，王雲五此時仍任專門教育司第一科科長。范源濂的教育總長祇當了半年，便自行辭職，參議院特任海軍總長劉冠雄兼署教育總長。不到二個月，劉冠雄辭職，又特任農林總長陳振先兼署教育總長。

本來，不管教育部長官如何更換，王雲五祇抱定忠於職守的原則，勤勤懇懇地工作，並藉此機會實施自己對教育實行改革的計劃，希望能通過他的改革措施，使中國教育的現狀出現一個新的面貌。可是，真想不到，由於一種王雲五並不重視的莫名其妙的同鄉關係，使王雲五被捲入政爭的漩渦，而給他帶來了意想不到的厄運。

事情說來真有些不可理喻，其起因是由於起草一篇在教育部經常需要起草的文告引起的。

一天，教育總長陳振先將王雲五叫到他的辦公室，非常和藹而熱情地詢問了王雲五的詳細情況，包括籍貫、家庭出身、個人經歷等等，並進一步與王雲五交談了對教育的見解和主張，其中，對王雲五是廣東籍的根底更是瞭解得非常清楚，看來，部長對王雲五的這一切非常滿意，然後，陳總長便交給王雲五一件工作，囑他起草一篇文告。

起草文告，本是王雲五駕輕就熟的專長，也是他在部裏的份內工作，於是，他根據部長口授的關於該文告的主要原則和內容，就在陳總長的辦公室裏，花了約一個小時的時間，寫成了一篇一、二千字的文告，交給陳總長審核。總長看了之後，十分滿意，當面向王雲五表示，要委王雲五以專門教育司科長兼任教育部主任秘書。

陳總長的委任，對一位青年人來說，當然是件好事。王雲五認爲，既承總長信任，將來就更有施展抱負、改革中國教育的機會，於是，便欣然接受了這一委任。

心胸豁達的王雲五卻沒有想到，陳總長特意召見王雲五並當面囑他起草文告，是另有一番苦衷和原因的。

原來，農林總長陳振先兼署教育總長後，在教育部工作時，總會碰到一些說不清道不明的不大不小的阻力，很不順心。他注意到，教育部的高級職員中，包括董次長和四位參事中的三位，三位司長中的兩位都是江浙人，祇有他是廣東人。如果他和周圍的人事關係不以地域、籍貫劃分的話，也能融洽相處，可是，陳總長將他在工作中遇到的阻力，歸咎於他身邊的幕僚都是江浙人，有意和他作梗。陳總長又很有些抱負，想在教育界有所作爲，便要行使他的總長職權，因此，心緒有些不佳。

有一次，陳總長要發佈一篇文告，將主要内容進行交待之後，囑咐原任的秘書起草。經辦的秘書將文告寫成後，根據以往的慣例，在交給總長之前，預先去徵求參事、司長等主管領導的意見，結果，由於參事、司長的介入，對於總長的主張和措施不免有重大的修正。陳總長看到這篇文告後，覺得自己身爲教育總長，竟不能指揮一名秘書，心裏很不痛快，便想在農林部物色一名可靠的人來輔佐自己，而一時又物色不到合適的人選。

有一次，陳總長將自己的不滿向一位廣東同鄉訴苦，正巧那位廣東同鄉非常瞭解王雲五的能力和才幹，於是，便笑着對陳總長說：“你要找的人，現在就有一位。”

“在哪裏？”陳總長急切地問。

“遠在天邊，近在眼前。”

“此話怎講？”陳總長不解。

“教育部就有一位廣東人，年青有爲，才幹卓越，能力超群，正適合成爲你的輔佐。”

“哦，有這等事，你説的是誰？”

“王雲五。”

“王雲五？”陳總長感到茫然。

原來，陳總長與王雲五雖都是廣東同鄉，但因王雲五是生長在上海，是所謂外鄉的廣東人，對同鄉人士認識不多。而且，王雲五為人厚道忠誠，廣交朋友，從來不以同鄉為限，祇要心靈相通，互相尊重，便可成為莫逆之交。陳總長到任之初，王雲五雖知道陳總長是廣東人，卻沒有以同鄉的身份去找過他。因此，陳總長不僅與王雲五未曾謀面，甚至不知道部內有王雲五這樣一位廣東同鄉。

"啊，太好了！"陳總長得知這個情況，非常高興。於是，就有了對王雲五的召見和談話，進而起草文告這一情節。

而王雲五直到擔任了主任秘書時還對這些枝枝節節的瓜葛一無所知。

王雲五以此兼職，便得以出席部務會議。部務會議是由次長、參事，司長及主任秘書構成，而由總長主持。主任秘書的工作，也就至關重要，說明此時王雲五已經進入教育部高級幕僚的圈子了。

王雲五對任何工作都是忠於職守，儘心儘職的，在他參加的最初幾次部務會議中，由於陳總長對各項議案不太瞭解其經過，總是預先徵詢王雲五的意見。王雲五也總是詳儘地給予解答，有時，對某些議案自己也不甚瞭解，便會預先調查檔案，或向主管人員詳細瞭解經過，因此，他總能對陳總長提供正確的意見，使部務會議進行得頗為順利。陳總長非常滿意，深感用人得當，免去了他很多憂煩，對王雲五更是信任有加。

然而，沒有想到，在一次部務會議中，由於一項政治的問題，使與會人員分成兩派，發生了尖銳的衝突。

事情是由國會議員的被選資格引起的。

當時的國會議員被選資格中，有一項是中央學會會員。由於原規定比較含糊，至使有相當於專門學校的許多雜牌學校畢業生，紛紛比附要求。如何掌握，從寬從嚴，應當由教育部決定。但是，部務會議在討論這一問題時，產生了兩種截然相反的意見。會議中，除社會教育司司長夏曾佑不表示意見外，其他參事三人與普通、專門兩教育司司長意見一致，而與總長的意見相反。陳總長堅持自己的意見，五位高級幕僚則一致反對總長，造成不可調和的僵局。

本來，幕僚對於長官的主張和決定，雖然可以歷陳不同甚至相反的意見，但是，最後的決定權應該是長官，一經長官決定，幕僚便必須服從。決不能因爲屬員意見一致和人數之多而對抗長官，這是世界一般政治和行政工作的基本原則。出席部務會議的幾位高級幕僚，不知出於什麼原因，堅持己見，毫不相讓，表現出一種固執和對抗的情緒，致使陳總長頗有些尷尬和難堪。

此時，一直沒有發言的王雲五不得不態度鮮明地表示了自己的意見。他從維護政治和行政工作的基本原則出發，力勸各位參事和司長在以儘其職責表達了自己的觀點和意見之後，不宜過分堅持，而應服從總長的決定。

想不到，王雲五這一出以公心而無可指責的發言，竟觸犯了衆怒，各位參事、司長一致指責王雲五偏袒身爲總長的同鄉，至使僵持的局面愈益惡劣。最後，除社會司夏司長外，全體參事、司長一致以向陳總長提出辭職爲要挾。

陳總長早就對教育部的人事關係強烈不滿，此時，不爲所動，毫無挽留之意，對於各位參事、司長的辭呈，先以部令照准，並即刻委派王雲五爲專門教育司司長，委任楊曾誥科長、彭守正視學爲教育部參事。董次長爲表示對各位參事、司長的同情，也請病假，不來上班。陳總長此時仍然態度堅決，不予置理。

一時間，教育部的人事糾紛鬧得沸沸揚揚，驚動了政府各部門。

看來，這實際上已經不是一個對國會議員被選資格問題的意見分歧，而是一場派性之爭，是一場典型的人事糾紛。

王雲五無意中被捲入了這場糾紛，真是無可奈何，因爲，這決不是他的初衷。

本來，這幾位辭職的參事、司長都是與王雲五在南京時代一起工作的老同事，平素感情融洽，從來無意與他們產生這類糾紛。可是，爲了堅持政治和行政工作的原則，他必須挺身而出，支持陳總長，儘管他與陳總長並無他們所謂的狹隘的同鄉關係。王雲五認爲，如果讓這種對抗長官的局面維持下去，惡例一開，將使政府長官無法發揮其施政的作用，而轉爲僚屬把持權力，無異於本末倒置。

事情尚未了結，教育部總長和幕僚之間的人事糾紛仍然處於僵持狀態，各不相讓，互相都不表示妥協。

事情鬧得越來越大，引起了衆議院的注意。爲此，衆議院特要求教育部長官列席報告有關中央學會案的處理意見。這時，董次長請病假藉故不來，陳總長又不願親往列席，以免使自己成爲衆矢之的而陷入尷尬的境地。不得已，陳總長要王雲五暫以代次長的名義前往衆議院列席報告。

無疑，王雲五已經陷入了這場漩渦的中心了。

但是，王雲五從來不迴避責任，而且態度鮮明，觀點清楚。他明知這次去衆議院報告不容易應付，特別是自己以一位不够資格的人代表總長列席會議進行報告，而所報告的內容又是模棱兩可，見仁見智的問題，仍然準備硬着頭皮銜命前往。

　　王雲五是個考慮問題細心而周全的人，他去報告之前，對於報告如何措詞，如何表達，既要堅持正確的觀點，又要減少各位議員的反對，維持長官的面子，進行了周密詳儘的準備。

　　在列席衆議院的報告會上，王雲五充分發揮了他的演說才能，他以一個二十五六歲的青年，以代教育次長的身份，代表教育總長向出席會議的各位資深國會議員進行了報告。他以宏亮的聲音，清晰而伶俐的口齒，將事情的經過和發展，自己的觀點和態度進行了鮮明的陳述。王雲五的態度是誠懇的，並且充滿了信心，因爲他堅持認爲自己是正確的。

　　王雲五在進行報告之前，設想了各種可能的結果，甚至設想可能會出現難堪，下不了臺的局面，然而，真沒有想到，經他報告和陳述之後，絲毫沒有引起議員的責難，反而博得了極爲熱烈的掌聲。衆議院對王雲五的報告表示極爲滿意，議員們稱讚王雲五敢作敢爲，堅持原則，而且報告條理清晰，觀點鮮明，表述有理有據，使與會的議員都受到了感染。

　　王雲五初上政壇就取得了一個極大的成功。

　　經過王雲五的據理力爭，本來事情可以就此了結，至少有了一個明確的是非。王雲五於公於私都無愧於己，無愧於人。

　　然而，政壇實在是太複雜了，沒過多久，事情竟來了一個一百八十度的大轉彎，結果完全顛倒了。

　　已經取得了勝利的陳總長不知道受到了什麼壓力，突然請求辭去兼教育總長職務，國務院改以請假中的董次長暫代部務，不久又任命汪大燮爲教育總長。於是，上次事件中以辭職而經陳總長以部令批準的各參事、司長大都復職或者轉職，楊曾誥、彭守正二人也奉命各回本職。這樣，王雲五便在教育部呆不下去了，擺在他面前的祇有一條路——辭職。

　　這件事情自始至終，都非出自王雲五的初衷，也不是他首
先發起，他却不幸捲入了教育部人事紛爭的漩渦，雖然於公於
私他都是問心無愧的。即使後來蔡元培先生聽到此事，也沒有
對他有什麼不滿，而且當面向王雲五表示，認爲他的主張和處
理是正確的。然而，王雲五却成爲這次事件的唯一的犧牲品，
説來真是令人感嘆不已。

七　偶顯譯技

　　王雲五脱離教育部後，繼續受聘於國民大學（後改爲中國
大學），並由兼任改爲專任教授。

　　一九一四年（民國三年）三月，在北京成立了籌辦全國煤
油礦事宜處，其督辦是前國務總理熊希齡（秉三），主要從事
全國煤礦的開採事宜。熊希齡是王雲五摯友朱經農的姑父，朱
經農原任北京民主日報編輯，後該報因爲反對袁世凱，報社遭
查封，朱經農便轉到工商部任職。因爲是熊希齡先生的内侄，
便經常與熊先生保持密切的聯繫。

　　籌辦全國煤油礦事宜處是一個很小的機構，除了幾位秘書
外，另外設有技術股和編譯股。技術股主任是一位留美油礦專
家劉某，他的大部分時間是偕同美國勘探隊在陝西延長從事勘
探工作。編譯股主任是組織上應設的一個職務，沒有固定任
務，屬於閑差。朱經農見王雲五在中國大學教課外尚有餘暇，
於是極力向熊希齡先生推薦他兼編譯股主任。該股主任無需按
時到職，每月僅送一百元。王雲五經朱經農力勸，祇好答應兼

任。然而，他又不願白拿津貼，便每天以半天時間來處從事翻譯工作。他在技術股所藏的油礦專著中選了一本內容非常豐富的英文著作進行翻譯，由於該書是一長篇鉅著，全部譯畢大約有七八十萬字。王雲五以每天譯稿二千字計算，大約需要一年時間才能完成，所以，在編譯股任內，他的工作雖認真，譯事也精湛，而熊督辦對他的翻譯水平却一無所知。

有一次，在籌辦煤油礦事宜處發生了一件有趣的事情。

爲從事煤礦開採，除籌辦事宜處之外，還設有一個經理處，其經費在初辦時由美國美孚石油公司支付，將來如果勘探滿意，雙方則另外定開採合約，此項開支便改由合組的公司負擔。經理處有三位專家：魏冲叔（易），北大英文教授，曾與林琴南合譯西洋小說百數十種，中英文均擅長；熊崇志（位西），留美工程師，曾任唐山路礦學堂校長，擅長英文及工學；董顯光，曾留美專攻新聞學，擅長英文寫作。三位專家的待遇皆爲月薪三百五十元，比籌辦處人員的待遇高出數倍。

不久，陝西延長油礦經過勘探，認爲極有希望，於是，美方草擬了合辦契約，並派出了全權代表來華磋商。其合約草案已經預交上海某大律師事務所譯成中文並送來經理處研究，因爲美方代表不能久留，事前已排定日期提交國務會議討論。

沒有想到，在臨近國務會議討論時，出了一件意想不到的事情。

經理處三位委員審核英文草約及其譯文後，發現譯文佶屈聱牙，不可卒讀，其內容更無法說解，必需重新翻譯，否則，無法提交國務會議討論。然而，全文字數不下三萬，時間又緊迫，合約中的法律條文的句讀又特別長，非有對法律及中英文字兼有研究者不能勝任。

本來，這件事正是三位委員的當然工作，然而，魏冲叔雖擅長翻譯，却對法律條文不太熟悉，對譯此件，高低不敢接受，熊位西和董顯光更是遜謝不遑。怎麼辦？祇好直接稟報到督辦熊希齡那裏。熊希齡知道這個情況也非常着急，又無計可施，真是一籌莫展。

正在這時，朱經農知道了這件事，立即跑到事宜處，對正在發愁的熊希齡説：“我向你們推薦一個人，可以勝任此事”

“誰？”熊希齡似乎看到了一綫希望，着急地問。

“編譯股主任王雲五。”

“他？”熊希齡感到有些意外，“他能勝任此事？”

“保證馬到成功。”朱經農胸有成竹地説。

“這個……”熊希齡還在猶豫。

“我看可以。”魏冲叔興奮地説。

“怎麼，你瞭解他？”熊希齡問。

“我聽説王雲五的英文乃第一流，過去，曾在中國公學高級班教授英文，反映頗佳，現在又是中國公學大學部法科的英文教授。”魏冲叔説。

“我還告訴諸位，”朱經農補充説，“王雲五的國學功底很深，對法律又素有研究，故翻譯此件應不成問題。”

“既然這樣，那就請王雲五主任翻譯吧，”熊希齡説，“這件事就請冲叔兄出面辦理。”

魏冲叔欣然答應。

當天，魏冲叔便匆匆趕到王雲五寓所，對王雲五説：“王主任，有一翻譯急件，急需譯出。我等才疏學淺，不克勝任，還想仰仗先生大才完成此任。”

“哦，什麼急件，如此重要？”王雲五問。

　　魏冲叔將事情的原委經過，各位委員的研究結果和熊希齡的意見向王雲五轉達，請王雲五重爲翻譯。最後説："王主任，時間非常緊迫，此譯件後日下午需提交國務會議討論，所以給你翻譯的時間僅有一晝夜，看來你要加班辛苦了，拜託，拜託。"

　　王雲五將合約的英文原文接過來約略展開閱看了一下，心裏已經有底，見冲叔先生和熊秉老如此着急，而且事關國家大事，不容推辭，也就答應下來。

　　"好吧，既然你們如此信得過我，我就試試看吧。"王雲五説，"時間如此緊迫，還必須給你們留下審閱的時間，明天晚飯以前交清全稿，如何？"

　　"可以可以，謝謝謝謝，拜託，拜託了，"魏冲叔見王雲五痛快地答應下來，而且答允如期交稿，非常高興，欣然辭去。

　　時間緊迫，待魏冲叔一走，王雲五便立即開始工作。從當天下午五時起，到次日午後三時，夜間僅睡了二個小時，實際工作達二十小時，一氣呵成，漢譯成稿二萬六千多字。譯完後，自己又仔細校閱了一遍，覺得沒有什麽問題，便匆匆將譯稿送去交給冲叔，如期完成了任務。

　　魏冲叔見王雲五言而有信，一諾千金，如期交來了譯稿，解決了他們無法解決而又非常緊迫的一件難事，大喜過望，連聲向王雲五道謝。

　　王雲五任務完成，責任已儘，回到寓所，由於疲倦已極，提前吃過晚飯便倒頭就睡，而將此事置諸腦後，不再縈懷，一枕黑甜，不知東方之既白。

　　第二天早晨，王雲五剛剛起牀，便聽到"嘭嘭！"的急促的敲門聲,開門一看，原來是朱經農滿臉喜氣地站在門外，又急匆匆地走了進來。

"恭喜恭喜，雲五老師，"朱經農激動而又興奮地說。

"喜從何出？"王雲五感到奇怪，原來，他已把昨天的事忘得一乾二净。

"你的譯稿已經順利通過了。"朱經農欣喜地說，"昨天晚上，經理處各位委員審核譯稿，認爲你的譯文水平高超，優異卓絕，真是無懈可擊。學長們都欽佩不已，熊秉老也非常高興。"

"噢，通過了，"王雲五淡淡一笑，他覺得這是正常的結果。對他來說，認真工作，追求卓越的工作成績是他的本分，用不着道喜。

然而，朱經農仍興奮異常，喜形於色，在房内走來走去。

"老師知道吧，"朱經農仍然興奮地說，"昨天晚上，我守候在熊秉老的寓所，像秀才候榜一樣，想聽到對你譯文審核結果的消息。秉老深夜才回來，我見他滿臉喜色，便知道你的譯文圓滿通過。果然，熊秉老告訴我，冲叔等委員校對原文後，認爲無懈可擊，終於放下一顆懸着的心。"

"是嗎？"王雲五也笑了起來。

見朱經農如此高興，王雲五的情緒也受到了感染。他倒不是爲自己的譯文獲得通過而高興，他見朱經農將他的事視作自己的事，急他所不急，見譯文獲得通過便欣然有如身受，這種至愛之情真是讓王雲五感動不已。他是爲自己有一位如此情真意摯的朋友感到欣慰。

朱經農又告訴王雲五說："昨晚，熊秉老在家時裏連聲嘆息，感慨不已，說：'慚愧呀慚愧，國有瑰寶而竟不自知。王雲五來事宜處工作已經半年，我等竟不知道他有如此高超的英文水平，而待遇上又受到如此委屈，本人却從不計較，真是才高德劭啊。從明天起，讓王雲五主任享受經理處魏冲叔等同一待遇，月領工資三百五十元。'

"最後，熊秉老囑我代他先向老師致意，明天午後國務會議結束，他將親來老師的寓所道謝並致歉呢！老師，痛快呀痛快！這件事是我自南京臨時政府成立以來最爲痛快的一件事。"朱經農説完又高興地笑了起來。

王雲五見朱經農以朋友的成功欣然如此，摯愛之情溢於言表，也高興地笑了起來。

八　陷入是非場

形勢是嚴峻而複雜的。

中華民國成立,推翻了滿清皇朝的統治，是中華民族幾千年來的一件大事，具有劃時代的歷史意義。

然而，革命剛剛起步，又遇到了艱難和險阻。

中華民國的締造者孫中山先生爲避免百姓陷入戰禍之中，儘快在國內推行民主政治,向滿清政府的實力派妥協，將臨時大總統的職位讓給了袁世凱。然而，野心勃勃的袁世凱在竊取了國家的政權之後，不但不推行民主政治，反而置革命先驅者數十年革命的成果於不顧，大搞獨裁專權，給充滿了光明前途的中華民國投下了陰影，辛亥革命的成果可能毀於一旦。

一九一三年（民國二年），袁世凱採取卑鄙手段，派人在上海暗殺了積極推行責任內閣制的國民黨代理理事長宋教仁，接着，又封閉中國國民黨機關，罷免國民黨籍的都督，激起了國民黨人的強烈義憤。五月，江西都督李烈鈞在湖口率先宣佈獨立，繼而，全國國民黨勢力所及的各省，也紛紛宣佈獨立，聲討袁世凱，燃起了熊熊的二次革命之火。竊國大盜袁世凱憑藉其北洋軍隊的實力，並以向列強的大借款爲後盾，大舉出兵，南下徵剿，先後擊敗各省的獨立軍。接着，威脅國會選其爲正式大總統。於是，對內，以杜撰的政治會議代替國會；對外，則分別與日、俄訂立蒙滿五路合同和蒙室協定，以取媚於強鄰。

一九一四年（民國三年），袁世凱更加倒行逆施，一意孤行，首先廢止民國元年孫中山總統訂立的《臨時約法》，又改造內閣，以國務卿代國務總理，將內閣制變爲總統制。組織所謂參政院，代行國會的職權，通過參政院修改總統選舉法，形成了一整套獨裁專權的軍事政體。

一九一五年（民國四年）十二月，袁世凱將這種獨裁專權的軍事政體推到極至，其御用的參政院推戴袁世凱爲皇帝。袁世凱也在百官的朝賀中得意地登基繼皇帝位，成爲中國歷史上一個倒行逆施的小醜角色。

但是，反動的倒行逆施總是不能得逞的。

偉大的孫中山先生早就洞悉袁世凱的野心與陰謀，領導中國的革命勢力同袁世凱進行了不屈不撓的鬥爭，得到了各省的紛紛響應和支持，一場民主與獨裁的對抗，進步與倒退的鬥爭在全國蓬勃興起，終於使袁世凱不得不於一九一六年宣佈取消帝制，使這場稱帝的活動成爲遺笑後世的可恥鬧劇。

六月六日，袁世凱死後，副總統黎元洪繼任大總統。二十九日，任命段其瑞爲國務總理，第二天又宣佈了各部總長，開始了新一任政府的工作。

新一屆政府成立之後，王雲五突然得到一個做夢也沒有想到的新職務，開始了他從未從事過的新的工作。又由於這個新的職務，新的工作，使他陷入了一場幾乎難以自拔的是非的漩渦之中。

王雲五自從辭去教育部的公職之後，在中國大學的兼職改爲專職教授，又兼任了籌辦全國煤油礦事宜處編譯股主任。自從那次爲經理處解決了一件重要而又緊急材料的翻譯任務之後，王雲五在事宜處的威望大增，受到了事宜處從業人員的普遍敬重，也受到了前國務總理熊希齡的特別賞識，獲得了優厚的待遇，工作極爲順心，閑暇時間也偶爾爲報紙寫點文章，工作和生活充實而又愜意。

然而，自袁世凱執政以來，即對國民黨大施壓力，開始封閉各地國民黨機關，繼而正式下令解散國民黨，取消國民黨籍的國會議員，後來更變本加厲，命令取消各省議會中的國民黨籍的議員。國民黨的活動非常困難，許多地區皆轉入了地下。

在袁世凱統治的北京，形勢更爲嚴峻。這段時間，王雲五與許多在地下活動的國民黨員經常舉行秘密集會，協商反袁的對策，特別是在袁世凱積極籌劃稱帝的那段時間裏，王雲五積極與反對帝制的其它政黨人士密切聯繫，秘密協商，參加討袁運動。他認爲，既然參加了國民黨，就應該爲黨的工作貢獻自己的一份力量。

正在王雲五認真教書，積極工作的時候，“事”又來找他來了。

一天，王雲五正在家中讀書，有客人來訪，原來是與王雲五在教育部共事後在討袁運動中關係密切又成爲莫逆之交的現任內務總長孫洪伊（伯蘭）。

簡單地寒喧之後，孫總長説出了此行拜訪的目的。

"之瑞兄（王雲五此時名之瑞），有一要事相商。"

"要事，"王雲五感到不解，"什麼要事？"

"國家多難，正是多事之秋，以老兄的能力和才幹，應該出來爲國家解決難題呀！"

"解決難題？"王雲五更感到不解，"什麼難題？"

"請你出來做官。"孫總長笑對王雲五説。

"做官？"王雲五不免好奇，"做什麼官？"

"江蘇、廣東、江西三省禁烟特派員。"孫總長直截了當地説。

"特派員？"王雲五覺得有些意外。儘管在此之前，由於他的能力和才學在政府中已經造成了不小的影響，聽説新政府成立時，一些新閣員正在商議打算推薦他擔任某部的次長，但是，請他出來擔任禁烟特派員還是出乎他的意料之外。

"怎麼會想到請我去擔任特派員？"王雲五想探明究竟。

"且聽我慢慢道來。"孫總長説出了事情的原委。

原來，在新政府成立之前，前任江蘇、廣東、江西三省禁烟特派員蔡乃璜遭廣東軍閥龍繼光槍殺，此後這一職務一直沒有人接替。由於當時局勢混亂，不容易找到合適的人擔任此職，現在，全國統一，新政府成立，這項任務又牽涉到對外關係，不宜久懸空缺，特別是最近洋藥商行要求延期銷售所存的烟土，也沒有人應付此事。

由於該特派員的職責範圍涉及三省，地位與地方長官平行，必須應付得體，而其管轄的對象又是洋商和鴉片烟商，又難免在工作中遭受誘惑，所以，政府在考慮這項職務的人選時，就特別慎重。

在最近召開的國務會議上，財政部長陳錦濤在國務會議中提出報告，談到了目前存在的問題和困難。建議國會應儘快解決並物色三省禁烟特派員的人選。在國會議論這件事時，鑒於禁烟是屬於內政部管理，而寓禁於徵的烟土稅則屬財政部管理。於是，決意由內政、財政兩部總長會商人選再提交國務會議通過任命。同時，段其瑞總理並希望其它內閣閣員就自己所瞭解推薦適當的人，以供國會選擇。

會後，陳、孫二位總長進行協商。孫總長認爲，論能力和操守，沒有人能超過王雲五。雖然王雲五過去沒有從事這方面工作的經驗，然而，在非常時期對待非常的事情就需用非常的人。陳總長也是廣東人，雖然與王雲五的交往不深，但是，經常在同鄉中聽見對王雲五水平和能力稱讚的話，而且還曾從原兼教育總長陳振先先生那裏聽到過這種讚譽。於是二位總長意見一致，一說即合。

孫總長在與教育總長范源濂晤談時，告訴范總長打算推薦王雲五擔任三省禁烟特派員，曾經與王雲五共同參加過討袁運動並有密切聯繫的范總長也表示極力贊成，認爲王雲五的能力和操守皆符合理想，可以説是擔任禁烟特派員的最佳人選。於是，在下次國務會議上，陳、孫二位總長提出，經過考察和協商，建議由王雲五擔任三省禁烟特派員的人選時，范總長首先表示贊同，另外還有其它幾位閣員也表示支持。於是，這一人選建議在內閣會議上一致通過。

經孫部長道出事情原委，開始感到茫然的王雲五表示不能從命。

"我没有從事禁烟工作的經驗，怕將來貽誤工作，有辱使命。"王雲五説。

"唉，之瑞兄，"孫總長勸道，"你的才氣和能力衆所周知，雖然對這一工作素無經驗，但是，以你的能力搞好這一工作當不成問題。而且，禁烟工作重在認真精神和品格操守，之瑞兄的敬業精神和品格操守有口皆碑，這一職務非兄莫屬。"

"我是怕萬一工作不好，不能勝任，對個人的影響事小，對國家造成損失，那就非同小可了。"王雲五沉思道。

"之瑞兄辦事向來果斷幹練，敢説敢爲，怎麽現在反倒憂柔寡斷，畏首畏尾起來？"孫總長繼續勸説，"現在不是你個人有困難，而是國家有困難，需要像你這樣的人出山，爲國家解決難題。禁烟工作長期無人主管，才是國家的損失呀。"

見孫總長説得這麽沉重，王雲五沉默了，緩緩地説："那麽，讓我再考慮一下。"

"可以，不過要早作決定，而且要接受此任。"

孫總長告辭之後，幾天之内，財政部陳總長和教育部范總長等又先後來到他家，勸説他出來擔任這一職務，爲國家分憂解難。

王雲五向來具有一種不畏難的性格，認爲天下無難事，祇怕有心人，既然這一職務對國家如此重要，一時又找不到合適的人選，國會上下又對他如此信賴，在這種情況下，再三推託就有點不合情理，也不符合他的性格。經過幾天的深思熟慮，他終於答應擔任三省禁烟特派員。

七月下旬，王雲五前往上海接任，正式擔任江蘇、廣東、江西三省禁烟特派員職務。

王雲五沒有想到，他的工作，比他原先設想的更要複雜得多。

他上任不久，即發現前任禁烟特派員的重大貪污問題。

原來，洋藥商行銷售烟土之後，在上交國家的款項中，經政府批准，可以將其中的百分之五作爲手續費返還給洋商。這筆款項一年大約共達五六十萬元之鉅，在每次扣繳之後，由洋藥商行主持人簽具收條。但是，有一次，王雲五在與洋商代表接洽交談中，洋商代表告訴王特派員，過去，他在簽具收條之後，並沒有得到這筆錢，而是將此款轉送給了前任特派員，由特派員中滿私囊，真是人不知鬼不覺。

洋商代表又對王特派員說："以後，這筆錢款也同樣歸特派員你所有。此事前任已有先例，假如王特派員照樣辦理，在一年時間裹，可有五六十萬元厚利，何樂而不爲。"

王雲五聽了，大吃一驚，立刻嚴肅地坦然相告："我平生不收受任何非分之禮。這筆款項既然不是你們所應該截留的，特派員更不能私人佔有，就應該悉數歸公，上繳國庫。"

聽見王雲五如此義正詞嚴的回答，洋商代表頗感意外。心裹還認爲王雲五不過是新官上任三把火，打官腔，唱高調罷了，私下裹可能還會接受這筆錢，天底下難道還有不愛財的官吏？於是，繼續勸說道："這筆款項我已經負有接受的責任，每次都簽有收據，中國的官吏待遇甚薄，得這點資助既非違法也不傷廉。王特派員是否重新考慮，不必將此款歸公，而且，免得因此涉及前任特派員的信譽。"

王雲五嚴正地說："前任特派員接受了不應該接受的錢款，已犯有瀆職罪和貪污罪，祇是其人已去世，如何處理由政府決定，我向來守正廉潔，是斷不會同流合污的。"

　　洋商代表聽了王雲五一派嚴正之詞，爲使自己不受牽連，立即表示，願意從王特派員到任之日起，將以後應領手續費退回中國，以表示願意合作的誠意。

　　王雲五也表示，爲了便利解決問題，也爲了今後精誠合作，過去的事不再追究。

　　這樣，王雲五失去了本可以輕而易舉獲得的一年五六十萬元的收入，而國家財政却增加了每年五六十萬元的稅收。

　　王雲五認爲，這種不義之財是不能得的，如果收下這筆錢，將違背他爲人處世的原則，也違反了他的操行和品格標準，將使他一生都不乾不净，不清不白，也將使他在不安中度過一生。所以，王雲五在將此事具實報告財政部並將此款上繳國庫之後，絲毫沒有因爲自己失去了這個送上門來的錢財而後悔。在財政部對王雲五進行通令表彰和嘉獎之後，王雲五也沒有因爲自己拒絕了鉅額的賄賂而沾沾自喜。他覺得，作爲一個公務人員，這樣做是應該的，正常的，沒有什麼值得炫耀的。

　　但是，王雲五考慮到他身邊的助理人員長期身處易染惡習和誘惑之地，不可不預籌養廉之道，因此，他在給財政部的報告中，請示可否在這批上交的款項中每年撥出一部分，作爲對員工的獎勵。財政部批復，准予從收回所謂的手續費中，撥出五分之一作爲對特派員及其員工的特獎，由特派員自行支配。這樣，王雲五以本可以個人獨得的五六十萬元，換取了全體工作人員共得的獎金十萬元左右。這樣處理，不僅使全體助理人員對新任特派員王雲五表示擁戴和感激，洋商代表也對王特派員格外敬畏有加。在後來的一切交涉和工作中，互相之間都能坦誠相待，開創了一個工作的新局面。

　　沒有想到，在民國六年，爲收賣存土的事件，發生了一件經歷了一年多的糾紛和磨難，王雲五成爲替罪的羔羊。

　　所謂存土，是指洋商依照條約已經輸入我國但是還沒有提出驗銷的印度産烟土，由於私土充斥，印度産烟土不免滯銷。一九一五年（民國四年），前特派員蔡乃璜獲准與洋商訂立了所謂報効合同。其要點就是在已經輸入的印度烟土中，商行提銷時，每一箱各報効我政府若干元，以供查緝私土之用。這樣，計劃在一九一七年（民國六年）三月底以前，印度烟土能够全部提銷完畢，私土也可以絶跡，不至於殆害永久。

　　但是，合同訂立以後，政府所收取的報効的款項都作爲其它用途了，很少用於緝私，以至私土依然充斥，印度烟土依然滯銷。原計劃在一九一七年（民國六年）三月底以前將所有已經輸入的印度烟土全部提銷完畢，很難實現。洋藥商行在提出廢止報効合同或延長報効合同期限的兩種方案被拒絶後，又提出第三種方案，由中國政府收買所有尚未提銷的印度烟土，以供製藥之用。關於這個問題，洋商還曾提出三種解決辦法。

　　一、立即由政府以公債票將所有存土完全收買，由政府在三省驗銷。

　　二、在一九一七年（民國六年）三月底以後，由政府以公債收買全部剩餘的存土，專供製藥之用。

　　三、一九一七年（民國六年）三月底以後，由洋藥商行將剩餘的烟土交政府作爲製藥之用，然後以售價的一部分，按商行的成本予以補償。

　　王雲五認爲，以上三種收買辦法，都不是最恰當的，根本的辦法，應該以禁吸、禁種、禁運、禁售同時嚴格進行，才能真正達到禁烟的效果。在不得已的情况下，如果採取收買存土以絶貨源，則以第三種辦法比較妥當。但是，洋商爲了維護自己的利益，紛紛向有關方面運動，表示願意採取第一或者第二種辦法，而不願採取第三種辦法。

然而，結果是王雲五無法左右也是無法預料的。兼任江蘇省督軍的副總統馮國彰一再電請中央政府，贊成第二種收買辦法，即在一九一七年（民國六年）三月底，通過由政府發行公債的辦法，收買所有剩餘而未提銷的印度烟土。

不可思議的是，這一與王雲五截然不同的主張却被政府所採納，並授權馮副總統和江蘇省長會同王雲五同洋商簽訂收買存土的合同。嚴格遵守公務員準則的王雲五在這樣的情況下，祇得遵命照辦。

結果也是可想而知的，簽約的消息傳出之後，遭到了各方面的激烈反對。不明真相的人，指責禁烟特派員王雲五置國家利益而不顧，懷疑他個人從中收取了好處，或與洋商有私下的交易，致使段其瑞總理特派國務院顧問與司法、行政部的次長從事調查，又使得已經簽訂好的收買存土的合同未能履行。

這實際是一含有政治背景的事件，以王雲五這樣一介書生，哪裏能够探悉其中的奧秘，却由於自己是禁烟特派員而陷入漩渦之中，成爲各方責難的衆矢之的，成爲那些政客和貪官污吏的替罪的羔羊。

幸而，公理自在人間，王雲五的關於收買存土的意見和主張，在特派員往來的公牘文件中一目了然。責任屬誰，終能够水落石出。加之他在去年將表面由洋商收取的手續費化私爲公，彰彰在人耳目，更可以成爲他廉潔的佐證。

但是，通過這一事件，使王雲五深深認識到，自己擔任禁烟特派員這一職務是沒有前途的。他每天在從事着兩件性質截然相反的事情，又需禁烟，又需徵收銷售烟土的報効錢款。其實，禁烟衹是名義，徵收錢款才是實質。注重禁烟，防礙了國家的收入。注重收入，則防礙了禁烟。這個矛盾是王雲五無法克服和解決的。

這種工作不幹也罷。

於是，王雲五辭去了他本來就不願接受的三省禁烟特派員一職。離開了這個充滿政治爭鬥和是非的北京，回到了他的居家之地——上海，回到了他的家人身邊。

第二章　商務印書館時期

一　初長商務

　　在禁烟特派員任內心力交瘁的王雲五，自從卸去這一職務回到上海的家人身邊以後，身心愉悦。本着一張一馳的原則，他暫時不想去求職就業，而打算一邊休養，一邊從事研究。他認爲，十幾年來，他所過的主要是半工半讀的生活，讀書不能專心致志。雖然自己刻苦自學，努力攻讀，然而，還是妨礙了自己有計劃地全面吸收知識，這不能不是一個缺憾。

　　本來，在一九一三年（民國二年），他脫離教育部的公職以後，祇擔任了中國大學的專任教授，可以利用教學的閑暇時間專心讀書研究。又因爲生活的原因，接受了籌辦全國煤油礦事宜處的兼職，每日以半天時間，到該處從事翻譯工作。加上在中國公學大學部的任課時間加多，需要花費很多時間進行課前準備，讀書研究畢竟有限，更談不上系統。這次卸去公職以後，他便下決心，用二、三年的時間，從事讀書和研究，以彌補自己多年來沒有專心讀書研究的缺憾。好在這幾年，他擔任政府公職和從事兼職所得薪俸的積蓄，以及他在禁烟特派員任內所得的獎金，足夠維持他家庭兩、三年簡樸而節約的生活。因此，他可以安心閉門讀書兩、三年，而無後顧之憂。

在此之前，王雲五的家庭也稍稍發生了一點變化。即在三省禁烟特派員任內的一九一七（民國六年）春天，王雲五又與徐馥圃女士結婚。

徐馥圃是王雲五的妻子徐净圃的胞妹，本名寶馨，生於一八九三年（清光緒十九年）十二月二日，時年二十五歲。徐净圃在姐姐同王雲五結婚之後，以妹妹的身份對姐夫關懷、愛護備至。王雲五也覺得這位妹妹聰明可人，稱她爲紅顏知己。以致兩人的感情愈陷愈深，竟難以自拔。幸在此時，夫人净圃對丈夫和妹妹的感情表示深切同情，願意玉成他們的婚姻，雙方的父母也均表示支持和讚同。於是，根據不分大小的原則，王雲五又與夫人的妹妹馥圃舉行了婚禮。

結婚以後，王雲五的兩位夫人各有所長，净圃善於管理，統攬全家事務；馥圃仔細、謹慎，遇事謀劃周全。兩位夫人對丈夫外面的工作和業務則從不過問，使得王雲五能够在外得以專心工作，在家也得以專心研究，真可謂是襄夫助業的好幫手，賢內助。

王雲五對於家庭生活的管理和佈置則極力尊重兩位妻子的意見，除王雲五的卧室和書房由他自行安排之外，其餘的一切,皆聽任兩位妻子處理。真是各得其所，兩全其美，夫唱婦隨，琴瑟和鳴。

此後數十年，王雲五與兩位妻子互相尊重，融洽相處，在中國的文化名人生活史上，傳爲一段佳話。

　　王雲五讀書和研究的範圍廣泛而系統。

　　第一年，在自然科學方面，側重於化學與醫學；社會科學方面，側重於政治與經濟；國學方面，側重於歷史。

　　第二年，他的讀書範圍更加廣泛。由於第一次世界大戰結束了，戰後許多國際問題以及與研究國際問題有關的國際法都是他這一階段特別注重研究的對象，爲了擴大自己的讀書範圍，他又刻苦自學了德、法兩國語言。又由於對所讀的歐美新著發生了興趣，於是，有時也從事漢譯工作。這段時間，他所翻譯的第一部專著是英國學者羅素所著的《社會改造原理》，大約二十餘萬字。

　　到第三年，即一九二０年（民國九年）春夏之交，一位曾是王雲五在中國公學的舊學生趙漢卿和他的友人合辦了一家書局，名爲"光明書局"，以出版新編譯書爲主。因爲得知王雲五先生在家閉門讀書，有時也從事翻譯工作，於是，盛邀老師爲他編一套《公民叢書》，首先以王雲五先生所譯的《社會改造原理》爲該叢書的第一種。出版後，銷路非常好，不到一年時間，已經重印四次。這套叢書的其他譯本，也大多數由王雲五選定原書託人漢譯，由王雲五校閱。《公民叢書》在王雲五的主持下，在一年的時間內，先後出版二十餘種，主要分國際、社會、政治、哲學、經濟、教育共七大類，平均每月可以出版兩種。

　　這幾年間，王雲五一邊讀書研究，一邊從事翻譯工作，真是得心應手，身心俱佳。能够從事自己所喜愛的工作和研究，王雲五感到十分愜意和愉快。

　　然而，在這個多事的社會裏，人是很難完全按照自己的意向行事的。正在此時，“事”又找他來了。

　　一天，王雲五正在家裏校閱一篇譯稿，有客人來訪。一看，原來是他十幾年前的學生胡適來了。

　　故友重逢，王雲五喜出望外，寒喧之後，二人便親密地叙談起來。

　　此時，論關係，王雲五是十幾年前胡適在中國新公學讀書時的英文教師，雖然胡適在中國新公學畢業後，曾在短時間內擔任過該校的初級英文教師，二人可以算是同事。但胡適對王雲五先生的道德學問極爲佩服，一直尊稱王雲五爲老師。然而，此時，從影響和聲名來看，胡適已是馳名全國的大學者，名教授，可以說是超過了當年的老師了。

　　原來，胡適在中國新公學畢業後，投考北平清華大學的留學考試，考取了庚子賠款的官費留學，赴美國康納爾大學學習。在康納爾大學習農科一年半後，又改學政治經濟，兼習文學、哲學。畢業後，又進入哥倫比亞大學，從杜威博士專習哲學。由於胡適天性聰明穎悟，學習又極爲用功，在美國奠定了其個人學業的堅實基礎。

　　胡適到美國後，便開始提倡文學革命，並不斷地向國內陳獨秀主編的《青年》雜誌投稿。一九一六年八月，胡適提出關於文學革命的八項主張，在易名爲《新青年》的雜誌上發表後，引起了強烈的反響。

　　一九一七年七月，胡適回到國內，受聘擔任北京大學教授。之後，便以北京大學爲大本營，將新文化運動迅速推向全國。在這場文學革命的運動中，胡適積極提倡白話文，鮮明地提出“國語的文學，文學的國語”的口號，大力提倡短篇小説和戲劇的改革。他發表的《談新詩》一文，打破了傳統成見，提出的嶄新的見解，被詩人朱自清評價爲"新詩的創造與批評的金科玉律"。他出版的白話新詩集《嘗試集》，也被譽爲是中國有史以來的第一部白話新詩集。受到了包括梁啓超和魯迅等知識界絕大多數具有新思想的人們的歡迎。胡適還極力宣揚個性解放，致力於教育改革，他撰寫的《中國哲學史大綱》出版後，以其觀點和方法的新穎而引起學術界的極大注意，深受讀者歡迎。

此時，胡適幾乎成了與陳獨秀齊名的中國文學革命的領袖人物了。

雖然胡適在離開中國新公學後，他們兩人十多年來沒有晤面，但是，胡適卻一刻也沒有忘記他的恩師王雲五。胡適回國後受聘爲北京大學教授時，王雲五已經從北平回到了南方的上海，二人雖然時有通信，卻仍然沒有晤面的機會。

今天，闊別多年的知交相逢，王雲五和胡適當然感到格外的高興。

"是商務印書館請你來的吧？"王雲五問。

"是的，老師已經知道啦。"

"在你沒有來之前，報上已經做了連篇累牘的宣傳，不光是我，整個上海文化界都知道了。"王雲五説完，笑了起來。

"爲了請我來商務，他們可謂是鄭重其事，盛情相邀，編譯所長親自到北京登門拜訪。"胡適補充説。

"他們究竟請你來幹什麼？"王雲五問。

"大概是想請我來主持商務的編譯所吧。"

"那麼，你答應了沒有呢？"王雲五試探地問。

"我沒有答應，"胡適説，"我祇是答應利用暑假期間來這裏考察考察，先瞭解一些情況，然後提出一個改革商務和編譯所的建議草案，供他們參考。"

說到這裏，有必要對商務印書館和胡適從北京到上海來的原因作一番交待。

一八九四年，爆發了震驚中外的甲午戰爭，經過維新變法的東鄰小國日本以其強悍的軍事實力一舉擊敗了"天朝"大國。中國的朝野上下爲之震驚，老百姓也議論紛紛，一致痛罵東洋鬼子欺辱我"弱大民族"，也詛咒昏君誤國，痛恨慈禧太后將國防軍費用來修建頤和園供她享樂。但是，話又說回來，如果慈禧太后沒有將軍費用修建頤和園，中國是否就能打敗日本也很難說。在這創深病鉅之際，有識之士開始醞釀革新運動，這一運動就是以辦理新學堂，從事新教育爲中心。最早開設的新學堂是設於北平的同文館，接着是設於上海的廣方言館，隨後，各省也陸續開辦各種學堂。到一八九六年以後，甚至各省、府、州、縣都設立了學堂並建藏書樓、儀器院、譯書局等。於是，隨着這項革新運動的系統和具體化，新式的印刷業和出版業隨之興起。

商務印書館即於一八九七年應運而生。

發起成立商務印書館的是四名印刷工人夏瑞芳、高鳳池、鮑咸恩、鮑咸昌，他們對於印刷業都有熟練的專長。起先，他們服務於教會所設的上海美華書館，後來，夏瑞芳、鮑咸恩轉到英國商人創辦的英文報紙《捷報》當排字工人。在捷報館，夏瑞芳、高鳳池經常受到英國總編輯的謾罵和侮辱，精神上非常痛苦，便決定自謀出路。於是，匯集報社工人兄弟共同商議，因爲他們都有英文排字的豐富經驗，自然考慮從印刷業着手。此時，夏瑞芳、高鳳池以獨到的眼光發現在上海學習英文的人非常多，而所用課本大多數是英國人爲印度學生編輯的一套英文教科書，共五六册。但是這套教科書没有中文註釋，讀者和教學都感到不方便，他們靈機一動，突然想到，如果能在這套教科書中附入中文註釋，會更便於教學，銷售情況一定會好。於是，商請一位傳教士謝鴻賚代爲譯註，並將該書定中文名稱爲《華音進階》，第一册則稱《華音初階》。譯註結束之後，先將第一册《華音初階》試印三千册投入市場。夏瑞芳還親自到各個學校去推薦，没有想到，不到半個月，三千册便全部賣完。他們受到鼓舞，便決定正式幹起來，將自己和積蓄全部拿出，又動員了幾位朋友入股，籌集資金三千七百伍十元，號稱四千元，在上海江西路德昌里租賃了一幢三層的樓房，又購置了印刷機和其它設備，開辦了一家小規模的印刷所，兼營出版業。這家印刷所就定名爲商務印書館。

夏瑞芳和鮑氏兄弟辭去了美華書館的職務，以全部的時間從事商務印書館的業務，在美華書館擔任華人才經理的高鳳池後來也辭去職務，參加了商務印書館的工作。由於夏瑞芳曾在美華書館負責承攬外來印件的業務，在商務印書館，鮑氏兄弟主持內部的印刷工作，夏瑞芳則專任對外的業務。

經過數年的慘淡經營，商務的業務有所發展。後來又買下了一家行將倒閉的日本人所開印刷廠的全部機械設備，又經過數次搬遷，營業房屋和印刷場地也擴大了好幾倍，又增設了一個小規模的營業所，外來的印件也越來越多，出版書籍除原來的《華音初階》、《華音進階》一、二、三、四、五册外，又出版了《華音字典》、《國學文編》、《亞洲讀本》、《通鑒輯覽》、《綱鑒易知錄》等，營業規模越來越大，營業範圍也越來越廣，成績卓著，成爲上海同行業的佼佼者。

　　爲了進一步擴大規模，也爲了適應社會的需要，商務印書館零零星星地出版了一些漢譯的外文書籍。然而，由於館內没有精於主持編譯的適當人才，外來的書稿大多是由日文翻譯而成，龐雜不精。而且基本上是直譯，往往措詞生硬，顯得粗製濫造，出版發行以後，銷路不暢，有些出版物甚至無人問津，造成虧損，使財務周轉漸漸感到困難。

　　商務印書館的幾位發起人在經過認真地檢討和總結之後，認識到，事業的成功，必須依靠專門人才。他們對印刷業雖然有比較豐富的經驗和技術，但是在編譯書籍方面畢竟是外行，必須聘請專門人才主持編譯工作，才能使商務有進一步的發展。於是，他們一面增招吸納館外的股金，同時，決定成立編譯所，這位編譯所的所長必須具有深厚的國學功底，精湛的英語水平，還要具有經濟頭腦和卓越的領導才幹。

　　經過進一步研究和磋商，他們認爲，在上海南洋公學（交通大學前身）中擔任漢文總教習的張元濟先生符合這一切條件，可以説是最佳人選。

　　張元濟，字菊生，浙江海鹽縣人，一八七一年（清同治十年）生於一個書香世家。十九歲參加鄉試中舉，二十二歲時，又考中進士，被授爲翰林院庶吉士。兩年以後，又考取總理各國事務衙門的章京（相當於外交部的秘書），在該衙門供職。

　　張元濟富有新思想，甲午戰爭以後，積極主張以政治實行改革，而且大力提倡新學。一八九八年，康有爲、梁啓超推行變法維新，張元濟也積極參與其事。然而，三個月後，慈禧太后發動宮廷政變，推翻新政，囚禁了光緒皇帝，譚嗣同等六君子被處死，康有爲、梁啓超出逃，數十名維新派官員被罷免官職。張元濟雖然沒有直接參加康有爲的維新運動，却也被受到牽連，遭到革職永不續用的處分。

張元濟畢竟是"東西博通"之士，才華橫溢，在京城有一定的影響。被革職後，他被積極興學的盛宣懷聘任爲成立不久的南洋公學譯書院院長。

張元濟就任南洋公學譯書院院長後，開始着手翻譯政治、歷史和科技方面的新書。以此，因爲印書的業務同商務印書館的夏瑞芳有密切的聯繫。

商務印書館要成立編譯所，所長的人選，他們自然想到了張元濟。然而，張元濟現在正擔任譯書院院長，風頭正健，又不便向他提出，祇好請他推薦一位編譯所所長。張元濟經過考慮，便推薦了與他鄉試同舉，又同時考中舉人的浙江同鄉密友蔡元培。

曾與張元濟同在翰林院任職，又同在南洋公學任教的蔡元培，此時正在上海從事革命活動，主持一所名爲"愛國學社"的校務。蔡元培也因爲印刷刊物的事，與商務有過交往。張元濟推薦他擔任商務印書館編譯所所長，蔡元培幾經考慮，同意兼任。沒有想到，過了不久，"《蘇報》案"發生，革命黨人章炳麟、鄒容被捕，積極參與撰稿的蔡元培不得不離開上海，避往青島。尚未赴任，就辭去了編譯所所長的職務。

夏瑞芳等人沒有辦法，祇好直接請張元濟出任編譯所所長。

正在這時，已經改任南洋公學總教習的張元濟與建院的美國人福開森意見不合，憤然去職，正好接任編譯所所長一職。於是，張元濟答應了商務印書館的聘任。

從此，張元濟在商務印書館服務數十年，將自己的大半生投身於商務印書館，由編譯所長，而經理，而監理，而董事長。直到退休以後，仍然每日爲商務印書館嘔心瀝血，操心勞神，逐步地將這個小小的印刷店發展成爲對中國文化教育事業做出重要貢獻的、鉅大的現代化出版企業。張元濟也因此可稱爲中國歷史上最大的出版家之一。

張元濟真不愧爲"東西博通"之士。自他加入商務印書館後，商務印書館就出現了一個嶄新的局面。

張元濟深知，商務印書館要真正改變面貌，得到長足的發展，必須大力網羅人才。爲此，他時時注意物色在國文、外文和理化等方面學有專長的專家，將他們吸納到編譯所來，使編譯所能够一面發揚中國的傳統文化，一面介紹西洋文化，使中西溝通，儘量地滿足社會對知識和書籍的需求。

同時，張元濟將編譯所分爲國文、英文、理化數學三部，聘請剛剛從日本考察回來，熱心致力於小學教育的浙江大學堂總教習高夢旦任國文部部長，又騁曾留美而英文極佳的鄺富灼任英文部部長，聘治學極爲廣博特別長於理科的杜亞泉任理化數學部部長。

張元濟廣羅人才，健全了編譯所的機構後，便把編輯小學教科書的工作放在首位。當時，編輯小學教科書在中國還是一大創舉，張元濟和高夢旦、蔣維喬、莊俞等四人共同研究，每編一課必字斟句酌，而後定稿。半年之後，編成並出版小學最新教科書一冊，又歷時兩年，才將全部小學教科書出齊。出版後，風行全國，大受歡迎，成爲我國最早出版的小學教科書。

小學教科書取得了成功，張元濟又不斷延攬專家，擴大編輯範圍。數年時間裏，編輯和出版的教科參考書、學校用書以及古今中外圖書不下上千種。其中，歷時八年，數易其稿而編輯完成並出版的《辭源》一書，更是風行全國，人人得到參考之便。

鑒於當時國內法政書籍的匱乏，張元濟深感普及法律知識的必要，於是，聘請了十幾位日文譯員，用三年時間，翻譯並出版了《日本法規大全》。出書之前，發售預約，全國從官署乃至公共機關，幾乎每處都訂購了一部。銷售之多，僅次於教科書，令商務印書館人人都感到振奮。

另外，在張元濟的主持下，還輯印了集經、史、子、集三百二十三種，八千五百七十三卷，裝訂爲二千一百一十二册的《四部叢刊》。以及百衲本《二十四史》等共十種大部圖書。特別是《四部叢刊》和百衲本《二十四史》的出版，是近幾十年來中國文化界的一件大事，學術界對此給予了極高的評價。

張元濟還非常重視漢譯科技和社會科學名著的出版，先後編印了漢譯世界名著和自然科學小叢書，共出書二百種，不僅使商務印書館的面貌煥然一新，社會上也産生了較大的影響。

張元濟又廣泛收購天下的珍貴圖書，在商務印書館內開闢"涵芬樓"作爲藏書樓。到一九二六年，已收藏了中外典籍共二十多萬册，使商務印書館有一個豐富的圖書寶藏，商務的同仁和社會各界人士前來閱覽和借抄極爲方便。

數年間，張元濟使商務印書館的面貌有了一個根本轉變。

而張元濟所取得的這一切勞績，是和國文部部長高夢旦的支持協助分不開的。

高夢旦，名鳳謙，字夢旦，晚年以字行，福建長樂縣人，生於一八六九年（清同治八年）十二月二十七日。少年時代，由太夫人陳氏和兄長口授《四書》、《五經》，並教他作文。高夢旦淡泊名利，視富貴如浮雲，取得秀才以後，却鄙視八股，無意在仕途發展，對於古代學說，常存懷疑態度。戊戌維新時，高夢旦曾作《廢除跪拜論》，刊登在梁啓超爲主筆的《時務報》上。梁啓超讀了之後，大爲嘆服，稱讚不已。後來二人相見，由於一個是廣東人，一個是福建人，各操方言，無法溝通，於是筆談竟日，大有相見恨晚之慨。從此，二人成爲莫逆之交。

一九〇二年，擔任浙江大學堂總教習的高夢旦，率領大學堂選派的十名學生赴日本留學，並擔任留學監督。在一年多的時間裏，高夢旦考察了日本之所以在短時間內興盛起來的緣由在於教育，而教育的根本在小學。因此，他萌發了編輯小學教科書的志願。

由於張元濟是讚成新政的浙江紳士，和高夢旦及其兄弟過去就有交誼。高夢旦從日本回國後，在上海拜訪張元濟，談起自己編輯小學教科書的志願，正與張元濟的編輯計劃不謀而合，於是，張元濟聘請高夢旦擔任編譯所的國文部部長。從此，高夢旦成爲張元濟在編譯所的得力助手。

高夢旦自從進商務印書館編譯所擔任國文部長後，對於編輯小學教科書一絲不苟，計劃周密，夙夜勤勞，殫精竭慮，又協助張元濟網羅人才，分任編輯。小學教科書出版成功之後，又擴充到中學和師範教材，出版物日益增多，對於商務印書館的振興起了舉足輕重的作用。而張元濟也將高夢旦視作左右手，事無大小，都同他商量。高夢旦也懷着一腔熱誠，知無不言，言無不盡。特別是後來，商務印書館日益擴充，張元濟主持總公司後，高夢旦實際上已經在從事編譯所所長的職責。其時，名義上是國文部長，而對於公司的全部規劃無不參與。公司的規模擴大後，各項規章制度的訂立，也都是出自高夢旦之手。由於他不但學問好，對出版編輯方面的業務也很熟練和精深，編輯出版工作實際上是由高夢旦主持的。特別是在一九一六年張元濟擔任經理之後，高夢旦已經實際上主持了編譯所的工作。

一九一八年，高夢旦正式擔任商務印書館編譯所所長。

高夢旦自擔任編譯所長之後，更加致力於商務印書館的發展和擴充工作，編譯所人員最多的時候，達到數百人。在出版方面，也取得了卓著成效，一九二二年，全部出完的《四部叢刊初編》，共收書三百二十三種，八千五百四十八卷，其規模之鉅爲多年來之罕見。對於推動和促進中國文化的弘揚發展，起了重大的作用。

然而，夙夜憂思而致力於商務印書館發展的高夢旦也有一個深深的遺憾，他不懂任何外國文字。他清醒地認識到，不懂外國文字，對於新文化的介紹，不免有些隔閡，特別是不能迅速瞭解國外文化、科學發展的動態和現狀，對於掌握國外先進的文化和科學知識，更會產生困難。當時，商務印書館受了新文化運動的影響，正在努力擴大出版有關新文化的書籍，其中一部分就是有關國外文化、思想、科學和藝術的書籍。作爲主持這項工作的編譯所長，高夢旦深感力不從心。他曾對人說："公司好像一個國家，謀國者不可尸位，當爲國求賢，舊令尹之政，以告新令尹，國家的生命才得以久長。我老了，若不爲公司求得繼續發展的人，那麼公司將會如何啊！我自審，深感已經不適應新的潮流啊。"

一切以商務印書館發展爲重的高夢旦經過深思熟慮，決定辭去編譯所所長的職務，求賢自待，以適應新形勢的發展，使商務印書館再度輝煌起來。

　　這位新的編譯所長的人選，高夢旦看中了當時名揚全國的著名學者胡適先生。在與張元濟經理商量之後，高夢旦爲此親往北平，訪問正在北京大學執教的胡適，請他擔任所長。

　　時年還不滿三十歲的胡適，雖然已是聲名卓著的教授，但見到年已五十多歲的高夢旦親自到北京來登門拜訪，誠懇地邀請他去擔任商務印書館編譯所所長，也很感動。儘管他認爲自己並不適合從事這項工作，但仍然表示，願意利用暑假到商務印書館住一段時間，瞭解情況之後，再做出最後決定。這樣，胡適便在一九二一年暑假來到上海，對商務印書館進行短期的考察和研究。

　　在上海期間，胡適天天到商務印書館編譯所去，高夢旦也每天把編譯所各部分的工作指示和其他資料給胡適參閱，又將編譯所的同事和工作人員介紹和胡適談話。胡適也對編譯所進行了全面的考察、瞭解和研究。

　　於是，才有了前面胡適在上海拜訪王雲五的情節。

　　經過一個半月的調查和思考，胡適對商務印書館編譯所的機構設置、人員分工、各司其職以及員工培訓等方面提出了一個全面的改革意見書，交給高夢旦所長。而對於商務印書館盛情誠邀他了擔任編譯所所長，他表示不能接受。他說：“根據我的觀察和瞭解，編譯所所長的工作和任務，偏重於行政方面，這和我的個性不很相宜。我的性情和訓練都不太適合作這件事，而且無法勝任。”

　　高夢旦見胡適最後還是婉辭了商務印書館的聘請，雖然感到有些失望，但是，也祇能尊重他的意志。高夢旦對胡適是非常崇敬和信任的，他表示，胡適先生不願意擔任編譯所所長，仍然希望胡適能够推薦一位他認爲適合擔任編譯所所長的人。

　　對於高夢旦的要求，胡適在經過深思熟慮之後，對高夢旦說：“我鄭重地向你們推薦一個人，他擔任編譯所所長是最合適不過的了。”

　　“誰？”高夢旦在失望之餘，又喜出望外。

　　“我的老師－－王雲五。”

　　“王雲五？”聽到這個陌生的名字，高夢旦竟感到有些茫然，因爲高夢旦和商務印書館的高層領導向來認爲自己在隨時留意人才，而王雲五這個名字，他實在是沒有聽説過。

　　“王雲五是我在中國新公學高級英文班學習時的老師，他是一個完全依靠自修成功的人才，讀書最多，也最博。家中藏西文書一萬二千册，中文書也不少，王雲五先生道德也極高尚，曾經有一次，他可以得到一百萬元的鉅款，並且可以無人知道，但是，他不要這種錢，他將這筆錢完全交給政府，祇收了政府給他的百分之五的酬獎。而且，就是這百分之五的獎賞，也是和他的助手共享。此人的學問、道德，在今日可謂無雙之選。他今年祇有三十四歲，仍然用功至勤，每天要讀平均一百頁的外國書籍。雲五先生的學問、道德都比我好，他的辦事能力更是我所沒有的。因此，我鄭重地將他推薦給你們。”

　　“哦，有這樣的人，”此時，高夢旦不但覺得茫然，簡直有些感到驚訝了。

　　胡適又將王雲五的經歷向高夢旦做了一番簡單的介紹。

　　聽完胡適的介紹，高夢旦覺得事關重大，非同小可，趕緊回去向張元濟報告和磋商。

　　高夢旦同張元濟和商務董事們經過協商之後認爲，胡適先生是聞名中外的學者和教授，對胡適先生他們是非常崇拜的，那麼，胡適先生推薦的人也沒有不適當，一定能够勝任編譯所長的工作。於是，高夢旦代表董事會，向胡適先生鄭重表示，他們願意鄭重考慮胡適先生的推薦。

事後，胡適先生將自己的推薦告訴了王雲五。

王雲五聽了感到意外，事前他對這件事一無所知，胡適是在沒有同王雲五商量的情況下向商務印書館作出推薦的。

對於胡適的推薦，王雲五既感到意外，又感到興奮，因爲他非常熱愛編譯工作，目前他也正在從事這項工作。如果能够有一個機會給他一個大規模的出版家的位置讓他發展，那真是正中下懷。而且，王雲五的性格有一種這樣的特性，對於任何新的工作或重大的責任祇要與他的興趣相合，往往能大膽去嘗試，因此，對於胡適的推薦他表示欣然同意。

不過，王雲五也請胡適向商務印書館轉達他的一個條件，那就是給他三個月的時間進行嘗試再最後決定。同時，也請高先生和商務印書館當局千萬不要客氣，三個月之後，如果他們對他的工作感到不滿意，即使王雲五願意繼續幹下去，也儘管明確表示，因爲事關一個大規模出版事業的前途，如果賓主間不能精誠合作，他是會知難而退的。

由於雙方對胡適先生的崇敬和信任，商務印書館在同王雲五進行了幾次接觸、交談、磋商之後，便向王雲五正式提出聘請。王雲五便於這年的中秋節後到商務印書館編譯所開始了嘗試性的工作。

初到商務印書館編譯所工作的王雲五，沒有什麼職務和名義，祇是每天和高夢旦在一起，由高夢旦把編譯所的工作和内容進行詳細介紹，並把種種問題提出來和王雲五商量。經過三個月的觀察和思考，王雲五提出了一篇改進編譯所工作的意見書，送請高夢旦和現任監理的張菊生（元濟）先生考慮。王雲五表示，如果能在原則上予以支持和採納，董事會也沒有相反的意見，他可以留下來任職。

這個意見書是從七個方面改進編譯所的工作：

一、所內人員宜更定考成標準。

二、以新方法利用舊資料。

三、規定所內外編輯事業範圍。

四、全所人員應作爲一種有集體的組織，收到互助的效果。

五、編著書籍當激動潮流而不宜追逐潮流。

六、以新組織爲舊人擇事而酌補其缺。

七、改定暑假例假辦法以期兩全。

王雲五還表示，即使館方同意他的意見書並任命了職務，也希望暫時定爲試用一年，試用期滿後，雙方都有重新考慮的自由。

王雲五的改進編譯所意見書經過高夢旦、張菊生二位先生詳加考慮，並在董事會上進行了研究，決定接受並採納。高夢旦還代表董事會向王雲五誠懇地表示，在他接任編譯所所長之後，一定儘力支持他從事編譯所的改進工作。

一九二二年一月一日，王雲五正式受聘爲商務印書館編譯所所長，一切以商務印書館的發展爲懷的原編譯所所長高夢旦先生主動提出擔任編譯所屬下的出版部部長之職，真心誠意地從技術以及其它方面協助王雲五的工作。

高夢旦先生這種以事業爲重的大公無私的精神，使初上任的王雲五深爲感動。從此，他們結成了至交，從事業上、生活上、感情上互相支持，互相關心，互相照顧。公事上商討最多，私交上過從最密，這種誠摯的友誼和感情一直持續了十五年，一直到他們二人中有一位離開了這個人世爲止。

二　雄才大展

王雲五真是"雲無心而出岫"了。

由於胡適的知人善任、慧眼識珠，也由於高夢旦的遠見卓識、虛懷若谷，使熱愛編譯工作的王雲五有了一個施展才幹，實現抱負的機會和條件，王雲五因此可以大幹一番了。

新任商務印書館編譯所所長的王雲五在就職後的第一年，就對編譯所進行大刀闊斧的整頓和改革，並實行新的編輯計劃，他的整頓和改革從三個方面着手。

一、改組編譯所，延聘專家主持各部。

改組編譯所的目的，是爲了使編譯所的分工符合學術分工的性質。新聘的專家有朱經農、唐擘黄（鉞）、竺藕舫（可楨）、段撫群（育華）等人。

朱經農於一九一六年留學美國專攻教育，回國後應蔡元培之邀任北京大學教授，王雲五深知他的學識和才幹，聘請他擔任哲學教育部部長，後又轉任國文部部長，主持小學教科書以及中學國語的編輯工作。唐擘黄是留學美國的心理學博士，王雲五聘他擔任總編輯部編輯，是王雲五的直接助理。後來朱經農轉國文部，繼由唐擘黄接任哲學教育部部長。竺藕舫是留美的地理學博士，曾任東南大學教授，王雲五聘他擔任史地部部長。段撫群留美專攻算學，曾任北京大學算學教授，王雲五聘他爲算學部部長。後來又聘請了任叔永（鴻雋）爲理化部部長，周鯁生（覽）爲法制經濟部部長，陶孟和（履恭）爲總編輯部編譯，後轉任法制經濟部部長。又聘請了當時上海、南京的名教授胡明復、胡剛復、楊杏佛（銓）、秉農山（志）等人爲館外特約編輯。編譯所經過這樣改組後，人才得到大大的充實，工作起來更加得心應手。

二、創編各種小叢書。

商務印書館最初的出版物主要是中小學教科書，其次就是參考用的工具書，如《辭源》、《新字典》等，稍後，影印了古籍如《四部叢刊》等。至於其他有關新學的書籍，雖偶有出版却零零星星，也不成系統，無整體計劃。王雲五任編譯所長之後，首先從治學門徑着手，編印各科入門的小叢書。主要有《百科小叢書》，《學生國學叢書》，《國學小叢書》，《新時代史地叢書》以及農業、工業、商業、師範、算學、醫學、體育小叢書等，打算在三四年內陸續編印各百數十種，使各科各類都具備，及至已達到相當數量，然後進一步編印各科的叢書。

三、將編譯所原附設的英文函授科擴充，改成函授學社，以原來設置的英文爲一科，增設算學科與商業專科。

由於進行了內部的機構改革和延攬人才，王雲五又製定了大膽而穩妥的發展計劃。僅僅一年時間，商務印書館就取得了顯而易見的成績，出版的範圍與數量都有很大的增長。僅一九二三年一年就出版圖書達六百六十七種，二千四百五十四冊，分別比去年增長一倍和三倍有餘。

與此同時，鑒於商務印書館過去所編印的教科書，僅止於中小學校，當時，所有大學的教材都是依賴外國出版的外文出版物，讀者感到非常不便。爲此，王雲五開始加强與各大學校及學術團體商定出版叢書的計劃，這些叢書分別冠以各機構的名稱，比如：北京大學叢書，東南大學叢書等，使大學的專家、學者、教授辛苦撰寫的著作獲得了出版的機會，許多學人爲之歡欣鼓舞，紛紛積極與商務簽訂出版合約。

商務印書館在過去曾出版綜合性辭源及植物大辭典，動物大辭典等一二種辭書，王雲五主持編譯所後，又增編各類分科辭典，數年時間已出版哲學、教育、社會科學、自然科學、文學、史地、人名等各科各類辭典不下二十種。

此外，王雲五還有一個宏偉的計劃，即編撰中國的大百科全書，爲此，他選定美國出版的**Book of Knowledge,**作爲中國少年百科全書的底本。他打算以此打下基礎，再進一步編輯百科全書。爲此，他函請各著名大學推薦擅長中英文的三、四年級學生，利用一個暑假時間來商務印書館進行短期服務。各著名大學推薦來參加譯事的大學生大約四十個人，由編譯所的高級編譯員指導他們翻譯，在一個暑期內將全書譯完，再按科目分交各科專任編輯校對，並專門指派本所編譯員整理校印工作。經過一年時間，大功告成。一九二四年二月，裝訂成二十鉅冊的《少年百科全書》，由商務印書館隆重出版發行，在社會上造成了很大的影響。

商務印書館原附設的藏書處，命名爲"涵芬樓"，收藏善本和中外圖書、報章雜誌，開始時專供編譯工作的參考，隨着藏書的日益豐富，特別是王雲五主持編譯所以後，注意廣泛收購古今中外圖書，數年後藏書即達數十萬冊。不僅爲國內私家藏書之冠，即使與當時最大的公立圖書館比較也毫不遜色。爲此，王雲五建議，將"涵芬樓"向社會公開開放，爲社會提供一種公益事業，也爲商務的今後發展打下堅實的群衆基礎。王雲五的建議經張菊生、高夢旦等諸位先生讚同，又提經董事會通過，於是，撥建築費十萬元，開始在寶山路商務印書館總館廠對面建築館屋，與新建的編譯所房屋連接。經過一年時間，於一九二四年三月落成。

　　新落成的館屋是一座鋼筋水泥的五層樓房，在當時顯得豪華而氣派，仍稱"涵芬樓"已不適宜，經過商議，決定將它命名爲"東方圖書館"，以表示可與西方的圖書館併駕齊驅。王雲五以商務印書館編譯所所長的名義兼任"東方圖書館"館長，籌備對外開放，董事會又決定每年撥給圖書添置費五萬元，使東方圖書館走上了一條有計劃的發展之路。從此以後，東方圖書館成爲上海的一座社會公益圖書館，爲青年學生和莘莘學子提供了一個極好的學習場所，每天前來這裏學習閱覽的絡繹不絕。

　　商務印書館以一個嶄新的面貌出現在中國的社會上。國家多難，百姓仍然貧困而饑饉，商務印書館却以商業的良性運作向社會提供了無數的精神食糧。她以提高中國的國民素質爲己任，在弘揚中華民族文化，普及教育，介紹西方先進的科學和技術方面作出了卓越的貢獻。商務印書館爲一家商業機構，可它却在從事着許多商業之外的造福於人民的文化科學事業。這一點，社會是不會忘記的，中國的百姓是不會忘記的。

　　一九二五年，中國真是多事之秋，軍閥混戰，百姓陷入水深火熱之中。帝國主義在中國開設的工廠，殘酷壓榨、剝削中國的勞工，激起了中國勞工的强烈不滿。這年初，上海、青島等地的日本紗廠工人，先後舉行大規模罷工，遭到日本帝國主義和北洋軍閥的殘酷鎮壓，更激起中國人民的強烈反抗。

　　五月中旬，上海的日本紗廠發生工潮，工人顧正紅被資本家槍殺，十幾個工人被打傷，激起上海工人、學生和市民的憤怒。三十日，上海學生二千餘人在租界内宣傳聲援工人，反對日本紗廠的暴行，在馬路上群集演講，被租界巡捕房抓去一百多人，更激起中國人民的憤怒。隨後，萬餘群衆集中在公共租界巡捕房門口，要求釋放被捕者，高呼“打倒帝國主義”等口號。英國巡捕捕頭愛華生下令開槍屠殺，群衆死十餘人，傷無數，造成震驚中外的“五卅”慘案。

　　“五卅”慘案發生後，上海各界對英國巡捕如此横暴表示強烈憤慨，紛紛起來抗議。工人罷工，學生罷課，商人罷市，強烈抗議帝國主義暴行。我政府也提出交涉，要求懲辦兇手。全國各地城鎮人民也紛紛舉行遊行示威，罷工、罷課、罷市，以及通電、捐款等，表示堅決支持中國政府和人民的嚴正立場，形成了全國規模的反帝怒潮。

　　然而，對於中國人民的強烈抗議和中國政府的嚴正要求，英國租界當局與英國駐上海領事皆置之不理，同時，英國人所辦的《字林西報》更推波助瀾，爲租界當局張目。

　　見英國巡捕對中國人如此蠻横、兇殘，英國的報紙又如此不講道理，激起了富有正義感的商務印書館編譯所所長王雲五的強烈憤慨。

　　王雲五奮筆撰文，首先以英文投書美國人所辦的大陸報。在文章中，王雲五引據法律，指責租界當局及英國領事的處置不當，引起若干公正外國人的共鳴。此後，許多大學校長和教授紛紛和王雲五聯絡，聲張正義，支持王雲五的行動。

　　王雲五還在商務印書館編譯所所辦的《東方》雜誌闢出專

刊，評論“五卅慘案”，主持正義。在這份專刊雜誌中，主要的文章便是王雲五所撰寫的《五卅事件之責任與善後》以及編譯所同仁所寫的《五卅事件之分析》一文。

王雲五的評論文章長達一萬五千言，其內容主要爲：

甲、我國學生的責任問題。內分：

（子）道德上之責任；（丑）法律上之責任；

乙、英捕頭即租界當局之責任問題。內分：

（子）國際上之責任。

王雲五指責他們犯下了一、違背條約；二、殘殺無抵抗能力者；三、侵犯我國主權；四、污辱我國人民的罪行。

（丑）法律上之責任；

（寅）道德上之責任。

丙、善後問題。

最後，王雲五説：

自吾人觀之，彼方認爲直接關係之條件，如懲兇、賠償、解除戒備、釋放被捕諸人及交還佔領學校等，本係當然之事理，不能成爲條件。蓋有犯而不嚴懲，乃彼國司法之羞，被害者僅給賠償，在死者已殊不值。他如開市則解除戒備，結果則釋放被逮；學校何罪，被佔領之目的已達，又何所靳而不交還乎？是則彼之所謂直接條件，簡直無條件而已。然而我學生市民之犧牲生命財產，果以此直等於無之條件爲目的乎？吾必謂其不然也。又彼方果有悔禍之一日，尤盼望中外長久相安；則於五卅事件之原因，當然不可忽視。查五卅學生遊行演講之目的，既如前述，係於被

壓迫之言論界以外，另用他法宣傳顧案，並於市參政
權被工部局剝奪之時，另用他法抗議有害於中國國家
之法案。設我市民在租界內得與外人享受同等之自由
及參政權利，則此次大慘案所由發生之遊行演講，或
不至實現。即此一端，已可見所謂間接條件正所以預
防此次慘案之必要條件也……

　　王雲五此文，義正辭嚴，條理清晰，立論準確，論據充
分，純從我國主權、中外法律與人道主義立論，措詞嚴正，受
到富有正義感的人士的歡迎和支持。不料，英國租界當局惱羞
成怒，竟下令捕房律師向法院起訴王雲五，而法院竟很快受理
此案。

　　當時，租界的司法，是採取中外會審制，由中國政府派會
審員與關係事件的外國副領事一人會同審判。對王雲五案的會
審，是由我國會審員關炯之與英國某副領事共同擔任。

　　對於此案的審理，社會各界表示了極大的關注，新聞媒體
也紛紛予以報道，並在道義上對王雲五表示了聲援和支持。

　　在社會各界的關注下，王雲五多次出庭，以有力的證據，
對自己的行爲進行了辯護，對英國當局的兇殘和對王雲五的誣
陷作了進一步的指責。英國副領事總是千方百計以各種藉口和
誣陷之詞想說明王雲五有罪，這樣，便能判他一年或者半年徒
刑，藉以約束他今後的言論，起到殺一儆百的作用。

　　在法庭上，富有民族正義感的中國會審員關炯之，極力反
對英國副領事的指控，同他進行了激烈的爭辯。最後，由於王
雲五的行爲確屬奉公守法的正義行爲，英國當局也怕如果判處
王雲五有罪，將激起中國國內更大的風潮，法庭終於宣判王雲

五無罪。

爲中國人民的利益敢於直面怒斥强權的正義的王雲五終於取得了勝利。

三　中外圖書統一分類法

一九二四年三月，東方圖書館落成，以商務印書館編譯所所長兼任東方圖書館館長的王雲五，積極籌備對外開放閱覽。當時，東方圖書館藏書已達四十多萬册，必須對所藏圖書做合理的分類，以便檢索取用。

中國過去的四部分類法，失諸粗疏，專供舊書的分類，已經覺得不適用。況且，現代圖書館兼收西方新籍與其譯本，以及近人對新學術的著述，更不能以舊法爲之分類。現在，東方圖書館所藏書以舊籍爲多，新書與各國文字的圖書也不少，要採用什麽分類法才能統馭中外新舊的圖書，實有儘快提出的必要。於是，引起了王雲五對圖書分類的興趣，他決定自己來擔起這副研究的擔子。

美國圖書館學專家卡特説，圖書分類至少須符合兩個條件：

一、須要按着性質相同的分類，換句話説，就是按照圖書内容在科學上所佔的地位而分類。

二、須把所有圖書按照它的種類分别陳列起來，務使同類的書不要分開，不同類的書不要插入。

任何一種圖書分類法是否完善，都可以按照這二個原則加以鑒定和衡量。

中國的圖書分類法有七分法與四分法兩大種類。

七分法，也是中國最古的圖書分類法，是漢朝劉歆提出的七略。就是把所有圖書分爲輯略、文藝略、諸子略、詩賦略、兵書略、術數略和方紀略七大類。其後，歷代少有變動。直到唐代，才有所謂四部分類法。

四分法，就是把圖書分爲經、史、子、集四大類。唐代以後，這個分類法也時有變動。清初修《四庫全書》，把細目增訂了不少。四部之下再分爲類，類之下有時還分爲小類，以至全書大、中、小各類共爲一百一十三項。既繁瑣複雜，又混淆不清，根本上還沒有脫開四部的分類法。

如果以這種方法對東方圖書館的圖書分類，真是有類別等於無類別。它的缺陷是，從表面上觀察，雖然好像是按性質分類，但細加研究，還是傾向於形式的分類。例如，經部的《書經》本是一部古史，《詩經》本是文學，《春秋》也是歷史，三禮都是社會科學，《論語》、《孟子》，也可以説是哲學，若嚴格按照性質分類，當然是不能歸入同一類。但舊法分類的原則，因爲這些都是很古的著作，而且是儒家所認爲正宗的著作，便按照著作的時期和著者的身份，不問性質如何，勉強混合爲一類。子部也是同樣的情況，把哲學、宗教、自然科學、社會科學各類的書籍併在一起。集部則更加複雜，表面上雖然偏重於文學方面，其實無論內容屬哪一類的書籍，衹要是不能歸入經、史、子三部的都視爲集部。所以，四部之中，衹有史部還合乎按性質分類。不過，目錄學因爲沒有相當的部可入，也就歸入史部，這一點又與依性質分類的宗旨不符。

外國圖書按性質的分類，發源於希臘的亞裏士多德。他主張把學問分爲歷史、哲學、文學三大類。後來英國哲學家培根再把這三大類各分爲若干小類，這種分類也是以學問爲準。由於所分的類不足於統馭各種圖書，其結果，也就同我國的四部分類法不相上下。

近百年來，由於學術的發展日益精細，圖書分類法也日益詳密，雖然國別不同，專家不一，其分類的大原則，總是按照各種圖書在科學上所佔的地位而定。

至於分類的形式，也可以概括爲下列三種：

第一種，以字母做符號；

第二種，以字母和數目做符號；

第三種，完全是以數目做符號。

用數目做符號的典型分類法便是美國杜威的十進分類法，各國都有採用，在我國也頗爲流行。

十進法具有最自然的順序，由千而百而十而單位而小數，秩序井然。而字母所代表的是一種學科的西文名詞的簡寫，對於不熟悉西文的人自然不便利用。但是，杜威的分類法以西方爲主體，對有關中國的事物祇留給一個很小的地位，在以中國書籍爲主的我國圖書館是不很適用的。因此，國內專家採用杜威方法者往往加以多少的改變，或於十大類之外，增加若干大類以位置我國的經史子集等等；或合併杜威原有的若干大類，騰出其地位，以容納中國特有的圖書；或者外國書照杜威分類法，中國書則按另一個系統分類。這樣，雖然也能够補救，但是中外的學術本有可溝通的地方，却因爲分類法不統一，把性質相關或相同的書籍排列於距離很遠的地位，這不祇是在參考上很不方便，而且硬在中西學術間劃一鴻溝，尤其不洽當。此外，由於中外圖書分別排列的原因，甚至出現一本西文書譯成中文書了，也不能將二者排在一起，必須按中國書籍來分類，並且陳列在距離很遠的書架上。

　　王雲五認爲，祇要在科學上的類別相同就必須歸在一起，不僅原本與譯本絕對應該併列，就是我國古籍的内容在科學的類別上與西文某些著作性質相同者，也應當併列。同時，凡已按杜威分類法編號排列的外文書籍也不能因爲中國特有書籍的插入而變更其地位。

　　幾個月來，王雲五對於創造出一種中外圖書統一的分類方法念兹在兹，整天將此事縈繞於懷，他希望能够找到一個無量數的分類號，却絲毫不變動杜威原定的類號的分類方法。

　　真是功夫不負有心人，一個偶然的尋常的小事使王雲五受到啓發，好似在他的心靈中閃現了一個光輝的亮點，解決了他數月以來縈繞於心的一個難題。

　　有一天，王雲五偶然看見附近新建的房屋釘上了門牌。這所房屋是介於一百八十三號和一百八十四號之間，因此，它的門牌便作爲一八三號A。他從這裏忽然得到一點啓示，他想，房屋的號數既可用ABCD等來創造新號碼，那麽，圖書館的分類法也何嘗不可仿照這種方法。於是，他設想將中國特有書籍所增加的類號，一類冠以一個“十”以別於杜威氏的原類號，同時杜威的原類號一點都沒變動。例如，杜威分類法中用於表示國別的小數，美國爲“·1”，英國爲“·2”，法國爲“·3”，中國一向被列入東方各國之下，作爲“·91”。現在，按照王雲五偶然發現的方法，便可以將表示中國的小數“·91”改爲“十一”，因此，本來置於最末位的便可以移到最前，而對於杜威用以表示其他各國的原類號仍然可以不變。

　　此外，關於中國的書籍，除與西方學術相同的仍然歸入杜威原定的類號外，其大同小異者，一概仿照上述的原則，分別以“十”、“廿”、“士”三個符號，冠於與杜威原類號之上，分別置於與其大同小異的西方圖書之最近距離處。於是，不僅譯本與原本絕對放在一起，而中國古籍與西方圖書性質相同或大同小異的，也無不可以分別置於相同或接近的地位。

這便是王雲五研究出來的中外圖書統一分類法的大旨。

有了這種新的圖書分類法，王雲五便以東方圖書館館長的名義，要求原涵芬樓各同仁，把原藏及新增的中外圖書，除了善本孤本不對外公開閱覽者照原狀保管，其它所有準備公開的圖書，一律按中外圖書統一分類法實行分類編目。結果，證明以此分類法每書各有一定的地位，無論從分類的卡片上或在書架檢閱都非常便利。

一九二六年三月，東方圖書館正式對外開放。東方圖書館以其藏書之富，在當時全國的私立圖書館中首屈一指，並爲中國公開的私人圖書館樹立了楷模，王雲五研究出來的中外圖書統一分類法也極大的便利了讀者和圖書館的工作人員。

後來，由王雲五所主編的《萬有文庫》第一、二輯共四千冊，《叢書集成初編》四千冊，皆照此法分類，並且，爲便於全國各圖書館管理起見，把類號都印在這八千冊書每一冊的封面上。《萬有文庫》是以中國及外國來源的圖書構成，《叢書集成》純屬中國來源的書籍，然而，《叢書集成》收的書籍四千一百餘種，按四部舊法分類，僅有一百一十多類，而按王雲五的分類法分類，可以分爲六七百類，其詳細和完備超過舊法五六倍，可見王雲五的分類法，對於純屬中國古藉的書籍也可以起到肯定效果，這是後話。

四　四角號碼檢字法

商務印書館因爲出版字典和辭典，特別是編輯《辭源》，接觸到檢字法。王雲五認爲，檢字法與編印字典改進縮影方法有密切的關係，甚至對商務所編輯出版的《辭源》等字典的銷路、營業也有很大的關係，所以，商務對檢字法的研究，歷來很重視和支持。

高夢旦早在二十多年前就對檢字法的研究有着濃厚的興趣，並提出了一個改革部首的草案，這個草案以字形定位，部首檢字，推翻了東漢以來以六書爲分佈依據的傳統做法，並且將二百一十四個部首改爲八十部，因爲覺得還不成熟，他沒有拿來應用於辭源的檢字編排上。

王雲五自從擔任編譯所所長不久，便對新檢字法的研究有了極濃厚的興趣。

他首先分析部首檢字法的弊病，認爲最大的弊病有二：

一是部首檢字法太費時而且麻煩。以《康熙字典》爲例，收字四萬餘，而部首祇有二百一十四個，平均每部所收容的字大約二百個，這還是個平均數，最高的能達到平均數的十倍，最低者又可能低至平均數的十分之一。事實上，《康熙字典》中的草部實際所收的字多至一千九百多個，這一千九百多個字祇能再按筆劃區分。查筆劃最多的字有三十五筆，最常用的字不過十四五筆，如將同一部的一千九百多個字再按五個筆畫區分，則同部同筆劃的字，可能仍然平均多至一百三四十個。如草部的八畫便有二百零五個字，那就再無法區分了。要在草字中的八畫中找一個字，便必須在二百零五個字中去找。這是指在確定部首之後，還不容易找到自己所想找的字。

二是部首往往不能確定，界綫極不分明，往往表面上應屬於甲部的字，實際上卻屬於乙部。例如“夜”字，不屬一點一橫部，而屬夕部，“滕”字不屬月部而屬水部，“求”字屬水部，“承”字屬手部，“危”字屬卩部，“者”字屬老部，“年”字屬干部，“衆”字屬目部等，真使人無從捉摸。因此，王雲五對於舊的檢字法早就不滿意，一直想進行改革。

商務印書館對檢字法的研究真是不遺餘力，不僅鼓勵本館的同仁進行研究，而且支持社會各界人士對檢字法進行研究。一九二四年底，商務印書館瞭解到清華大學的林語堂教授在從事檢字法的研究，便與林先生簽訂了一個合作研究的契約，按月給林先生提供經濟資助，以彌補他減少課時的損失，希望他儘快拿出一個完善的檢字法的方案。同時，王雲五也在業餘時間對檢字法的研究煞費苦心。

林語堂經過多年的研究，設計出一種首筆檢字法，後來覺得不理想，又將首筆檢字法放棄，改爲從末筆到首筆研究，然而，研究的結果都不甚理想。

王雲五有一種不達目的不罷休的韌勁和毅力。由於好奇心和求知欲，一段時間以來，經過不斷的深思熟慮，他深深認識到，如果僅在以部首檢字的方法中兜圈子，絕對沒有出路，祇有以號碼代替部首，才有無限的部首可以利用。而且，各部首的順序能够一望而知，才能達到最佳的效果。

然而，怎樣才能獲得號碼式部首呢？爲此，王雲五夙興夜寐，朝斯夕斯，夢寐求之。

結果，一九二五年三月，由於一件無意事情的啓發，王雲五發明了號碼檢字法。

王雲五針對舊部首檢字的弊病，並參考了國內外各種新檢字法的創意，經過縝密思考之後，認爲理想的檢字方法應該具備二個條件：一是將新部首的數目大增，使每部收容的字減到最低限度。二是新部首必須容易確定，而且各有其自然的順序，爲了達到這兩項理想，他真是絞盡腦汁，殫思極慮。

一天，王雲五接到一個電報，在閱讀電文的時候，看到電文上面的電報號碼，忽然靈機一動，電文上不是每個字都有一個號碼嗎？電報號碼既無限制，順序尤爲自然，收電時按碼檢字極爲方便。

然而，電報號碼也有缺陷，因爲這種便利祇有在收電時享受，收到的電報都是號碼，由號碼向電報字表中檢取，一檢便得。然而，在拍發電報時，必須將文字翻成號碼，其方法也是按照部首檢字的原則，將電文各字按部首和筆法的順序從電報字表中找到該字所註的號碼，然後取此號碼代替其字。這項工作費時之多，不下於平時按部首檢字，其症結所在，是因爲電報所用的號碼不能從理解上推得，而是按照字表上人爲排列的順序查找。

找到了問題所在，王雲五覺得自己的目標便是發現一種可從理解上推得的號碼，換句話說，就是無須藉助其它表示，祇要對每個字觀察一下，便自然而然得到一個代表此字的號碼。

世界上任何一項創造和發明能夠輕易獲得那就不是創造發明了。七十多年前，王雲五循着這個思路進行研究的時候，他的朋友和家人都認爲他是在設計一個空中樓閣，無異於痴人説夢，就是王雲五自己也不敢保證一定能成功，祇是他的個性有一種一往無前的精神。現在，他的研究還剛剛起步，還没有到宣佈失敗的時候，而且，在王雲五的人生詞典中，從來就沒有失敗這個詞。

幸運和成功終將叩開智慧者的大門，有一天，王雲五正在吃飯，他的心思仍然在號碼檢字法上，正是所謂茶飯無思了。沒有想到，他的腦海裏突發靈感，他忽然想起，平時計算字的筆法是將各種筆法一起計算，所以每個字有最多不過兩位數的筆法。但是筆法的種類很多，假如分別計算，則每個字可以有幾種筆法數量。比如"天"，合起來共得四筆，分開計算卻是兩橫一撇和一捺，那不是祇有三個單位的數嗎？王雲五想到，這裏不覺高興地把桌子一拍，大笑起來。圍坐桌旁的家人見王雲五神經兮兮，莫名其妙，不知就裏，竟以爲他要發狂了。

他的親人哪裏知道，他的新檢字法正在這時候誕生了。

王雲五的設想有了一個基本的輪廓，便每天在這個基礎上繼續研究，不久，便找到了一個具體的方法。

簡單說明如下：

將筆法初步分成五類：第一類是橫和趯；第二類是直和鈎；第三類是撇；第四類是點和捺；第五類是各種的屈折。

每類筆法的數目，各用一個數目來表示，依序排列。

欲檢某個字時，先計算這個字所含的橫筆和豎筆共有多少劃，就把其數目記在第一位，然後計算直鈎多少劃，把其數目記在第二位，此外三類筆劃，也照樣計算，依序記數。如有某類筆法全缺的，就記上一個"0"數；又如有某類筆法超過九數的，祇記上一個"九"。

這種方法，王雲五稱之爲號碼檢字法。

王雲五按照這種方法將常用的一萬多個字編號和排列，共得五千九百八十多個號碼，平均每碼祇有二個字，部首之數從

《康熙字典》的二百十四個部首增加到五千九百多，已經是大增特增。而號碼具有最合理的順序，與他原先提出的最佳檢字方法的兩個條件完全符合。

王雲五發明了號碼檢字法，真是歡喜若狂，他有一種通過艱苦勞動之後取得了報償的成功的喜悅。

然而，不久，王雲五就發現了這項研究的缺陷越來越多。

其一，便是筆數特別多的字，如有些字的筆劃超過三十多筆，究竟有多少橫，多少直，多少撇，多少捺和多少折，真使人愈數愈糊塗，不免會錯誤百出。即使筆劃較少的字，如十五筆以上的字，其分析與計算的困難，也超過了初時的想像。

其二，我國文字的寫法頗不一致，尤以字的內部為甚，即使一筆的異同，其差別也往往非常之大。

經過一段時間的研究和反思，他決定放棄號碼檢字法。

王雲五認為，理想的漢字排列法必須符合八個原則。

八個原則是：一、人人都能明白；二、檢查迅速；三、必須一檢便得，不要轉了許多彎曲；四、不必知道筆順；五、每字的排列有一種當然的次序，不必靠看索引上所註的頁數或其他武斷的號碼，便能檢查；六、不可有繁瑣的規則；七、每字有一定的地位，絕無變動；八、無論如何疑難之字必能檢得。

他清醒地認識到，任何事件都有其利弊所在，有利者不能無弊，有弊者不能無利。下一步，他的目標是保持號碼檢字法之利，而矯正其弊。他經過這個挫折，並沒有灰心，而是以更加昂揚的鬥志，轉而進入更長期深入的研究。

王雲五雖然不滿意號碼檢字法，並且最後放棄了它。但是，他始終覺得按號碼順序檢字是最自然的方法，為此，他反思了號碼檢字法的根本缺憾，在於下列兩點：其一，號碼是從計算而來，很費功夫，容易出錯；其二，號碼檢字法必須計算字的全部筆劃，不但多費時間，而且中國字有很多歧異字，如果筆筆都要計算，就不免增加許多錯誤。

　　找到了號碼檢字法的缺憾，王雲五便針對性地改進。

　　對於第一點，他決定把從前用來代表筆劃數目的號碼，去代表筆劃的種類。其間經過了多次的變更和改進，最後才決定以"一"代表橫筆；"二"代表直與撇，統名爲垂筆；"三"代表點與捺；四"代表兩筆相交；"五"代表插筆，即一筆穿過二筆者；"六"代表方塊，包括正方與長方斜方；"七"代表角筆，即兩筆相接者；"八"代表八字形和倒八字形；"九"代表三筆平列如"小"形者；"0"代表橫筆上再加一點之筆。這十個號碼是採取筆類，而不是像過去號碼檢字法的採取筆數，故節省了不少的計算時間和免除了計算錯誤的可能。

　　後來，胡適先生爲王雲五設計的筆形號碼，撰寫了一首歌訣，以助記憶：

　　　　　一橫二垂三點捺，點下帶橫是零頭，
　　　　　又四插五方塊六，七角八八小是九。

　　對於第二點，因爲號碼檢字法要計算字的全部筆數，不僅費時間，遇到寫法歧異時便不免發生錯誤，他作出改進辦法，取一個字四角的筆劃來代替全部的筆畫。比如"江"字祇要取左上角的"點"，右上角的"一"，左下角的"撇"，右下角的"一"，總共四筆，此外各筆一律不管。爲了解決有些號碼重號太多的問題，經過反復研究，又加上一個附角，就是和右下角最接近而露出的一筆。比如"從"字的左上角是"撇"，右上角是"人"，左下角是"豎"，右下角是"人"，而其附角是與"人"最接近而露出的"一"筆。

王雲五將這改進的新辦法，命名為"四角號碼檢字法"。

真是不容易啊，從一九二四年十一月開始研究檢字法起，到一九二八年九月最後完成，費了將近四年的時間，經過了七十多次的改進，才有了一個結果。然而，這是一個多麼輝煌的結果。

俗話説："祇要功夫深，鐵杵磨成繡花針"。我們沒有見過有人真的用鐵杵去磨一枚繡花針，然而，王雲五真真是用磨鐵杵的功夫才磨出了這枚繡花針。這枚繡花針不是普通的繡花針，它是一座偉岸的神針，這枚神針刺向天空，可以撥開雲霧而見青天，使金色的陽光普照大地；這枚神針可以挑開神秘的知識寶庫，讓萬萬千千的少年兒童、青年學生、工人農民、甚至專家學者都能更快捷地極其便利地窺探這個寶庫的一切，都能從王雲五這個偉大的研究成果中得到恩惠。

同時，莘莘學子和萬千向文化進軍的人們，都能從王雲五研究四角號碼檢字法的過程中，受到啓發。

王雲五在研究出四角號碼檢字法後，也感慨地説：

　　……任何事，不論大小，如果淺嘗輒止，便難獲完滿的結果。如果一經挫折，便灰心放棄，斷不會有最後的成功。同時，在從事研究中，不可不運用科學的方法。我那時候並不知何為科學方法，但由於深思熟慮，所採的方法無意中卻與科學方法符合。例如號碼檢字法中，把向來對於字的筆劃一次合併計算者，改為分別按筆劃的種類作五次計算，

這便有合於科學方法"分析"的第一意義。又如，
就前人向來沒有過的經驗，幻想到產生從理解得來
無量數的號碼，可卒獲成功，便有合於科學方法中
之所謂想像。又如把號碼檢字法計算字的全體筆劃
者，改爲以部分代表全體而僅僅考慮字的四角筆
劃，這便是有合於科學方法中分析的第四意義，就
是以部分代表全體。……

一九二五年二月出版的《東方雜誌》刊登了王雲五撰寫的
《四角號碼檢字法》一文，將《四角號碼檢字法》向全國介紹
和推廣。

四月二十二日，蔡元培先生爲《四角號碼檢字法》一文撰
序，他在序文中說：

他變通永字八法的舊式而歸納筆畫爲十種，仿
照平上去入四聲的圈發法，而以四角的筆畫爲標
準，又仍用電報號碼的形式，以十數代表十筆，而
以0兼代表無有筆畫之角。這種勾心鬥角的組織，真
是巧妙極了。而最難得的，是與他自己預定的八原
則，都能絲絲入扣。王先生獨任其勞，而給我們人
人有永逸的享用，我們應如何感謝呢！

四月二十三日，胡適也在上海寫了一篇《四角號碼檢字法
序》，序文中說：

我以爲王先生新發明的法子確是最容易，最方

便，應用最廣的法子。依我看來，這個法子是可以
普通採用的。他的最大阻力不過是兩個大魔鬼：一
個是守舊，一個是懶惰，守舊鬼説："仍舊貫，如
之何？何必改作？"懶惰鬼説："這個法子很好，
可惜學起來有點麻煩；誰耐煩費幾分鐘去學他
呢？"這個懶惰鬼最可怕；他是守舊鬼的爸爸媽
媽；一切守舊鬼都是他的子孫！我很望國中一班不
懶惰的人費幾分鐘去學習這個四角號碼檢字法；先
學會了，方才有批評的資格。王先生抱着"爲人"
的弘願，費了整整一年半的工夫，才有這樣好的結
果。我們不可讓我們骨頭裏的懶惰鬼辜負了王先生
一番大慈大悲救苦救難的工作！

　　王雲五發明了中外圖書統一分類法和四角號碼檢字法之
後，立刻通過各種方式和渠道介紹和推廣這兩項發明。他認
爲，他的發明是屬於全中國人民的，應該讓全國人民儘快地瞭
解和掌握，才符合他進行研究和發明的初衷。

　　首先，他通過在報刊雜誌上發表文章和出版專著，熱情地
向社會各界宣傳和推廣這兩項發明。

　　在他擔任館長的東方圖書館，所有的圖書都使用他發明的
中外圖書統一分類法及四角號碼檢字法編目，製成目録卡片四
十多萬張。凡來借閱和讀書的讀者，都通過中外圖書統一分類
法和四角號碼檢字法查閱卡片和檢索書籍。這些讀者很快便能
掌握這兩種方法，繼而成爲宣傳和推廣這兩種方法的種子，向
社會擴展開來。

　　他還應邀到各圖書館去具體講解輔導分類法和檢字法。

一九二八年七月十日開始，商務印書館在上海尚公學校舉辦暑期圖書館講習班。王雲五在講習班上講授檢字法，編卷法，中外圖書統一分類法，著者排列法，圖書館行政用具及圖書選擇法等。參加講習的有來自全國各大學、各地區、各機關如大學院、中央黨部、上海地方法院、淞滬警備司令部、上海郵政總局以及豫、浙、皖各省立圖書館等所選派的圖書館管理人員共一百四十六人。主講講授之後，各學員分項練習，最後舉行各種比較的測驗。其中，最有趣的是檢字法的測驗。

參加檢字法測驗者共一百四十六人。在相同的時間內，舉行部首法，筆數法及四角號碼檢字法三種檢字法競賽。競賽的結果，檢不出字數的百分率，四角法爲十二，部首法八十四，筆劃法三十六；每字檢查平均需時，四角法十七秒，部首法七十九秒，筆劃法一百二十三秒。而四角號碼檢字法最高的速率，每個字僅需十點九秒。這個事情通過教育雜誌報道消息之後，在社會上更加引起了廣泛的關注和興趣。商務印書館爲了推廣中外圖書統一分類法和四角號碼檢字法，以一家商業機構而主辦全國性的指導講習會，可謂用心良苦，實屬不易。

一九二八年五月，由大學院召集的全國教育會議在南京中央大學開幕，王雲五以專家身份應邀參加了會議。在會上，王雲五提案建議請大學院通令全國圖書館採用四角號碼檢字法。這個提案，也獲得大會討論通過。

上海，是個冒險家的樂園，也是黑社會猖蹶的地方，特別是在租界內，情況更加複雜。三教九流和匪徒充斥，搶劫、殺人、敲詐勒索、綁票、拐賣之事時有發生。那些富商鉅賈時刻在擔驚受怕中生活，就是文化界的人士，有時也不能幸免。租

界的巡捕又睜眼閉眼，祇要自己得到好處，哪管許多，使犯罪
分子更加囂張。

　　一九二五年，商務印書館監理張元濟先生也曾一度被綁
架，其家人恐他久陷匪窟，不但有礙健康，而且有生命之虞，
花費了不少金錢才使他獲釋。

　　王雲五沒有想到，一年之後，這樣的厄運竟降臨到他頭
上。

　　一九二六年四、五月間，已經研究並發明了中外圖書統一
分類法和四角號碼檢字法的王雲五，精神振奮，身心俱佳。在
編譯所所長的位置上得心應手地從事着自己所心儀的工作，並
且正在思考下一步的發展計劃，出版一套更爲宏大的叢書。

　　一天上午，大約八時左右，王雲五乘自用的人力車從位於
北四川路的寓所經橫濱路，前往位於寶山路的商務印書館編譯
所辦公。人力車行至鐵路交叉道口，突然，從橫檔裏衝出兩個
人，將人力車擋住。其中一人出示手槍，兇神惡煞地威逼王雲
五下車。然後，兩個人將王雲五挾持着飛快地鑽入預先停在路
邊的小汽車內，放下車簾，不讓王雲五看見外面的情況，便急
速地將汽車開走。這一切，發生在幾分鐘，甚至祇有一、二分
鐘時間內。王雲五猝不及防，甚至來不及反抗和呼救，便身不
由己聽天由命地任他們擺佈了。

　　汽車開行了大約十幾分鐘，到了一個地方，那二人將王雲
五左右挾持着下車，而由坐在司機旁邊的另一個匪徒引導，進
入一條小巷，強迫王雲五進入了一家兩層樓房。進屋後，他們
將王雲五關進客廳後面樓梯下邊的一間小房間裏，門外有兩個
人把守。

　　進到房內，王雲五環視了一下這間房間。房間非常狹小，

祇能容得下一張小床。小床是用磚砌成的，王雲五祇能躺着或坐在牀上，根本無法站立。王雲五被關進房間以後，佈置在室內監視他的匪徒不斷地用手槍指着他，威脅他不准出聲，不准喊叫，否則，立即將他槍斃。

直到被關入房間以後，王雲五才開始鎮靜下來。雖然這一切來得這麼突然，這麼猝不及防，但此刻，他的頭腦却很清醒。他知道，匪徒是有槍的，從被挾持之後，他隨時有生命的危險，反抗是無濟於事的，祇能招來更多的危險和迫害。逃走，目前也似乎不可能，不如聽之任之，慢慢再想辦法。所幸匪徒大概也瞭解王雲五是個文人，對他還沒有施以將眼睛蒙住或綑綁一類的舉動，王雲五身體倒沒有受到什麼傷害。祇是沒有自由，心裏上也有一定的壓力，不知道匪徒到底會對他採取什麼措施。

最初，綁匪對王雲五的監視極其嚴厲，王雲五無論坐、卧、或睡醒，總有人輪流持槍走近他的身邊，觀察他的行動。那些監守者大概也不是頭目，祇是些隨從，除了不許王雲五走出室外或聲張，對他也不做任何的訊問。

到第二天晚上，才有一個類似首領的人從外面來到這裏，向王雲五問話。這個人沒有參加對王雲五的綁架，王雲五過去也沒有見過他，看起來非常老成幹練。

王雲五沒有想到的是，這位頭領在同他談話的過程中，態度一直很客氣，他緩緩地對王雲五說：“先生，我們都是散兵遊勇，生活過不下去，不得已將你綁到這裏來，請你寫封信回家，儘快地籌到一筆款子，早點把你贖出去。這樣雙方都有好處，也免得我們做出不得已的事情來。”

見這位頭目似乎還有理性，王雲五也坦然相告：“先生，恐怕你們搞錯了，我並不是有錢人，更不是富豪，純賴一點薪水養家糊口，而且老父病廢多年，不能行動，兒女又小，老母和内人都無法籌到款項。這封信即使寫去，也絲毫不能發生作用。鄙人在服務的印書館也祇是個業務主管，每天祇和文稿打交道，不能調動錢財。先生的要求，鄙人恐怕無法辦到。」

那位首領聽了王雲五的這番話，沒有加以反駁，沉思了一下，對王雲五說：「我看，爲了你自己的安全，請你還是詳加考慮，犧牲一點小錢是值得的。」說完便走了。

又過了兩天的中午，有人照例給他送來了中飯。那個送飯的人看起來好像聽差，平時也沒有携帶手槍，趁門口監視的人沒有注意的時候，他突然輕聲地對王雲五說，他本來是個規矩的小買賣人，被他們强迫來到這裏，供他們差遣。他對先生的情況非常同情，願意幫助他。如果先生有密信向外面求救，他可以秘密替他代交。

王雲五根據這幾天的觀察，覺得這批綁架的人還不是那種兇殘的匪徒，似乎還有些良知，對他也算客氣。如果請送飯的人帶密信出去，實在是下策。於是，他明確地對送飯人說：「我既然被迫來到這裏，綁架我的人也是迫不得已而爲之，如果我告密，可能有害於他們，也可能殃及我身，對我自己不利，我不願做這樣的事情。」王雲五又對他說：「希望經過這段時間，我的家境經他們訪查清楚以後，他們的首領或許會體諒我的困難，更不會加害於我。」

非常奇怪，從那天起，他們對王雲五的監視漸漸放寬，很少再以持槍威脅。當王雲五躺在牀上或者入睡時，監視者偶然也離開小房間，僅在客堂裏監守。又過了幾天，那些監守者同王雲五相處也漸漸地熟悉了，有時候，也會開始閑談，對王雲五也表示一種親善的態度。通過閑談，王雲五知道，他們的首領已查明王雲五並非富有，而且平素待人很好，這次確實是誤綁。但是他們的幫規是不能空綁的，總是希望王雲五的家人親友能够破點小財，使他們過得去，他們絕對不會把這次的事看作生意經，而且表示一定會早日把他送回家去。

聽到這個情況，王雲五心中釋然了。

由於心中的戒備解除了，王雲五也願意和他們輕鬆地交談。他們還提出不少有關常識的問題，向王雲五請教，以至到後來他們常常和王雲五在客堂裏環坐着談天説地。王雲五也充分發揮他精湛的口才，談到精彩的地方，這些人簡直像學生對老師一樣表示尊敬，已經完全不記得他們是將王雲五綁架到這裏來的。

又過了一段時間，一天晚上，那個像首領的人第二次和王雲五談話。他説：“先生，事情已經清楚了，由於貴編譯所一位張先生的從中居間斡旋，請了我們一桌飯，送了極少的一些車費。我們爲着尊重張先生的面子，並敬重你的爲人，決定明天便放你回去。”説到這裏，他笑着告訴王雲五，“當你被綁到這裏不久，那個送飯的差人，其實是我們的人裝扮的。他是在試探你，由於先生表現得很漂亮，我們對你就沒有戒心了，所以漸漸放寬了監視。假如那一天，你真的託他帶信出去，我們便會毫不客氣，把你的手脚綑綁起來，讓你吃些苦頭。哪裏會像現在這樣優待你呢。”説完，這位首領又笑了起來。

聽了首領的這番話，王雲五沒有説什麽，心裏却感慨得很，他想起了“言忠信，行篤敬，雖蠻貊之邦行矣”這句話，真是至理名言啊！

果然，那個首領言而有信。第二天，那個貌似首領的人，

雇了兩輛人力車，和王雲五分坐，他在前，王雲五在後。到了
離王家不遠，便將王雲五的車停住，招呼了一聲："後會有
期，恕不遠送。"於是，向王雲五拱手而別。王雲五仍乘着原
車一直回到家裏。下車之後，也絕不追問車夫是從哪裏將他拉
來的。因爲他既已脫身，又不想有任何報復的舉動，恐怕這車
夫也是他們的同伙，又何必弄巧反拙呢。

　　算來，離開家已經整整一個月了，家裏的人見到王雲五，
如隔世重逢，真是悲喜交集。不過，既然平安歸來，就是大
幸，萬幸，也不必去說長道短，追究其它了。

　　後來，王雲五瞭解到，他的事情是編譯所同事張叔良先生
受高夢旦力託，爲他奔走解說，居間斡旋，才得到匪徒諒解，
無條件讓他恢複自由。爲此，王雲五找到張叔良先生，除表示
深切感謝外，又再三詢問張先生究竟花了多少錢，是由何人出
錢的。張先生也是幫會中的人，他做事也做得很漂亮，祇說請
了兩次客，連所謂他們說的少數車費也沒有送過。後來王雲五
又間接地瞭解到，請客的錢是高夢旦先生出的。至於少數車
費，大家都否認，他也不便多問了。

　　王雲五在危難之時，高夢旦、張叔良兩位先生慷慨解囊，
全力相救，其深情厚意，令王雲五終生難忘。

　　事又湊巧，隔了幾年，當王雲五改任商務印書館總經理以
後，有一天，租界的捕房因爲某種嫌疑案，逮捕了一個人，那
個人算是一條好漢，在捕房並不知情的情況下，直言供認在數
年前曾經綁架過商務印書館的王雲五。於是，探長將他帶到王
家詢問有沒有這回事。王雲五一看，這個人確實是當年綁架他
的首領，但是，經過數年時間，王雲五早已將這件事淡忘。而
且，在當時，這位首領對他還好，王雲五不忍心加重他的罪

責，於是對探長説：“我當年遭綁架確有其事，但是，却不認識這個人。”想不到這個人當着探長和王雲五的面仍坦然供認，就是他綁架的，衹是並没有勒索許多錢。此人如此豪爽，供認不諱，連將他帶來的外籍探長都連聲稱讚他是一條好漢，並且當着王雲五的面親自爲他點香烟。據説，後來不久，因爲該人對所犯的罪狀供認不諱，而且犯有其他罪，被判處了死刑。王雲五聽説了之後，不禁又感嘆了一番。

一九二七年，中國國民黨對黨員進行重新登記，這是國民黨組織工作的一項重大決策。未經重新登記的黨員，將視爲自動放棄黨籍。

民國初年，同盟會改組爲國民黨後，歡迎志同道合的人加入國民黨。王雲五當時在國民黨的機關報及黨所設的大學任教，當然讚同其政治主張。經人介紹，於一九一二年九月，加入國民黨。

國民黨在建黨初期，艱難多多，一九一三年（民國二年）三月，黨中首腦之一的宋教仁在上海車站被刺，經調查，發現袁世凱的親信趙秉鈞參與了這一陰謀活動。三月二十五日，孫中山先生自日本返抵上海，策劃反袁。袁世凱政府隨即對國民黨大施壓力，開始封閉各地國民黨機關，十一月四日，正式下令解散國民黨，取消國民黨籍國會議員的資格，同月十二日，又下令取消各省議會的國民黨籍議員資格。於是,除少數爲國民黨勢力控制的地區黨的活動照常公開外，在其它地區，黨的活動皆轉入地下，北京當然更是這樣。

王雲五當時正滯留北京，作爲國民黨員，曾與少數國民黨員經常舉行秘密集會，商討對策，並決定與反帝、反袁的其他政黨人士，在共同的大原則下，彼此密切協商。加入商務印書館後，在軍閥統治下的上海，國民黨不能公開活動，王雲五又常常藉着商務印書館的掩護，為各地國民黨員儘秘密聯繫的責任。王雲五的行動已經引起軍閥當局的注意。可見他在加入國民黨後，對黨是忠心耿耿，儘心儘職的。

然而，這年，在上海市黨部舉行黨員重新登記時，發生了一件事情，使王雲五毅然作出了一個重大抉擇。

王雲五的摯友朱經農也是國民黨員，其時正在商務印書館編譯所任職，並兼任光華大學教授。朱經農前往市黨部登記時，卻遇到了一些麻煩。市黨部的主辦人員大多是青年，有許多是大學在校學生，並且有光華大學的學生在內，照說，他們應該對朱經農教授恭敬而禮貌。沒想到登記時，他們提出很多帶有侮辱和挖苦性的問題考問朱經農，其問題的內容和範圍已經遠遠超出了應該詢問的事項，使朱經農感到尷尬而氣憤。

朱經農回到編譯所，將這個情況告訴了王雲五，並勸王雲五在前往登記的時候預做準備。王雲五經過思考，毅然告訴朱經農：“我平生未嘗經過任何考試，現在竟要受到這些後生小子挖苦性的考問，實在不甘心，我決定放棄登記。”

見王雲五毅然放棄登記，朱經農勸他還是應該忍耐，要以黨籍為重。

王雲五仍然堅毅地說：“我從入黨以來，中經多故，不惜冒險為黨工作。今天，我在我黨功成時引退，比在黨未成功時退出，與那種畏難而退者有所區別。我意已決，決不後悔。”

這樣，王雲五退出了國民黨。他決定，自此以後，他將永遠成為無黨無派的人。

然而，他表示，雖然他不是國民黨員了，他將仍然永遠成爲黨的友人。在黨需要的時候，以無黨無派之身，爲黨相助。

五　《萬有文庫》——無量數小圖
書館的誕生

　　一生中在學校的時間很短，在圖書館的時期却很長的王雲五在剛進入青年時代起，便開始感到圖書館的重要。現在擔任了商務印書館編譯所所長，具備了創建圖書館的條件。第二年，他便開始爲建立國内小圖書館作準備。

　　爲了實現這個目標，王雲五從編印各種有系統的小叢書入手，再進而與各大學及學術團體訂約，編印專科叢書。出版這些書籍，都是爲了充實圖書館供應。從一九二二年起到二七年底，陸續出版的各種小叢書，如《百科小叢書》，《學生國學叢書》，《國學小叢書》，《新時代史地叢書》，以及農、工、商、醫、算學、體育等小叢書等，已經不下五百種。在這個基礎上，再謀取更有系統的貢獻，更進一步的發展。

　　由王雲五整理、編目之後，於一九二七年正式對外開放的東方圖書館，已向社會提供了一個大規模圖書館的樣板。此時，王雲五認爲，爲國内建設小型圖書館的條件已經成熟了，下一步驟，就是推己及人，把整個大規模的圖書館，化身爲無量數的小圖書館，使這些小圖書館散佈在全國各地方、各學校、各機關，可能時還散佈在許多家庭。換言之，王雲五的理想，便是協助各地方、各學校、各機關，甚至家庭，以極低的代價創辦具體而微的圖書館，並使這些圖書館的分類、索引及其他管理工作極度簡單化。以低微的開辦費成立一個小規模的圖書館後，其管理費用也降到最低，甚至幾乎等於零。

本着這個目的，王雲五從一九二八年一月開始正式籌備，打算用一年半的時間，於一九二九年暑假開始陸續供應這些小圖書館的圖書。這就是後來王雲五出版《萬有文庫》的發端。

《萬有文庫》的籌備工作分爲三個内容。

第一、將歷年已出版的各種小叢書，去蕪存精，並嚴格選定系統，尚缺各題，迅速予以補編。

第二、從我國無量數的古籍中，選定國學基本叢書一百種，其中每種均以最後出而註釋最詳明的版本爲準。

第三、選定世界名著若干種，已漢譯出版者加以復校，未漢譯者，迅速約定專家翻譯。

此外，選定參考鉅籍若干種，以供閱讀本文庫發生疑義時參考。

經過一年多的積極籌備，到一九二九年二、三月間，《萬有文庫》出版的籌備工作已告完成。共計收圖書一千零十種，一億一千五百萬言，訂爲二千册，另附參考書十册。於是，決定從這年七月開始發行，在此之前，用三個月的時間，先售預約，預約價爲三百六十元。如此大規模而又系統的圖書，售價如此低廉，確系空前。

在《萬有文庫》出版發行之前，王雲五撰文，談到《萬有文庫》出版的緣起，他說：

　　　　圖書館之有神文化，夫人而知。比者國内圖書館運動盛起，而成績不多邁。究其故，一由於經費支絀，一由於人才缺乏；而相當圖書之難致，亦其一端也。以言舊籍，則精刻本爲値蓁昂，縮印本或竟模糊不可卒讀。以言新書，則種類既駁雜不純，系統亦殘闕難完備。因是，以數千元鉅費設置一小規模之圖書館，而基本圖籍往往猶多未備。抑圖書館目的在使圖書發生最大之效用，故分類與索引之工作洵爲必要，當此圖書館人才缺乏之時，得人已非易易；幸而得之，然因是不免增加經常費用，或使經常費消耗於管理方面者，反在添置圖書之上。凡斯種種皆圖書館發達之障礙，亦即文化發達之障礙也。不佞近主商務印書館編譯所……數載以還，廣延專家，選世界名著多種而譯之；並編印各種治學門徑之書，如百科小叢書，國學小叢書，學生國學叢書，新時代史地叢書，與夫農工商師範算學醫學體育各科小叢書，陸續刊行者既三四百種，今擬廣其組織，謀爲更有系統之貢獻，除就漢譯世界名著及上述各叢書整理擴充外，並括入國學基本叢書及種種重要圖籍，成爲萬有文庫，冀以兩年有半之期間，刊行第一集一千有十種，都一萬一千五百萬言，訂爲二千冊，另附十鉅冊；後此且繼續刊行，迄於五千種，則四庫舊藏，百科新著，或將咸備於是。本文庫之目的，一方在以整個的普通圖書館用書貢獻於社會，一方則採用最經濟之排印方法，俾前此一二千元不能致之圖書，今可以三四百元致之，更按拙作中外圖書統一分類法，刊類號於書脊，每種復附書名片，依拙作四角號碼檢字法註明號碼。故由本文庫而成立之小圖書館，祇須以認識

號碼之一人管理之，已覺措置裕如，其節省管理之
費不下十之七八；前述二種之障礙，或可由是解除
乎？⋯⋯

《萬有文庫》的出版籌備工作一切就緒，進入預約銷售
階段。

關於《萬有文庫》的銷售問題，王雲五認為，如此大規模
而又系統的圖書，售價又如此低廉，深信銷售不會有問題，於
是，主張初版印五千部。

然而，對於這個主張，在商務印書館的最高層會議上，有
人提出不同意見。

當時，商務印書館採取合議制。最高層會議，稱為總務處
會議。由總經理、兩位經理，以及三所所長構成。有協理時，
並加入協理。總務處機要科科長或副科長以及編譯所出版部部
長列席會議。

當時，總經理由印刷所所長鮑咸昌兼任，經理為李拔可、
夏小芳，協理為曾任北京政府農商部部長的金邦平，發行所所
長由李經理兼任，機要科科長為陳叔通，副科長為盛桐蓀，出
版部部長為前編譯所所長高夢旦。總務處會議所討論的事項都
是總務處或者三所所長所提的要案。《萬有文庫》的預約關係
重大，所以王雲五以編譯所所長的身份提出討論此案。

在討論中，對於《萬有文庫》的內容以及預約價，出席會
議的人員均表示無異議，但是，在討論到初版印五千部的建議
時，列席會議的機要科副科長盛桐蓀認為實屬過多，值得考
慮，一旦銷售有問題，大量的資金積壓，後果將不堪設想。

盛桐蓀的發言，確實有一定的道理。

　　然而，過於自信的王雲五，認爲自己辛辛苦苦成此盛舉，盛桐蓀的發言無異於給他潑冷水，不禁深爲不滿。因此，立即在會上進行反駁，他說：“不應該以傳統的見解衡量這一空前的經營。”

　　盛桐蓀見王雲五如此衝動，仍然委婉地對自己的意見加以解釋。但是，在當時，王雲五自己也不知道爲什麼，仍然衝動地滔滔不絕地駁斥其所持的理由，爲自己的主張進行辯護，以至參與會議的人都不便發言表示自己的意見，以免造成左右偏袒的結果。幸虧高夢旦深知王雲五的脾氣，以半幽默的態度把爭執緩和下來。會議的結果，還是接受了王雲五的提案，初版印行五千部。盛桐蓀也沒有再申辯。

　　沒有想到，實行預約銷售之後，盛桐蓀的意見不幸而言中，初期的銷售成績並不是如想像的那麼順利。

　　雖然《萬有文庫》有部分預約，但是，距離五千部的數量還相差太遠。儘管這種大部數的預約，由於書價較大，有意購買者，依然會存觀望的態度，前期的成績通常不如後期理想。即使是現在，也不能肯定《萬有文庫》的銷售將一敗塗地。不過，作爲《萬有文庫》創意人的王雲五，在會議中又曾經衝動地與不同意印五千部的盛桐蓀爭辯過，這時，也漸漸覺得責任重大，心裏上產生了較大的壓力，開始焦慮不已。

　　沒有想到，正當王雲五焦慮不已之時，突然出現一顆救星。這個救星，便是王雲五並不認識的錢新之先生。

　　錢新之，其時擔任浙江省財政廳廳長，當時正在考慮如何處理相沿下來的一筆陋規錢款。這筆錢款，可以歸公，但也可以私人利用，最理想的，是用這筆錢款進行一項公益事業。

　　錢廳長偶然和一位朋友談起這筆錢款的處理意見。這位朋友比較注意出版物的廣告，發現商務印書館發售《萬有文庫》的預約廣告後，認爲很有意義，正想自己預約一部。錢廳長同他談起那筆錢款的利用打算，他便把這個情況告訴錢廳長，請他考慮。錢廳長後來派人取到《萬有文庫》的目録和樣張，瞭解了《萬有文庫》的内容和性質，便考慮，如果以此款購買《萬有文庫》，照預約價，可以購買七十多部，向浙江省每縣各贈送一部，使已有圖書館的縣充實其藏書，尚没有圖書館的，則可以據此奠立圖書館的基礎。這樣，可以化私爲公，化無用爲大用，真是功德無量，何樂而不爲。於是，立即與商務印書館接洽。

王雲五真是喜從天降，這樣的大批定購，事前他連想也不敢想，於是當即簽定預售合同。而且可以就預約價再打一折扣，每部實收不滿三百元，使該筆款項實際可購《萬有文庫》八十多部，浙江省每縣可分到一部。這個交易的成功，不但使《萬有文庫》的銷售出現了一個新的轉機，而王雲五在全國建立無量數小圖書館的目標，也首先在一個大省得以實現，真使他興奮不已。

商務印書館的同仁也感到振奮。

浙江省財政廳對《萬有文庫》的大量訂購，給《萬有文庫》的銷售預約，帶來了一股春風。於是，製訂了一個集體預約的折扣辦法，按訂購部數多少給予相應的折扣。同時，分別函告各分館，敦促各分館以浙江省爲例，與所在省教育廳或其他主管機構接洽《萬有文庫》預約銷售事宜。果然不出所料，各省收到通知後，没過多久，紛紛傳來捷報，各省集體定購者至少五十部，多至一、二百部。不久，預約銷售的數量便增加到二千多部。同時，私人藏書家也聞風而起，紛紛訂購。到預約期滿時，訂出的《萬有文庫》竟達六千餘部，超出原定初版部數一千以上，於是，又增加印數。增印的消息傳出以後，定購的部數繼續增加，商務印書館不得不將原定的預約期限予以延長。最後計算，竟預約售出八千部左右。

《萬有文庫》的出版和銷售獲得了空前的成功。

商務印書館也取得了空前的成功。

在中國二十年代未，三十年代初，一部二千册的大型叢書銷售達到八千餘部，單本達到一千六百多萬册，這在中國的出版史上，真是可以大大地記上一筆。這部書的創意和出版者王雲五經歷了從雄心勃勃，到焦慮萬分，最後，又出現了銷量空前的戲劇性的變化，似乎冥冥中有神靈在相助。然而，王雲五大膽而務實的編輯出版計劃，準確而有遠見的市場預測，緊緊把握和抓住機會，而後主動出擊展開銷售攻勢的商業謀略，真是令人讚嘆不已。似乎讓人覺得任何險峻的事情到了他的手裏，就能逢兇化吉，履險如夷。究其原因，除了他具有超群的洞察力和深謀遠慮之外，他的與眾不同的魄力和高超的才幹，也是無人能及的。

《萬有文庫》出版成功，銷售已經超過了預期的目標，並且可以説是創造了輝煌的業績，王雲五似乎應該心滿意足，可以喘一口氣了。

可是不行，除了編譯工作之外，他還有許多繁雜的事情。其中，讓他最頭痛的，就是商務印書館的勞資糾紛。

最近幾年來，上海的勞資糾紛迭起，商務印書館的工會又是當時企業界中最強有力的工會之一。商務印書館的糾紛和工潮以印刷所爲多，發行所及總務處次之，編譯所雖有少數人比較活躍，然而，由於大多數編譯人員都是新舊學者，態度當然比較穩健。少數的激進分子也比較含蓄，不願意率先發難，或者表現得激烈。因此，印刷所發生工潮，一般是由印刷所所長從事局部的應付，或者由總經理協理與人事科科長作全盤的應付。作爲編譯所所長的王雲五可以不理會這些雜事。

但是情況有些特殊，當時的總經理是由印刷所所長鮑咸昌先生兼任。他的年事已高，爲人篤實，不善言辭，其他經理協理也多是屬於這一類型的人。因此，有一次工潮鬧大了，使王雲五便不得不挺身而出，結果應付尚屬得宜，一場風波因此平息。但是，王雲五沒有想到，此後一遇勞資糾紛，資方都一致推他出馬應付，竟使本不應該負責的王雲五，轉而負了全面的責任，王雲五因此不勝其煩。他認爲，這些與編譯工作毫不相干的消極的事，偶爾負責，還可以勉爲其難。如果漸漸變成了家常便飯，那對於一位需要用腦力應付出版計劃和學術研究的人未免是太殘酷了。由於這個原因，原本對商務印書館的工作具有特別興趣的王雲五，隨着工潮的漸漸增多和增高，這種興趣也日益低落。於是，經過慎重考慮，王雲五決心徹底擺脫，而徹底擺脫的最佳辦法，就是脫離商務印書館。

王雲五到商務印書館任職已經八年。八年來，對編譯所所做的一切努力，因爲有了《萬有文庫》的成功而可以告一段落。此時功成身退，也對得起引致他入商務的高夢旦先生了。

由於去意已決，王雲五便注意物色接替他擔任編譯所所長的人選。其實，這個人選，在王雲五心目中早已經有了，這就是編譯所的史地部部長何炳松。

何炳松比王雲五小兩歲，青年時代曾在美國留學，學的是史學和政治學，曾受託負責收集遠東和中日關係的史料。讀研究院時，專攻現代史和國際政治。回國後，歷任大學歷史系講師、教授，先後講授西洋史、西洋文明史、中古歐洲史、近世歐洲史等，是著名的歷史學家和教育家。

何炳松是一九二四年五月由王雲五延攬到商務的，進入商務編譯所以後，主要也是負責史學譯著的規劃、組稿、編輯和出版工作。他工作熱心負責，爲人忠厚開明，不僅喜歡和同道的人來往，而且尊敬他們的學術研究。是一個能廣泛聯繫專門人才並在他們中間享有很高威望的人。王雲五認爲，在他離開商務之後，何炳松繼任編譯所所長最爲適宜。

一切就緒，王雲五正式向商務領導層提出離開商務的打算，張菊生、高夢旦等人起初感到突然，繼而再三挽留，後來看到王雲五離開商務的決心確實無法改變，衹好勉允。

一九二九年十月，王雲五終於辭去商務印書館編譯所所長的職務。

六　出國考察　泛遊歐美

王雲五原來打算離開商務之後，賦閑一段時間，專門從事研究和寫作。正巧，在他剛要離開商務之前，中央研究院成立，院長是他尊敬的蔡元培先生，一位曾是他過去在中國新公學的舊學生楊杏佛（銓）擔任總幹事，並兼任社會科學研究所所長。王雲五與楊杏佛素有來往，並且交誼很深，在離開商務之前，他曾偶然與楊杏佛談起他脫離商務的打算。楊杏佛開始也勸他不必如此，經過他剖析商務的情況後，楊杏佛也認爲他在此時離開商務不失爲明智之舉，可謂上策。

　　楊杏佛又表示，他現在的社會科學研究所所長是兼任，如果王先生辭商務獲准，他極願意舉王雲五自代，一如八年前胡適舉薦王雲五代任商務編譯所所長一樣。楊杏佛笑着説："我與胡適同爲先生之及門，既有先例，應步後塵。"

　　"不可不可，絕對不可。"王雲五趕緊拒絶説，"我離開商務，正是因爲苦於行政事情太多，如果到中央研究院來又擔任所長，那我何必薄商務現職而不爲。如果能够擺脱商務，我祇願意擔任純粹的研究或著述工作。"

　　楊杏佛將王雲五此事報告了蔡元培先生，蔡元培深知王雲五進商務之後備極辛勞，當即表示，如果商務允許王雲五脱離，那麼，中央研究院非常歡迎王雲五加入。對於楊杏佛薦王雲五自代的意思，他却表示不讚成。他認爲，研究所所長，仍然不免有許多行政工作，不如索性讓王雲五轉入純粹研究方面去，聘王雲五爲專任研究員。

　　王雲五在獲悉蔡元培先生的態度之後，非常感動，慨嘆説："知我愛我，孑民先生也！"

　　王雲五幾乎是在離開商務的同時，又轉到中央研究院社會科學研究所工作，成爲社科研究所的專任研究員。

　　王雲五專門從事研究和著述的希望如願以償，真是非常滿足。他首先選擇的一個研究課題便是犯罪問題。他打算以若干監獄作爲個案調查的出發點，並且製訂了調查的計劃。他很喜歡這種社會科學研究工作，如果没有其他變故和特殊情況，他願意就在這個位置上幹下去。三、五年時間内，他不想去從事其他什麽工作了。

　　中央研究院社會科學研究所專任研究員王雲五愜意而舒

暢，似鷹擊長空，如蛟龍入海，他在這個位置上工作得心應
手，一如他剛進商務印書館編譯所時，大刀闊斧地進行人事機
構的改革，製訂宏大的出版規劃。所不同的是，在那個位置
上，他要動員大量的人力和物力，與無數的專家學者和工作人
員打交道。而現在的工作，除了外出進行調查研究，他可以整
日坐擁書城，自成一統。他又有充足的時間來閱讀那永遠也讀
不完的書籍，他又有時間和機會來研究那許多多年來縈繞在他
心頭的社會問題。是啊，在商務印書館編譯所八年，他少看了
很多書，而社會在進步，時代在發展，他甚至有一種已經落伍
的感覺，因而，他有一種緊迫感。他要利用這個難得的研究機
會，奮起直追，將過去沒有時間看的書籍趕緊補看，將過去沒
有時間思考的社會問題重新進行思考和研究。

　　爲此，他爲自己製訂了一系列計劃，首先選定的一個研究
課題便是犯罪問題。對於這個研究課題，他製訂了詳儘的調查
研究計劃，並且吸收了三位畢業於北大、燕京大學和東吳法學
院專攻法律和社會學的高才生爲助理研究員，協助他進行研
究。他覺得，研究犯罪問題，對社會是會有所裨益的。

　　然而，王雲五的打算和計劃，也祇能是打算和計劃。他要
實踐自己的打算和計劃是不容易的。

　　就在王雲五離開商務印書館將近四個月的時候，他甚至還
沒有來得及動筆撰寫他的犯罪問題研究文章，“事”又來找他
來了。

　　一九三０年二月，商務印書館總經理鮑咸昌先生突然因病
去世，立刻發生了總經理職位繼任人選的問題。

　　鮑咸昌是商務印書館創辦人之一，原是印刷廠的工人，對
印刷的業務很精深，久任印刷所所長，前幾年才開始兼任總經

理之職。雖然如此,他仍然將主要精力放在印刷所,而對於總
經理職務,則委託兩位經理李拔可和夏小芳代勞。拔可以詩
名,由舉人歷官至知府。小芳是創辦人夏瑞芳先生的兒子,曾
留學美國。兩位都是書生。他們又多是將總經理委託的工作轉
委於機要科科長陳叔通和副科長盛桐蓀,於是,大權旁落,形
成了有權者不必有責,有責者却無權的狀態,也可以說,鮑咸
昌不過是個虛位的總經理。現在,鮑咸昌先生去世了,問題也
就發生了——總經理的位置,名和實都虛位是不行的。

　　鮑咸昌去世後,他兼任的印刷所所長,可以讓其長子鮑慶
林替補,但總經理一職,不是靠傳統的資望,便要靠真正的能
力。鮑咸昌擔任總經理,靠的是傳統的資望,所以,不妨虛位
自處。他去世後,能靠傳統資望而繼任的人,首推經理李拔
可。李拔可是兩位經理中的首席,擔任這個職務已經十多年。
另外一位經理夏小芳,年紀較輕,資望也較淺,却是創辦人而
曾任總經理的夏瑞芳的兒子,繼任總經理也未嘗不可。然而,
不知道什麼原因,董事會和兩位負監理名義的元老張菊生和高
鳳池對李、夏二位繼任總經理一職都不予以考慮,却想到了已
經離職數月的王雲五。於是,張菊生代表董事會,夏小芳代表
總務處,兩人或一起來,或分開單獨來,頻頻到王雲五寓所遊
說,請他返館就任總經理之職。剛剛離開商務才幾個月的王雲
五,哪裏肯答應,再三拒絕。

　　繼而,過去邀王雲五代他擔任編譯所所長的高夢旦先生也
出馬了,三番五次地對王雲五力勸。夏小芳有了這個新的助
手,更不肯放過,幾乎隔幾天就到王家或社會科學研究所去一
次,弄得王雲五簡直招架不住。看這個情勢,再拒絕下去,就
不合情理了。

最後，迫於無奈，王雲五經過深思熟慮，提出兩個先決條件，表示如果商務同意這兩個條件，才考慮是否接任。這兩個條件是：

一、取消現行的總務處合議制，改由總經理獨任制。經理、協理及各所長衹儘其協助之責。

二、在接任總經理後，立刻出國考察，研究科學管理，時間爲期半年，回國後再就任總經理職務。

這兩個條件是很苛刻的，王雲五提出這兩個條件，等於是給商務出了兩個難題。他認爲，商務不可能會接受，那就等於客氣地拒絕了商務的邀請。

沒有想到，商務經過磋商之後，完全接受王雲五的條件。倒使王雲五自己陷入了被動境地，衹好答應了商務的聘請。

一九三０年三月初，王雲五正式就任商務印書館總經理。數天之後，即從上海乘“比亞士總統號”輪船出國，前往日、美、英、法、德、比等國考察。

初出國門的王雲五，乘坐在豪華的“比亞士總統號”輪船上，將要到遙遠的國度去進行考察。儘管王雲五已屆中年，遇到什麼事情都能沉着、冷静，而此時，他仍然感到興奮和激動。特別是這次，他要離開家人達半年之久，以他四十多年的經歷，這還是第一次。儘管他絕對是個能够獨立的人，而獨身一人前往日本和歐美，這一點，也着實讓家人放心不下。

在出國之前，商務印書館高層領導曾經向王雲五建議，打算派一位曾留學歐美的同仁擔任隨行秘書，照料王雲五旅途的事宜。王雲五覺得這樣花費過多，堅決拒絕了。他認爲，自己平生養成了獨立的習性，對任何新的環境，自信尚能應付。前

往日本和歐美國家，他的英語不成問題，法語、德語也能勉強
應付，語言交流上不會產生太大的困難。而且，所去各國都駐
有中國的使、領館，一些地方還有過去曾與商務印書館有業務
往來的企業，都可以介紹參觀，帶一位秘書並無多大的必要。
於是，他堅持了隻身單獨成行。

　　碰巧，王雲五在“比亞士”遊船上，邂逅了兩位中國人
士，一位是浙江省實業廳廳長程弢甫，一位是該廳科長劉式
庵，兩位都是英國留學生。更巧的是，他們兩位也是經日本前
往歐美考察工商業，其旅程與王雲五大致相同。這樣，至少旅
途便不會太寂寞，而且可以互相照應。程弢甫和劉式庵對王雲
五的大名早有所聞，因此對他非常恭敬，關懷備至。這樣，又
讓王雲五的家人和商務印書館的同仁們稍稍放心一些。

　　這真是一次激動人心的遠航。大海的風光瞬息萬變，風平
浪靜時，令人心曠神怡；雨驟風狂、波翻浪湧時，又令人驚心
動魄。幸而，在輪船上，有陳、劉二位陪同，王雲五絲毫不感
寂寞。

　　不知不覺，十天時間就過去了。三月二十日，輪船終於到
達日本神户。王雲五可謂是平生第一次到了異國他鄉。

　　在日本大阪，王雲五訪問了中山太陽堂的負責人中山太乙
先生，並參觀了他主持的工廠－－中山太陽堂工廠。

　　中山太乙先生是一位目光遠大的企業家，在他的機構裏，
設有中山文化研究所，其中包括婦人研究所，兒童研究所等
等。他的工廠主要是生産化妝品，規模非常宏大。工廠的管理
完全採用科學管理法。爲了説明他們的管理方法，他們有精細
的圖表顯示，並進行詳細的解説。

　　該工廠生産手段主要是手工，爲此，他們還進行了所謂動

作研究，時間研究。如果動作迅速，則所需的時間隨之大減，這樣，可以提高工作效率。如果以工作路程計算，每天可以節省一百多里路。

王雲五又前往中山太陽堂工廠參觀，詳細考察他們的生產環節和提高效率的具體措施。他瞭解到，太陽堂工廠促進效率的要點有四個方面：

一、注重工作運行的研究；二、注重工作環境；三、注重時間的節省；四、注重工資的研究。

在東京，王雲五參觀了王子製紙株式會社的東京工廠。

該會社創立於一八七二年，是日本股份有限公司中最大的機構，設有造紙廠九所，造硫化紙料廠四所，水力發電廠七所。據其社長介紹，該廠生產主要依靠機器，所用工人不多，很少發生勞資糾紛問題。原因是他們在內部採取開明的專制政策，對職工的福利特別注意，在職工提出要求之前，即先予以考慮。另一方面，如果職工提出的要求不合理，也會毫不留情地堅決予以拒絕。在行政上，除了設有各部門的重要主管外，另外還設有參事若干人，但並不是專職，祇是隨時協助社長、經理等計劃和統籌一切。並可以接受社長、經理的委託，隨時輔助各廠、各部主任處理或者整頓各項事務，還可以列席一切重要的會議，以便明確掌握和瞭解全局的情況。

在東京，王雲五還拜訪了日本實業界的鉅子兼政友會要人山本條太郎。山本條太郎曾任南滿鐵道會社的總裁，從前還曾與商務印書館有業務聯繫，與張菊生先生有非常深的交誼。山本條太郎對商務印書館的情況瞭如指掌，他認爲，商務印書館已經發展到今天這個程度，應該設法分立。比如，印刷所，發行所，編譯所，以及各分館，都應各自成爲一家獨立公司。由一家最高的投資公司掌握其所有的股份，以便操縱。這種辦法，美國通用電氣公司採用後，效果非常好，可以供商務印書館參考。山本條太郎先生還建議商務印書館將股份每股一百元改爲二十元，將職工應得的獎金扣下存在公司，讓他們每人購買一股以上。這樣，職工便成爲商務印書館的股東，便利了勞資合作，不至於經常引起衝突。

聽了山本條太郎的介紹和建議，王雲五覺得深受啓發。

王雲五還參觀了東京帝國大學圖書館和東洋文庫，參觀了主持國定教科書的分配機關——丸善株式會社，還拜訪了日本產業率能研究所主任上野陽一。在率能研究所，王雲五瞭解到，日本各工廠現在都非常注重科學管理，上野陽一先生本人便擔任了十幾所工廠企業管理的顧問。

日本進行企業管理的經驗有如下幾條：

一、工資問題，必須預先製訂工作標準。二、售貨人員除領取最低的工資外，還按每人每天售出的貨物的發票存根進行計算，每天選擇成績優秀的給予獎勵。

短短幾天的參觀和考察，王雲五覺得獲益匪淺。他想到，日本作爲一個東鄰小國，又是一個經濟大國，在很短的時間內，經濟上取得了如此長足的發展，其實行科學管理和其他諸多方面和經驗，都值得自己仔細思考並藉鑒。

三月二十六日，王雲五與陳、劉二位先生乘火車前往橫濱。然後，從橫濱登輪船啓航赴美。中間，曾在夏威夷群島停留並遊覽。一星期之後，四月二日上午到達舊金山，踏上了美國本土。

在舊金山，王雲五參觀了許多工廠。

　　舊金山有許多自動化工廠，其管理方法都是採取科學管理。在參觀工廠的同時，王雲五還拜訪了許多管理專家，記錄了許多關於工業管理的經驗。

　　美國洛克菲爾工業關係顧問所的負責人鮑華士先生對王雲五說：

　　一、從科學管理方面而言，專就勞資兩方面關係研究是不夠的，必須同時注意到公眾方面。三者配合研究，才能够稱爲完備。

　　二、職工應該依照公務員制度實行退休辦法，不斷新陳代謝，才會有活力。

　　三、最初實行時間與工作研究時，必須得到工人的理解。

　　四、工商業預算制度的實行，必須先建立妥善的成本會計制，在實行預算制度的初期，不宜過細，才容易實行。然後，按照逐年試行的進展，不斷改進，精益求精。

　　四月二十三日，王雲五到達底特律，參觀了福特汽車工廠。

　　福特汽車工廠是世界馳名的汽車製造廠，全部採用自動系統從事生產，工人的技能非常高。由於各種機器的運轉如川流之不息，所以，操縱機器的工人必須與機器密切配合。否則，配合落後，機器則搶先，製造程序一定會導致失調。特別是在裝配工廠內，來自各方面的零件匯合在一起，全部依靠自動系統連接，由小型而大型，看起來使人眼花繚亂，目不暇接。人在其中，真好像受機器的指揮控制，即使想躲懶也不可能。參觀了福特汽車製造廠，王雲五真是眼界大開，嘆爲觀止。

　　爲此，王雲五拜訪了福特公司的創辦人享利‧福特，詢問他們成功的原因和要素。享利‧福特介紹了福特公司成功的幾點經驗：

一、福特汽車公司在產品上的成功主要是依賴標準化，才能大量生產。又因爲大量生產，才能達到廉價供應的目標。

二、福特公司在人事上的成功，主要是依賴高工資政策。當汽車工業每天平均工資在二元四角的時候，福特公司却單獨宣佈，保證工人每天五元的最低工資。

三、除實施高工資政策外，福特公司還有一種職工儲蓄制度。工人可以將其工資收入的百分之五十以下存入公司，由公司擔保其年息五、六厘，加上紅利，往往合計在一分以上。這在美國，可以說是最優厚的利息。

四、由於職工待遇好，存款多，家境實現了小康，便不願意生事。而且對公司感情好，偶然發生糾紛，也容易和解。

五、福特公司絕對不許在其公司内成立産業工會，職工因爲對公司感情好，對於工會的成立也不熱心。

六、福特工廠全部機械化，機械的運動有如川流不息，所以，照料機器的工人縱想躲懶也不可能。這種人與機械互相約束的狀態，福特公司各工廠都已經徹底實現。但是，公司又能注意工人的健康，不使他們過於勞累，除每天絕對以八小時工作爲限，不許加班外，每星期工作五天的制度，也是福特公司率先提倡並實行。

四月三十日，王雲五抵達華盛頓。他打算在華盛頓參觀國會圖書館，飽讀有關科學管理的圖書，並訪購有關書籍。

到達華盛頓的第二天，王雲五便拜訪了國會圖書館東方部主任恒慕義博士。恒慕義博士過去在中國曾經擔任山西大學的教授，與商務印書館因爲購書的關係，夙有往來。王雲五和他

雖從未見過面，但是，相知有素，一見如故。恒慕義博士瞭解
了王雲五的來意，答應儘量提供便利。當天就介紹王雲五拜訪
了國會圖書館館長布南博士。布南博士即批示主管人員給王雲
五提供一間研究室，供他專用，並約定從明天起，可以每天來
館閱覽研究。工作談完，館長即派了一名工作人員帶領王雲五
參觀該圖書館。

　　參觀國會圖書館，王雲五又可謂大開眼界。

　　首先到圖書目錄室。王雲五稍微抽取了幾張圖書卡片看了
看，見他們儘量採用互見片，即同一本書分列了六、七張卡
片。無論從書名、著者、類別，從整套的叢書，書籍的譯名
等，都能找到這本書。而每張卡片中除書名、作者、出版家、
頁數、出版年月、所屬叢書及所屬類別外，並附有簡單的提
要，使讀者看卡片即可以瞭解該書的梗概。當時，國會圖書館
的藏書已多達百餘萬種，按每種平均六七張卡片計算，全部卡
片便不下一千萬張，佔地之廣自可想見。

　　接著，王雲五又參觀了與目錄卡片室相連的公共閱覽廳。
公共閱覽廳的借書櫃臺設在閱覽廳的一端，讀者從目錄卡片室
將欲借閱之書的說明號碼填寫在空白借條上，即在公共閱覽廳
內擇定一個座位，將座號與借書人姓名填好，隨即交給借書櫃
臺的人員，然後返至擇定的座位上等候。片刻之間，館員已將
從書庫借到的書籍按座號送交借書人。

　　見到這個情況，又了解了該館書庫的位置，王雲五百思不
得其解。該圖書館的書庫距離閱覽室非常遠，而且高至十數
層，怎麼能夠在這麼短的時間內將書送到讀者的手裏？

　　經過詢問和瞭解，王雲五才恍然大悟。

　　原來，該館借書從借條到書籍的傳送，往返都利用氣壓的

管道。借書之初，讀者將借條交給管理人員，管理員將借條放到一個小圓筒內，置於通向書庫的氣壓入口處，利用氣壓立刻將借書條傳送到相距很遠的書庫。書庫管理員在氣筒的另一端收到裝有借書條的圓筒，隨即取出，交給檢書員，按書號迅速檢到借書條上所列的書。然後連同原借書條將書放入能夠容納若干冊圖書的大圓筒內，又利用氣壓的作用，將大圓筒經過同樣大的管道，迅速將書輸送至相距很遠的借書櫃臺。主管人員打開圓管，將書取出，然後交給工作人員按號送給該號坐位的借書人。

瞭解了這個借書的全過程，真是聞所未聞，王雲五又讚嘆不已。

王雲五又瞭解了公共圖書館專用研究室的讀書辦法。

該館分配有專用研究室的人，可在借書條上分列註明書號，交給借書櫃臺的主管人員。也不必在研究室等候，工作人員將書借出後，會派人將書送到各室，放置其處，借書人隨時來此，即可利用。而且不必自己去還書，因為所借到的書每本都附有一張一端紅色另一端藍色的卡片。祇要將紅色的一端露出書外，則表示這本書是看完待還的。工作人員看見便會自動取走，還回書庫，又將原借書條收回放在桌上，一切無須讀者自理。而沒有插入還書條的書仍然可以放在原處繼續使用。

研究室備有兩把鑰匙，利用該研究室的讀者與主管人員各持一把。研究者離開此室時，將室門鎖上，除主管人員外，其他人不能入室。主管人員或其所派之人將新借到的書送入室內，或者隨時入室檢查有無應還的書代為歸還，其出入該室均憑所持的另一把鑰匙，無須與研究人員見面。研究人員需要新借的書，也可將寫好的借書條留在室內桌上，管理人員看見便可代借。

　　研究室等於一間供人專用的辦公室，中間置有書桌、坐椅、書架及打字機，還備有電話，可以隨時與外面聯絡，非常方便。研究人員如果願意久留室內，還可以自帶冷食飲水，在室內飲用。圖書館還設有自助餐廳，讀者可以從清晨八時至晚上十時，中間不必出館一步。總之，研究人員一進入研究室內，有如在自己家中，可以不受任何人干擾。主管人員隔門看見有人在室，也避免入內，使研究人得以專心研究。研究人員如不願意被他人看見，還可以在門窗上垂下所備的簾幕，在門外懸上一塊"請勿入內"的紙牌，即使主管人員見到，雖然送書來此，也會折回，不敢輕易開門入室。

　　美國國會圖書館對讀者提供如此方便、細致周到的服務，又讓王雲五讚嘆不已。

　　於是，王雲五利用國會圖書館完善而細致周到的服務和爲世界之冠的豐富藏書，在十一天時間內，對該館所藏的有關科學管理的書籍進行了一次全面的涉獵。

　　該館的書刊卡片，對於該書內容，皆有提要的記述。依類別檢得某書或某期刊所載論文的卡片，立該可以從卡片上所列的提要，發現其是不是與他欲研究的符合。經過這樣初步的檢閱卡片而加以剔除者，佔了王雲五欲借書籍的一半以上。而這些並沒有借出閱讀的書籍和雜誌，因爲知道了它們的梗概，不必要借來閱讀，也算是已經涉獵。剩下的必須借到研究室中閱讀的書籍和期刊，由於期刊每段文字都有鮮明的標題，一望而知某段不合需要可以不讀。剩下必須閱讀的大約一百篇期刊的論著，共五十萬字，他用三天功夫全部讀完。

　　在二百種必須閱讀的書籍中，由於歐美新刊書籍多編有詳儘的索引，除必讀的書籍或小冊子佔極少數外，其他書籍，他都通過先檢索引，瞭解某章某節當讀。閱讀的時候，他又按照其性質與關係，分別爲略讀與精讀。用四天時間，讀完了必須精讀的書籍約一千頁。也用四天時間，讀完了可以略讀的書籍大約四千頁。

這樣，王雲五在十一天時間内，廢寢忘食、足不出館，每天從早上八點到晚上十點，通過精讀、略讀和對書刊梗概的瞭解，將美國國會圖書館所藏有關科學管理的九百種書刊全部涉獵完畢，創造了一個令人不可思議的讀書記錄。

王雲五將美國國會圖書館所藏九百多種有關科學管理的書刊全部涉獵完畢，心情舒暢，渾身輕鬆。於是，五月四日這一天，他偕同弢甫、式庵乘遊覽公共汽車去參觀華盛頓墓。

華盛頓墓在華盛頓郊外，沿途祇見青翠滿目，風景極佳。中途經過華盛頓所崇奉的Masonic教堂。於是，車停片刻，遊客均可以入内參觀，由教堂的牧師爲遊客進行解說。教堂内藏有很多華盛頓生前用過的器物，都得到了很好的保存。

參觀教堂後，又登車繼續前行。大約半小時後，抵達華盛頓墓地，華盛頓的故居也在墓地附近。

華盛頓的故居僅是一幢二層樓三開間的普通房屋，室内所儲藏的器物也非常古樸，不像是曾任國家元首的人所用過的。看了之後，更加令人肅然起敬。

接着，遊客們瞻仰華盛頓墓地。華盛頓墓建築也極平常，除墓旁有華表外，其它建築都與普通墓無異。由此，王雲五慨嘆：大英雄的不朽，不在他生前的生活和死後的墓地建築，而在他生前的豐功偉績和不朽的精神。

因有所感觸，王雲五詩興勃發，不能自已。在歸途中，與弢甫和式庵二人共同聯成七律一首，以抒發自己的感慨。

　　　　　五月四日同遊美京郊外華盛頓墓，古樸無華，
　　令人肅然起敬，大英雄自有其不朽者在。不禁感
　　慨系之，歸途各綴一二句，不敢言詩也。
　　壯遊我亦後諸賢（雲）　杖履聯翩着祖鞭（弢）
　　草昧經營看締造（式）　高山仰止任流連（雲）
　　輟紅十丈渾忘却（弢）　華表千秋亦凜然（雲）
　　回首故園荒落久（式）　伊誰篳路獨當前（雲）

在華盛頓，王雲五還參加了一件非常有趣而冒險的事。

五月五日上午，清華留美學生監督梅貽琦和正在美國國會圖書館從事研究的江亢虎以及中國大使館李某等人，邀請王雲五遊覽華盛頓城中名勝。王雲五便和弢甫、式庵等人共同前往，由李某駕車。王雲五一行人等原打算先到華盛頓記功碑，此記功碑有電梯和人行梯可登絕頂。但是，這天正值星期日，必須在午後十二點才開放。他們便改往阿靈頓國家公墓參觀。

在前往國葬墳場的途中，經過一個飛機場，這是一個民用機場，還兼有娛樂的項目。任何遊客祇要交納一筆少量的錢，便可以乘坐飛機在華盛頓的上空飛行十幾分鐘。

在三十年代初期，飛機的性能還很落後，很少有人乘坐過飛機。即使像旅居美國多年的梅貽琦也未曾嘗試過。中年氣盛的王雲五却不知道觸動了哪根神經，突然興致勃發，欲一試凌空的情景。同行的的諸君，個別說曾經嘗試過，其他則明言不敢冒險。王雲五却不但要嘗試一下，還堅持要邀梅貽琦同飛。

　　比王雲五小一歲的梅貽琦開始還有些猶豫，經過衆人力勸，才答應嘗試。

　　然而，剛剛走到售票處，王雲五就有些後悔自己的孟浪和輕率。因爲在當時，飛行還剛剛開始不久，雖然不是經常發生危險，也不能説毫無危險。二人嘗試同飛，王雲五是自願的，即使發生意外，也是咎由自取。而梅貽琦却是王雲五力邀參加的，萬一發生意外，如何面對梅夫人啊！

　　想到這裏，王雲五自己不便打退堂鼓，却回過頭來正式詢問梅貽琦：“你是不是確實願意飛，否則我寧可單獨試飛。”

　　没想到，梅貽琦此時表現得非常堅決，堅稱願偕同飛行。

　　購票之後，在登機前還要簽署一張近乎遺囑的文件，上面寫明自己的住址和萬一發生意外，應得的保險賠償由何人受益。這樣一來，王雲五等人更覺得這次飛行帶有冒險性。

　　“遺囑”簽過之後，二人準備登機了，在登機之前，幾位同行的人，都走上前來，竟相與二人握手，好像真是在爲二人送行。僅僅十分鐘的飛行，氣氛却弄得如此悲壯，可見當時大家心裏所想。

　　在走向飛機的時候，王雲五心中倒反而坦然。他想，生死本由天　依照科學原理，飛行本不應該有危險。如果命該有險，即使在馬路上行走，危險也可能隨時發生。想到這裏，王雲五毫無顧慮地準備先登上飛機。剛走到飛機旁，梅貽琦突然轉過身來，握着王雲五的手説：“我們現在是患難朋友，在飛行之前，應該先攝影留念。”於是，王雲五、梅貽琦與駕駛員合拍了一張照片，作爲紀念。

　　這是一種非常小的飛機，機頂是没有蓋的，他們二人等於是乘坐在露天之下。登機以後，要用皮帶纏在身上，否則，飛機傾斜轉彎時，會有摔出機外的危險。

飛機發動後，頃刻間升上天空，在空中盤旋，飛機愈旋愈高，直到高上四、五千尺。

在"露天"的飛機上，王雲五俯視波託馬河，仿佛一條帶子，而那些高樓大廈，都顯得非常渺小。王雲五仰觀俯視，非常愜意。飛機飛行時也非常平穩，王雲五覺得簡直比坐汽車還好，因爲汽車不免和地面摩擦，飛機卻一點感覺都沒有，輕輕穩穩地上昇或者前進。除了感覺猛烈的風勢之外，簡直沒有其他任何不適。

不知不覺，已經飛行十分鐘了，飛機開始降落，由於風向的變化，飛機傾側了一下，有皮帶把身體纏緊，即使機頂無蓋，坐在飛機上的人，也沒有翻倒下去的危險。不一會兒，飛機便安然回到地面。王雲五和梅貽琦也輕鬆地舒了一口氣。

當王雲五和梅貽琦走下飛機，同遊的朋友都衝上前來，像歡迎英雄一樣和他們握手。王雲五也和梅貽琦握手，笑着説："好了，患難朋友現在成爲安樂朋友了。"

第一次嘗試飛行的王雲五，在飛行前，心理上一點都不覺得恐懼；飛行的時候，也覺得高興而且有趣。可是，十分鐘過去，王雲五安抵地面之後，他的内心卻突然難過起來。他又在爲自己的輕率和孟浪自責。想起自己在臨行時，父母、妻兒、子女，怎樣囑咐和期望他在外要事事謹慎，他也滿口答應。但當他自告奮勇要嘗試飛行時，簡直把這一切囑咐和期望都忘卻了。飛行雖然不是危險的事情，但在那時，人人對飛行都不免生疏而持謹慎的態度。如果有必要，這種冒險當然在所不辭，但是，他這次飛行，完全是爲着一時的高興和好奇，絲毫沒有必要。萬一發生意外，一家老小十幾口人將如之何？想到這裏，王雲五心中更加不安和自責，決心以後再也不去做這種不必要的冒險和不負責任的事情了。

返抵紐約後，按照上次離紐約前所定的日程表，王雲五開始對紐約的專家和學者進行了一連串的訪問，其中包括美國泰羅學會總幹事柏爾森博士，哥倫比亞大學會計學教授凱士達，人事行政專家蒂迪，國際畢多公司總經理密特治，哈佛大學工業心理學教授梅猷，哥倫比亞大學勞工問題教授塞格爾。

王雲五會見了許多即將畢業的中國留學生，準備在其中物色適當的人才，爲商務印書館組織一個研究所。經過多次接觸談話以後，決定聘請孔士諤等八名留學畢業生返國後爲商務印書館服務。

王雲五還安排時間接受了紐約時報記者Abend的採訪，暢談了他的簡歷，商務印書館的發展歷史、現狀以及他主編出版《萬有文庫》的情況。

五月二十四日，王雲五結束了在美國的參觀訪問，調查和讀書，又與程弢甫、劉式庵二人一道，乘一艘中型輪船前往英國。

就在王雲五離開美國不久，六月一日，《紐約時報》刊登了記者Abend撰寫的介紹他的專訪文章，並配發了他的照片，題爲《爲苦難的中國提供書本而非子彈》。這篇文章對王雲五以及他主持商務印書館所取得的成就進行了高度的評價。以《紐約時報》這樣的大報，對一位中國人進行大塊篇幅的報道，這是罕見的。文章說：

當中國的軍閥們用數以千百萬計的民脂民膏從事

於個人權力的維持與擴張的賭博時，一位卓具才華的中國老百姓却以鉅大的資財爲中國人民教育的普及而賭博。這位勇敢的人物就是王雲五先生。他是現任上海商務印書館的總經理。他在美國停留七週於考察了美國的效率制度以及各大公司的福利措施後，將啓程訪英。

王先生的大賭博已經贏定，它不是爲他個人增加分毫財富,而是出版了一部稱爲《萬有文庫》的鉅著，這部鉅著共二千册,不僅囊括了中國歷史典籍的精華，而且將世界各國的文學、歷史、哲學、詩以及科學著作譯爲現代的中國文字，悉數納入。

在他成爲商務印書館的總經理前，王先生任該館總編輯有年。在他的領導下，有三百位著名的中國學者，經常爲該館擔任翻譯、編纂及撰寫的工作。著名的中國哲學家胡適博士以及其他許多學術界的領袖都協助王先生的《萬有文庫》的編纂工作。他們希望這部鉅著的價格能够低得使中國任何一個窮苦的小城市都能負擔。但是，當這部鉅著決定付印之際，却受到董事會部份强有力的董事的反對，他們恐懼這一出版計劃會使該館賠累不貲。可是，王先生以個人的去留力爭,終使該書在去年（一九二九）問世，共五千部，每部售價中國國幣三五０元。就在他離開紐約之前，王先生收到上海來電報告已經售出四千三百部之譜。

王先生拒絕討論中國的政治或中國内戰。但他説：“中國人民的唯一希望在於教育的普及與交通的急速擴張，没有教育、公路與鐵路，全國的統一是極艱困的。"

王先生在美國時，曾考察四十餘家公司工廠，並曾經與三十位效率專家、經理、工會領袖及福利部負責人舉行會議。這些活動使他寫成了二十五萬多字的札記。同時，他又與許多在美求學年輕的中國學人交談，還約請了六位歸國擔任該館的研究工作。他希望再能從英國、德國的大學中找到至少四位中國留學生回國參與該項工作。

王先生在四十三歲的時候，已是五千餘雇員的領袖，商務印書館是中國最大的出版公司。它成立於三十年前，但它今日已經十分成功，它的整個資本額是五百萬銀元，而它的許多財産的價值則超過該數幾倍以上。單單上海的印刷廠就佔地二十英畝；同時，還有散佈該城各處的分支機構。在北京、香港且設有印刷分廠，而在中國三十個大城中都有該館的分館，至於與該館有聯繫的所有機構則多至千百數個，遍佈國內海外。

在過去三十五年中，該館已出版三萬種不同的書籍，另有三百種正在計劃印行中。此外，該館又出版多種著名的雜誌，至於所出版的教科書則爲全國三分之二以上學校所採用。

商務員工的待遇是中國最高的。同時員工們都受到由公司支付的團體的人壽保險的保障。每年有紅利可分還有優渥的退休金，工人子女的教育由公司免費供給。此外，公司還設有診療所、託兒所，對懷孕的母親給予生産津貼。

　　商務印書館除了出版書刊之外，還舉辦了一個函授學校，三萬二千個中國人曾在那兒畢業。同時，商務又在上海開設東方圖書館。這個圖書館之建立原來主要是爲公司的編輯人員參考用的，但後來則予開放，供給各界應用。該館有五十萬冊以上的中文書，十萬冊以上的外文書。此外，尚訂有七百種以上的報紙與期刊。

　　這位商務的領袖是中國廣東省中山縣人。雖然他享有"活的百科全書"的榮號，但他却沒有進過正式的學校。他除了是一位卓越的中國學者，他還能説、讀、寫流利的英文並旁通德文、法文、日文等，這些都是他無師自通、苦讀而得的。儘管他在過去幾年中的工作是如此的繁多，但王先生還有餘暇創造了名聞中外的《四角號碼檢字法》,這個簡單而實用的方法已爲全國所採用了。

　　一九一一年中國國民革命爆發之時，王先生是上海附近吳淞中國公學的教授。一九一二年滿清遜位，臨時政府成立，他成爲臨時大總統孫逸仙博士的秘書並參加教育部的工作。

　　王先生所領導的公司主要並不在牟利，而在使中國的教育的機會更容易，費用更低廉，這確是解決中國的重重災難的基本途徑。

　　經過了將近十天的航行，橫渡大西洋，王雲五一行於六月三日到達蘇格蘭的格拉斯哥港。前往英國的旅客可以在格拉斯哥港登陸，乘火車直達倫敦。

　　到達格拉斯哥港後，因爲程弢甫、劉式庵另有活動，王雲五與他們約定了再次相會的時間和地點後，便購了一張頭等火車票，單獨一人前往倫敦。

　　在開往倫敦的火車上，王雲五結識了一位朋友，這個結識的過程饒有趣味。

　　王雲五的頭等車票可享用兩人一間的包間，登車後，他獨佔一室。不一會兒，又有一位持有頭等車票的客人進入包間，出於禮貌，二人互相點了點頭，算是打了招呼。

　　王雲五在美國聽人介紹，美國人爽快，見面而不相識的儘可以互相交談。而英國人矜持，非經人介紹，不能像美國人那樣隨意交談。王雲五見這位同室的旅客很像英國人，爲慎重起見，不便首先攀談。然而，二人同處一室，相對而坐，面面相覷，又覺得有些尷尬。幸虧他的行李中有許多書籍，原是爲了閑暇時消遣，現在，便不得不打算以全部的時間來看書，偶然休息一下，也祇好調過頭去注目窗外，以免兩人的視綫相接。這樣，相持了大約兩個小時，王雲五暗暗地窺探對面這位旅客，手裏拿着一張報紙，顛來倒去，再三展讀，時間長了，好像也感覺無聊。他暗暗想，在這漫長的六、七個小時的行程中，他入境問俗，表現得矜持一些是應該的，而對方是本土之人，即使願意變更習慣，也應該由他先爲之。

　　果然不出王雲五所料，在火車行駛到大約一半的旅程時，對方首先向王雲五打招呼了，問王雲五是不是來自東方。其所謂東方，是不敢斷言王雲五是中國人還是日本人。王雲五答來自中國，於是雙方開始攀談。

　　沒有想到，這位英國人在沉悶了三個小時之後，説起話來滔滔不絶，其爽快程度絶不亞於美國人。而其態度的誠懇又較一般美國人有過之。

　　這樣交談了很久，雙方才開始互報姓名。這位英國人説，他叫蘇爾温，是英國下議院的議員，隷屬工黨，並拿出一張名片來相贈，王雲五也將自己的名片贈給他。當他知道王雲五是出版家，並兼中央研究院的研究員時，立刻表現出非常恭敬的態度，隨即站起來與王雲五握手。正在這時，車上的服務員進來了，遞上了一張午餐的菜單，詢問二位是在車厢用膳還是前往餐車。議員先生立即回答説：“就在這裏用膳。”並詢問王雲五是否願意一起用膳，他熱情地對王雲五説：“王先生是遠客，我應當儘地主之誼，由我請客。”王雲五覺得，兩人攀談之後，話頗投機，情不可却，便答應了。於是，兩位剛剛相識的人便在一起共餐並暢談，其熱情程度有如深交。

　　午飯後不久，火車抵達倫敦。中國公使館派秘書前來迎接王雲五，那位邂逅相逢的英國議員蘇爾温先生熱情地與王雲五握手，殷殷道別，並邀請王雲五得便時參觀英國議會。還熱忱相告，最好是晚上十點鐘以後前往，因爲英國的議員都另有職業，白天照常辦事，下班後才出席議會。而且往往晚間又有應酬，多數議員都是在晚上十點鐘以後出席議會，所以議會重要的辯論，要到午夜才進行。

　　在英國，王雲五訪問了許多經濟專家和企業管理專家。

　　到英國後不久，王雲五就拜訪了分公司廣佈世界各地，職工總數三十多萬人的英美烟草公司總經理坎裏夫爵士。

　　坎裏夫爵士向王雲五介紹了他作爲總經理的工作職責和工作方法。

　　坎裏夫爵士説：“我以本職爲專業，絶不兼職，每天一定按時到辦公室，又不躬親瑣事。在這種情況下，整天在辦公室，又沒有瑣事分心，我就能以全部的時間、精神從事思考，爲公司作種種有利的計劃。試想，一位擢升至一個大公司最高地位的人，縱然沒有高深的學問，其經驗不會不豐富，思想不會不老練。袛要能夠專心致志爲這個公司考慮如何改進，如果能夠發現改進的要旨，則一切細節與技術自然可以委託專家們代爲研究。

「所謂瑣事，最多與最常見的無過於文書的處理。一個具有最高地位的人，務須儘量避免處理次要的文書，亟當明定範圍，分層負責。是哪一類的文書，便交哪一層的主管人員負責處理。即使是留待首長自己處理的，也應該分別輕重，除了最重要的自己處理外，較輕者，可以由幕僚長代爲處理。這樣，日常的瑣事便可以減去一大半，剩下的時間，便可以用來考慮種種重要的問題。

「至於計劃上的細節問題，無論首長是否有這個時間或者專門知識，可以親自從事，即使有，也不妨先交助理的專家們先作初步研究，等他們提出初步報告後，再由首長親自考核。

「我能執簡馭繁，保留大部分時間，以從事決策與計劃，實爲本公司成功的秘訣。」

王雲五還拜訪了曾任日內瓦國際管理研究所所長的烏維克少校。

烏維克少校對管理問題有許多具體的闡述，他說：「管理以設計爲先。設計等於建築的藍圖，建築如不先繪製藍圖，便沒有成功的可能。任何管理工作如不在事先加以設計，不僅浪費，而且效率低，對參加工作的人也是一種暴虐的行爲。

「討論組織，必須澄清四種觀點，一是職任，即參加組織的個人，必須完成的工作；二是責任，就是完成職任的義務；

三是能力，就是完成職任的本領，包括知識、技術與個人的性格在內；四是權力，也就是指揮他人行爲的權力，權力可能是正式的，即由組織所授予，也可能是技術的，即出自本人所具有的特殊知識與技能，又可能是人格，即由於本人的地位和威望所獲得的。

　　"在兩個人或兩個人以上共同工作於同一個目標之下時，不免要分工。然而，分工以後若要工作進行順利，需要一種統合的努力。換句話說就是聯繫。法國管理學家費堯在其所列舉的行政職任項目中，把聯繫的運動與努力列爲第四項，就是這個原因。

　　"權力與責任，二者必須相稱。泰羅指出，對於權力觀念，必須確認權力與責任相配合。凡授權於某一個個人或團體而不強制其對另一人或另一單位負責，則其人行使權力的成效定然不高，這就是古語所說的'權力濫用'的根源。反之，如果使一個團體或個人負某一個行爲的責任，卻沒有授予必要的權力，則其對責任的執行也很難滿意。所以，要使一切階層的工作進行順利，則所授的權與負的責必須相等。

　　"領袖之所以成爲領袖，有賴於授權行爲。做領袖的人如不肯授權，各組織便不能做有效的運用。沒有授權的勇氣和知識，便是一個組織中最常見的失敗之源。

　　"一個公司的最高當局，應該像軍隊中的總司令，有權做最後的裁決。不過在裁決之前，最好能廣泛徵求專家的意見，然而，也祇限於徵求意見而已，並不是讓其參與裁決。因此，經理部的會議，祇是咨詢，而不是協議。

　　"總經理必須有一位富於研究能力的高級助理員。本人在十年前曾任Lawntree公司總經理的高級助理，代爲計劃一切。”

　　王雲五還拜訪了英國倫敦大學管理學教授羅普森，牛津大學印刷廠廠長約翰生，英國大出版家、麥美倫公司常務董事麥美倫上尉。

　　此外，王雲五還利用這個難得的機會，參觀過英國皇家國際事務研究所，倫敦博物院和英國最大的舊書店霍裏書店等。

　　在結束英國的參觀訪問之前，王雲五認爲有參觀一下英國議會的必要，弢甫、式庵也願意一同前往，於是，依照蘇爾温議員的囑咐，於晚飯後九點前往旁聽。到達議會，祇見議員與旁聽者都不算多，等到十一點，出席議會的議員才漸漸多起來，旁聽者也隨之增多。這時，王雲五看見蘇爾温議員也來出席了。蘇爾温議員也注意到了旁聽席中有幾位東方人，並發現王雲五在其中，於是熱情地跑到旁聽席來招呼。簡單地幾句寒喧之後，恰在這時，會議又提出了某項議案，蘇爾温議員大概比較注意，於是握手道別，又返回議席。旁人看來，好像兩人是一對老朋友，連弢甫和式庵也覺得奇怪，問：“王先生怎麼和英國的議員這麼熟悉？”

　　六月二十一日，王雲五前往法國。

　　從英國到法國，僅隔一個海峽。從倫敦乘火車到海峽，下車後登上輪渡，海峽寬約二十餘海里，輪渡行駛了大約半個小時，便到了法國的邊境城市卡黎。

　　登上法國領土後，王雲五改乘火車到達法國首都巴黎。剛走出站臺，便看見中國駐法國公使高叔欽已經在車站等候迎接。叔欽與王雲五曾於民國元年在教育部同事，又是商務印書館前任編譯所所長高夢旦的胞侄。有這層關係，二人相見，真是分外親熱。

　　王雲五前往法國的目的是爲了訪問法國科學管理大師費堯的及門弟子米爾豪。到達巴黎的第二天，就首先訪問了米爾豪先生。

　　關於管理，米爾豪先生對王雲五這樣闡述：

　　一、費堯先生提倡的管理原則共十四項：

　　（1）分工，（2）權力，（3）紀律，（4）命令統一，（5）指揮統一，（6）公衆利益先於個人利益，（7）報酬公平，（8）集權，（9）階層次序，（10）秩序，（11）公正，（12）員工任期安定，（13）主動力，（14）團體精神。

　　試舉一例。如上述第九項階層次序，是指一種溝通工作。由下而上，或由上而下，往往要經過五個以上的階層，費時之多，自不待言。但如果能改爲橫式，即甲機關第三階層與乙機關第三階層進行溝通，這樣，便無須上上下下各經過幾個階層，不是節省了不少時間嗎？

　　二、費堯先生所提倡的管理要素有四個方面：

　　（1）設計，（2）組織，（3）命令，（4）配合。

　　又試舉一例。如配合，是要使公司的一切動作協調。具體說來，即開支必須與財源相稱，設備工具必須與生產的需要相稱，庫存物資必須與消耗相稱，銷售必須與生產相稱。一言以蔽之，要使一切事物有適當的比例而已。

　　三、在合理的組織內，人的方面既需分工，又需合作；物的方面，各儘其用，務求配合。

　　七月八日，王雲五經瑞士來到德國柏林。

　　王雲五考察德國的目的，在於親眼目擊一下，經過第一次世界大戰戰敗後的德國艱苦奮鬥以圖復興的情況。

　　爲此，王雲五首先訪問了德國全國經濟委員會。這個機構，就是德國失敗後在全國推行實業合理化的大本營。

　　德國全國經濟委員會總幹事沙發先生告訴王雲五，歐戰之後，希特勒上臺，極力爲戰敗的德國人鼓舞精神，遇事振作，力反失敗主義，使原本就是一個意志堅強的民族更加勵精圖治，艱苦奮鬥，因此，希特勒在戰敗後的德國很得民心。

　　歐戰以前，德國有一千八百萬工人；歐戰後，德國喪失了不少領土，該地區的人民紛紛遷回國內，增加了要求職業的工人大約六百萬。戰前，德國有常備軍七十五萬；戰後，依照停戰協定，祇准保存十萬，因此，又多出了要求職業的工人六十五萬。此外，因爲兵工廠停開而另求職業的人也有幾十萬。這樣，德國戰後驟然比戰前增加了七百多萬工人。由於在全國推行實業合理化，產業振興，不但沒有使失業的人數增多，反而使就業的人增加了四百五十萬。現在，就業者的總數已經增到二千二百五十萬，這足以說明合理化的成效顯著。

　　關於合理化，王雲五訪問了柏林高級工業學院穆特教授。

　　穆特教授對合理化有詳細的解釋，他說：“德國的所謂合理化，等於美國的科學管理，而意義更廣。一九二一年，德國設有全國效率改進局，任務是研究、分析並力圖解決德國工業界所遭遇的許多問題。但是在推行之初，也往往走向極端，已至於一方面工作效率大增，另一方面却使失業的人數也遞增。經過調整之後，正如德國人所說的，‘將合理化運動加以合理化’，工業界取得了顯著的成效，而其不利的因素也降到最低的限度。

　　“後來合理化運動逐漸推行到歐洲大陸。一九二一年五月，世界經濟會議對合理化下了這樣的定義：合理化是求精力與材料的最低限度的消耗而設的技術與組織的方法，包括勞工的科學的組織，材料與製品的標準化，工作程序的簡單化以及運輸與交易的改善。

「勞工的科學組織，當然以勞工的選擇與訓練爲主。然而，從另一方面着想，選擇與訓練得宜，如果工作的環境惡劣，以致妨礙工作精神和增加工作的疲勞，那麼結果就會與合理化的意義相悖。近來之所以特別重視工業心裏的研究，就是因爲有了舒暢工作的情緒，才能減少工作的疲勞。

「材料與製品的標準化，就是要使貯存的材料能儘最大的利用，所以材料必須標準化。而要使材料標準化，首先必須使產品標準化。

「工作程序的簡單化，勢必涉及工作的分析與動作的研究，這是美國科學管理的出發點。」

王雲五又瞭解到，德國戰敗後，常備軍被迫減至十萬人，德國政府在無法變更的情況下，便在全國積極推行和提倡體育鍛煉，使青年養成堅強的體魄。王雲五注意到，在柏林的街頭巷尾和空場上，每天大部分時間都有市民在從事體育運動，民間的射擊訓練也極普遍。他意識到，德國是在仿照瑞士，平時常備兵極少，一旦有戰事，人人都可以成爲士兵。

王雲五想起日前在瑞士出席國際勞工大會時聽到德國的勞工代表報告說，德國的工人鑒於戰後國家處境困難與增進生產的必要，經總工會決議，自動放棄罷工，儘力於資方合作。如果有不能協調的意見，則聽任政府或社會人士仲裁。而且，爲支持政府在戰後增加生產的政策，對每天工作時間不堅持八小時，協助國家解決失業問題，使失業者有就業的機會。

　　德國在戰敗後，爲儘快地使國家强盛起來，全民一致，萬衆一心，其精神和行動，令人不敢掉以輕心。幾天來，王雲五根據自己所聽到的和看到的，一個憂慮始終縈繞在自己心頭。他在想，對於這樣一個民族，戰勝國家如不妥善對待，終有一天會爆發而成爲激烈的報復行動。爲此就自己所見所聞，寫成七律一首，將自己的感慨融入詩中：

遊德偶感

凱撒當年著戰功，　風光景物尚從同。
燼余收拾商量苦，　善後輸將羅掘窮。
解甲健兒猶撫髀，　枕戈民族倍勤工。
十年生聚十年教，　待與群雄逐上風。

　　沒有想到，過了不到十年，王雲五的預言不幸而言中。一九三九年，德國引發了第二次世界大戰，使全世界絕大多數人民陷入了戰後的災難之中，上千萬的士兵和百姓失去了寶貴的生命，這是後話。

　　結束了德國的訪問之後，王雲五又先後訪問了比利時、荷蘭和意大利。

　　八月十日，王雲五在意大利那普爾港乘日本"諏訪號"遊船，登上了返回上海的歸途。自始至終陪伴王雲五參觀訪問的程發甫和劉式庵也同船返回。

　　諏訪號郵船取道地中海、蘇伊士運河、紅海、印度洋、東南亞，經過埃及、錫蘭（現斯裏蘭卡）、新加坡、香港等國家和地區，於九月九日安抵上海，王雲五結束了長達半年的出國考察。

　　王雲五這次出國考察，從三月七日到九月九日，歷時六個月零二日，經歷九個國家，參觀公司、工廠四十餘家，咨詢專家五十多位，通信接談三十多處，訪問團體和研究所約二十家，列席研究會議四次，在圖書館研究讀書十多天，看書三、四百册，搜羅刊物一千多種，寫成筆記四十多萬字。除在瑞士、美國、意大利參觀遊覽大約十天外，沒有休息過一天，沒有看過一場戲。又在美、德兩國聘定留學畢業生七名，準備在他們歸國後，成立研究所。以半年的時間，取得如此赫然的成績，可謂備極辛勞，收獲豐碩。

　　在歸途上，王雲五回首半年來的經歷，極有所感，寫成七律一首：

　　　　　壯遊萬里氣如虹　　歷遍山河一藐躬
　　　　　九國新猷供囊括　　五洲名勝嘆神工
　　　　　奔波逐日精神旺　　回首故園烟雨濛
　　　　　甫卸征塵第一事　　家人安好問郵筒

　　是的，卸下征塵的第一件事，就是問家人的安好。

　　王雲五回到家裏，首先拜見父母親，見二位老人安好無恙，心情非常高興，又知道自己的兒女身體健康，學習努力，也是萬分愉快。

　　然而，當王雲五看到自己最心愛的小女兒鶴儀（學醫）時，却大吃一驚。十歲的鶴儀在他登輪啓航出國之前，還歡蹦亂跳地到碼頭送他，沒有想到，在他出國後，因爲高燒，繼而患了小兒麻痹症。數月來，其母親和兄姐不斷爲她延醫調治，病情才有了好轉，手足也稍能活動，但是，行動仍不能自主。王雲五出國半年，家裏在給他的信中，卻一直沒有將此事告訴他，直至王雲五回到家中，才看見生活已不能自理的小女兒。驟然間，王雲五像被誰猛擊了一悶棍，心中如刀絞似的難過。然而，事已至此，難過也無濟於事，祇是以後更加倍地珍愛和照料他的小女兒。

七　科學管理的先行者

　　一九三〇年九月十一日，就在王雲五剛剛回到上海的第三天，即向商務印書館董事會提出了採行科學管理計劃的報告。這個報告長達二萬二千字，是他在歸途的輪船上寫成的。王雲五為了商務印書館的振興和發展，真是將他的全副身心都投入進去了。

　　王雲五在董事會上報告他的科學管理計劃之前，首先簡單介紹了他這次出國考察的經過和工作情況，然後表示他的觀點和態度。他說：“就雲五個人研究結果，對於各國勞資問題與科學管理方法，自信所得資料不少。約言之，本館對於同仁之待遇，雖尚有可增進之處，然在世界各國中實居上乘，而管理方法實居下下。因祇知待遇，不知管理，結果必置待遇不能持久，愛之實以害之。

　　“救濟之道，捨從速採行科學管理方法，別無它途。科學管理法系對於社會、僱主、與被僱者三方兼利的方法，現已為歐美各國勞資兩方公認，甚至過激如俄國，近亦積極採行。其結果則施諸公司，公司進步；施諸國家，國家發達。其方法雖至繁複，其原則實至簡單。一言以蔽之，即對於一切措施，悉本科學的研究，有客觀的根據，與因襲的或主觀的相對。歐洲各國間稱爲‘合理化運動’，亦即謂一切措施，悉本乎理性，與感情或衝動相對而已。

　　“歸途中參酌理論與事實，擬有商務印書館採行科學管理法計劃，並摘要說明。計劃定多疏漏，當俟分科研究諸人回國組織研究所，就本館各種資料，實地詳細研究，陸續改良補充，然後推行。唯其原則似確立不移。

　　“茲依雲五受貴會聘任時之初衷，將此項原則提請貴會審奪。如蒙認爲可行，則雲五即受知遇於前，復荷贊助於後，當本此原則，不計艱苦，負全責推行。期以三年，一一實現。彼時公司基礎穩固，同仁福利增進，社會文化兼蒙其利，則雲五當如約引退讓賢，而以公司最忠實之一友人，在外隨時讚助也。”

　　然後，王雲五分十二部分對他的科學管理計劃進行說明。

　　經過王雲五說明之後，董事會對王雲五表示了絕對的信任，一致通過了王雲五提出的科學管理計劃。

　　王雲五的科學管理計劃獲得董事會的通過之後，便準備積極推行他的計劃。

　　九月十三日上午，王雲五召集了商務印書館重要職員會議，在會上宣佈本館採行科學管理法計劃。

　　王雲五說：“注重科學管理法的考察，是兄弟這回出去的最大目標，如果我們不採行科學管理方法，前途就一定很危險。我以爲，我們公司的盛、衰、消、長，決不僅是和股東一方面有利害關係，至少還和社會文化及同仁福利兩方面都有關係。"

　　王雲五用三句話概括了他的科學管理法計劃，即"三大目標，四個綱領，十二條原則"。

　　三大目標：一是對文化方面的，二是對股東方面的，三是對職工方面的。

　　對於文化，有兩點要注意：一、對社會，要能充分供給圖書、文具，不使感受缺乏；二、要減輕圖書、文具的售價，使社會蒙其利。

　　對於股東方面，要注意：一、鞏固資本；二、維持利息。

　　對於職工方面，要注意三點：一、依據合理的方法，使他們能够增加收入；二、對職工的福利，要能够維持永久，並不是祇顧一時，不顧將來；三、改善工作環境，工作環境的好壞，影響工作效率很大，如光綫、通氣以及工廠衛生設備等。

　　四個綱領就是：一、大量生産；二、消除耗費；三、改良出品；四、大量分配。

　　王雲五在表達了他的三大目標和四個綱領之後，重點闡述了他爲實現這目標和綱領而準備採取的十二條原則。

　　這十二條原則是：一、辦理預算；二、辦理成本會計；三、辦理統計；四、改良設備；五、分析工作；六、改良工作方法；七、規定工作標準；八、標準化和簡單化；九、發展營業；十、改善行政；十一、改善勞資關係；十二、改良出品。

　　當天下午，王雲五又與商務印書館工、職"四會"，即印刷所職工會、發行所職工會、總務處職工會、編譯所職工會代表談話，説明實行科學管理計劃的內容。

　　接着，王雲五又召開商務印書館工、職四會全體幹事、組長聯席會議，説明採行科學管理計劃的內容。在會上，王雲五又特別强調了職工非常敏感和關注的人員問題。

　　王雲五説：“對人員問題，科學管理法上的主要一點，就是使人地相宜。

　　“科學管理法是一種大公無私的方法，對於有能力的人，固然要提拔他；對沒有能力的人，就要訓練他；如果訓練無效，或者不受訓練，那便是無法造就的人了。對待這種人，我們會顧全大多數同仁利益起見，當然不能强留這種人的。

　　“將來，依科學的方法規定各種工作標準之後，對於多出一分力的人，也多給一分的報酬；少出一分力的人，就少給一分的報酬，這是最公允的。公司以前沒有工作標準，也沒有一定的鼓勵方法，努力的人多做了工，公司不知道；不努力的人少做了工，公司也不知道，總是一樣去待遇，這樣努力的，也漸漸不肯努力了。長此下去，公司不是萬分危險嗎。”

　　關於公司的組織問題，王雲五説：“我們公司已經有三十多年的歷史，所以，以前在行政上的種種組織，到現在當然有需改革的地方。現在，我決議，由粗而細地逐漸改善，以期臻於完備。”

　　王雲五回國之後，在商務印書館推行科學管理法計劃，可謂緊鑼密鼓，不遺餘力。他有一個雄心壯志，在當時中國尚未聽説過科學管理這一名詞時，他就準備將商務印書館辦成中國推行科學管理的樣板，並且使商務印書館發生一個飛速的變化和質的飛躍。

　　王雲五辦事潑辣、大膽，説到做到。他在對商務印書館上上下下報告和介紹了他的科學管理法計劃的內容之後，便於一個月後，即十二月十八日，召集了商務印書館編譯所重要職員及職工代表會議，宣佈編譯所改組計劃。

　　王雲五首先介紹了編譯所的現狀是，全部人員有三百多，真是舉世無雙，而專任編輯的人爲數很少，三百人中不到一百人。王雲五説：「外國出版家的編輯部，是把編輯和審查兩種工作分開的，而我們的編譯員却把編譯、編輯、審查、校改以及發排、校對等等和其他雜事混在一起，無怪我們的工作效率低下。」

　　王雲五説：「我們改組的動機，也就在此。而改革的目標，有下列兩點。

　　「一、使各位編輯先生人人能儘力於自己的著述，不致分心旁務。

　　「二、根本改善本所的組織，使工作效能可以增進。」

　　王雲五宣佈了改組編譯所的具體辦法是：把目前全所各部分辦雜事的人，統統歸在一個地方，將所有雜事完全集中到這個地方去辦，其他各部則專門作編輯的事。使專家各儘其長，不但在職務上易見功效，即於學術文化上，也有更大的貢獻。爲此，他打算組織一個普通編輯部和若干專科編輯部。

　　普通編輯部專門應付外來投稿的任務，如審查、收稿、退稿及校改等等，這部分工作祇需十幾個人就够了。專科編輯部如社會科學、自然科學、文學、哲學及外國語文等，每科各有六、七個人已經足够。

　　王雲五又對編譯所其他工作，如發排、繪圖、改稿、校訂等，提出了改革的措施。

　　最後，王雲五説：「要使編輯與事務分工，進一步使編譯成爲專門化，在事務部門的十幾個人，祇好請他們犧牲一點，專做雜事。我們無論做什麼事，總要有人肯犧牲，才可以收到合作的效果。將來編譯所改組完成後，很希望有人能犧牲一點，專辦雜事。我想，犧牲少數人的精神於片斷的雜事上面，而節省多數人的精神去對付整個有系統的工作，無論如何總是比較有利的。"

王雲五還宣佈：以後編譯員的薪水改爲半包工制的"以工計酬"辦法。假定編譯員的薪水月薪若干元，然後規定每日的活動報酬。如果全月的活動報酬不滿假定月薪者，按照假定的數支取；如果超過的，可以支取其超過的數額。

王雲五宣佈，以上改組計劃，從一九三一年一月開始到六月的半年時間爲試行時期。

一九三一年的元旦剛過，王雲五就在編譯所宣佈了他親手制定的編譯所編譯工作報酬標準試行章程。

在這個試行章程中，王雲五將編譯所編譯工作分爲著作、翻譯、選輯、校改、審查五種，又將擔任這些工作的人的資格分爲三級，分別對他們制定了考核標準和計酬工資標準。

一切佈置已定，王雲五躊躇滿志，雄心勃勃。他仿佛覺得，在他的面前已經出現了一個燦爛的前景：商務印書館經過了半年的試行改革，工作效率大增，經濟狀況大有改變，職工精神抖擻，編輯人員心情舒暢，信心十足。商務印書館全體同仁在王雲五的率領下，出現了一個空前繁榮的大好局面。

然而，也許是王雲五的科學管理計劃沒有顧及商務同仁的個人利益和他們對於改革計劃的接受程度，事實證明，他的改革計劃祇是一廂情願。

就在王雲五宣佈編譯所編譯工作報酬標準實行草案數天之後，編譯所引起了一場軒然大波，編譯所的全體職工反對王雲五的改革計劃，他們在職工會外另組特別委員會，專門辦理對這件事的交涉。

　　一月十五日，編譯所全體職工召開大會，表達了對王雲五實行科學管理計劃的回答。大會議決：一、全體反對所謂絕對不合科學方法的新標準；二、詢問所長能否保持舊有的職權，不能時由全體委員會組織編輯會議恢複原狀；三、編譯所內部事宜，總經理不得越權干涉；四、將全體同仁的意見函報董事會；五、組織特種委員會、職工會，並發表宣言，反對科學管理的計劃。

　　工、職“四會”也表示了反對王雲五科學管理計劃的態度。

　　事情的發展真是出乎王雲五的意料之外，王雲五檢討自己推行科學管理計劃遭到全體反對的原因是：急於求成。在自己信譽未孚之時，一舉而圖貫徹全部，以至遭到反對。

　　那麼，下一步怎麼辦？

　　科學管理當時在國內還沒有實行，他的真正效用，國人更無從瞭解。王雲五想到，自己既然爲商務印書館首先嘗試科學管理，其成敗當爲國內企業界深切注意。如果就原計劃修改到能獲得工職“四會”的同意，則無異於科學管理計劃明存實亡，其實行的結果定然與原來的目標大相徑庭。導致的結果，國內的企業界將會誤認爲商務印書館的這種有名無實的科學管理就是真正的科學管理。科學管理在中國實行的前途將遭到重大的打擊，使科學管理蒙上不白之冤。爲此，王雲五想起在英國考察時，牛津大學印刷廠廠長約翰生曾告訴他：“管理，包括對人對物兩大類，本廠先從對物入手，然後漸進而對人。對物，阻力甚小。”

　　想到這裏，王雲五又作出一個重大決定。

　　數天之後，王雲五出人意外地突然宣佈，撤消他的科學管理計劃。

　　一時間，商務印書館上上下下又在議論紛紛，向來辦事果斷潑辣的王雲五，怎麼如此輕易地放棄了他的雄心勃勃的計劃？於是，仇王雲五者，喜王雲五的失敗，說他缺乏毅力；愛王雲五者，婉惜王雲五讓步過大，不像他平素的爲人。祇有少數幾位知王雲五者，分析王雲五自動作出重大的轉變，定然寓有深意。

　　那麼，王雲五葫蘆裏到底賣的什麼藥，他究竟有什麼高招來對付這種局面呢？

　　原來，王雲五果然有深謀遠慮。

　　王雲五深知科學管理主要對象有對人、對物、對財三種，然而，目前反對者僅爲對人，其它二者皆沒有計較。王雲五決定在不動聲色之中，由管理部門實施對事物和財物的科學管理。經過一段時間之後，對事和對財的科學管理獲得了相當的效果之後，再進而恢複對人方面的管理改革。到那時，科學管理既有成績，反對者自然較易說服，科學管理全面推行也會比較順利。

　　這就是王雲五推行科學管理計劃的謀略。

　　果然，王雲五在推行對財物的科學管理之後，收到了顯著的效果：推行出品和原料的標準化，使常存紙張的價值比沒有推行改革前減少一百多萬元。儘量利用原有的機器，在一年之內便節省添購新機器的費用不下三十萬元。研究各生產單位的相互配合，並予以適當調整，使各項工作得以通行無阻。這樣，不僅於公衆有利，即使在原來力量較大的各單位工作的人，也感到工作非常順利、暢快。

八　劫後重生

自王雲五入主商務以後，國家就進入了一個多事的生死存亡之秋。

一九三一年九月十八日，日本帝國主義大規模武裝侵略中國東北，發動了震驚中外的“九・一八”事變。

這天，日本駐在中國東北境內的關東軍突然炮擊瀋陽，同時在吉林、黑龍江發動進攻。第二天，日本佔領瀋陽，繼而分兵佔領吉林、黑龍江等省。到一九三二年一月，東北全境淪陷。東北三省進入了被日本帝國主義統治的黑暗時期，成為中國歷史上的奇恥大辱。

王雲五推行科學管理，對商務印書館進行改革，也是在國家危難的憂患時期中進行的，可謂嘔心瀝血，步履維艱。

更有甚者，一九三二年“一・二八”事變，日本帝國主義進攻上海閘北，不僅給上海人民帶來了災難，更使商務印書館陷入了沉重的浩劫之中。

“九・一八”事變之後，日本帝國主義侵佔了中國的東北三省，又得寸進尺，進一步覬覦中國的南方，上海就成為日本帝國主義繼續侵略中國的基地。

這年一月十一日，在上海的日本人藉口在江灣路有三位日本僧人遭遇了中國人的暴行，成為所謂“上海事件”。日本駐上海總領事村井向上海市長吳鐵城提出嚴重要求，並限於同月二十八日下午六時前答復，態度蠻橫，類似最後通牒。

一月二十八日晚上十一點，日本海軍陸戰隊突然向我上海閘北進攻，遭到我十九路軍的頑强抵抗，上海市民也奮起支援抗戰，這就是中國歷史上的"一·二八"事變。

這天晚上，王雲五也成爲日本便衣特務的抓捕目標，險些死於非命。

在"一·二八"事變之前，上海許多市民擔心隨時可能發生嚴重事件，爲了安全計，紛紛遷居公共租界。商務印書館總管理處與總廠都在閘北，也作了一些準備。

王雲五的住宅在北四川路底，屬於公共租界之外，他有老父母在堂，兒女皆幼，在親友的勸告下，於一月二十五日在租界中區的威海衛路租下一幢房屋，將父母兒女都遷過去住。他自己每晚仍然獨自返回北四川路老家住宿，祇有内弟徐應文和一個僕人相伴。内弟留在老屋是爲了看家，王雲五回家住宿是因爲平生不能離開書堆，回老家住宿可以與書爲伴，而且自認爲個人行動方便，即使有事故臨時也可以應付。

二十八日整天，王雲五在閘北寶山路商務印書館總管理處處理公事，同時準備萬一的變故。天黑以後，他回到威海衛路的新住所用過晚膳，九時左右返回北四川路老家。正準備睡覺，突然接到商務印書館經理李拔可的電話，説得到消息，日本軍隊有可能於今天晚上進攻閘北。王雲五隨即通過電話詢問消息比較靈通的英文大陸報館主持人董顯光，董顯光回答説他們也得到這個消息，尚待進一步證實。

董顯光通過電話，得知王雲五獨自住在接近閘北的北四川路，距報館不遠，於是邀請王雲五來報館聚談。王雲五於是和内弟徐應文一同前往。

剛剛到達大陸報館不久，便聽到轟轟的炮聲，知道戰事已經發生。王雲五因爲剛租到的威海衛路的住所還没有裝電話，聯繫不方便，而當晚又處於危急時期，便在距新居不遠的"滄州別墅"開了一個房間，利用房內的電話與閘北及有關方面不斷通話聯繫。

王雲五沒有想到，這個完全屬於無意的行動，却使他避免了一場災難，否則，他將死於非命。

第二天早上，王雲五匆匆趕到威海衛路的新居看望兩位老人和妻兒子女。到達家裏，突然看見在北四川路老家看守房屋的男僕也在家中。男僕似乎是經歷了風險，此時仍然驚魂未定。據他報告，二十九日拂曉，一伙日本便衣特務來到王雲五北四川路的寓所搜捕王雲五。幸虧他半夜離開，否則無疑會被日本便衣特務抓走。這位男僕是歷盡千辛萬苦輾轉逃出來的。

王雲五瞭解了這個情況，也暗自慶幸神靈的保佑。他知道，在那幾天，被日本特務抓去的，絕無生還的希望。五洲藥房總經理項松茂與其同事十三人，即於二十九日上午在其設在老靶子路的分店被日本特務抓去，隨即遇害，連尸體都找不到。假如他不是在該日因故離開老家，第二天早上被日本特務抓走，定會遭到與項某同樣的命運，這是無庸置疑的。

而王雲五在事前絲毫沒有得到日本特務要拘捕他的消息，祇是由於一個偶然的舉措，使他免除了劫難。

而就在這一天，比他生命更爲珍貴的商務印書館，却遭到了日本帝國主義的毀滅性的重創。

一月二十九日早晨四點二十分開始，日本飛機多架，由停泊在黃浦江上的航空母艦上起飛，向閘北上空盤旋示威。十時左右，接連向閘北寶山路商務印書館投下六枚炸彈。第一枚炸中商務印書館印刷所，第二枚擊中棧房，當即爆裂起火，而救護車因爲在戰區無法施救，祇得任其焚燒。火起後，日機繼續擲彈，全廠都陷於烈火之中，濃烟彌漫天空。因爲商務印書館紙類堆積，燃燒更爲容易，廠中的各類印刷機器在轟炸中全部被炸壞、燒毀，焚燒過後的紙灰飛達十幾里以外。到下午三點，全廠已經全部燒毀，而火勢到五時還没有全部熄滅。

日本帝國主義將商務印書館焚燒殆盡之後，仍不善罷甘休，在接下來的幾天裏，繼續縱火焚燒編譯所和東方圖書館。

二月一日早晨八點左右，東方圖書館及編譯所又開始起火，頓時，火勢燎原、紙灰紛揚。直到傍晚，這座巍峨璀璨的五層大廈已經焚毀一空。商務印書館三十年來收購所得的大量中外圖書，絕大部分舊四部善本書，積累多年的全部中外報刊雜誌，全套各省、府、廳、州縣誌，以及編譯所所藏的各項參考書籍和文稿全部化爲灰燼！

這是對中國最大文化機構的一場空前的大浩劫，是日本帝國主義對中國人民犯下的又一滔天罪行。

歷史應該記下日本帝國主義犯下的罪行，因爲這是無法彌補的。

中國最大的文化機構商務印書館和東方圖書館被日機炸毀，國人震驚，外國人也感到驚訝，並且激起了全國同胞的强烈憤慨。在上海奮力抵抗日軍的第十九路軍軍長蔡廷鍇、上海市長吳鐵城、國民政府委員孫科、李宗仁、陳友仁等皆通電指責日機炸毀商務印書館爲“掠奪侵凌”，中國人民應一致奮起，共救危亡！第十九路軍軍長蔡廷鍇向士兵訓話時，對於中國的文化機關被毀，表示極爲憤慨。

南京重要的文化團體及教育機關，如中央研究院、中央大學、中央政治學校等，上海律師工會，各大學聯合會，中國著作者會，北平學術界胡適、蔣夢麟、丁文江、翁文灝、傅斯年、梅貽琦、袁同禮、陶孟和、任鴻雋、陳衡哲等人，以及上海英美籍基督教傳教士百餘人，無不發表通電及宣言，認爲日軍以飛機擲彈炸毀全國教育界所託命的商務印書館和積蓄藏有多量無價典籍的東方圖書館爲“慘無人道”，應請全世界人民群起制止其暴行。

　　國民政府教育部自得到商務印書館及東方圖書館等被毀消息後，部長朱家驊、段錫朋先後專電慰問，表示痛憤。同時，中外輿論又一再表示其惋惜憤慨之意，《大陸報》、《大美晚報》以及《華北明星》都紛紛發表長篇評論，表示憤慨。《大公報》、《申報》以及《時事新報》也都認爲東方圖書館收藏宏富，今天遭到日軍的如此浩劫，“至堪痛惜”。

　　商務印書館的廠館和東方圖書館被炸毀後，王雲五和商務印書館的經理、董事們以及記者曾到閘北現場查看。到達商務印書館總部和印刷所總廠，祇見總廠中第一、第二兩印刷所所據的兩大排兩層樓房，這是商務印書館的主要印刷部分，中間有機器數百架，已與房屋同歸於盡。負責石印和英文排版部的第三印刷廠是一幢三層大厦，也被炸毀，祇剩下一片瓦礫。第四印刷所是一幢四層大厦，上層爲公司總務處所在地，二、三兩層置彩印、精印機器數十架，下層爲營業部所在地，均付之一炬。其它如標本模型製造、油墨部以及三層大厦置有裝切機器數十架的裝切部，也全部被炸毀焚燒殆盡。那些銅鋅鉛版被燒毀後，經熔化成了流質，溢出墻外，凝成了一片一片的塊狀。另外，儲電房、自來水塔、木工部、出版科、寄售股等房屋，都燒成了一座瓦礫場。總廠外面的東方圖書館、編譯所及其附設的各雜誌社和函授學社、尚公小學以及廠外書棧房等，均僅剩下斷壁殘垣和一片紙灰瓦礫，真是慘不忍睹！

　　數十年的心血，就這樣付之一炬，張菊生、高夢旦等元老看見這片慘狀，都禁不住失聲嚎啕大哭。王雲五也握緊了拳頭，滿腔的悲憤使他無能自已，那種自幼淤積在心頭的對日本侵略者的仇恨，今天又以血淋淋、活生生的嚴酷事實，使他將這種仇恨更深地縈在心裏。

　　在上海四馬路商務印書館一間事務室裏，坐着一個終夜未曾合眼的人，他就是王雲五。此刻，王雲五的腦海裏仍然映現着已經變成斷垣殘壁和瓦礫場的不復存在的商務印書館的工廠和貨棧，他沉重地感到了數千職工失所和失業的痛苦，千百股東血本無着的憂慮；他好像看到了千百萬等待着供給讀物的人們，都嘆息着喪失了供給之源。在他的事務室的門外，還擠滿了無數喧鬧和哀泣的人們，他們或要求救濟，或詢問將來的辦法，氣氛淒楚而雜亂。然而，這樣喧鬧和哀泣的聲音，仍然掩不住從十里外傳來的槍炮聲和炸彈的喧囂聲。

　　一方面應付着許多人的要求和呼號，一方面傾聽外面槍炮聲和炸彈喧囂聲的王雲五，此刻，他的內心正在進行着激烈的思考。

　　是趁着這個無法挽救的機會，擺脫一切，以謀自己的安逸和一家的安全呢，還是負起一切責任，不顧艱苦危險，不計成敗利害，和惡劣的環境鬥爭，以生命和鮮血闖出一條生路呢？

　　前者不是王雲五的性情和品格，王雲五毫不猶豫地毅然選擇了後者。

　　王雲五在商務印書館衹是一個極小的股東，他和這個機關的關係也不過十年，比起許多同事，甚至還算後進，如果趁此機會卸去責任，也不致於有人會責備他。同時，他還有八十多歲的老父，將即八十歲的老母，以及尚在孩提中的幼兒。他明知肩負這種責任可以陷他於極度的危險，甚至使全家的老少失去依賴。然而，目前的重建工作，已經不是簡單的商業行為，這是顯露我們中華民族品格、毅力和意志的戰鬥。

王雲五想，敵人把我打倒，我不力圖再起，這是一個懦弱者；如果一倒便不會翻身，又足以暴露民族的弱點。自命為文化事業的機關尚且如此，那更是民族的恥辱。他又想，三十多年來，商務印書館對文化教育的貢獻不可為不大，如果一旦消滅，而且繼起者無人，將陷中國的讀書界於饑饉，這正是敵人所希望的！如果他不肩負起這種責任，敵人就將達到目的，那是他決不願意看到的。

凡此種種思考，都使王雲五的決心更加堅定，他明知前途很危險，但是，王雲五已經被戰場的血興奮了，而不覺其危險。他明知前途很困難，但是，他平素認為應付困難便是最大的樂趣，解決困難也就是最優的獎勵，又何樂而不為呢。

王雲五義無反顧地開始了振興商務印書館的苦鬥。

實際上，從商務印書館被日機炸毀後的第二天起，王雲五就對商務印書館的重建作了積極性的計劃。

王雲五的目標是：在本年秋季，商務印書館必須復業！

為此，王雲五首先擬定了秋季開學時對全國教科參考圖書的供應計劃。由於總廠須等待人事糾紛解決後，才能開始清理灰燼之中的機器，儘量設法加以利用。在此之前，他通知北平、香港兩個分廠，集中並整飭其力量，專為完成總館的生產任務，以解決繼續供應各分館和秋後供應全國各學校教科書的需要。接着，又通知北平、香港兩分廠，原承接的外間印件一律停止，以其全力承印本版中小學教科書及重要參考書。

接着，爲了商務印書館的復興，爲了商務印書館全體股東和債權人的利益，也爲了商務印書館全體同仁的最終利益，王雲五作出了一個重大的決定：將商務印書館在上海的三千七百多名職工全體解僱！

一月三十一日，在商務印書館爲討論善後辦法而召開的董事會緊急會議上，王雲五指出，善後的首要條件在財政。他分析了商務印書館現有的財政條件後説：“如以現有存款抵付債務，僅够三分之一。在這個時候，工作場所已經被全部破壞，存貨百分之九十已被燒毀，斷難長久維持。而除發行所的人員外，在上海工作的其他職工，還有三千多人，如果令其坐食，數月內，所存的現款便會花光，不僅對其他債務無法交待，商務同仁的存款也無法清還，直到破產爲止。

“爲了避免同仁的坐食，也爲了獲取外面債權人的信任，唯有將上海一切職工全體解僱。除清還其存款外，並依法交付解僱金，使同仁獲得此款，可以做爲還鄉或轉業之用，這是不得已而爲之。但是，除此之外，別無良策。”

董事會在討論王雲五的辦法時，覺得難以接受，而且困難太多，但又拿不出其它更好的辦法，最後，不得已，接受了王雲五的這個決定。

王雲五讓自己扮演了一個“魔王”的角色，然而，無疑，這是一個有“菩薩”心腸的“魔王”。

是的，商務印書館如果能够重整，不僅對全國教育文化界有利，對總館的同仁也是有利的，而要商務印書館實現重整，就必須採取將全體職工解僱的斷然措施，所以，解僱總館職工乃是一個冒險却有益公司的措施。

　　王雲五的決議經董事會慎重討論後，決定採納。於是，以董事會的名義發佈公告：

> 　　本公司總務處、編譯所及第一二三四印刷所各部分，各機構之房屋機器存書存貨存版悉化灰燼，復業困難重重。如繼續救濟同仁，實無此力量，不得已惟有將總館職工全體解僱，俾得各自另謀生計。從前公司原訂有酬恤章程，退職者給予退職金，此系爲平時優待職工而設。現在公司遭遇非常事變，不能再行適用。但爲格外體恤解僱各職工起見，除前已支借薪水半個月及維持費十元外，每人加發薪水半個月，作爲最後一次之補助。

　　果然，這個公告一公佈，立即遭到商務印書館全體職工的一致反對，而王雲五又成爲全體解僱職工攻擊的目標，污辱謾罵甚至威脅不絕於耳。

　　這些遭到解僱的職工祇站在個人的立場上，祇看到了本身眼前的利益，却沒有看到，這個解僱措施最終是對他有利的。他們祇看到了王雲五“魔王”的一面，却沒有看到他的“菩薩”心腸。

　　商務印書館總館廠目前仍處於清理燼餘的階段，縱使能够復業，也須在半年之後，這半年內讓沒有工作的三千多人坐食，公司絕對無此力量。況且，救濟費用又是竭澤而漁，復業的資金就更無所取出，於是，復業將更加渺然無望。同時，商務印書館外間的債務就達數百萬元，債權人都在注視商務印書館如何策劃復業，如果以權力從事於消極地救濟同仁，造成不必要的無效果的嚴重負擔，復業將更加不可期望，於是，債權人爲着他們的權益，勢必紛紛上門要求償債，結果必然導致破產。如果真的走到這一步，職工們不僅不能長久地獲得救濟，甚至尚存在公司的大部分儲蓄或其它款項也將隨着破產而僅能獲得一部分償還。

其次，爲文化與社會着想，商務印書館作爲擁有長久的歷史和最大規模的出版事業，如果從此消滅，造成的影響將更爲嚴重。因此，王雲五爲着維持這一重大出版事業的繼續存在，在遭到浩劫之後，首先減除內部不必要的負擔和壓力，才能以權力從事復業工作的推進。等到復業有成績，那些暫時遭到解僱的舊職工仍然可按照需要陸續再進用。

這就是王雲五的“菩薩”心腸。

然而，當局者迷。那些遭到解僱的職工怎麼能够看到王雲五的這副“菩薩”心腸，他們看到的衹是王雲五狰獰的“魔鬼”面目。所以，從解僱公告發佈的第一天起，王雲五就不時的受到辱罵、攻擊和威脅，他的安全任何時候都得不到保障，以至於這種情況連遠在北平的胡適都聽說了。胡適先生從北平寄給王雲五一封信，其中有這樣兩句話：“南中人來，言先生鬚髮皆白，而仍不見諒於人。”

王雲五的處境真難哪！

許多親友都勸王雲五擺脫商務印書館，以免名譽掃地或遭遇意外。王雲五却坦然處之，仍然一往無前地進行着商務印書館的復興計劃。他認爲，人皆有一死，衹要能爲公家儘職，問心無愧，也顧不得許多。也有人勸王雲五寫文章詳加解釋和駁復，以免引起社會的誤會，也可以使被解僱的職工不致於過分對他切齒痛恨。他覺得沒有必要，一笑置之，依然我行我素。

　　然而，正所謂福無雙至，禍不單行。商務印書館解僱全體
職工的風潮和糾紛尚未平息，四月八日下午，王雲五的父親禮
堂（光斌）公又突患腦溢血逝世。

　　王雲五的父親王光斌十幾年前因爲中風而至偏癱在牀，由
於調治得宜，加之兒子媳婦和孫輩們照顧得當，健存至八十以
上高年，也算有福。這天晚上正在用晚膳，突患腦溢血，不治
而亡。

　　國家多艱，事業遭難。如今又遇喪考之痛，王雲五痛何如
哉！

　　其時，商務印書館解僱全體職工的人事糾紛正在高潮，許
多親友原憂慮他的安全，現在，他老父親去世，按照中國的禮
俗，力勸王雲五趁此機會躲在家中守孝個把月，避過風頭，這
樣做絕對沒有人會說王雲五不負責任，還能得一孝名。

　　處於喪考之痛的王雲五搖了搖頭說：“臨難圖苟免，不是
我當做的事。父親生前常以負責儘職誥訓我，如果藉父喪而避
責任，不獨與我平素的主張不符，且無以對先父。”

　　以此，王雲五不告喪，不開吊，在家中守孝三日，於四月
十一日在上海申、新兩報刊登了一則啓事：

　　　　先父禮堂公，於本月八日午後七時一刻晚膳中
　　突患腦出血，越五分鐘即棄雲五而長逝，享年八十
　　有一。雲五與內子兒女寡嫂姊娣等皆隨侍在側，奉
　　母命於十日下午三時安葬於萬國公墓。先父交遊廣
　　，雲五服務社會垂三十年，同事同學知交亦薈衆，
　　理宜一一訃告。惟先父生平於善舉雖不惜傾家，於
　　慶弔輒視爲侈靡。去歲先父八秩大慶，雲五以高年

　　難得，而椿萱並茂，尤爲人生罕覯之事；亟宜稱
　　慶，稍儘人子之職。顧先父以雲五任事商務印書
　　館，同仁多至數千，稍有舉措，勢將擾及多人，力
　　戒不許。家母亦甚讚同。雲五始尊命而罷。今先父
　　雖已長逝，遺教猶存，不敢稍違。況值兹國家多
　　難，尤不宜耗物力。故葬前不敢告喪，葬後亦不開
　　弔，所有賻贈概不敢領。雲五並秉承先父克勤尚實
　　之旨，於安葬之次日，忍痛任事。凡我戚友幸矜諒
　　焉。王雲五泣啓。

　　王雲五在安喪父親的第二天，就忍着喪父的悲痛前往商務
印書館視事。王雲五這種不推委的負責態度以及務公不顧私的
精神，難道不可以稱之爲一種偉大的精神嗎？

　　此後，王雲五積極組織生產，籌備商務印書館總廠復業。

　　他首先在租界租賃房屋，成立一個小規模的印刷廠，以燒
毀後修復的機器逐漸恢複生產。又在北平、香港兩個分廠加緊
印刷秋季開學用的中小學教科書。

　　八月一日，商務印書館總管理處上海發行所與租界內新設
的工廠同時正式復業。

　　這是王雲五的勝利，這是中華民族的勝利，這是中國人民
同日本帝國主義鬥爭的勝利！

　　“爲國難而犧牲，爲文化而奮鬥”，商務印書館將這兩句
話作爲復業的標語，用大字書寫，懸掛在發行所的門口。其
實，這句話也是王雲五的心聲。

　　半年以來，王雲五爲着商務印書館的復興，忍辱負重，鬢
髮皆白，甚至喪父之痛也隱忍在心底深處。他已經不僅僅是在

爲商務印書館的復興而操勞，他是在實踐他自己所擬定的這兩句話：爲國難而犧牲，爲文化而奮鬥！

正如王雲五在《東方》雜誌復刊的卷頭語中所説的：

……東方雜誌的停刊，是由於商務印書館的被毀；東方雜誌的復刊，也緊隨着商務印書館的復業。誰都知道，在商務印書館被毀以至復業的程途中，我至少也算是掙紮得最苦的一個人，我爲什麽這般地掙紮？這或者是許多人所想知道，却没有知道透切的。

爲的是維持企業嗎？像商務印書館這樣的企業，固然大有維持的必要；但我不過是其中一個很小的股東，而且和它的關係也不算很久。爲個人計，似乎不值得這樣這般的掙紮；爲事業計，似乎也還有更值得致力的地方。

爲的是維持文化嗎？過去的商務印書館，對文化事業固然有相當的貢獻；但是可爲文化致力的地方也很多，不限於一個商務印書館；似乎也不值得把它看作第二生命。

我所以不顧艱苦，不避嫌怨，力排萬難，把商務印書館恢複；並没有什麽高遠的目的，祇是爲我們中國人爭一點點的氣。日本帝國主義者認爲商務印書館是中國人自辦比較有點規模的企業，覺着有些討厭，便首先把它炸毀。我認爲一打便倒，一倒便不會翻身，這是莫大的耻辱；所以極力要把它扶起來。日本帝國主義者認爲商務印書館出版的圖書雜誌，多有提倡民族主義和反對帝國主義的，也覺着有些討厭，便趁勢一火把它燒盡。我認爲一燒便不能復興，也是莫大的恥辱；所以不獨要把各種舊出版物趕緊重印，而且對於新刊物也仍積極進行。試舉一例，日本帝國主義者於炸毀商務印書館後，藉口商務出版的教科書多含排日教材；揣其意一方面似爲暴行辯護，一方面或亦以爲今後無如我何。但是商務印書館在劫後重印的各種教科書，仍舊不止幾千萬册，而且每册都帶着"一・二八"國難的創痕。

東方雜誌的復刊，其意義也正是如此。

劫後重生的商務印書館以在艱難中蹶起、在廢圩中站立的嶄新面貌出現在國人的面前，而代表商務印書館形象的王雲五又以堅韌不拔、一往無前、不屈不撓、勇敢奮鬥的中華民族的優良品質在中國的社會和文化界留下了深刻的印象，受到商務印書館同仁們的普遍讚譽，也受到社會各界的崇仰和尊敬。

那麼，是什麼因素和精神使得王雲五能夠具備人們普遍讚譽和尊敬的優良的品格呢？王雲五在《兩年中的苦鬥》一文中對這個問題作了回答。

王雲五説："我的答復是，無論怎樣無能力的人，祇要肯把全副精神應付一件事，多少總有一點成就……如果一遇困難，便作消極態度，則任何事都不能有成。我有一種特性，就是對於任何困難，決不稍感消極，並且偏喜歡把困難的事作爲試驗，以充分的興趣，研究其解決方法。萬一能夠解決，便認爲這是唯一的、最優厚的報酬。既然不爲其它報酬而賣力氣，所以祇知負責，絶無怨望。"

復業後的商務印書館就像一隻從烈火中飛出的新的鳳凰，

在天空中自由翱翔，燦爛美麗，煥發出耀眼的光華，以新的姿態出現在國人的面前。

商務印書館總經理王雲五決心以更多的出版，更爲宏大的營業，向社會提供更多的精神食糧，爲振興和發展中國的文化事業而奮鬥。

鑒於商務印書館在過去三十多年來所出版的教科書，是以小學和中學爲限，而國內各大學所用的課本大都採用西文，尤其是英文的原版，一小部分則由教授自編講義付諸油印，爲此，王雲五曾在擔任商務印書館總經理不久，即與各著名大學及學術團體協商，訂定了許多大學叢書合約，這些叢書分別冠以某大學或某學術團體的名字，其中不少適合大學生的課本或參考書。然而，這個計劃剛要付諸實行時，商務印書館便遭到了空前浩劫，致使停業半年。所以，王雲五在商務印書館復業後的第一件大事就是編印大學叢書。爲此，他分聘蔡元培、胡適、馬寅初、翁文灝、朱家驊、吳經熊、李四光、何炳松、竺可楨、鄭振鐸、蔣夢麟、羅家倫、傅斯年、馮友蘭、梅貽琦、顧頡剛等共五十五位著名學者爲委員，組成了“大學叢書委員會”。

在數年時間內，商務印書館共編印大學叢書二百餘種。

這年十一月一日，在商務印書館復業後僅三個月，雄心勃勃的王雲五便向社會宣佈：從這天起，除教科書外，商務印書館每天出版新書一種。

而在這個月，由於經歷了一場空前浩劫，商務印書館的資本總額由被日機炸毀前的五百萬元減爲三百萬元，分五萬股，每股六十元。

這年年底，國立編譯館奉命從商務印書館出版的《萬有文庫》中選出四百一十二種，作爲中等學校第一輯用書，呈教育部通令各省市採用。

　　商務印書館在遭難之初，不得已將全體職工解僱。復業以後，王雲五優先進用被解僱的舊同仁，截至一九三三年三月，也就是商務印書館復業半年之後，商務印書館的職工共達一千零四十人，其中，百分之九十以上是曾經被解僱的舊職工。

　　東方圖書館曾經是商務印書館引爲驕傲的文化寶庫，"一·二八"事變後，被日本帝國主義炸毀焚燒殆盡，商務印書館耗盡心血收購的珍貴圖書付之一炬。王雲五在商務印書館復業後的重大計劃中，便是復興東方圖書館。爲此，一九三三年四月，王雲五向董事會提議，就每年盈餘所提乙種特別公積金中，撥其三分之一爲復興東方圖書館基金，經董事會決議通過，並成立"東方圖書館復興委員會"，聘請胡適、蔡元培、陳輝德、張元濟、王雲五五人爲委員。復興委員會又公推張元濟爲該會主席。

　　這年六月，教育部委託國立中央圖書館與商務印書館影印《四庫全書》珍本，簽訂合同，從事影印。

　　在此之前，商務印書館已經前後四次與有關方面接洽影印《四庫全書》，但均未成功。在王雲五的積極奔走活動和教育部長王世杰的支持下，由教育部組織委員會聘請專家十五人，商定目錄，決定選印二百三十一種，一千九百六十冊，名曰《四庫珍本初輯》，共印一千部。影印四庫全書，在中國歷史上還是第一次，雖然影印的祇是其中的一小部分，但是，對於中國文化的發揚仍有着極其重要的意義。

　　由於重建後的商務印書館出版事業的飛速發展，一九三四年一月，商務印書館又鄭重向社會宣佈：從本年起，由每日出版新書一種，改爲每日至少出版新書一種，多則二三種。

　　商務印書館在復業後的另一件重大舉措，便是在一九三四年九月，編印《萬有文庫》第二輯。《萬有文庫》第二輯包括國學基本叢書與漢譯世界名著一百五十種，自然科學小叢書二百種，現代問題叢書五十種。與《萬有文庫》第一輯一樣同爲二千册，共約一億九千萬字。

　　《萬有文庫》出版後，售出約六千部，可謂成果輝煌。在全國，憑藉該文庫成立的新圖書館在兩千所以上，以至《萬有文庫》成爲家喻戶曉的一部書，而每本書上都署有“發行人王雲五”。王雲五這個名字更是人人皆知，在當時，凡識字者皆知《萬有文庫》，凡稍有文化者皆知王雲五，這句話並不爲過。

　　《叢書集成》是王雲五在商務印書館復業後主持編輯出版的又一種大部叢書。

　　《萬有文庫》第二輯的計劃完成之後，張元濟勉勵王雲五以同樣的目的整理出版中國古籍叢書。王雲五經過思考之後，認爲很有必要，於是決定編輯一部叢書之叢書——《叢書集成》，選定宋、元、明、清著名叢書一百部，以實用與罕見爲標準，以各類齊備爲範圍，用淘沙見金、貫珠成串的辦法，將百部叢書中的六千多種書，棄其重復，共得四千一百種。同一種書幾部叢書中都有的，選用版本較好的，編成《叢書集成》初集。

　　在《叢書集成》中，普通叢書佔八十部，其中宋代兩部，明代二十一部，清代五十七部；專科叢書佔十二部，其中經學二部，小學三部，史地二部，目錄學一部，醫學二部，藝術一部，軍事一部；地方叢書佔八部，其中省區四部，郡邑四部。

全部按中外圖書館統一分類法依其性質內容分爲五百四十一類，定爲四千冊。

《叢書集成》從一九三五年三月開始發售預約，原定從當年年底起每半年出書一次，到一九三七年底出齊。後來因爲上海局勢緊張，出書進度緩慢，到“八・一三”事變發生時，出書七起，共三千零六十二種，三千四百七十六冊。尚未出的還有一千零四十五種，五百三十三冊。一九三七年七月七日抗戰事起，《叢書集成》未出部分的書已經無法完成。爲了遵守商業信譽，對已經交納預付金的，商務印書館登報退款。

正當王雲五爲發展中國的文化大踏步前進的時候，又發生一椿使他悲痛不已的事情，他的志同道合的同事和摯友高夢旦先生因患肺炎，不幸去世。

高夢旦先生興好暢遊山水，如没有條件則在園林中徜徉漫步，幾個月没有外出遊覽便徨徨然非常難受，而身體又較肥胖，出外旅遊不能歷險，也不能登高。祇是遊覽的興致非常高，到了山水之中，便忘記了一切，也忘記了自己年事已高，不宜在外久遊。

最近，他以六十八歲高齡，偕同張菊生，李拔可兩位先生乘江輪前往四川遊覽，原計劃到達重慶後即乘原船返回，目的在遊覽長江的壯麗風光。然而，到了重慶，李拔可要去成都遊覽，又激起高夢旦的遊興，於是二人同乘飛機前往，並一同登峨眉。然而，尚未到達半山，便因天氣太熱又返回重慶。其時，高夢旦已經感覺非常疲勞，身體也有些吃不消，於是乘船東歸。過了宜昌，高夢旦即開始發燒。六月二十八日到達上海後，第二天即住進寶隆醫院。醫生診斷是患了肺炎。經過半個月的治療，終於無效而與世長辭。

高夢旦的去世，對王雲五的精神上是一個很大的打擊。自從王雲五開始認識高夢旦起，直到他離開這個世界的最後一秒鐘（高夢旦臨終時，王雲五正侍立在病榻旁），十五年來，王雲五一直與高夢旦親密相處。特別是在王雲五出任編譯所長的時候，高夢旦讓賢自任出版部長，又以一個長者的身份，積極協助王雲五的一切工作，事無鉅細，無分內外，祇要是商務印書館編譯所的工作，高夢旦就把他當作是自己的工作。

王雲五不會忘記，他在研究新檢字法的時候，高夢旦怕王雲五過於勞累，便以"成功不必在我"這句話，勸王雲五不必參與。但是，其後，王雲五研究出四角號碼檢字法，高夢旦真是比王雲五還高興，把宣傳四角號碼檢字法引爲己任，熱心推行。王雲五也不能忘記，十年前，他曾一度被匪徒綁架，身陷匪窟。當時，王雲五先父已病廢，偏癱在牀，不能行動，兒輩尚幼，家母內人束手無策，而平素以膽怯自居的高先生，獨負全責，出資出力，營救王雲五，那種冒險的情形，令王雲五至今想起還感動不已。

王雲五在悲痛之餘，撰文《我所認識的高夢旦先生》，發表於《東方雜誌》。

在這篇悼文中，王雲五稱讚高夢旦先生是一個老少年；是一個性圓而行方的人；是一個思慮周密而非寡斷的人；是一個不能演說的説客；是一個不長於算學的算學家；是一個捨短取長的鑒衡家；是多方面的研究家，又是許多研究家的讚助人；是一個義勇的膽怯者。

最後，王雲五説：

　　高先生對家庭、對朋友、對事業、對學術，從現代的意義評量起來，任一方面都算得是理想的人物。胡適之先生稱他爲現代聖人之一。絕對不是過分。我小時失學，沒有良師督教；我的幾個哥哥又早年見背；我的父親對我的管教向極放任。我就在這種情形之下，自己造成一個世界；因此個性過強，落落寡和。自從獲教於現代聖人之一的高先生，有形無形都受了他的很大影響。假使近年我能够在任何方面有些貢獻，高先生至少應居過半之功。高先生待我，不僅是最知己的朋友，簡直要超過同懷的兄弟。所以我正好模仿君珊小姐的話而説：“別人家祇不過死了一個好朋友；我却不但死了好朋友，而且死了最可愛的長兄。”

　　一九三六年，對於中國文化界來講，是一個光輝的一年。

　　這一年，是中華民國全國新出版物最多的一年，也是商務印書館新出版物最盛的一年。這一年，全國新出版物總計九千四百三十八種，而商務印書館一家的新出版物就達到四千九百三十八種，佔全國百分之五十二强。可以説，王雲五在復業之初，提出“爲文化而奮鬥”的口號，已經取得了輝煌的成果。

　　到一九三七年上半年，商務印書館的業務日趨繁盛，其資本總額已經恢複到日機轟炸前的五百萬元。

　　至此，王雲五覺得，他在商務印書館的任務已經完成，他可以功成身退了。

　　記得王雲五在接任商務印書館總經理出國考察科學管理回來後，向董事會提出實行科學管理計劃的時候，曾經正式表示過：“期以三年，一一實現。屆時，公司基礎鞏固，同仁福利增進，社會文化皆蒙其利，則雲五當如約引退讓賢。”但是不幸，時間未滿一年，商務印書館便遭到“一‧二八”日寇飛機的狂轟濫炸，全部財產毀於一場浩劫。那時，王雲五臨危不避艱險，為商務印書館的復興全力以赴，夙興夜寐，以致鬚髮皆白。但在內心深處，仍然準備在商務印書館復興過程中，待商務的總資本恢複到遭劫之前的水平，即告引退。

現在，商務的損失已經恢複，王雲五在回國之初所強調的科學管理以三年實現的目標，此時確已實現。那麼，在這個時候，王雲五沿引當年的諾言，提出引退，應該是合情合理的。

此外，王雲五還有一個宏偉的計劃，自進入商務印書館編譯所之後，王雲五就對編撰辭書、辭典發生了濃厚的興趣。他的最終目標，是要編撰出版一部集中外辭書精華的《中國百科全書》。因此，近十年來，他從事大規模的辭典資料搜集工作，資料卡片多達六百多萬張。然而，由商務印書館獨家出版這部辭書尚有困難，於是，王雲五請來中山文化教育館理事長孫科。孫科瞭解了王雲五這一宏偉的計劃之後，很感興趣，於是，偕同吳德生、傅秉常、林語堂、溫源寧等專家專程來到商務印書館，檢視這些龐大數量的資料卡片後，認為取材豐富，提議利用這些資料編撰一部空前的大辭典，由中山文化教育館出資合作。於是，王雲五便提出了編撰《中山大辭典》的計劃。

孫科將王雲五所擬的計劃提交中山文化教育館設計委員會討論通過後，於一九三六年三月二十日，由中山文化教育館與商務印書館正式簽訂合約，資助編撰《中山大辭典》。這年四月，《中山大辭典》編撰處成立，王雲五自任總編撰。如今，編撰工作進展順利，在秋天便可按照中山文化教育館與商務印書館所訂的合印《中山大辭典》協約開始排版，陸續印行。那麼，在數年時間內，王雲五便打算集中精力，全力以赴地埋頭於這項宏偉的工作中。如果他繼續擔任總經理，便不能不分心於商務印書館的管理和新出版計劃的考慮，難免顧此失彼。因此，他想及時引退，將全副的精力致力於《中山大辭典》的編撰出版工作。

一九三七年三月，王雲五向商務印書館董事會提交辭呈，要求辭去總經理職務。

王雲五的辭職打算自然遭到了董事們的反對，董事們説："商務印書館在遭遇浩劫之後，倚賴王雲五先生獨力苦鬥而得以復興。復興之後，需要發展的事情還很多，還需要倚賴王總經理繼續主持，怎麼能離開呢！"

王雲五此時也進退兩難，他想，要是高夢旦先生在就好了。高先生在世時，與王雲五無話不談，王雲五有什麼心事都可以與高先生推心置腹地傾談。現在，王雲五已經沒有一個像高先生那樣的人可以傾訴肺腑之言了。當然，除高夢旦先生外，張元濟先生也是他最尊敬和最值得信賴的長者和朋友。十多年來，王雲五與張元濟先生也相處融洽，特別是在"一·二八"商務印書館遭難之後，二人相交相知更深。張元濟先生不僅在公務上無不尊重王雲五的意志，並且全力支持；在私交上，也已經是無話不説，取代了高夢旦先生的地位。此後，二人一直融洽相處，坦誠相見。

就在王雲五提出辭去商務印書館總經理的辭呈之後，張元濟先生找到王雲五，誠懇地向他談了自己的看法。

張元濟首先對王雲五在"一·二八"事件商務遭劫後，爲復興商務所付出的辛勞和進行的苦鬥深表同情和嘉許，然後說：“雲五兄，商務是全國最大的文化機構，事關重大，商務印書館總經理的職務也不可等閑視之。我這個人向來眼光很高，對任何事情都不願輕易敷衍而總想做得最好，據我這幾年來衷心所感和實際的觀察，在目前，商務印書館最理想的主持人還是雲五兄你，要找到能代替你又具有像你這樣有才幹的人殊非易事。

“民國十八年你離開編譯所時，舉何炳松先生以自代，現在你如果辭去總經理和所兼任的編審生產兩部部長的職務，除生產部尚可以副部長李伯嘉先生擔任外，編審部則因爲副部長何柏丞先生辭職，一時還未能找到合適的人補缺，更遑論擔任部長。尤其事關重大的是總經理的位置，李拔可、夏小芳兩位經理，一位是元老，一位是發起人夏瑞芳之子，兩人之中何人爲繼，勢難決定，而且李、夏二位皆表示，堅決不願繼任總經理。如果雲五兄你辭去總經理職務，商務印書館將會出現什麽局面，可以想見。

“目前，商務印書館雖然恢複了原有的資本，而比起過去以簡陋的設備產生數倍的效益還遠遜一籌。假如你一旦離去，將自己經過艱苦奮鬥而挽救的垂危的機構交給一個不可知的人來管理，不僅難以期望可以維持原有的效率，而且成事難敗事易，雲五兄又何以忍心坐視商務印書館每況愈下？”

張元濟說到這裏，情緒又開始激動起來，看得出他確實是動了感情。

聽了張元濟這番話，王雲五也陷入了沉思，他深深感到，自己肩上的這副擔子越來越重了。

張元濟又動情地說：“雲五兄，我深知你與夢旦先生的交誼殊非常人可比，夢旦生前將你引入本公司，而你成爲本公司的救星，夢旦經常以此感到自豪。今夢旦逝世不久，在冥冥之中，如果他知道你在商務復興剛告一段落便捨商務而去，夢旦先生如果有在天之靈，定然萬分不安。"

經過張元濟先生這樣勸説，王雲五真覺得無顏以對了，祗好答應再考慮一下。

經過數天的考慮，王雲五實在覺得沒有退路了，不得已祗好放棄辭去商務總經理的打算，答應爲商務再留一年。他打算在這段時間裏，一面爲公司物色接替他的人，一面靜觀商務的發展再最後決定。

然而，王雲五萬萬沒想到，他這一轉念，竟使自己繼續爲商務印書館經受了八年的苦難。

九　日出一書

日本帝國主義侵佔我東北三省之後，亡我之心不死，妄圖進一步滅亡中國。

一九三七年七月七日夜晚，日軍藉口士兵失踪，對我駐在北平西南宛平縣的中國軍隊提出無理要求。遭到拒絕後，日軍即炮轟宛城和蘆溝橋，遭到中國駐軍第二十軍官兵的奮起抵抗。從此，日本帝國主義開始了向中國發動大規模的侵略戰爭，中國的抗日戰爭也由此拉開序幕。

抗戰事起不久，軍事委員會蔣委員長在廬山召集談話會，王雲五也在被邀請之列。於是，王雲五從上海乘輪船順長江而上，經九江登廬山。

在廬山會議上，與會者聽取了政府報告後，都力主全面抗戰，不能再圖苟全。會議結束之前，蔣委員長作堅決而肯定的表示：寧爲玉碎，不爲瓦全！況且，在此局勢下，遭逢如此悍敵，即欲瓦全亦不可得。

參加了廬山談話會，王雲五深感政府全面抗戰的決心堅定不移，因而考慮上海無疑是日本向南侵略的首先發難之地，不等會議結束，便先行返回上海部署應變。考慮到舟行緩慢，改爲車行。這樣，不僅可以爭取到一些時間，還可以對沿途的商務印書分館面授機宜。所以，經九江乘火車到南昌，又換乘浙贛鐵路車輛經金華而杭州，然後乘滬杭火車返回上海。在歸途上，王雲五已將應變方針擬定，抵達上海後，首先與商務印書館董事會主席張菊生先生商洽，張菊生表示讚同後，立即付諸實施。

王雲五回到上海的時候，已是一九三七年七月底，形勢非常危急，似乎能够聞到戰火的硝烟了。王雲五和商務印書館的同仁們立即開始了戰時應變的緊急措施。

此時，商務印書館的主要資產和生產所在地，在上海大部分是租界東區的楊樹浦，小部分是“一‧二八”被毀閘北總廠的修復部分。在外地，香港有一相當規模的工廠，北平也有一所名爲京華印刷局的印刷廠。王雲五預料，以我國軍事的配備應付强悍、瘋狂並蓄志侵略的日本，沿海各地終究是保不住的，北方的京華印刷局更容易陷入敵手。爲了維持商務印書館在戰時對國家文化的供應，應該有個長期的戰略思想，過渡時期可以利用香港，最後的穩固地點應該在內地。目前，戰爭隨時都會爆發，時間緊迫，搶救物資的暫時地點可以在公共租界的中區。因此，在抗戰初起時，王雲五就派人在長沙購地、置物，準備設廠。在廬山談話會期間，他急電上海把若干機器和紙張運赴長沙。返抵上海後，又緊急動員商務印書館全體同仁把楊樹浦和閘北工廠三所的機器和楊樹浦貨棧所存的書籍、紙張立即向租界中區轉移，並以最快的方法在租界中區和法租界分別租借臨時廠屋和棧房。

經過商務印書館職工的齊心協力，商務的所有機器、紙張、書籍在十天之內遷出了其中大部分。甚至在"八‧一三"戰事爆發那天，仍然在冒險搶運。在王雲五的正確抉擇下，戰爭爆發之後，商務印書館的損失減少到了最小的程度。

對於商務印書館的一千多名職工，為了維持他們的生計和安全，王雲五經與張菊生先生商量，決定對他們負責到底。

第一步，對於因戰事而停工者發給維持費；第二步，在租界中區趕設臨時工場，儘量安插停工者。又擴充原有的香港工廠，儘量將停工者移調；第三步，在內地分設若干工廠，將上海臨時工廠與香港工廠的職工陸續移調內地。這樣，既保證了全體職工的生計和安全，又使商務印書館的生產和經營能夠正常維持下去。

戰爭終於爆發了。

八月十三日，駐紮上海的日軍由江灣閘北大舉進攻上海市區。上海軍民奮起抵抗，開始了艱苦卓絕的全面抗戰。

"八‧一三"戰爭發生之初，王雲五已將商務的大部分機器、紙張、書籍搶運到那時候還比較安全的租界中區，又把在靜安寺路臨時租賃的房屋改作工廠，在半個月內開工，安插了許多停工的職工並緊急趕印財政部發行的救國公債。

接着，王雲五又致力於充分利用香港的工廠和趕速成立長沙的新工廠。

　　香港的工廠是十幾年前設立的，"一‧二八"事變上海總廠被毀後，王雲五曾利用香港的工廠儘量印刷書籍，以供全國之用，對商務印書館的復業起了一定的作用。後來，王雲五又親自到香港佈置建廠房等事宜。"八‧一三"戰事爆發後，王雲五又到香港對該廠進行擴充，以便在上海喪失工作的許多工人可以調來在香港工作。接着，王雲五又飛至漢口轉赴長沙，佈置在長沙購地建廠和租屋開工的事宜。

　　然而，長沙的遷廠工作却遇到了阻力。

　　不是因爲交通困難，也不是社會和資金的問題，而是因爲職工們在上海安土重遷，不願遠離家庭。特別是長沙經過幾次空襲後，職工們都認爲上海租界和香港更爲安全，不肯接受移調長沙。後來，長沙受戰爭的威脅，形勢緊張，王雲五便決定把長沙工廠的機器一部分先遷重慶，打算在重慶另設工廠。不久，長沙全城大火，商務印書館未及遷往重慶的機械盡付一炬。這樣，商務印書館內遷的少數機器又損失不少，生產更爲艱難了。

　　適應戰事的生產佈置安排完畢，王雲五又對商務印書館的管理機構作出了重大的決定。

　　王雲五意識到，爲了適應戰爭的局勢，必須對商務印書館的管理體制改爲戰時體制。爲此，他將平時體制的編審、生產、營業、供應、主計、審核六部，即人事委員會各機構暫停行使職權，以總經理的名義將原設上海的總管理處改組爲駐滬辦事處,而將總管理處的職能集於總經理一身，由總經理主持一切。總管理處是以總經理爲最高領袖的機構，總經理前往何處，總管理處即隨同前往何處。

　　王雲五採取的這種應變措施，後來在太平洋戰爭突發後果然發生其顯著的作用。

　　在這種戰爭狀態的非常時期，許多出版家都已改營印刷業或以印刷業爲主的時候，王雲五主持的商務印書館仍堅持以出版爲主的方針。

　　“八·一三”戰事爆發後，王雲五在一個半月時間內進行了整頓、遷廠等應變工作後，十月一日便利用臨時的工廠恢複了新書的出版。一直到一九四一年十二月八日太平洋戰爭發生以前，商務印書館除了能够出版許多戰前尚未出齊的大部叢書外，還能保證每天至少出版新書一種，沒有一日間斷過。這，不能不說是一個奇跡。

　　王雲五還想到，商務印書館所編輯的中小學教科書是爲平時所編的，在政府對學制與課程標準尚沒有更改之前，可以照常適用，但是，在戰時，中小學生需要並必須獲得的基本知識從平時編印的教科書中却找不到。爲適應戰時的需要，王雲五決定，商務印書館另編中學及小學戰時補充教材，以供應各校選擇講授。這些補充教材出版後，備受各學校歡迎，各出版同業也紛紛仿効。不久，這些戰時補充教材已經普及到大後方去了。

　　一九三七年底，國民政府遷至重慶。此時，商務印書館的主要印刷廠在香港，王雲五即奔走於香港重慶之間，而以香港爲主。

　　在香港，王雲五開始了與他尊敬的師長蔡元培先生親密至深的交往。

　　王雲五曾在民國初年蔡元培擔任教育總長時，以一位青年後學的身份，寫了一封對中國教育改革的意見書寄給蔡元培而受到蔡元培的賞識，聘爲教育部的協辦，後來又擔任專門教育司第一科科長。從此，王雲五便與蔡元培開始了二十多年的親密交往。

　　王雲五在擔任商務印書館編譯所所長之後，蔡元培也從國外倦遊歸來。王雲五對於商務印書館編譯出版方面的事宜，事前往往向蔡元培請教；個人偶有著述，也幾乎無一不請蔡元培指正。蔡元培則對王雲五的工作和成就也無不鼓勵有加。王雲五發明中外圖書統一分類法和四角號碼檢字法之後，蔡元培都主動爲他作序。在王雲五籌備《萬有文庫》初輯的編印工作時，對於書目的選定，人員的推薦，蔡元培都給與積極的支持。在王雲五辭去商務印書館編譯所所長職務後，作爲中央研究院院長的蔡元培，又表示熱情歡迎王雲五參加並聘王雲五爲專任研究員。

　　“八·一三”全面抗戰爆發後，因爲商務印書館在香港設有一個相當規模的印刷廠，王雲五便以香港作爲主要工作地點。恰在這時，蔡元培也由周子競、丁西林陪同，從上海來到香港。蔡元培原打算從香港前往西南，但是，自港赴西南陸路交通不便，長途跋涉非常辛苦。當時，蔡元培已經七十一歲高齡，體弱多病，恐怕難以支持。周、丁二位知道王雲五在香港，便將蔡元培託付給王雲五，請他照料。其時，王雲五家眷還在上海，隻身一人在香港，便將蔡元培先生接到商務館的臨時宿舍，與他住在一起，同時相處的還有來自上海的商務印書館幾位同仁。

　　蔡元培在商務印書館的宿舍裏住了大約三個月時間。

　　在這段時間裏，王雲五與蔡元培朝夕相處。閑暇時間，二人談古論今，無所顧忌，心情極爲愉快。不久，王雲五的夫人净圃、馥圃携帶幼兒學善陸續從上海來到香港，也同住在商務印書館的宿舍裏。王雲五忙於商務的公務，白天一般不在家。幼子學善剛入初中讀書，在家裏與蔡爺爺接觸時間較多，特別是在假日或放學後的餘暇時間，經常陪同蔡先生在商務宿舍跑馬地一帶散步和閑談。蔡元培先生雖年逾古稀，身體不好，思維却異常敏捷，話語精闢而幽默，使學善深受感染。時間一長，不知不覺，十一二歲的少年竟與七十老翁產生了深厚的感情。後來，蔡元培夫人携兒女從上海來到香港，另租房屋居住。將要離開時，小小年紀的學善對蔡爺爺還依依不捨。

一九三八年二月，蔡元培同家人另租房屋，搬到九龍柯士丁道居住後，王雲五仍然每星期渡海去拜訪看望蔡先生一次。古稀老人蔡元培視力很差，却仍然勤於讀書。王雲五每次去探望，都帶來一些木版大字本書供蔡元培消遣，下次又帶來一些新書與以調換，使蔡先生精神上至感愉快。

蔡元培當時仍然擔任中央研究院院長一職，在香港期間，無時不在尋找機會前往西南主持中央研究院院務，然而，終因身體虛弱，一直未能成行。以致愈到後來，心情更加鬱悶不歡。然而，他衹能遥望西南嘆息。

一九三九年底，正當蔡元培在積極準備前往内地時，又忽然患了感冒，經過一段時間治療，病癒後體力更加衰弱。當時香港到内地的交通，陸行艱難而緩慢，衹能依靠飛機，而據醫生診斷，以蔡元培這樣的健康狀況和體力，根本無法接受飛行。於是，去西南的打算又遷延下來。

一九四０年三月三日，蔡元培在寓所不幸失足跌倒在地，口吐鮮血，病勢加劇，急招商務印書館特約醫師朱惠康來家救治，又再延請瑪利醫院內科主任凌醫師會診。醫師認爲應該住院治療，於是將蔡元培送入香港養和醫院緊急治療。

王雲五得到消息，急趕到九龍蔡元培的寓所，恰好趕在救護車出發時，於是陪同蔡元培前往醫院，王雲五代爲辦理了各種手續。據醫生診斷，蔡先生患的是胃潰瘍，王雲五便立刻請來香港大學醫學院胃腸專科教授診治。不久，蔡元培又大量出血，醫生一面設法爲他止血，同時又必須爲他輸血，王雲五便緊急通知商務印書館同仁，徵求獻血的人。

這時，蔡元培已經昏迷，不省人事。

三月五日上午八時，幾位自願獻血者趕到醫院，準備爲蔡元培輸血。然而，尚未來得及輸血，蔡元培已於九時四十五分逝世。

在蔡元培生命垂危和醫生搶救之時，作爲蔡元培晚輩和密友的王雲五，一直與蔡夫人及其胞侄二人隨侍在病榻，並一直守候到蔡元培先生停止呼吸離開人世。因此，蔡元培去世時，除夫人和幾位親屬外，王雲五是唯一一位以晚輩和友人的身份爲蔡元培送終的人。

蔡元培居港期間，經濟十分拮据，逝世後的喪葬費都是由王雲五負擔的。

王雲五還負責主辦了蔡元培的喪葬事宜。

在祭奠蔡元培先生的靈堂上，王雲五致送了一副挽聯：

　　　　百世導師精神不死
　　　　半生知己印象永留

這副挽聯可以表達王雲五對蔡元培先生的尊崇，反映三十年來他們之間的親密友誼。

　　王雲五自從抗戰初期撤出上海後，爲了維持商務印書館的出版業務，便以具有相當規模的商務印書館香港分廠的基礎，同時逐漸在長沙、桂林、重慶等地設新廠。這樣，他除了一年二次赴重慶出席參政會外，大部分時間都留在香港。

　　王雲五過去參加的幾次會議，都是從香港飛赴重慶，會議結束又從重慶飛返香港，每次都非常順利。沒有想到，一九四一年十一月，他從香港飛重慶參加國民參政會第二屆第二次會議，却發生了一件意想不到的事情。而且，由於這件意外事，還引發了另一件更大的意外事情，使王雲五的生命繫於千鈞一髮之間。

　　國民參政會第二屆第二次大會，定於一九四一年十一月十七日在重慶召開。王雲五沒有想到，前往出席大會的途中，使他險些死於日寇飛機的轟炸之下。

　　王雲五是在十一月十三日與參加國民參政會的十幾位參政員同乘一架飛機由香港直飛重慶的。這架飛機是他們包租的，因爲飛機上還有空位子，便由航空公司臨時增加了兩位女客和名畫家黃君璧同赴重慶。接洽包租飛機的事是王雲五負責辦理的，十三日這天正好是星期五，按照西方迷信的說法，這兩個日子都是不吉利的。

　　臨上飛機之前，有位參政員還對王雲五開玩笑說：“你所選的起飛日期，又是十三日又是星期五，是不是太巧啦？”

　　王雲五坦然說：“中國的迷信已經够多了，我們正想一一打破，難道還嫌不够，要添上一個洋迷信嗎？”大家聽了也笑起來了。

　　這天天氣非常好，正是陽光明媚，天氣晴朗，飛機飛行也比較平穩。本來，飛機向來都是直飛重慶的，中間不停留，不知什麼原因這次飛到桂林時，却降落在桂林機場。機師告訴各位參政員說要停下來加油，於是大家釋然。

　　王雲五久聞桂林山水甲天下，却還没有機會來暢遊。這次飛機在降落時，能在空中鳥瞰，也算是對桂林進行了一次空中的瀏覽。飛機着陸後，王雲五看見機場旁邊的山水奇特而又秀美，打算同幾位有雅興的參政員步行到最近的山邊去遊覽，於是詢問機師停留的時間。機師回答說僅停留二十分鐘。王雲五恐怕往返來不及，祇好作罷，與幾位同仁在機場散步閑談。

　　祇過了一會兒，忽然聽見機師大聲呼喊，說有空襲警報，請各位趕快登機，立即起飛。大家登機後，飛機立即發動起來，由於機場面積不大，而且另外還有一架飛機同時起飛，王雲五一行乘坐的飛機祇能在機場環行，讓另一架飛機先飛。另一架飛機起飛後，王雲五他們乘坐的飛機却有一隻機輪陷入跑道外的泥沼之中。機師愈着急，而機輪却愈陷愈深，最後竟不能自拔。正在這時，緊急警報響起。不知什麼原因，發動機又驟然不響了，機師没有辦法，祇好宣佈停飛，請各位趕緊下機，避往附近的防空洞。於是，十幾位乘客又趕緊下機。

　　防空洞距離機場大約二三里地。機場祇有吉普車一輛，一次祇能乘坐四人。於是請年紀最高的參政員張一麐、劉哲二人及兩位女客先乘，其他人則急步追隨。等吉普車再度來接時，也祇能再坐四人。王雲五因爲身體好，健步如飛，與幾位同仁步行走到洞口，剛進入防空洞，敵機已經來臨。起先飛來的是一架偵察機，在空中盤旋了數次，並没有投彈又飛走了。

　　敵機飛走後，警報還没有解除，王雲五便與黃君璧在防空洞口徘徊。面對眼前桂林的奇異美景，王雲五突發遐想，要求身邊這位名畫家黃先生即景寫生。正好他身邊帶有爲女兒鶴儀所準備的册頁，而黃先生在行夾中又携有筆墨，於是就在敵機轟炸的間隙，在防空洞口作起畫來。

防空洞裏的緊張氣氛頓時變得輕鬆起來，有一位參政員笑着說："你們二位真是雅興不淺，在這樣的情況下還有心思對景作畫。"王雲五與黃君璧笑而不答，仍然站在洞口。

黃君璧爲王雲五的小女畫一册頁，王雲五站在旁邊觀看。沒過多久，敵機又來了，他們二人又退入洞內。敵人的偵察機顯然發現了停在機場上的王雲五他們所乘坐的飛機。再次飛來的飛機携有炸彈，便對準停機場的飛機投彈。因機場有高射炮抵抗，敵機不敢低飛，多次投彈都沒有命中。

防空洞離機場很近，敵機的每次投彈都引起洞中的震動，王雲五等人却泰然處之，祇有兩位女客頗感害怕，尤其是那位赴重慶讀書的女學生，大概是初次遠行，驟然遇到這種意外已深覺不安，現在又有生以來第一次在身邊聽到炸彈的爆炸聲，恐慌懼怕得幾乎哭起來了。王雲五等人極力安慰她，又發現她也帶有册頁，便請黃君璧也爲她作畫。黃先生與這位小姐也算同鄉，便欣然答應，於是防空洞內氣氛又活躍起來。

這個防空洞是天然的石灰巖洞，非常寬大，可以進出自如。敵機去而復來達六七次，每次都投彈數枚或十數枚。待機聲遠去後，王雲五又陪同黃君璧步出洞口作畫，以至有幾位膽大的參政員也跑出洞口觀看，敵機再來時，又返回洞內。最後，警報解除時，黃君璧竟然爲王雲五作畫兩幅，爲那位同鄉女學生也畫了一幅。

王雲五和黃君璧在遭遇敵機轟炸的時候，履險如夷，鎮定

　　自若，不僅使自己在危難的時刻得到了一次難得的藝術享受，這種情緒也深深地感染了其他人。在躲避敵機空襲的幾個小時內，防空洞裏的情緒始終是輕鬆而愉快的，算是一段奇遇。

　　這次經歷對王雲五來説，也是有生以來第一次。雖然遭遇了敵機轟炸的危險，王雲五却絲毫不感覺驚慌和痛苦，反而感到很有興趣。惟一的缺憾是從清早登機到下午五時，將近十四個小時没有進餐，不免饑腸轆轆。警報解除後，軍事長官李濟深及廣西省府副主席黄旭初派車接王雲五等人入城，招待晚餐。對於這頓晚飯，王雲五真是覺得其味無窮。

　　第二天早上五點鐘，王雲五等人又趕赴距桂林較遠的另一個機場，乘從重慶派來的另一架專機飛赴重慶。在登機時又發生一件趣事。參政員劉哲從香港帶來的一瓶非常名貴的洋酒，放在口袋中，稍没留意，酒瓶被擊破，酒全部流灑出來。劉參政員因辛苦携帶的美酒突遭損毀，非常沮喪。

　　王雲五見劉哲一副懊惱的樣子，故意開玩笑説：“塞翁失馬，焉知非福，我還要恭賀老兄生財有道呐。”

　　“我怎麼還生財有道？”劉哲苦笑着問。

　　“重慶洋酒難得，這種陳年洋酒尤其難以嘗到。”王雲五笑着説，“你若以這種浸透了酒味的口袋懸諸鬧市，標明以鼻一嗅者付款十元，以舌一舔者付款二十元，則不難大發洋財，所得不是儘可抵償所失而有餘嗎？”

　　正在懊惱的劉哲聽王雲五這麼一説，也笑了起來，並説：“人家一天辛苦挨餓，昨夜失眠，今晨又早起，你這位老弟年紀不止半百，還有這般孩子氣。”

　　各位參政員見劉哲撞灑了洋酒，正不知道怎麼安慰，聽了他們倆人的對話，又一齊笑了起來。劉哲沮喪的心情也便烟消雲散。

　　王雲五等從香港來的十幾位參政員，在國民參政會第二屆第二次會議結束之後，大都要回香港。他們在來時是由王雲五負責洽購機票，會議結束之後，因爲各位參政員都有些事情要在重慶辦理，回港的時間先後不一，於是，他們的回程機票便由秘書處直接辦理。其中參政員張一麐和成舍我在會議期間表示仍願意與王雲五一同返港，於是，委託王雲五辦理三人返港機票。

　　關於返港的時間，本來王雲五和成舍我在香港都有公務，應該在會議結束之後儘早返港。然而，王雲五的兩個兒子學農、學哲均就讀於成都的華西大學，王雲五打算會議結束之後赴成都看看兩個兒子，並順便指導成都的商務印書館業務。在與張一麐、成舍我二人協商之後，將返港的時間定爲十二月五日。

　　過了幾天，王雲五忽然又覺得十二月五日這個時間太匆促，恐怕到成都之後事情太多來不及趕回，於是，再次與張、成二人商量，將返港行期改爲十二月八日。張一麐表示無所謂，成舍我則因爲在香港有報館需由他親自主持，稍嫌行期過遲，但是仍然表示願意同行。於是，王雲五又請大會秘書處將三人的返港時間改爲十二月八日。

　　沒有想到，王雲五到成都後，很快與兒子相見，並在幾天之內處理完了成都商務印書館的業務，於十二月三日又返回了重慶。張一麐和成舍我見王雲五及時趕回，都覺得此事處理失當，説早知能及時趕回，原定五日返港的行期是完全來得及的。王雲五因爲商務印書館在香港的事務很多，急待處理，也深悔不該將行期一延再延。然而，一再改定的行期已經不便再改，祇好耐心候至八日返港。

好容易捱到十二月八日，這天，返港飛機起飛的時間是上午十點半。王雲五因爲有些事需要在臨走之前辦理，大清早就從旅館出來打算前往商務印書館接洽，剛出門外，突然見到街上貼遍紅綠色的紙張，所寫的消息和遍街報販叫賣的報紙號外，都是同一個內容：昨天（十二月七日）早晨，日本未經宣戰，以海空軍突然襲擊珍珠港，擊毀擊傷美國主要艦隻十多艘，飛機二百多架，美國太平洋艦隊遭到慘重損失！

同時，日本軍隊向香港發動進攻，香港受到日軍海空兩方面的襲擊，太平洋戰爭從此開始！

得到這個消息，王雲五簡直驚呆了，精神上受到極大的刺激。他思想上第一個反應就是，真是鬼使神差，難道冥冥之中真有神靈在操縱和護佑我？

王雲五立刻回到旅社，仔細地考慮這件事的意義和影響。

王雲五想，太平洋戰爭爆發，對他來說可謂是一則以喜，一則以憂。

喜者，四年來中國單獨對日抗戰，民主國家在道義上雖然對中國表示同情，然而也祇是同情而已。後來，他們自身陷入對德國戰事的漩渦，更不敢多樹敵。所以他們對中國的抗戰一直沒有任何實質性的援助。現在，日本倒行逆施，一面與美國進行談判，一面又搞突然襲擊，以至觸動舉世的怒潮，民主國家皆起而抗戰。中日之戰發展成爲民主國家與極權國家之戰，戰爭的前途必定能夠臻於勝利，這是毫無疑義的。這是於公而言。

就私而言，日本人欲奴役中國人民，最忌諱中國的文化工作者。因爲文化人能喚起民衆，能够激發中國人民對日本侵略者的仇恨,而最終戰勝日本侵略者。所以侵略者對中國的文化人必欲置之死地而後快，商務印書館更是首當其衝，而商務印書館又以王雲五爲主要目標。

記得"一·二八"戰事開始後，也是鬼使神差，在千鈞一髮之間，王雲五的生命幸免爲日本人所戕殺。這次，他如果仍然留在香港或者早一天飛返香港，那麽，作戰初期，香港無疑不能堅守，淪陷以後如果無法逃脱，他將無疑會死於日本人之手或者甚至會有比死更苦更悲慘的下場，即求生不得求死不能，而爲敵人所脅迫或藉他的名義幹一些損害國家、民族和個人氣節的事情。今天，幸而又是鬼使神差，他本當於十一月底返港，因爲赴成都看兒子而將返港日期改爲十二月五日，然後又再延至日本進攻香港的第二天，而幸免自投羅網，真是不幸中之大幸。

憂者，公的方面，商務印書館的資産大部分留在香港，香港如果淪落敵手，商務印書館的前途將更爲艱難。私的方面，他七八口家人仍然留在香港，戰爭時期，在無情的炮火之中，生死難料，即使躲過了戰爭的劫難，香港一旦淪入敵手，以日本人忌恨王雲五如此之深，縱使他個人得以逃脱，日本人也絶不會放過他的家人，因而，王雲五的家人也處於萬分危險之中。此時，愛家思家心切的王雲五遇到這個突發事件，想到自己家人的危險處境，心中真是萬分難過。

然而，經過大約半個小時的思考，王雲五便毅然將思家的念頭置諸腦後。

他想，凡事非我所能爲力者，祇好聽之於天，至於我能爲力者，或者祇有我能爲力者，務須儘我之力並須以我之全力爲之，而不可爲他事所分心。王雲五又分析他所憂慮的二件事，家人的安全已經非他所能爲力，如果因此憂慮過度，則徒亂方寸而於事絲毫無補。至於商務印書館如何應付目前的艱難局勢，則非他莫屬。他能够多儘一分力則可多一份的補益，假如他一面想家，一面爲公，則於家無補，於公有害。

想到這裏，王雲五決定，堅決以全副精神爲商務印書館應付當前的艱危狀態，而致力於商務印書館的第三次復興。

就在獲悉太平洋戰爭發生消息的當天，王雲五即來到商務印書館重慶分館，緊急部署戰爭發生後的應變措施。

商務印書館此時所遭遇的困難，較之"一·二八"和"八·一三"兩次更爲嚴重，其中最大的是財政困難。造成此時財政困難的主要原因是因爲商務印書館在半年前承印中國、交通兩家國家銀行發行的鈔券造成的。

王雲五對商務印書館的業務方針，始終抱定以出版爲本業。今年夏初，因爲政府需要鈔票的數量急增，而原來承印政府鈔券並獲得豐厚利潤的中華、大東兩書局，其工廠的印刷力又供不應求，於是，中國、交通兩銀行力請商務幫忙。商務的董事及同仁因看見中華、大東兩書局因承印國家鈔票而獲利頗豐，羨慕之餘，便積極建議王雲五接受這項業務。王雲五經不起內外交迫，勉強答應承印。

爲了承印鈔票，王雲五調集了大量資金，包括各分廠的資金匯往香港，爲港廠添置許多專印鈔票的機器設備，又將失業在家留在上海的上千熟練工人調往香港從事這一業務。這樣，既可以減輕商務的壓力，又可以使失業的商務工人獲得較優厚的待遇。而太平洋戰爭的突然爆發，商務因承印鈔票所投入的鉅額資金無法收回，所僱的臨時工人多至千數，遣散的費用也是一筆不小的金額，商務印書館因此在經濟上受到了鉅大的損失。這是王雲五深爲悔恨和痛心的一件事。

如今，查明重慶分館所存的現款僅有法幣十三萬元，還不够重慶分廠平時一個月的開支，今後，如果以重慶分廠作爲復興商務印書館的重心，而積極增加生產，則所需的經費更要多多，因此，王雲五採取了一系列的應急措施。

這天中午，他親擬電稿，拍發至商務所有在後方的分館，告以太平洋戰事發生。商務在上海、香港的兩個重心，恐將不能發揮指揮作用，決定從今日起在重慶成立總管理處，希望各館廠安心並積極推進業務，聽從新成立的總管理處的命令。又同時指定各分館立即辦理兩件事：一、估計一星期內可以儘量解交重慶管理處的款項；二、各分館現存的圖書各保留兩部，限期開單報告總管理處，以備調出重版用的樣書。

王雲五又命令撤銷商務印書館原駐港辦事處，設立駐渝辦事處，統轄所有後方的館廠。臨時設立的總管理處和駐渝辦事處均附設在重慶分館的館屋之內，爲了節省開支，王雲五的居所和辦公地點也設在重慶分館。

這天，王雲五囑咐重慶分館的經理，在分館的書棧房中用木板隔成一個小房間，佔地大約一方丈。第二天，王雲五就從旅館遷到這裏。此後，他的公私會客和起居都在這個方丈的房間裏。不少朋友來看他，王雲五還開玩笑自稱爲"方丈"。首先是因爲形式上所居之室爲方丈之地，其次，他除了一個兒子在重慶服務，兩個兒子在成都讀書之外，舉家人在香港，生死存亡皆不可知，而他在這裏所度過的生活簡直有如主持一所寺廟的老和尚，所以稱爲"方丈"。

在這國難當頭的險惡形勢下，王雲五要復興商務，最大的困難仍然是財力問題。

　　太平洋戰爭爆發，商務印書館在港、滬的財產全部喪失，財務上遭受嚴重的打擊。重慶商務印書館所有的存款又不敷該地館廠半月的開支，王雲五曾分電後方各分館，要分館估計一星期內迄本月底可能匯解至總管理處的款項，結果，各分館紛紛來電，表示熱情支持商務的復興。然而，所匯來的款項也僅夠總管理處一個月的開銷。

　　今後，祇有通過營業以養生產，然而，要擴大經營和生產規模，必須有一筆龐大的資金才能實現。

　　然而，在這國家多難、事業危艱的時期，哪裏能籌得這樣一筆龐大的資金呢？

　　正當王雲五一籌莫展的時候，突然，福星從天而降。

　　不久，國民參政會秘書長王世杰和軍事委員會幕僚長陳布雷先後來到王雲五的辦事處，奉蔣委員長之命來慰問商務印書館和王雲五本人。他們都表示，如果商務印書館有需要政府協助的地方，政府極願意出力効勞。陳布雷先生並言明，商務印書館在復興時期如果需要款項以支持，王先生儘可以提出，無論用何種方式，蔣委員長無不極力成全。

　　王雲五在商務印書館遭遇重創的困難時期，聽見二位先生轉達蔣委員長的關懷和願意爲商務印書館的復興竭盡全力支持的厚意，感激之情無以言表，他祇覺得一股溫馨的暖意縈於心懷。一方面深感蔣委員長的厚意，另外，他又覺得值此國家財政也極端困難的時期，作爲私人企業的商務印書館如果能夠自助，便不應該利用公款，所以對於委員長表示的願意補助款項，萬不敢接受。至於向四聯總處貸款借而又還，屬於正常的商業往來，當然可以。

王雲五向陳布雷先生表示，商務印書館擬按原有資産五百萬元的限度，向四聯總處貸款法幣三百萬元，祇是物資擔保恐難提供。一是因爲不動産大多在淪陷區，不可靠；二是因爲後方所有的動産主要是書籍，要隨時出售，無法提供擔保。

陳布雷先生瞭解了王雲五的要求，回去後不久便轉告王雲五，蔣委員長完全同意王雲五的要求，並手令四聯總處照辦，免於提供物資擔保。

在四聯總處討論商務印書館這一貸款事項時，會議主席蔣介石因無暇出席，由財政部長孔祥熙代爲主持。四聯的貸款，向來必須有物資擔保或由主管機關擔保不可。商務印書館聲明不能提供物資擔保，那麼，應由它的主管機關教育部擔保才能生效，又恐怕教育部對這個擔保也有困難。如果這樣進行，另行商洽就不免延誤時日。孔祥熙提議，既然須改用法人或者自然人擔保，那麼，王雲五先生的信用素來優良，這次，雖然由他代表商務印書館作爲債務人，也不妨以他個人的資格作爲擔保人，這樣可以省却了教育部擔保的麻煩。於是照此決定。

第二天，在商務印書館向四聯總處貸款三百萬元的合約上，出現了一個破天荒的舉動，即在貸款合約上，聲明以王雲五個人作爲承還保證人。因此，王雲五在合約上，一面在貸款人下面以商務印書館總經理的資格簽名，然後又在承還貸款保證人之下，以個人的資格加簽一名，即貸款人與擔保人都是同一個人，而其身份和意義却截然不同。這種貸款方法雖然符合法理，然而在四聯總處無數的貸款中，還是第一次。

不過，對於這筆三年期的低息貸款，在貸款期内，王雲五却絲毫没有動用，貸款期限屆滿時又原封不動地還給了四聯總處。

　　原來，王雲五在得到了這筆三百萬元的貸款後，感於蔣委員長的一番好意，覺得對這筆款項必須絕對用於正當途徑。然而，如果全部款項撥到商務印書館，一時又無法儘量用於生產，則應該按期付出利息，這樣，對商務是一個損失，也覺得有負於國家和蔣委員長的一番好意。於是，他又臨時和四聯協商，將這筆款項改作透支方式，在商務需要時則支用所需的款數，這種辦法四聯總處當然同意。

　　訂約以後，王雲五一方面覺得有了這筆款項便壯了膽，可藉此作爲後盾，進行必要的發展；另一方面，他的生產營業和調節貨物的措施都能够收到實效，餘款逐漸增多，成爲大後方財政狀況最佳的私人企業，自然沒有透支這筆款項的必要。因此，三年期滿，這筆款項沒有透支分文，雙方便交換函件將原約終止。

　　對於這一事件，在當時重慶的金融界和實業界中，有兩種截然相反的評價。一種說王雲五此人簡直不可思議，當時貸款官息僅爲七厘，而市面借貸利息已高至二分以上，如王雲五將此款以官息貸入，又以二分以上利息放入市面，即可獲得一筆厚利，王雲五却放着這種優越的條件又不肯利用，真是怪癖；另一種說王雲五確實能保持自力更生的原則，因而，不願獲取非份的利益，精神可佳，難能可貴。惟其如此，他的事業才能成功，可以無堅不摧，無往而不勝。

　　對於這些評價，王雲五聽了之後一概置諸腦後。他仍然按照自己的原則和意志行事，祇求問心無愧，心之所安而已。

　　商務印書館在重慶的營業和生產步入正常軌道之後，又訂定了工廠的工作標準和獎勵辦法，配合其它促進生產的措施以提高效率，加強生產。對於工廠的生產，參照上海的工作標準予以調整，規定了渝廠的工作標準。又定出獎勵辦法，凡生産超過標準者，分別予以獎勵。這樣，便大大地激發了工人的生産積極性。

王雲五又看到，戰時生産少，交通又不便，任何物品在後方都求過於供，祇要能解決供需問題，營業上的推進就沒有太大的困難。於是，他又採取了一系列的措施推進營業。

首先，他特別强調商務印書館服務的周到和書籍檢取的方便。對於服務，通過勸導與實際的獎勵，所有的營業人員都特別熱心。對各種書籍都加以分類陳列，井然有序，有不明瞭的顧客，營業人員無不詳爲解釋，暫時沒有陳列的書籍，顧客如有需要，也可以將所需要的書籍名稱及本人地址留下，待查明後便函復。這些優良的服務在社會上造成了良好的印象，使顧客儘興而來，滿意而歸。

隨後，王雲五又在館部的空地加建了幾間房屋，設立了一個小規模的圖書館，將商務在後方儘量搜羅的樣書一份連同在重慶出版的新書及其它可能獲得的書籍，都陳列在圖書館中，公開供讀者閱覽。

該館定名爲“東方圖書館重慶分館”，雖然地處偏僻的一隅，而日夜前來閱覽的讀者，平均每天有二三百人。成爲讀書界、文化界以及青年讀者樂於往返的地方，以至於在這個簡陋而偏僻的商務分館的殿堂內，常常擠滿了人。商務的圖書營業在重慶的同行業中，可謂首屈一指。

在太平洋戰爭發生後的二個月時間之內，商務印書館經過王雲五的整頓，面貌大爲改觀，到一九四二年二月初，便實現了日出一書的水平。商務印書館如此迅速的復興，使在後方的各同業都感到驚訝。

　　抗戰開始以後，由於學校轉徙，學校的藏書大部份散失。商務印書館原在滬港所印的“萬有文庫”單行本及其它中學補充讀物，也因爲交通梗阻，大多未能輸入內地，尤其是在太平洋戰爭發生之後更爲嚴重。一九四三年二月，王雲五根據教育界的迫切需求，在重慶編印並發行“中學文庫”，這套“文庫”共四百冊，是商務印書館在重慶出版的最重要的大部頭書。“中學文庫”的出版也使商務印書館在重慶的出版和營業達到最高峰，不僅在營業數字上佔最高地位，而且將後方出版一般用書的土紙本一掃而空。

　　可以說，王雲五完成了對商務印書館的第三次復興。

　　太平洋戰爭驟起，特別是在日本佔領了香港之後，一道無形的屏障將王雲五和他的家人相隔在天各一方。王雲五不但不能將淪陷在日本人控制下的香港的妻兒子女接到重慶來團聚，甚至連他們的生死消息都無從瞭解。

　　王雲五知道，自從日本發動侵華戰爭之後，王雲五在他主持的商務印書館的各種出版物特別是教科書中，有着強烈的喚起國民的意識和反抗日本侵略的思想內容，日本人對他恨之入骨，必欲置他於死地而後快。現在，他的家人已經在日本人的控制之下，縱然王雲五逃脫了這場劫難，日本人也絕不會放過他的家人。王雲五對營救他的家人又束手無策，想到這裏，他真是萬分難過！

　　儘管王雲五認爲，凡事非我所能爲力者，祇好聽之於天，他在致力於商務印書館復興的緊張時刻，也確實將思家的念頭置於腦後，然而，稍有閑暇或者夜深人靜時，王雲五是時刻將他家人的安危繫於他的心頭啊！

　　就在王雲五獲悉太平洋戰爭發生，駐香港的英軍正在同進攻香港的日軍進行激烈的戰鬥時，王雲五聽説，遵照蔣委員長的命令，交通部已經派飛機前往香港接出在港的一些要人和他們的家屬，其中也包括王雲五時，滯留在重慶的王雲五呈請交通部長，能否也儘量接出他的家屬。交通部長表示，可以解決機上座位，但卻無法同王雲五的家屬聯繫，而且，即使能聯繫上，其家屬也未必能渡海至九龍機場。儘管如此，王雲五仍然抱着僥倖的心理曾二度到機場去迎接，自然失望而回。

　　從此之後，王雲五對他的家人更是懸着一顆惦念的心。

　　後來,王雲五聽説，日軍於十八日自筲箕灣登陸後，當天晚上，便有人到北角商務印書館的工廠，强迫商務的職員作向導，前往王雲五家拘捕王雲五。幸而王雲五的家人因爲前兩天門前中彈，已經逃到親戚家去居住，也躲過了日軍的殘害。到月底，英軍放棄抵抗後，日軍控制了香港，更是到處搜捕王雲五，王雲五的預料果然應驗。他慶幸自己爲參加國民參政會和去成都看望兒子而偶然躲過的日軍的殘害，否則，如果被日軍拘捕，這求生不得尚無遺憾，求死不能後果更不堪設想。

　　直到一個多月後，王雲五輾轉通過外交部和澳門商務印書館多方打聽，才獲悉他的家人仍安居香港，於是，兩個月來家人的安危才得到一個確切的信息。王雲五總算舒了一口氣。

　　二月二日，王雲五突然接到其三兒學政從惠陽打來電話，報告他已經安抵惠陽，王雲五真是覺得喜從天降！

　　學政因爲戰前在香港提倡體育，而且編印了一本《健與力》雜誌，香港的青年許多人認識他，而且大部分人知道他與王雲五的關係。香港停戰後，日軍極力搜捕留港要人，學政立即意識到自己身份的危險，萬一暴露，必然有生命危險並危及家人的安全。所以他決定隻身先行出走，化妝之後混入難民隊伍，徒步從九龍跋涉到了惠陽，才急電告訴父親，並告知家人仍平安留在香港。王雲五直接得到了家人平安的消息，不禁萬分高興和喜悦。

過了大約半個月，王雲五又接到大兒學理的電話，告訴他，已偕全部留港的家人安抵廣州灣，不日即取道桂黔來川，王雲五一顆懸着的心終於落了地。

又經過大約二十天，在四月初的時候，王雲五的家人乘汽車安抵重慶。於是，經九死一生，王雲五和家人散而復聚，一切恍若夢中，真是不幸中之大幸！

家人得以重聚，王雲五數月來縈繞在心頭的後顧之憂終於釋除，精神爲之振奮，身體也因此更加強健，他覺得愈老而愈健朗。其時，商務印書館在重慶南岸的汪山上購買了一幢石墻房屋，作爲儲藏商務印書館歷年出版的樣書和重要的賬册之用，王雲五的家人從香港抵渝後便借住在這裏，爲商務印書館儘看管樣書的義務，而獲得免費居住的權利。

此後，王雲五平日居留城中，週末則返山居，無論天晴或刮風下雨，上山下山都是步行。從江岸到汪山上的石墻房屋，大約十五六里，上下石級不下三四千，王雲五堅持步行登山，而且常常背負一二十斤重的書物，絕不感到疲憊。沿途的居民和轎夫，也無不知道山上住有一位健步如飛的王老太爺。

在汪山的石屋內，王雲五一家人度着貧困的歲月，卻甘之如飴。他在商務印書館的微薄薪水不敷家庭的開支，便利用閑暇時間從事寫作，以賣文的稿費和版稅貼補家用。從此以後，王雲五習慣早睡早起。

每日午夜時分，萬籟俱寂，王雲五已經起床寫作，此時，

疲累已經消除，思維更加活躍，王雲五文思如湧，下筆如神，
到天亮時，家人起牀，他已經寫了四五千字了。

一天，黎明時分，王雲五寫作感到有些倦累，便走到石屋
門外，見雲霞滿天，一輪曉月尚未隱去，紅白輝映，爭妍鬥
艷，真是一副絕妙的圖畫，於是，作"山居望曉月"七言律詩
一首：

　　　　日出雲霞月滿天，　白紅輝映互爭妍；
　　　　可憐玉魄光芒斂，　欲讓金輪景色鮮。
　　　　消長頓教明晦改，　循環暗逐歲時遷；
　　　　寧看暮靄崦嵫薄，　舉首當軒月又懸。

在這段時間裏，王雲五雖然爲國事而分心，然而，對商務
印書館的工作却絲毫沒有放鬆，他無時無刻都在籌劃商務印書
館的振興和發展。爲了社會的需要，他儘量向社會供應各類教
科書及參考用書，又積極地新印和重印許多有價值的一般圖
書，使商務印書館每日出版新書一種的計劃從未間斷過。

爲了便利大量收購紙張和縮短運輸的距離，王雲五把商務
印書館印製教科書的重心分爲四處，一是重慶，自行設立工
廠；二是成都，派有專員長駐收購紙張，並委託當地的工廠代
印；三是贛縣，自行設立工廠；四是邵陽，辦法和成都相同。
這樣，後方各地的教科書供應比在由成都印好後再運去節省不
少。即使在因戰爭發生甚至遭遇敵人的進攻，東南各省與重慶
的交通切斷之後，各地教科書的供應也從來沒有中斷過。

抗戰初期，王雲五便將商務印書館出版流行最廣的《辭
源》正續篇縮影爲一冊，並用二十磅左右的輕磅紙張印刷，連

同其它用薄紙印刷的中西文字典、辭典大量運入後方，又分別在成都及贛縣利用化學翻印的辦法將《辭源》的合訂本及《綜合英漢辭典》等鉅著復印，其它篇幅較少的字典、辭典，或利用原來的紙型，或重新排印，均大量印製供應。後來，在社會對這類工具書大量需要的時候，商務也能够保證充分供應，使這些辭書廣泛流行。

「一・二八」事變之後，商務印書館與全國的學術團體聯繫，編撰大學課本及參考著作三百餘種，五年之間已編印出版的約佔其中的三分之二。抗戰時期，在香港仍然繼續出版。太平洋戰爭發生之後，重心移至重慶，製版印刷的力量遠不如過去，但是商務印書館仍然鍥而不捨，每年新出版或重印數十種。後來，國立編譯館教育部審定了大學用書，商務印書館對政府的措施仍然極極支持，承受了文理醫商四學科的大學用書的印刷任務，佔國立編譯館編輯的全部大學用書的半數。

由於王雲五在數年來不斷推行和宣傳科學管理，他在「一・二八」事變後的五年間，運用科學管理，對商務印書館的復興工作取得了世人矚目的成績，於是社會各界、機關學校團體紛紛邀請王雲五去演講。演講內容除學術團體外，其他大多指定題目要他講科學管理，如歷屆中央訓練團訓練班、工商團體等。甚至國防研究院也指定科學管理與國防等題目，請他去演講，自認對國防完全外行的王雲五在事前進行了充分的準備，他以科學管理為主綫，以自己掌握的國防資料作合理的配合，然後面對百數名高級將領侃侃而談，也獲得了高級將領們的熱烈掌聲和贊賞。

有一次，王雲五應邀在國立中央大學演講，題目是「舊學新探」，王雲五把個人對治舊學的經驗對青年學子現身說法，其内容分爲：

　　　一、高處俯瞰；二、細處着眼；三、淘沙見
金；四、貫珠成串；五、研究真象；六、開闢新路。

　　演講的場所在中央大學的大禮堂。演講開始後，聽衆越來
越多，不但大禮堂内座無虛席，連禮堂的窗户外面也擠滿了
人。王雲五演講了大約兩個小時，聽者始終興趣盎然。演講完
畢之後，學生們紛紛走上前來，請王雲五簽名紀念，以至邀請
簽名者越來越多，數百人將王雲五層層包圍在中間，簽名持續
了一個多小時，才由校方將王雲五解脱出來。

　　又有一次，王雲五應邀在璧山國立社會學院演講戰後國際
和平問題。王雲五演講時，該學院全體學生和璧山其他中等以
上學校學生以及當地機關團體人員都集中來聽講，聽衆人數多
達二三千人，禮堂内坐不下，有上千人祇能站在外面聽講。在
王雲五演講的二個多小時内，這些人毫無倦容，禮堂内外秩序
井然。當天晚上，王雲五留宿校中，該校學生要求王雲五簽名
留念的多達六七百人，放在王雲五房内的紀念册和筆記本堆積
如山。王雲五祇好於深夜和第二天早上還此筆墨債，該校師生
皆大歡喜。第二天上午，王雲五乘車返回重慶，在動身前，該
院的師生及附近的學校代表在校外列隊歡送，其熱烈情景感人
至深。

　　是的，王雲五應該得到這樣的歡迎和敬仰。

　　經過了八年的磨難，經過了更長時間的坎坷和打擊，歷史
造成了王雲五這樣一個特殊的人物。王雲五在中國社會的影響
越來越大，王雲五這個名字已經不是一個簡單的人名，他是中

國人艱苦奮鬥、不屈不撓的化身，是勤學苦讀、自學成才的榜樣。他在中國人的心目中，是搏風雨、挽狂瀾的堅定的最強者，是中國人心目中的楷模和驕傲，引以自豪的英雄。

一九四四年十一月十八日至二十一日，重慶《商務日報》連續刊載了讀者鄭君實的文章《經濟界的文化人——王雲五》。通過這篇文章，可以看到王雲五在當時社會的影響和威望。

王雲五並不認識鄭君實其人，鄭君實也不認識王雲五，甚至沒有拜訪過王雲五。然而，他卻憑自己所瞭解的，也是人所共知的情況寫成了這篇文章。在這篇文章中，作者首先對王雲五進行了簡單的介紹。他說：

> 大約在四十歲以下的國民，祇要不是文盲，進過小學的，便無不知有王雲五。這種人，粗粗估算，當會有五千萬至一萬萬吧。我們可以說一部中國新文化史，是跟商務印書館不可分的，而一部商務印書館發展史，又和王雲五的歷史是不可分的。對於王氏，毋寧反過來稱他爲文化界的企業家更爲恰當些。因爲在基底上，他本是一個讀書人，是一個作家。當他原先在商務印書館時，他擔任的是編譯所所長，商務是股分有限公司組織，王氏並非大股東，他是在鮑總經理過世之後升任總經理的。一面做總經理，一面仍兼編譯所所長，一面求學問，也一面經營企業——到現在，應該沒有人不認爲商務印書館是一個大企業的了。中國的真正企業家，至始就不多，有企業精神，够得上稱現代企業家的更屈指可數。以真正的企業家

來辦出版事業，我們的新文化才算有長足進步。這功
勞，是值得大書特書的。

然後，作者在文章中，對王雲五進行了一系列的概括和描
畫。每個概括和描畫，都配有數百至上千文字。限於篇幅，我
們祇能摘取他的標題錄在後面：“一付壽星腦殼”、“牛的生
活”、“野蠻的身體”、“有脚的百科全書”、“職業的讀書
人”、“研究、試驗、發明”、“檢字法大師”、“偉大的不
倒翁”、“廣東精神”、“他的買賣”、“文化的保姆”、
“科學管理專家”、“開發人礦者”、“老牌子參政員”等。

最後，作者說：

統而言之，王雲五氏，可說是一個不世出的非凡
的人，一個事業的天才。在經濟界看，他是第一流的
商人；在工業界看，他是科學管理專家；在學者看，
他是百科全書；在國故家看，他是小學家；在文化界
看，他是保姆；在少年人看，他是工程師，發明家；
在教育界看，他是前輩；在另一些老前輩看，他是白
髮青年；在參政員諸公看，他是“憲政叔叔”；在國
民外交看，他是和平使者；在日本人看，却是眼中
釘，但是個不倒翁；在他自己看，他是一條野牛！

這樣的一種人，我們中國十二萬分的需要。在
建國過程中，最靠這樣的有經驗的老牛來指路。一
句話：要國家復興，人第一！我們在此不厭求詳一
筆一筆描繪這個鉅人以爲介紹者，意即在此。

十　告別商務

　　一九四五年八月十日下午九時左右，東方圖書館重慶分館的餐廳裏，以王雲五爲首的重慶出版界、印刷業的首腦們正在聚餐。這天，重慶出版業同業工會舉行的執監聯合會經過兩天的會議，與會者鑒於抗戰已經進入決戰階段，抗戰勝利已經出現了光明的前景，因此，他們對於出版業的前景也甚爲樂觀。會議期間，他們制定了下一部的發展規劃和宏偉的建設藍圖。會議結束時，有人提議，幾年來，重慶出版界和印刷業爲促進國民文化素質的提高和民族工業的發展，作出了積極的努力，應該慶賀一下。會議結束後，這天晚上，便開始聚餐。在這個會外的交往中，同業們感慨時局的勝利發展，感慨自己所付出的艱辛勞動，餐會一直延續到晚上將近九時。

　　聚餐剛剛準備結束，突然聽見外面爆竹喧天，鑼鼓不斷，並且越來越濃烈，繼而，遠遠近近都響起了同樣的喜慶的爆竹和鑼鼓聲。大家正感到詫異，不知道什麼原因，這時，商務印書館一位職員匆匆進來報告説：“日本投降了！消息已經傳遍了重慶全城，外間的爆竹和鑼鼓聲，正是人民群衆在歡慶日本帝國主義投降，抗戰終於取得了最後勝利！”出席聚餐的重慶出版界同業們聽見這個喜訊，也立刻歡呼起來，許多人甚至爲此流下了歡欣的眼淚。他們用聚餐剩餘的酒舉杯，爲抗戰勝利乾杯，爲中國人民的勝利乾杯。於是，提前散席，人們立刻加入了街頭歡慶的隊伍。

　　王雲五也興衝衝地趕回了汪山的家中，與家人共慶這個來之不易的勝利。

這天晚上，王雲五興奮、喜悅、激動，思前想後，浮想連翩，輾轉不能成眠。

王雲五想了很多、很多，也想得很遠、很遠。

對於國家來說，在抗戰之初，日本帝國主義以其强悍的武力，在中國的土地上，奪我城池，屠殺我人民，橫行無忌，中華民族到了最危險的時候，最危難的關頭。幸而，中國人民是不肯屈服的，全國上下，萬眾一心，同仇敵愾。中國的軍隊，屢敗屢戰，前僕後繼。中國的軍人，以其血肉之軀，築起了一道新的長城。

得道多助，中國的正義戰爭，得到了世界愛好和平人民的支持和幫助，特別是在美、英、蘇等國參戰後，中國與盟國併肩作戰，才取得了抗戰的最後勝利，而有今日如此光榮之日。

王雲五又想到了國內的問題。在抗戰之初，國共雙方放棄舊嫌，携手合作，對於薄弱的國勢和抗戰力量有了不少的增進。其後，國共兩黨漸漸分離，雖然終以大敵當前，不便公然破裂，然而，最近一、二年來，國內的民主人士和其他人士力圖爲國共兩黨斡旋，始終沒有奏效，國共兩黨的矛盾日趨尖銳。

抗戰勝利了，今後，國共雙方如果能如抗戰初期那樣以團結爲重，則中國仍可蔚爲大邦，人民從此便可進入康樂的太平環境。如果國共兩黨因爲抗戰已經取得勝利，大敵已去，分裂的情況反而轉趨惡化，甚至恢複戰前的內戰，則八年來飽受戰禍的中國人民，又將陷入戰禍的劫難之中，情何以堪！因此，王雲五清醒地認識到，今後，爭取國內的和平，是他們這些中間人士的最大的責任，各方的賢明之士，也應該有加倍努力的必要。

　　對於商務印書館，王雲五想，自己以精力最旺盛的二十餘年時間，爲之致力、振興和發展，中間經過三度浩劫，仍然能艱苦支撐，幸而使其維持而不倒。當"一‧二八"的劫難之後，他原決定，一俟商務復業之後，商務的所有損失得到恢複，即自行引退。至一九三七年五月，股東大會通過了恢複原有的股本，他的責任已經完成，本擬即行辭職，不幸稍一猶豫，便遭逢抗戰大事而無法擺脫，使自己的命運和商務的命運緊緊地紐在一起。

　　數年來，王雲五無時不在盼望抗戰的勝利，打算在復員後，即毅然擺脫商務的責任，以免將來再陷於不能自拔的地步。如今，抗戰取得了勝利，時機已到，他不能再有任何的猶豫了。

　　王雲五又轉而想到，商務印書館經過了八年抗戰的消耗，如何恢複戰前的規模，責任仍然艱鉅而重大。一旦辭去總經理之職，又將它交付何人呢？對於商務印書館，王雲五已經將他作爲自己生命的一部分，對這個自己曾經三度救活的病危者，終不能漠不關心。

　　如何能找到一個兩全之策，一方面達到他從速擺脫的目的，另一方面，應該使商務託付得人，是王雲五在這天晚上腦海裏縈縈不已的問題。

　　對於個人的問題，王雲五也有他自己的打算。人生苦短，轉瞬之間，他已經將屆六十。多年來，他憧憬六十以後，生活得到一個轉變。在擺脫了商務的責任之後，他將面對兩條道路：一是從事政治，一是從事學術。

　　二十多年來，他總是處於一種緊張的工作狀態之中，未嘗一日寧處。今後，如果能够從事學術研究，對自己，固然獲得一個休閑的機會；對社會，或者也不無貢獻。

爲國家考慮，從"九·一八"以來，他深感"覆巢之下無完卵"，國事混亂與國勢淪落，將使文化、工商以至個人研究皆受其重大的影響。今後，假如他能像過去有益於商務一樣能有益於國家，又何必去貪戀一己的安樂，而不能爲國家和人民做出一點犧牲呢，這也是他必須重新考慮的問題，始終在他的腦海裏盤旋。

這天晚上，一系列的問題縈繞在王雲五腦海裏，使他難以安眠，直至金鷄報曉，竟未能合上一眼。

八月十一日，中、美、英、蘇接受日本投降。

十四日，日本正式宣告無條件投降。

十五日，盟國宣佈接受日本投降。

同日，國民政府主席蔣介石向全國軍民廣播，抗戰勝利，應勿驕勿怠，努力從事建設；對於日本，宜寬大爲懷，以德報怨。

王雲五在抗戰勝利後的第一件事，便是着手進行商務印書館的復員工作。

王雲五首先親筆致函並拍發電報給商務印書館董事會主席張元濟先生，摘要報告商務印書館後方歷年來的情形及目前的實況，詢問上海方面機器、紙型、紙張款項的現狀。報告説，需要復興的款項，他已經有所準備，必要時，可以立即匯往上海。並表示了欲辭去商務印書館總經理之職的願望。

王雲五又認真查詢了許多報紙刊載的，在淪陷期内，上海商務印書館參加"五聯"，承印僞組織核定的教科書一事。當他得到證實，上海商務印書館在淪陷時期内，確曾承印僞組織

的教科書，立即表示，爲了辨是非，明正義，不能不注重一個
法字，應該嚴肅處理，並說服董事會主席張元濟和其他董事，
免去對此事負有領導責任的上海商務印書館代經理韋傅卿的職
務，以示懲戒。

　　經過深思熟慮，王雲五考慮到當時國民政府仍在重慶，自
己一時不便返滬主持商務，準備派抗戰時期成績卓著的商務印
書館經理李伯嘉先期返滬，主持商務工作。同時又致函張元
濟，在自己的辭職申請未獲董事會批准的情況下，願意爲公司
繼續工作一年，以策復興。

　　王雲五又親自擬定了商務印書館駐滬辦事處的辦事大綱，
對於商務印書館在復興期間的人事、生產、營業、供應、財
政、組織、滬轄機構、機件產業、帳目、股東會以及其他問
題，都提出了具體的指示和建議。

　　一九四五年十月十日，爲表彰王雲五在抗戰事業中所建立
的卓著功績，國民政府授於王雲五二等景星勛章和勝利勛章各
一枚。

　　在抗戰勝利後的復員期內，王雲五始終留在重慶，原因是
此時政治協商會正在醞釀，他認爲，政治協商會議的成功與失
敗，和抗戰的成果有着重大關係。如果我們祇贏得了國際的和
平而不能保障國內的和平，將使對於獲得國際和平的努力前功
盡棄，因此，此時，他不應該離開當時的政治中心重慶。

　　其次，上海的商務印書館經過了長期的淪陷，其人事和工
作均與戰前不同，如果他親自返滬，又不從事根本上的整頓，
勢將因循下去，而如果從事整頓，則不是短時間內所能收效，
必須以全付的精神留在上海監督進行，才能達到改革的目的，
這樣就不可能參加在重慶舉行的政治協商會議。

　　經過再三考慮，他決定，還是一面派遣要員返滬，暫時維持商務的現狀，徐圖改革；一面親自留在重慶。這樣，除了可以策劃並遙控各地商務館廠的復員外，還能得以隨時與各黨接觸，促成並參加這次協商會議。

　　直到一九四六年的五月上旬，王雲五才從重慶返回上海。

　　王雲五抵達上海的第二天，即向商務印書館董事會主席張元濟提出辭去商務印書館總經理的職務。

　　王雲五這次請辭，態度堅決，毫無廻旋的餘地。

　　爲了這個目的，他已經耗費了八年的精力，忍受了八年的磨難。

　　提起此事，令人不堪回首。

　　一九三二年，王雲五主持商務剛剛一年多的時間，商務印書館便在“一·二八”事變中遭受日本帝國主義的重創。商務印書館三十多年積累起來的業績，幾乎毀於一旦。王雲五是在一片廢墟之中致力於商務印書館的復興的。在那時，王雲五便打算，待商務印書館將“一·二八”所遭受的損失全部恢複之後，他便辭去商務的職責。

　　經過五年的苦鬥和勵精圖治，到一九三七年五月，商務印書館在結算了盈虧和資產之後，因“一·二八”的損毀減少的資本數已經得到完全恢複。在那時候，王雲五本決意辭職，祇因爲一念的猶移，不忍把一手恢複的事業驟然放棄，打算再費半年功夫，爲商務印書館策劃好將來的計劃，再行辭職。不料，“七·七”戰事起，繼以“八·一三”的全面抗戰，臨難不苟免，是他平生所服膺的原則，所以，他再度決心，苦撐戰時的危局，並決心堅持到抗戰結束後再行擺脫。因此，在抗戰期內，無論局勢怎樣困難，無論各方面對他怎樣的需求，他總是堅守商務的崗位，鍥而不捨。

　　鑒於天下興亡，匹夫有責，在後方的時候，他積極熱心從旁參政，但對於商務印書館的責任，他從來不肯須臾放下。縱然是最高當局多次示意想把他羅致在政府之中，但經過他再三呈明自己的心意，終於獲得諒解。他振興商務復興的決心始終沒有動搖過。

　　一九三七年，一念的猶移，他便繼續捱了七八年的艱苦，使他痛徹心脾，他的最大決心是等到抗戰勝利，把商務印書館的責任交還給商務董事會，他斷斷不再留戀。因此，王雲五這次的請辭，態度堅決，毫無商量的餘地。

　　王雲五請求辭去商務印書館總經理的職務，還不僅僅是因為十餘年間，他數度支撐商務印書館的危局，以至完全復興，維持不墜，他因此已經精疲力竭，需要休息。

　　王雲五覺得，人生上壽不過八十，他已經把三分之一的生命貢獻於一種事業，就是從一九二一年起，在商務印書館任職，一直到一九四六年，假如今後他還有二十年的餘生，似乎應該作另一種嘗試。

　　他認為，人生斯世，彷彿是一次壯遊，他既然來到這個世界一次，就不應該專在一地遊覽。所以，他在重慶時期，便無時不想在適當的時候擺脫商務，並希望這個時期能在六十歲以前。六十歲以後，便轉向另一方面活動。

　　商務印書館董事會對王雲五的辭職，自然是極力挽留，但是，這次看來已無法動搖王雲五的決心。經過一個星期的勸說，王雲五毫無所動。董事會見事已至此，祇好同意通過，並聘王雲五所推薦的朱經農為總經理。朱經農時任教育部次長，他曾在商務印書館編譯所協助王雲五工作，為張元濟所賞識；

而篤信耶教，又爲高鳳池所樂予接受。經王雲五極力相勸，接受了商務印書館的聘任。

至此，王雲五終於結束了在商務印書館二十五年的出版生涯。

第三章　初涉政壇

一　國民參政會

在國難當頭，全民抗戰開始之後，中國國民黨中央常務委員會爲了集思廣益，團結全國的力量，以利抗戰建國，根據全國代表大會的決議，決定召開國民參政會。國民參政會的參政員由政府遴選聘任，代表省市、特區的人民群衆或海外僑民、政團及文化經濟界。

參政員由遴選的不同來源分爲甲乙丙丁四種，王雲五以符合國民參政會組織條例第三條（丁）項的資格——由曾在各重要文化團體或經濟團體服務三年以上，著有信望，或努力國事信望久著之人員——的資格條件，被遴選爲參政員。

三十年來，王雲五都是從文、從教、從商，而參加國民參政會擔任參政員涉事從政，這對於王雲五來説還是頭一回。

以王雲五的興趣和志向，三十年來，他祇對研究、教學和著述感興趣，對於主持像商務印書館這樣的文化機構，他也傾注了他的全部精力和心血。他認爲主持商務印書館這樣全國最大的文化機構，能夠實現最大限度地以文化教育國民，提高人民群衆文化水準的宿願，而從政却有違他的初衷。

在全國人民決心投入全面抗戰的艱難歲月，在商務印書館面臨前所未有的困難的苦鬥時期，王雲五却愉快地接受了國民參政會參政員的聘任，這是什麼原因呢？

在參加國民參政會之前，王雲五發表了一個談話，對他接受國民參政會參政員的遴選和參加會議的態度進行了闡述。他說：

> 我向來是主張本位救國的，所以最近十幾年來，專就自己主持的出版事業努力，認爲直接有益於社會，便是間接爲國家致力，因此，對於政治不願直接參與。假使平時被選爲參政員，我必定辭謝不就。目前却不然了。國家到了這個嚴重的時期，全國人民的智能、資力和生命，都有隨時受國家徵發的義務。我這次被任參政員，正如一個壯丁被徵入伍，新入伍的壯丁祇能說：“我當努力盡職！”新選任的參政員——尤其是向鮮與聞政治的一個參政員——也祇好如此說法。查《國民參政會組織條例》第一條，說明國民參政會設立的宗旨在集思廣益，團結全國力量，所以，我認爲一個參政員的盡職，至少當符合三個條件。其一，對於各種議案或提案，必須詳加思考，然後發表或提出，勿徒爲個

人出風頭的議論；其二，對於任何建議或主張，必
須謀有益於國計民生；其三，對於他人或他方面的
議論或措施，縱加批評或反對，必須持尊重的態
度，俾藉此達到團結，不要因此而轉致分裂。換句
話説，也就是把"思"、"益"、"結"三個字都
徹底做到，或者才算儘職。

初涉政壇的王雲五，在參加國民參政會第一屆第一次大會
的時候，便立刻感到了政治鬥争的複雜和國共兩黨尖鋭的矛盾
衝突。

大會各審查委員會對參政員提出的提案進行審查後，寫成
審查意見提交大會討論，然後決議出對各提案的處理方法。

有一個提案屬一般提案，是由政府交給大會討論的關於節
約運動計劃大綱案。這個提案範圍非常廣，經過審查後，在大
會中也引起了不少人的發言。該提案分爲五部分：一、目的；
二、實施方案；三、實施效果；四、推行辦法及組織；五、吸
收社會資金及退回方法。其實施項目包括（甲）以生産部門爲
主體；（乙）以機關爲主體；（丙）以個人爲主體；（丁）以
物品爲主體四項，每項下又分爲許多節目。

關於節約運動，王雲五想起他在德國考察時，對於德國在
第一次世界大戰失敗後，爲振興國民經濟，全民動員，萬衆一
心，作出了很多犧牲的情形，印象非常深刻。由此，他對我國
在國民進行抗戰的大環境中，如何實施節約運動發表了自己的
意見。

王雲五説："實施項目（甲）二、工業生産方面的節約第
（7）項原文意義很好，但實施起來，却有不便；因爲勞方代

表應由工會推出，現在各種工廠情形不同，未必都有工會，而無工會臨時組織，難保不引起其它糾紛，且目前各工廠的浪費最大者是資方關廠和勞方罷工。當此非常時期，資方關廠，把資本存放外國銀行的自由和勞方罷工的自由，應該爲救國而犧牲，以減少浪費。故建議將此條文修正爲（7）由政府認真指導或協助各工廠減少浪費及增加效能；（8）戰爭期內嚴格禁止資方關廠，勞工罷工或怠工。又增加效能當然要用生產合理化的方法，但此在小工廠均非易事，所以並希望政府規劃種種辦法，對此類工廠給予指導或協助。"

　　沒有想到，王雲五自認爲有利於國家進步和發展的建議，却遭到了中共陳紹禹的極力反對。

　　陳紹禹説："如果祇以禁止資方關廠作爲禁止勞方罷工或怠工的交換條件，實際上可以被一切不關廠而繼續工作的資方利用，作爲對勞方無限制的剝削壓迫的藉口，結果徒增勞資的糾紛，而違反戰時生產的目的。"

　　王雲五深感，既涉政壇，要廻避尖鋭複雜的政治鬥争衝突是不可能的，但是，作爲一個無黨派人士，他憑良心説話、做事，作爲一個中國國民和國民參政會的參政員，他憑對國家、對人民的高度責任感履行自己的神聖職責，這是無可非議的，也是問心無愧的。因此，王雲五在參加國民參政會時，非必要不發言。同時，他認爲，在這國難關頭，國家既然給了他一個建言的機會，雖然不敢輕率發言，而對應該説的話却也毫不顧忌，當説就説。

　　王雲五認爲，參政會上所討論的事關國家大計，因而，儘管會議很忙，會外他還要處理商務印書館的許多業務，他仍然在事前對會議的所有方案都認真仔細地一一閲過，預先進行考慮。所以，王雲五在參政會上發言次數雖然不多，却言必有中，有時還能起到關鍵的作用。加之他口齒清晰，聲音宏亮，發言也適可而止，決不過份冗長。所以，他的發言總能受到大多數參政員的歡迎，在參政會上留下了很好的印象。

參加國民參政會，王雲五對於政治的險惡和某些人的陰謀詭計，口是心非，當面一套背後一套，也有了直接的體驗。

第一屆國民參政會第一次會議的議長是汪精衛。口才極佳的汪精衛在主持國民參政會時，其慷慨激昂的演說和詳明的説理，給王雲五留下了極深的印象。汪精衛還在大會休會式的演說中，痛罵日本帝國主義侵我國土，奴役我人民，在我淪陷區製造傀儡政府，而欲將中國人民變成亡國奴的罪惡行徑。

王雲五認爲，汪精衛在演説時所表現的感情，都出自他的愛國熱忱和對日本帝國主義的刻骨仇恨。大會閉幕時，汪精衛還親自寫便條邀請王雲五於散會後，到他的寓所喝茶叙談。王雲五祇在一年前的廬山談話會上與汪精衛有過一面之交，談不上私人交情。這次參政會上，議長親自相邀，情不可却，於是如約往訪。在汪家，汪精衛對王雲五表示了極其傾慕尊敬的意思，特別是對王雲五復興劫後的商務印書館更加讚不絕口。這次茶叙氣氛融洽，心情愉快。汪精衛對王雲五真是一見如故，又給王雲五留下了極好的印象。

萬萬没有想到，就在國民參政會第二次會議閉幕的二個月後，汪精衛的態度便來了一個一百八十度的大轉彎。

十一月六日，國民參政會第一屆第二次大會閉幕。十二月十八日，汪精衛便趁蔣委員長因公離開重慶時，託辭前往成都，並從成都秘密飛往昆明，又從昆明秘密飛往越南的河内，二十九日在河内發表臭名昭著的艷電，響應日本首相近衛的聲明，主張中止抗戰，對日議和，成爲一個不折不扣的漢奸和民族罪人。

汪精衛在關係國家民族存亡的大節問題上，當面一套背後一套，會上一套會後一套。他在會上所表現出的慷慨激昂的愛國熱忱，衹不過是爲他後來變節媚敵作掩護。他痛罵日本帝國主義在我淪陷區製造傀儡政府，而他自己後來却成爲日本帝國主義製造的傀儡政府的元首。其言行相反，前後判若兩人，真讓親眼目睹這一全過程的王雲五慨嘆不已。

作爲一個無黨派的參政員，王雲五此時仍擔任商務印書館總經理，他的主要精力仍放在商務印書館的振興和發展上。參加國民參政會不是以參政爲目的，而是希望對人民負責，對國家負責，一切以民族的利益爲重，因此，他的立場向來都是希望不偏不倚，嚴正公平。然而，有一次，他在國民參政會上的一個發言，却仍然使他被捲入國共兩黨激烈的黨派之爭和是非的漩渦之中。

一九四一年一月，發生了震驚中外的“皖南事變”，這是一個令親者痛仇者快的事件，是任何一個正直的有識之士不願意看到的。作爲一個從事文化工作的無黨派人士，王雲五當然希望這樣的事情不會再度發生，也希望能够通過一種什麼途徑來彌補兩黨的關係，使共産黨和國民黨之間針鋒相對的緊張狀態得以緩和併直至消融。恰在一個月後的這年二月底，國民參政會第二屆第一次會議在重慶舉行。作爲參政員的王雲五由香港專程趕赴重慶出席會議。他寄希望於通過這次會議，國共兩黨之間的問題或許能够謀得一個妥善的、合理的解決。

到了重慶之後，王雲五才聽説，中共方面對於“皖南事變”的新四軍事件，向政府提出解決問題的若干條辦法要求採納，而在政府未予採納之前，中共參政員決定拒不出席會議。

　　王雲五覺得，這種拒不出席會議的辦法絕非上策。又聽説政府爲着團結抗戰起見，已派出代表和中共駐陪都重慶的代表在進行會談，並由留居陪都的若干參政員從中斡旋。王雲五認爲，通過會談和參政員的斡旋，中共參政員拒不出席會議的問題或許能够得以解決。

　　從本屆大會起，參政會的議長制改爲主席團制。這次大會的主席團定爲五人。經過會前協商，除原任正議長的蔣介石先生屬於國民黨籍，副議長張伯苓先生屬於無黨派人士，同仁一致主張推選爲主席外，還有三位主席，已推選中共及青年黨、民社黨三黨黨籍的參政員各一人充任。後來，王雲五接到通知，三月二日上午八時開預備會，選舉主席團。九時接開第一次大會。因此，王雲五以爲中共的糾紛問題或者已經解決了。

　　二日上午，王雲五如期到會。開會時間已到，參政員等了又等，却還沒有聽見搖鈴開會。經過打聽，原來是擔任斡旋的幾位參政員還在作最後的努力。直到八點半他們才來，知道問題還沒有解決，中共參政員仍然拒絕出席。於是，又等了一些時間，才舉行預備會選舉主席團。

　　在選舉主席團之前，王雲五與沈鈞儒、張維楨被臨時主席張伯苓指定爲監票員。選舉的結果，除前任正副議長蔣介石、張伯苓兩先生、民社黨的張君勱、青年黨的左舜生照原議當選外，原擬由中共參政員當選的一席却換了女參政員吳貽芳。這是因爲中共參政員拒絕出席，才臨時改變原議，又沒有其它黨派的代表可選，不如以一位婦女代表當選更爲便利。

　　主席團選舉結束之後，接着便舉行第一次大會。大會上對於中共問題也沒有什麽報告提出，並聽説，擔任斡旋的各位參政員日後仍準備繼續努力。

第二天上午，舉行第二次大會。在照例的報告之後，隨即發表了中共參政員毛澤東等七人的刪電和董必武、鄧穎超關於不能出席大會的信函。接着，大會聽取了秘書長王世杰關於中共參政員不出席本屆參政會經過情況的報告。

王世杰秘書長報告完畢之後，又宣讀了昨天董必武等堅持政府必須採納中共所提臨時辦法新十二條以及明白的保證才能出席會議的來函。宣讀完畢後，參政員褚輔成請參與調解此事的黃炎培參政員補充報告。黃炎培在報告中希望仍然能够繼續調解以消除國共兩黨的裂痕。接着參政員王曉籟、喜饒嘉錯發了言。兩位參政員的發言，對中共拒不參加會議稍有責備，却未提出任何解決問題的意見。

兩位參政員發言結束之後，會議主席蔣介石正起立宣佈開始下一個程序的實施報告。突然，有一位參政員却站起來說：“我要求作一個發言。”

參政員們一看，這位要求發言的參政員便是王雲五。

王雲五是在忍耐不住的情況下要求發言的。他在事前並未準備發言，更沒有任何人要他發言。他衹是憑他的良心和政治的常識，迫使他不得不作一個發言。即便是參加會議的其他參政員也能看出王雲五這個發言是即興的，事前沒有預做準備。而王雲五發言的目的，是認爲大會對於這樣的問題應該有一個明確的態度和處理的辦法。

王雲五說：“參政會縱然不是立憲國家的國會，至少也是全國人民和我們自己所期望成爲戰時的國會。因此，任何不能解決的政治問題，未嘗不可在本會中謀致合理的解決。至於中共參政員主張先行解決，再出席會議；我想在目前的實際情形下，恐不僅無法解決問題，而且還要在參政會中開了一個惡例。因爲參政員出席與否，除病假事假外，似不應有其他理由，尤其是不應以解決條件爲出席的理由。本席現在建議對本案應採取這幾項的處置：

一、中共參政員的來函，暫時不宜公開，以免惹起國人的疑慮；

二、切望中共參政員重加考慮，仍能出席；

三、中共參政員如能出席，可將所提臨時解決辦法作成對本會提案方式提付討論；

四、中共參政員出席後關於本問題的提案各條，本會同仁應本諸良心，秉公討論，應通過者予以通過，不應通過者予以修正或作其他合理的決定；

五、希望政府仍本向來的寬大政策，如果中共參政員能出席，其提經本會通過之案，務望政府儘量接納。

王雲五的這個發言完全出自良心與誠意，絕不左右偏袒，這可以從不斷的掌聲中證明當時已經獲得大多數參政員的讚成。然而，王雲五的這個發言，却同時將共產黨和國民黨兩邊都得罪了。

事後聽說，中共參政員對王雲五以無黨派人士資格發言，責備中共參政員不應開此惡例，而强其出席，以對政府所提出條件作爲對參政會的提案。而參政員大多數屬於國民黨籍，一定會以壓倒多數將其提案否定，彼時如中共參政員不肯遵守，將不免受到全國輿論的指責。所以，無論王雲五的發言如何冠冕堂皇，事實上乃從側面協助政府打擊了中共，比較那些簡單責備中共者手段其實更爲厲害。而在另一方面，國民黨中也有一些人，因爲王雲五對中共參政員以接受要求爲出席條件雖持異議，然而，認爲他所提出的處置辦法第（四）、（五）兩項也有綏靖中共與責望政府之意，也很不滿意。

　　然而，王雲五發言決不是爲了偏袒哪一方，也不怕得罪哪一方，他祇是憑自己的良知和對政治的見解，直抒自己的胸臆。至閉會的前幾日，中共參政員仍未出席。於是，許多參政員都鼓勵王雲五把那天的臨時發言作成提案與動議提交大會討論。王雲五也認爲自己的發言純是出於公心，直至現在，他仍然堅持自己的政見。因此，他接受大家的建議，將他的發言寫成了一個提案：

　　　　兹謹請大會對於毛參政員澤東董參政員必武等未能出席大會事爲如下之決議。

　　一、本會於聞悉毛參政員等七人致秘書處删電，董參政員必武等二人本月二日致秘書處函件，暨聆悉秘書處關於此事經過之報告，對於毛、董諸參政員未能接受本會若干參政員與本會原任議長勸告，出席本屆大會，引爲深憾。本會爲國民參政機關，於法於理，自不能對任何參政員接受出席條件，或要求政府接受其出席條件，以爲本會造成不良之先例。

　　二、本會連日聆悉政府各種報告之後，深覺政府維護全國團結之意，至爲懇切。一切問題，除有關軍令軍紀者外，在遵守抗戰建國綱領之原則下，當無不可提付本會討論，並依本會決議，以促政府之實行。因是，本會仍切盼共產黨參政員深體本會團結全國抗戰之使命，並堅守共產黨民國二十六年九月擁護統一之宣言，出席本會，俾一切政治問題悉循正當途轍，獲完善之解決。抗戰前途實深利賴。

王雲五的這個動議案一經擬就，參政員同仁連署極爲熱烈。當天，二百多名參政員中就有五十三人對這個提案參與連署。提案經大會討論後，全體一致決議通過。

王雲五的動議案獲得大會通過之後，第二天，即三月七日，重慶《益世報》便發表社論，對王雲五所提的臨時動議給予了高度評價。

《益世報》社論標題是"一個合理的臨時動議"。社論説：

　　昨天參政會有一個臨時動議，語重心長，可謂極爲合理，極爲純正。這一動議，是由參政員王雲五等五十四人所提出，該會決議，全體通過。原動議內容，包括兩點：第一，請以大會決議，對毛澤東、董必武等，拒絕其他若干參政員及該會原任議長勸告，以致未能出席本屆大會之行爲"引爲遺憾"；第二，"切盼"具有共産黨籍之參政員，深體該會團結全國抗戰之使命，並"堅守"該黨民國二十六年九月"擁護統一"之宣言，出席該會。動議提出，當經全體一致通過。情形之熱烈，爲該會成立以來所罕有。

　　這一動議，極示團結之必須聖潔，裏面説："本會爲國民參政機關，於法於理，自不能對任何參政員接受出席條件，或要求政府接受其出席條件。"這是我們的一貫主張。在昨天社論裏，我們之所以強調"團結的聖潔性"，也就是基於這一觀點。團結要

"絕對"，要"聖潔"，一有"條件"成分在內，便把一個十分聖潔的事,弄得齷齪不堪！該會對於這一動議的一致決議，加強我們的自信。我們現在，敢以愉悦的心情奉告讀者：社會絕對有公論，人心絕對有是非。這就是我們的心理長城，勝利保障。我們對外對內，可説絕對樂觀。……

王雲五權衡當時的局勢，認爲國共兩黨的矛盾和中共對政府的糾紛，如果有一條途徑可以解決的話，那麼，憑藉參政會的努力而解決，這可能是唯一的途徑。王雲五的大會發言和所提的提案正是基於這種考慮。雖然這或許是他的個人書生之見，但是，他是憑着自己的良心和對政治的見解有感而發，因此，問心無愧，誠可對天。

然而，由於王雲五在國民參政會上發言無所顧忌，而他所主張的有時又正好與國民黨的主張相合，於是就有説他受到國民黨的拉攏，甚至有人説他是國民黨的"前哨"。對於這些誤會，王雲五一概置之不理，仍然説自己想説的話，做自己想做的事。

三月九日，即二屆一次國民參政會議結束的前一天，照例選舉休會期間駐會委員會委員。在選舉之前，王雲五又發言，極力主張把中共的參政員董必武選爲駐會委員，他的本意希望藉此繼續保持團結的形勢。王雲五的主張經會議採納，於是，董必武當選爲駐會委員。

大會閉幕之後，在各方人士的調解和勸告下，董必武終於出席了駐會委員會的會議。在後來的幾次大會，中共參政員雖然沒有全體出席，但董必武和其他一二位參政員仍然繼續出席了會議，一直到抗戰勝利之日，國共兩黨的關係在形式上總算沒有破裂。王雲五爲謀求團結，可謂用心良苦。

一九四二年十月二十二日，國民參政會第三屆第一次會議在重慶國民政府軍事委員會禮堂開幕，王雲五被選爲這屆會議的參政員出席了會議。

經過十天的會議，十月三十一日，國民參政會三屆一次會議閉幕。在閉幕前，照例要選舉休會期間駐會委員會委員。在此之前，王雲五因爲主要的時間是在香港主持商務印書館，故沒有加入駐會委員會。太平洋戰爭爆發後，便留居重慶，因此，這次大會他被選爲駐會委員會委員，成爲二十五名委員會委員之一。自此以後，國民參政會每次會議王雲五均被選爲駐會委員。這樣，除了商務印書館復興工作以外，他可以經常聽取政府長官的施政報告，隨時提出意見。這段時間，可以説是商務印書館應變時期的結束和振興工作的開始。此後，商務的復興工作愈進一步，王雲五對國家的政事參與也愈來愈多，也就是王雲五實際參政時期的開始。

由於太平洋戰爭爆發，美英兩國在日本偷襲珍珠港和進攻香港的第二天，即一九四一年十二月八日對日宣戰，中、美、英等國組成了世界反法西斯戰爭的聯盟。

一九四二年，英國國會由於中英併肩對日作戰，爲增進中英兩國之間的友誼，特組織國會訪華團訪問了中國。中國政府爲了報聘，即考慮以國民參政會參政員爲主體，並加入立法委員會委員，最後選定王世杰、王雲五、胡霖、杭立武、温源寧五人爲團員，李惟果爲該團秘書，組成代表團訪問英國。

中國訪英代表團於一九四三年十一月十八日自重慶出發，

途經昆明、印度、埃及、葡萄牙，於十二月三日到達英國首都倫敦。

中國訪英代表團到達英國後，受到了英國首相邱吉爾的親切接見和英國朝野各界的熱烈歡迎。代表團旁聽了下議院的會議，出席了上下兩院的歡迎茶會，出席了由倫敦市民組織的歡迎會，並在英國廣播公司對國內進行了廣播。

在英國各地，代表團會見了在英國的各華僑團體，參觀了英國的軍械廠、機械廠、船舶修造廠和帝國化學工業公司等。王雲五還和杭立武、溫源寧三人專程赴英國著名的劍橋大學和倫敦大學進行了參觀訪問。王雲五還單獨參觀了英國的一些新聞機構和報業團體，和他們進行了座談。

在英國各地參觀訪問的間隙，王雲五還利用一切機會訪問了各地的圖書館和書店，購買了大量的英國名著和新出版的著作，以至在返程回國時，行李超重無法攜帶，不得不請人將圖書郵寄回國。

王雲五還在正式訪問結束之後的自由活動時間裏，閱讀了許多英國新近出版的書籍，以至於在英國外交部爲中國代表團訪英結束而舉行的送別宴會上，英國外交部長艾登在致詞時，專門談到王雲五先生好書成癖，在參觀訪問之餘，收購了許多英國名著，相信回國後一定能以中國文化界領袖的地位，儘力爲中英文化的交流作出更大的貢獻。

中國代表團訪問英國結束後，又分成兩隊，王世杰、胡霖、李惟果赴美國訪問。王雲五則與杭立武、溫源寧繼續前往中東，訪問了土耳其、伊朗和伊拉克三國，最後，於一九四四年三月十九日經印度從昆明飛返重慶。

訪英返國後，王雲五更積極地參加了國民參政會的工作。

　　一九四四年九月五日，國民參政會第三屆第三次會議在重
慶國民政府軍事委員會禮堂舉行。參政會開幕的前一天，王雲
五感到，國民政府與中共雖然在進行談判，但是進展並不順
利，而這又是各位參政員至爲關切的問題。於是，他聯合參政
員胡霖共同向主席團建議：商請政府派員到會報告中共問題商
談之概略。

　　對於王雲五和胡霖的建議，經主席團研究後決定：關於政
府與中共代表商談的經過情形，請政府指定一位商談代表向本
會報告，並請林參政員祖涵出席報告。

　　九月十五日上午，在國民參政會舉行的第十三次大會上，
參政員林祖涵代表中共作了關於國共談判經過的報告。在下午
舉行的第十四次大會上，張治中代表國民政府作了關於國共商
談經過的報告。報告之後，王雲五與胡霖以原提案人的身份相
繼作了發言。

　　王雲五在發言中誠懇的談了自己的看法：

　　　　本席以參政員的資格，在開會前一天寫了一封信
　　給主席團，請求轉請政府把和中共商談的經過和結果
　　向大會報告。我們請求的動機有三點：第一、本會以
　　團結全國力量爲最大任務，對於任何阻礙團結的因素
　　都不能不想辦法去消除。第二、現在已經接近抗戰最
　　緊張的關頭，當然需要集中全國力量，尤其是兵力來
　　抗戰。我們知道，中共方面，是擁有相當的軍隊，同
　　時政府在防護地區也保有相當的部隊，假如團結問題
　　能夠早日解決，這兩部分力量，都可以用在抗戰和反
　　擊上面。第三、本會同仁都是人民代表，我們對於執

政的國民黨，一個很有力量的政黨，和中國共產黨，不能結合携手，這點是我們所最關懷的。

由於上述三個動機，所以我們才有上述這一個建議。現在很高興，我們的建議被主席團接受了。也被政府接受了，對於今天的情形，本人感到十分感動。……因爲我今天想不到這個會可以公開，這一個公開的精神，就足以象徵這個問題可以得到解決，向來像這一類問題解決的進行，都是秘密的。而現在居然能够公開，這可以使我們欽佩政府的坦白。同時上午聽了林參政員的報告，和現在政府代表張部長的報告，都充分表現其誠懇及政治家的風度。他們把內容坦坦白白的説出來，在這種情形下，尤其使我們感覺得問題實在有解決的希望。

現在説到個人的意見，我是没有黨没有派的一個人，我的意見，是純粹站在國民一份子和國民代表的地位，本着良心來説的意見。……

第一、我希望政府和中共能够繼續的加速的商討。我們向後（指會場所寫的標語）可以看見兩個標語：“國家至上，民族至上”，我們希望政府和中共都要把這八個字時刻放在心上。本着這八個字的精神去解決，相信没有不可解決的問題。更希望政府和中共都本着互讓的精神，加速的求得問題的解決。

第二、我們希望過去的事情不必談，談起舊的事情，糾紛愈多，感情愈壞。我們必須忘掉過去，趕快準備反攻的工作。

在抗戰勝利之初，王雲五就曾經想過，如果我們祇贏得了國際的和平，而不能保障國內的和平，將使國家對於獲取國際和平的努力前功盡棄。因此，他積極參與了當時重慶舉行的政治協商會議。他認爲政治協商會議的成功和失敗與抗戰的成果有着重大的關係，和國家的安危也有着重大的關係。他覺得國家就好比一棵大樹，人民就是樹上的小鳥，如果大樹動搖，小鳥何能安居樹上的巢內呀！因此，爲着國家，爲着人民，他願意儘自己的一點微力。

在一九四四年九月召開的第三屆國民參政會第三次大會上，王雲五在會前曾寫信給主席團，請求政府把與中共商談的經過與結果向大會報告，主席團和政府接受了王雲五的請求，於九月十五日的大會上，政府方面由張治中報告，中共方面由林祖涵報告了會談的情況和經過。在那次參政會上，雖然沒有找到一條解決問題的途徑，然而，各位參政員對於中共的問題已經引起了高度的重視，政府也寄希望於參政會。開始，曾經以參政會爲基礎，組織了一個特別委員會，開誠討論這個問題，後來經過相當時期的醞釀，特別是在抗戰勝利以後，國共兩黨會談的結果，才形成爲政治協商會議。

一九四六年一月十日上午十時，第一次政治協商會議在國民政府大禮堂舉行。

出席會議的會員名額定爲三十八人，其中，第一方面國民黨八人，第二方面中國共產黨七人，第三方面民主同盟九人，第四方面青年黨五人，第五方面社會賢達九人。第一至第四方面的會員由各黨派自行推定，第五方面的會員則由第一至第四方面共同推定，最後由國民政府主席聘任。

王雲五作爲社會賢達出席了這次政治協商會議。

政治協商會議開始後，國民政府主席蔣介石宣佈：

　　　本會議召集的目的，是邀集各黨派代表和社會賢
達來共商國是。我們所要商討的是國家於戰時渡到平
時，於抗戰進到建國基本方案。也就是怎樣集中一切
力量，增強一切力量，以開始建國工作的問題。我們
八年苦戰，死者爲國犧牲，生者備嘗痛苦，唯一的目
的就是在保障民族的生存，排除建國的障礙，以求得
這一個復興建設的良機。現在抗戰既已勝利結束，建
國工作就應立即開始，我們中國必須實行三民主義，
已爲全國所公認，中國必須成爲統一民主而强盛的國
家，更是世界所切望。所以我們一方面要努力促成國
民大會的如期召集，民主憲政的及早實施，同時，我
們要在國民大會召開以前，集思廣益，群策群力，來
消除一切足以妨礙意志統一，影響安寧秩序和延續復
興建國的因素，以充實我們建國的力量，加速我們建
國的進行，政府召集本會議的旨趣就在於此，本會議
的使命與任務，也就在於此。

　　蔣主席致詞後，中國共產黨會員代表周恩來、青年黨會員
代表曾琦、民主同盟會員代表沈鈞儒、無黨派會員代表邵從恩
相繼發言，大家都强調了和平統一的必要。
　　這次協商會議討論的範圍規定爲兩項：一是和平建設方
案，二是國民大會召集的事項。會議中，除召開全體大會外，
所有討論的問題都是分組舉行。會議將會員分爲政府組織，施
政綱領，國民大會，憲法草案及軍事問題五個小組，由各代表

自行認定。後來又增設了一個綜合小組，由五方面各推舉代表加入。

王雲五除認定加入政府組織組外，並由第五方面推舉參加綜合小組。

在政治協商會議上，中共和國民黨雖然都強調了和平統一的共同願望，然而在具體的問題上，比如在過渡時期的國民政府委員、各黨派所在的人數和少數黨的否決權以及軍事問題上，總是表現出針鋒相對的趨勢。而民主同盟總是讚成中共的主張，青年黨和第五方面社會賢達的代表，爲謀取會議的妥協，大致以調停雙方的意見爲主。

然而，尖銳的政治分歧，使政治協商會議變成一個爭吵不休的無法溝通的會議。

一月十七日，政治協商會舉行第七次會議討論國民大會問題。在這次大會上，一個關於國民大會舊代表的有效問題，引起了中共和國民黨的激烈爭執。中共與民盟都力主國民大會的舊代表應該重新選舉，國民黨則主張應該維持原有代表的資格，由社會賢達組成的第五方面有一二個發言者也傾向於重新選舉。國民黨和共產黨互不相讓，會議形成了僵局。

一心爲國分憂解難的王雲五見此情景，以他對世界各國議會的瞭解和豐富的經驗，起立發言，提出了一個特殊的主張。

王雲五説：“原有代表固然選出了多年，中共、民盟各會員都認爲不能代表新的民意。但是，國民大會之不能如期召集，其責任不在各代表。因處此抗戰非常時期，甚至如英國之重視選舉，其現有國會議員，也因爲戰時而特別延長任期。

“查我國國民大會代表選舉法明定，各代表之職責應於第一屆國民大會召集後解除。國大一日不召集，則其職責一日不能解除。

「國大之主要職權在制定憲法，制憲爲法制之基。倘以政治方式變更制憲代表的法律地位，不僅此例不可開，且原有代表倘以護法之名自行集會，豈不是徒滋紛擾。

「至謂多年前所選舉的代表不能代表新的民意，縱系事實。但我也有一個折中的辦法可以解決此困難，而仍能維持原有代表。

「國民大會代表組織法規定，有由政府遴選之代表二百四十名，又規定國民黨中委均爲國大代表，而中委共有四百六十名，兩者合計爲七百名，皆無需選舉，可由政府與國民黨支配。

「此次政治協商會議的目的，系由國民黨願還政於民，容納各黨與社會賢達參加政府。推此美意，儘可將政府與國民黨所能支配的代表名額七百名公平分配給各方面。加以各地方尚未選出的代表與原有代表身故或附逆者也有若干名，與上述的七百名合計，當有九百餘名，與現有的舊代表爲數大致相等。以此辦法分別遴選選舉，則代表新的民意者在國民大會中至少也可佔半數。」

王雲五補充説：「我也没有當選，但我苦心地折中了雙方的意見，要法理與事實兼顧。我做生意的，打算盤是內行。」

然而，王雲五的「苦心」，並没有得到雙方的認可。在一月十八日舉行的政協第八次會議上，王雲五的主張引起了激烈的爭論。

民主同盟的羅隆基發言反對國大舊代表有效，並批評王雲五等人的主張。他認爲，政府的威信與當前實際政治困難要顧到，但新憲法的威信與憲法的理論也要顧到。他代表民主同盟

提出，如果要維持舊代表，則須舉行民意測驗，在工商文化學
界等知識分子中舉行。

　　王雲五對羅隆基的意見提出答復。他認爲，民主的基礎是
在法制，倘抹煞法律，則這種民主實不可靠。法制的精神，人
人應該守法，政府也應該守法，政府不能隨便否定法律，否則
與民主的立場衝突。他認爲，國大組織法有一個缺點，即代表
無一定任期又無取消代表資格辦法，他讚成予以修改，但過去
所選的代表不能不維持。他更強調，應該兼顧法律與事實。他
希望國民黨將政府和中央委員的當然代表四百六十個名額讓出
來容納各黨派的人士參加。王雲五又反駁羅隆基的觀點説，羅
認爲此等代表是由協商產生，不能取得人民的尊重，則將來制
定憲法也不能取得人民尊重，他表示懷疑。至於民意測驗辦
法，僅由知識分子參加，這是否可以代表全體民意，也是一個
疑問。

　　羅隆基又站起來發言，他認爲，王雲五的算盤也打得不算
高明。他説：「我是研究政治的，如果當然代表讓出來，國民
黨的中央委員豈非要落空？」所以他仍然主張不如索性重選。
他説：「不是我們民主同盟要爭，是因爲即使協商會承認了舊
代表，人民也要不滿的。」

　　聽了羅隆基的發言，王雲五也針鋒相對地反駁説：「聽了
羅先生的高論，不敢苟同。民主一定要法制，否則靠不住，國
大組織法、選舉法若是民意公決修改，我同意。但現在是協
商，我們衹從法理下顧全事實。我建議，指定代表、當然代表
等名額讓出來協商，這是不違反法律精神的，同時，又顧到了
事實。羅先生説即使協商會議承認了舊代表，人民也會不滿。
倒要請問，如果協商會議不承認舊代表，人民又將作何感想

呢？"

這天，政治協商會議對國民大會舊代表問題的討論持續了一天。真是公說公有理，婆說婆理長，爭吵不休，莫衷一是，以致原定兩個星期開完的會議一再延長會期。

王雲五的發言不僅引起了中共與民盟代表的激烈反對，即使國民黨人士在維持舊代表的大原則下對他的主張固然相同，然而，對王雲五提出的解決辦法，特別是把國民黨中央委員所佔的國大名額另行分配，也有些人不很讚同。

有趣的是，經過了大會小組多日的討論，討論來討論去，竟然都脫離不了王雲五的建議草案。最後，除各方面已接受他的建議作爲協商的基礎外，原來主張全部國大代表改選最烈的中共代表也祇好退讓一步，表示一切問題倘若均獲得了滿意的解決，則對於承認原有代表問題，將不再堅持。

政治協商會議對於國民大會舊代表問題最後協商的結果，是以王雲五的建議作爲基礎，將上述的七百名遴選代表名額分配如下：國民黨佔二百三十名；中共二百名；民盟、青年黨各佔一百名；社會賢達七十名。在閉會那天的最後一次綜合小組會議上，又決定將國民黨與中共所佔的名額中，各撥出十名給民盟，也就是國民黨二百二十名，中共一百九十名，民盟增加爲一百二十名。

可見，王雲五爲促成政治協商會議的成功可謂用心良苦。

這次政治協商會議的中心問題，本當是中華民國的憲法草案。然而，在會議上，國民黨和共產黨對於憲法草案很難達成共識和一致，一直到會議結束都沒有對憲法草案提出一個雙方都能接受的條款，祇好將憲法草案的討論留在會議之後繼續進行。

　　政治協商會議閉會後，成立了憲法草案審議委員會，由五方面代表各五人共二十五人參加，並由政府推派專家十人參加，名爲三十五人小組。同時，協商會議期間的綜合小組，即十人小組繼續存在。後來，爲了重新商討的便利，又就綜合小組中每方面推定一人，成立一個五人憲法草案小組，專任其事。這三個機構，王雲五都被推選參加。

　　爲了儘快制定出適合中國又被國共兩黨等各方面都能接受的憲法草案，使中國儘快地結束內戰，王雲五真是竭儘心力，積極參加了三個小組的每一次會議。特別是五人憲草小組，會議的次數最多，王雲五出席的次數也最多，有一星期開會竟達十四次。

　　然而，由於各種各樣的原因，這樣的會議是不會有結果的。滿腔熱忱積極參與政治協商的王雲五，所投入的大量時間和精力便白白浪費了。

　　王雲五以無黨無派的社會賢達身份，受邀參加政治協商會議。在會議中他以公正愛國的精神，積極建言，苦心獻策，提出了許多有關國家大事的建議和方案，由於各種原因，大部分沒有被採納，却給各黨各派留下了深刻的印象，因而，他的發言和建議也深受各方的重視。無黨無派的王雲五也成爲這次政治協商會議中重要的引人矚目的人物，爲他後來從政和在政府部門發揮積極的作用打下了堅實的基礎。

　　一九四六年五月五日，國民政府在南京舉行還都南京大典。與此同時，王雲五也從重慶回到上海，經過一個多星期的周折，終於辭去了商務印書館總經理的職務。然後，他便趕緊前往南京，準備在京城繼續從政並從事研究和寫作。

　　十幾年來的坎坷經歷，特別是歷經磨難的抗日戰爭，王雲五的思想已經發生了很大的變化。此時，他已經把國家和個人或私人事業的密切關係看得太清楚了。覆巢之下，焉有完卵。國家陷入內亂，百姓就會陷入戰亂的災難之中；國家安定了，人民才能享受太平和安樂。所以，他在重慶時，就對許多朋友表示過，一個人倘若自信能替國家負一點責任，不必自鳴清高，而應該勇於獻身，有所作爲，甚至作出犧牲。

經過了抗戰勝利後的政治協商會議，王雲五有感於國民政府主席蔣介石先生公開政權的誠意，也願意爲政府儘力。因此，他決定，如果復員後的政府需要他的話，他當會接受，而不是如在抗戰時予以拒絕。

這次，他在擺脫了商務的職責之後，沒有在闊別了十年的第二故鄉上海多留些時日，便匆匆趕到南京，也是因爲政協綜合組各方面在離開重慶時曾經約定，國民政府還都南京後，大家便在南京集合起來，繼續協商解決沒有解決的各種問題。王雲五一到南京，便立刻前往參政會秘書處拜訪了政治協商會秘書長雷震，打算重新召開政協的綜合組會議。

然而，一心想通過政治協商解決國家問題的王雲五，在國民參政會得到消息，猶如向他的滿腔熱忱澆了一盆冷水。由於國共兩黨的矛盾日趨尖銳，政治協商會議綜合組的重開已是遙遙無期。王雲五的希望化作了泡影，不得已，祇好暫時留在南京。

幸而此時，王雲五已是自由之身，可以在南京從事寫作。他打算在南京完成多年來未曾完成的一種著作。

由於王雲五與商務印書館多年的關係，現在雖已辭職，商務印書館南京分館的經理仍然對王雲五竭誠招待，特在館屋內闢出一間房間供他住宿，取用圖書非常方便。王雲五打算在這裏一邊從事寫作，一邊尋找機會以待發展。

　　幾天之後，蔣主席知道王雲五已經來京。一天，招待王雲五晚餐，同座的祇有主席和蔣夫人。在同王雲五談話的過程中，蔣主席重申在重慶時的舊約，堅邀王雲五出任經濟部長。

　　"我具有公開政權的最大決心，並隨時實行對政府的全面改組。"蔣主席堅定地說，"祇是中共還遲遲未肯加入，以致於改組政府的計劃也遲遲未能實現。目前繼續政治協商尚難進行，但是在全國擴大政府基礎之前，至少需要若干黨外人士加入政府，以之提倡。雲五先生，我認爲你是最適宜首先加入的人。"蔣主席說完此話，微笑着望着王雲五，態度表現得萬分誠懇。

　　聽完蔣主席的話，王雲五雖然不是感到特別突然，但也表示萬萬不敢接受，極力推辭，認爲應該將此職務留待更適合的人擔任。但是，蔣主席仍然以十分誠懇的態度勸他接受。

　　晚飯以後，蔣夫人退席。蔣主席和王雲五繼續談論了很久。話題一直是圍繞當前國家的困難以及他公開政權的決心和實行全面改組政府的計劃，並再三希望王雲五以國家事業爲重，考慮他的建議和要求。最後，王雲五被蔣主席的至誠所感動，答應對主席的建議予以考慮。

　　從蔣主席那裏辭出後，王雲五回到商務印書館南京分館的宿舍，又是終夜思考，幾乎整夜不能成寐。

　　王雲五想起自己在重慶時，就曾表示過，人生斯世，彷彿是一次壯遊，他既然來到這個世界一次，不應該專在一地遊覽，所以，他在抗戰勝利之後，便無時不想在適當的時候擺脫商務，然後將自己剩餘的大約三分之一的生命貢獻給另一種事業。他所預期的另一種事業不外是從政和研究學術兩個途徑，如今，正是國內各黨派和各方面聯合參加政府的關頭。本來，這個問題在政協政府組織組及大會就已經決定了原則，問題祇在一些枝節上面，却因此實現無期。假如有一位國民黨外的，特別是像他這樣的無黨派人士首先加入政府，未來聯合政府成立的問題是否因此能夠迎刃而解，雖然不能肯定，但如果能夠使聯合政府向前邁進一步，那麼，個人作出一點犧牲也就值得。如果能夠這樣，又有什麼值得猶豫的呢？那麼就讓我來充當這個第一人吧。

想到這裏，王雲五的心裏終於有些活動起來，他決定，在這國家有難的多事之秋，他不應該過多的考慮個人的利弊得失，而應該爲國家分憂解難。

第二天，王世杰又奉蔣主席之命來到王雲五的寓所，繼續勸他接受蔣主席的建議。

見蔣主席的態度如此堅決，加之昨天晚上他的深思熟慮，經過與王世杰的進一步磋商，他決定接受蔣主席的建議，參加政府的工作。

在參加政府工作之前，王雲五有一個原則，那就是經濟上必須獨立，並且有足夠的貯備，以便在將來從政之後，他和他的家人不能依靠政府的薪俸生活。爲此，他將他在北四川路自建的一所房屋出典。這幢房屋在“八·一三”戰爭事起後，成爲日我雙方炮火集中攻擊的地點，後來又被日軍強佔。太平洋戰爭發生之後，美國飛機不時轟炸上海日軍司令部一帶，王雲五這幢房屋也是美機轟炸的目標。八年來，對這幢房屋能否幸存，王雲五早已置之度外。不料，復員後，發現該房屋竟然絲毫無損，真是一個奇跡。這次因爲提早從政，爲了加強經濟自給的能力，王雲五把它賣了。所得的典值足夠他全家若干年的生活費。這樣，王雲五和他的家人沒有了後顧之憂，他便可以專心從政了。

一九四六年五月十五日，國防最高委員會決議：特任王雲五爲經濟部長，國民政府同日發表任命。這天，中央通訊社發佈專電：

　　國府十五日令：
　　……（三）經濟部部長翁文灝呈請辭職，翁文灝准免本職。此令。
　　（四）特任王雲五爲經濟部部長，此令。

中央通訊社還對王雲五作了一個簡單的介紹和評價：

　　中央社南京十五日電：今國防會議，決特任王雲五爲經濟部長，此舉極爲各方注意。蓋王氏系無黨派人士，參加政府出任部長之第一人。王氏字岫廬，廣東中山人，年五十九歲，爲我國唯一自學成功之事業家，早歲雖僅入中學肄業一年，其後亦曾在大學執教，且備受學子敬愛，王氏博覽群書，學識異常豐富，對於社會學及史地，尤感興趣。王氏歷任吳淞中國公學教授，南京臨時大總統府秘書，教部專長教育司長，教育次長。北京中國大學教授，北京民報編輯，現任商務印書館總經理兼研究組長。王氏所創編之四角號碼字典，乃近年我國學術界一大成就。此外尚著有中外圖書統一分類法等書。王氏曾任歷屆參政員，始終無黨無派，站在人民立場，而爲人民説話。

二　經濟部長

　　"我不是來做官的，是來做事的。做事則必絕對負責。"

　　一九四六年五月十六日，在中央通訊社發佈王雲五擔任經濟部長的第二天，中央通訊社記者在王雲五的私邸採訪新任經濟部長時，他説了以上這些話。王雲五又笑着對記者説："我已年屆六旬，尚未到徵兵的限制年令，在目前政治復員之際，國家需用我，我自當爲國効力。"

　　五月二十四日，王雲五到經濟部就任部長之職。

　　在經濟部的同仁歡迎王雲五的聚會上，王雲五對全體部員講話。

　　王雲五説："爲政不在多言，以能實行爲當。大家都説現在的公務員是人民的公僕，應該尊重人民，切不可擺舊日的官架子，這句話絕對正確。但是實行起來，由於習慣已成自然，往往不免露出本來面目。因爲所謂公僕祇是口頭禪，不是從內心發動，倒不如另一句話更可以有效地打動內心的思考。

　　"我所謂另一句話便是'異地而處'四個字，更明白説一下，就是做公務員的人，常能設想如果自己和一般老百姓異地而處，將會如何作爲？因爲公務員來自老百姓中，最後仍需回到老百姓中，甚至同一個人，同一時，在甲的場合是公務員，而在乙的場合卻成爲老百姓。我認爲，公務員能够事事存着與老百姓異地而處的觀念，那就處理公務定能公允正確而迅速，比諸以公僕自居，事事奉承老百姓的，其效用將更切實。"

　　王雲五又以提高行政效率勉勵全體同仁，他説："本人來自民間，深悉工商界的困難與期望。政府的法令公文之延擱，將造成時效上之重大損失。所以我提出，不苟且、不疏忽、不耽擱三個原則，作爲處理公事的準繩。慎重與迅速並不相背，這是争取行政效力的要訣。"

　　國民政府經濟部的工作，接受敵僞工礦事業是經濟部當時主要的任務，其次，是對工礦電商的行政從事整頓。王雲五在就任經濟部長之初，便立刻加速了對上述幾項工作的處理。

　　抗戰勝利以後，所有的敵僞資産和事業都由政府各部會按照其主管分別派員接收。經濟部所接收的是工礦事業。在王雲五的前任，已經將從前敵人控制的地區劃分爲七個區，每區派一個高級人員作爲特派員組成特派員辦公處。由於接收的單位多至數千，接收人員中，除特派員爲經濟部及資源委員會的重要人員外，其餘是由公私事業技術人員中臨時動員的。所有接收及處理的實況往往未能如期報部，部中對於臨時發生的重大事件，也無專設的管理機構。

　　王雲五長經濟部之後，認爲這件事應該集中管理，以便考核。於是，在不增加人員的原則下，在部中組織了一個接收工礦事業管理委員會，以常務次長潘序倫爲主任委員，各關係單位的首長爲委員，下設秘書處，向各關係單位移調有經驗的人常駐會辦事。並規定，在接收處理工作没有完成之前，所有各區特派員的報告，都集中在該會，以便專管。這樣，對於各區的工作才能有一個大概的瞭解。

　　對於敵僞工礦事業的處理原則，過去即已經有明確的規定，就是：

一、確系敵僞資產，應歸國家經營者即移交主管機關經營；二、確系敵僞資產，無歸國家經營的必要，則授於民營；

三、確由敵僞强佔的民有資產，應發還人民者，查明原主發還；

四、有問題的資產分別處理。

對於這四項情況的處理，第一項最爲簡單。所有接收的工礦事業應歸國家經營者，多數移交資源委員會接管。而接收人員本來大部分是從資委會調來的，故其移交非常便利。

第三項確由敵僞强佔的民有資產應予發還，本來也不成問題，不過由於辦理手續上往往有拖延時日的嫌疑。王雲五在接任查明後，通令加緊發還，執行上也沒有多大困難。

問題較多的就是二、四兩項，尤其以第二項最爲工業界所不滿。

第二項，確系敵僞資產，無歸國家經營的必要者，可以授於民營。而政府對所有應行接收的資產，認爲系國家所有，除由國營外，決定出售者，自應按其實值發售，以免國庫有所損失。這一原則本來非常正確，但是，工礦界方面尤其以曾經追隨政府內遷的，因爲戰時及復員受到損失，認爲政府應該對他們特別體恤，凡願意承購敵僞工礦的事業，應該予以優待。這個問題僵持了很久，以至許多本可以售出的工礦資產因而擱置起來。同時，政府爲了維持這項接收工礦事業原有工人的生計，在售出之前，仍然暫行復工。由於永久性的計劃沒有能夠決定，這類暫行復工的事業，表面上雖然有虧有贏，平均好像不致賠本，事實上原有的材料大部分在暫行復工時期已消耗殆盡，無異於也有重大損失。

王雲五認爲，與其受這樣無形的損失，不如對正當的工業界作有形的補助。因此立即草擬對內遷工廠承購接收工礦事業的優待辦法。分為下列三種：

一、一次繳價給予折扣；二、分期繳價；三、租賃經營。

經濟部在執行這三種辦法時，特別鼓勵第一種。因為幣值日漸低落，分期繳付將會使國家損失更大，而且一次繳價給予折扣的辦法，可以鼓勵承購者極力張羅資金，對於游資的利用也頗有收效。

這個方案在提交行政院通過之後，執行上仍然遇到了問題。因為既然有優待，爭取者就一定很多，如何審定受優待的資格，也應該慎重的評定。

王雲五決定，利用工業協會及內遷工廠的協會作初步的審核，再由經濟部特派員辦公處會同行政院敵偽產業處理局核定，最後報行政院及經濟部終審。施行以後，才覺得比較順利。結果大多數都是採取第一種辦法，這樣，對於承購者及政府雙方都比較有利。

除了接收處理敵偽資產的特殊任務之外，經濟部所主管的祇是例行的工礦電商行政工作。王雲五主長經濟部之後，便致力於經濟界的行政改革工作。

王雲五認為，行政工作首先應該改進的是提高行政處理的效率。從官署方面來說，可能會覺得，對處理人民的申請事項耽誤了一些時間，無關緊要。豈不知，在人民方面，對處理其申請事項的遲和速，利害攸關。尤其是對於工礦電商等事業來說，時間就是金錢。拖延了人民的時間，無異於損失了人民的金錢。有時，人民為了爭取時間，以免損失大量的金錢，往往被迫以少量的金錢從事運動。王雲五在從政之前，常常聽說一些商民因為向官廳申請特許，為避免浪費時間，不惜以物資或金錢運動，以達到早日批准申請的目的。於是，一些貪婪而狡黠的公務員，雖然不作主動的索賄，而以拖延時間誘使商民自動行賄，這究竟是否事實，或者有多少成份是事實，他沒有去進行調查。但是，沒有必要而耗費人民的時間，在公德上與職守上都說不過去。所以，他在就任經濟部長之後，在新舊交接的儀式中，便對經濟部同仁開宗明義地強調了行政工作的效率。並說明凡人皆當常常存有與他人易地而處的心，做公務員的更應該時時設想自己與對官廳申請的人易地而處。如果能够這樣，才不至於無故拖延時間。這也就是孔子所倡導的“己所不欲，勿施諸人”的主義，也是王雲五平生所服膺的處事接物的原則。所以，對於行政工作的改進，他要首先進行倡導。

經過二十多年主持商務印書館的經驗，王雲五深深認識到，工商事業能否平穩發展，視其有無會計制度與會計制度的完善與否。他在主持商務印書館的時候，一方面深深佩服他的前任能够注意這個問題，另一方面，他自己也對原有的會計制度加以改進和完善。商務印書館的事業經過多次困難和厄運，仍然能够維持不墜，他認爲與商務印書館優良的會計制度不無關係。因此，當他主持經濟行政以後，便將這種指導思想推及全國的工商業。

王雲五認爲，他的這種見解除了過去他主持的商務印書館的經驗可以證明之外，還感覺到，國家徵收營利事業的所得稅，因爲大多數的工商業或者缺乏健全的會計制度，或者簡直沒有建立會計制度，以至臨時估計，對於官署與工商業本身都造成了損失。於是，往往臨時來杜撰假帳，這不僅影響了國家的稅收，也有損工商道德。因此，他決定，在全國制定並推廣一種商業會計法，使工商業有所遵守，這樣，於公於私都有利。

　　王雲五的這個設想得到了常務次長潘序倫的積極支持。潘
次長本身就是著名的會計師，於是，這件事情由他主持，王雲
五祇在原則上多加考慮。這件法案制定出來之後，經過與各有
關機關協商，才提請行政院通過，轉送立法院，由立法院審核
並通過。

　　然而，法律的審核必須經過一個很長的程序，所以拖延了
很長時日。法案雖然是在王雲五的任內送交立法院的，然而，
立法院通過該法案，卻是在他離開經濟部之後。

　　王雲五遠在從政之前，就清醒地看到，在我國國內興辦的
工商事業，尤其是工業，事前大多沒有作過周密的計劃，平時
也缺乏廣泛的比較。因此，這些工商事業在小規模的時候，完
全是靠着個人或極少數人的經驗和忠心勤勉，勉強維持或者擴
展，等到局面稍微大一些，或者在開始時局面已經不小，成功
的機會就比較少，少數成功的，都是經過淘汰而能幸存。

　　王雲五認為，主要的原因，都是由於缺乏專門人才，進行
周密的計劃，或者是由於缺乏專門機構提供改進的資料。在國
外，尤其是在美國，隨處都有顧問工程師和工業研究機構。前
者可以為工廠在開始創辦時，或在其遭遇問題的時候，代為設
計和解決；後者則應工業界的需求隨時供給可資改進的參考資
料。而在中國，私人的顧問工程師非常缺乏，公共的工業研究
機構也很少設立。因此，王雲五深深地感覺到，為了協助中國
幼稚的工業界，政府應該在重點的工業城市設立工商輔導處，
以技術和有關工商的種種資料在工商界有所需求的時候，無條
件的提供。特別是在當前，政府決定儘量以接收的敵偽工廠授
予或租予人民經營時，這種輔導機構尤其有設立的必要。

　　經過周密的考慮，王雲五向行政院提議，在上海、廣州、漢口、天津及重慶五個城市各設立工商輔導處一所，每所人員不超過三十人，而以高級技術人員佔其半數左右。僅此一點，已可見該機構的性質與一般的官署不同。經過幾番周折，終於獲得行政院和立法院修正之後，予以通過。

　　一九四六年底到第二年的春天，五地的工商輔導處先後成立。成立之後不久，這些地方的工商界，便漸漸感覺到輔導處的性質與一般的官廳迥異，取得了很好的效果。尤其是上海、天津兩城市，成績卓著，協助解決了不少工商界的各種困難和問題，受到各地工商界的歡迎和信任。

　　一九四八年，立法院在審查預算時，將各地的工商輔導處撤銷，而上海工業協會在請求維持該處未能獲得批准後，竟由該會將工商輔導處的原有人員全部聘爲委員幹事，並以該會的經費維持其原有的工作。這也足以證明工商輔導處的存在對於當地工商界極爲有利，作出了積極的貢獻。

　　在經濟部工作歷時已大半年的王雲五，雖然談不上取得了令人矚目的、卓著的成就，然而，可以說已經儘心儘力，決無半點私心，以至有愧對國家人民或經濟部同仁的地方。然而，一九四七年一月下旬，王雲五竟因爲經濟部頒發獎金的問題，遭到一些居心險惡之徒的誣陷。

　　事情還要從王雲五就任經濟部長之前說起。

　　過去，行政院因爲定訂了國營事業員工年終給獎的辦法，同時，另外訂有稅收機關徵收及緝私提獎的辦法。後來覺得，上級機構擔負有監督下級的責任，下級機構員工得獎，上級機關的人員也有勞績，而且在同一個主管部門之下，上下級人員的待遇如果相差太遠，也不免有欠公允。因此，又規定，下級機構所得的獎金，應該提出其中一部分轉交上級主管機構分配。根據這一規定，財政部的徵收機構獎金，向來以一部分上交財政部，分配給部員。這一舉措已經實行了很久，經濟部在資源委員會沒有改隸之前，過去就以其所轄的國營事業應得獎金的一部分上交經濟部，同樣分配給部員。歷年的分配辦法，一部分按薪額同等分配，等於公開；另一部分則分配給高級人員，稍有等級的差別。其數目向來是由部長指定專人保管，雖然不公開，仍然有查考的單據。

　　一九四六年底，因為資源委員會已經獨立為一部會，其所轄國營事業資金自然沒有解交經濟部的可能，但是，經濟部所轄的兩個機構：中國紡織公司與上海區燃料管理委員會均有盈餘，按照政府規定及前例，中紡公司遂以當時法幣四億元，燃管會以一億餘元上交經濟部。

　　這筆共五億餘元的款項匯到經濟部之後，王雲五立即依照經濟部的舊例，並更加慎重地指派常務次長、總務司司長、主任秘書、會計處處長及人事室主任五人組織一個保管委員會，並令各單位各推舉一人，會同上述保管委員會組成一個福利委員會，共十餘人，以常務次長為主任委員。在收到中紡等兩機構的款項之後，召集福利委員會會議，王雲五也親自出席。在徵求了大家的意見後，照往例，以其中一部分公開平均分派給全體部員，而保留的另一部分，由部長主持，分配給各單位的主管人，按其職責的大小決定所得的多少。得獎金最多的是兩位次長，各得法幣二百萬元，以下遞減至科長，各得數十萬元。而作為部長的王雲五，卻沒有領取分文。雖然兩位次長力勸，王雲五仍然認為，自己既然負有主要責任，自然特殊一些，不應當接受這筆獎金。議定之後，即交給保管委員會五人會同執行。這樣處理，首先因爲過去有規定和往例。其次，這次分派，沒有絲毫的不公，而且處理比從前更加公開。所以，分派下去後，上下都感到滿意。

　　沒有想到，一個星期之後，某報刊載一篇報道文章，捏稱經濟部全體同仁投書，首先誣指該款來源不明不白，總數與所分配的不符。然後又說該款解到多時，經部中的同仁發現，才做秘密的分配。同時，京滬又有一、兩家報紙利用其他的名義冒名投書，對這件事情大加渲染。經濟部見幾家媒體如此捏造事實進行報道，覺得有必要澄清，便去函各報說明真相，這些報紙又遲遲才予以發表，其心懷叵測，昭然若揭，明顯懷有不可告人的政治目的。

　　爲此，王雲五除分別呈報國民政府蔣主席以及行政院外，爲對此事徹底求得水落石出，並就本案函請監察院于右任院長派員徹底清查。

　　事情是明顯的，行政院宋院長和翁副院長深知，許多部會都有這種辦法。尤其是翁副院長正是前任經濟部長，他在部長任內，也曾經辦理過此事，王雲五不過是蕭規曹隨。最有力量的，還是監察院于院長接到王雲五的請求之後，即指定監察委員分別到經濟部及中紡公司、上海區燃管會調查案卷，得知王雲五對於此款的收付、分派，絲毫不苟。尤其是他自己沒有分潤分文，遂復函證明，於是，真相大白！

　　國民政府蔣主席在知道此事後，也曾經在與王雲五晤面時，溫語勸慰，要王雲五對此事不必介意，並於二月八日給王雲五發出一個代電，電文如下：

　　　經濟部王部長雲五先生勳鑒：本年元月二十九日

　　函呈悉。兄亮節清風，一介不苟，不惟中正深知，亦
　　社會所堅信；決非一二報章不負責任之批評，所能混
　　淆，此案既經更正，事已大白，似不必多所計較也，
　　中正庚府密。

　　王雲五在經濟部長任內，被奉派兼任最高經濟委員會委
員。經濟部計劃委員會成立後，又兼任主任委員。

　　一九四六年十一月九日，王雲五被遴選爲國民大會代表，
出席了十一月十五日，在南京國民大會堂隆重召開的國民大
會。在大會的預備會議上，王雲五被選爲主席團主席之一。在
整個的制憲國大會議期間，王雲五參加了歷次主席團會議，並
擔任了兩次大會主席。這次大會，經過了四十天的激烈爭辯和
反復修改，終於制定出中華民國憲法。這年的十二月二十五
日，國民大會閉幕。同一天，大會制定出的中華民國憲法也開
始正式實施。

　　然而，國民大會的召開，却使國民黨同共產黨的矛盾日趨
尖銳。

　　中共方面認爲，政府不顧一切，在中共沒有參加的情況
下，召開國大，制定憲法，無異關閉了與中共妥協之門。因
此，國民大會閉會後不久，中共駐京滬的談判代表便開始撤
退。

　　其時，一些小黨如民社黨、青年黨以及無黨派人士仍然極
力從中斡旋、調停，希望挽回這個加深破裂的局面。

　　作爲無黨無派的王雲五因爲已經參加了政府，在社會上可
能會造成已經偏向政府方面而失去了中間性的誤會。雖然也希
望能爲打開僵局而積極提供意見，然而，他祇在背後與無黨派

的莫德惠老切磋聯絡，本身却不出席斡旋的會談，以免增加不愉快。會談的場所通常都在南京交通銀行二樓，該行的董事長錢新之先生也是作爲社會賢達參加政協第五方面的代表，而儘地主之誼。

一九四七年二月上旬，中共代表已經決意撤退，由於還想儘最後的努力，王雲五也不避嫌疑，參加了最後一次斡旋的會議。

在這次會議中，中共談判代表周恩來嚴厲譴責國民黨對合作毫無誠意，指出與國民黨合作和參加政府的人終究要感到上當。周恩來並且朝着王雲五説：「像雲五先生的參加政府，我深信他現在的内心也感覺不好過。」

周恩來的這句話，無論是善意的忠告，或是惡意的諷刺，竟使王雲五内心感觸萬分。王雲五本來有許多想説的話，現在却默默無言。當時，在座的人，包括兩黨的政協代表與無黨派的莫老、新之，甚至一二位國民黨人士，或者也有同樣的感覺，也都不説什麼話。於是，這一次聚會，便成爲政協最後破裂的會議。數十年之後，周恩來和他們告別握手時説的「再會」兩個字，王雲五仿佛還言猶在耳。然而，往事已經成爲歷史的陳跡了。

由於國共兩黨談判的最後破裂，一九四七年入春以來，上海方面物價突漲，行政院院長宋子文決計抛售黃金，以期平抑物價，然而，絲毫達不到效果。爲此，國防最高會議舉行臨時會議，通過了「經濟緊急措施方案」。二月十七日，行政院正式頒佈。

緊急措施決定凍結物資及工資，嚴禁黃金買賣，停止外幣流通，申報國外存款，提高對外匯率等等。緊急措施方案頒佈後，開始時還稍見功效，但是不到一個月，情勢又趨惡化。

　　爲了挽救頹敗的時局，三月四日，各黨派代表抵達南京，會商改組國民政府，由國民黨與政協其他各方面組成聯合政府。經過將近一個月的斡旋和協商，四月上旬，國民黨和各黨派（除共產黨外）達成“國民政府施政方針”十二條。由四方面代表在“施政方針”上簽字。第一方面爲國民黨蔣中正，第三方面爲民盟中的民社黨張君勱，第四方面爲青年黨的曾琦，第五方面爲無黨派的莫德惠與王雲五。

　　改組後的國民政府，張群任行政院院長。

　　王雲五在任職經濟部數月之後，便存有脫離政府的決心，曾經兩度請辭，一度已上達蔣主席。蔣主席與他晤談後，懇切慰留。另一次，宋子文院長再三懇求王雲五不可將此上達，以免蔣主席責備他不能與王雲五合作。這次，有改組國民政府的機會，王雲五當然不肯放過，決心辭去經濟部長的職務。

　　然而，王雲五在參加會商改組國民政府的事宜時，張群（岳軍）與蔣主席的一位親信數度拜訪王雲五，起初要王雲五以國民政府委員仍然兼任經濟部部長，王雲五堅辭不就。後來，他們才答應經濟部部長一職考慮易人，而國府委員一職仍堅持要王雲五擔任。他們勸說道，在民社黨、青年黨參加政府之前，王雲五既然能夠率先加入政府，此時，兩黨已經允許加入，他反而退出，未免會使國人產生誤會，與他熱心合作的初衷相違，因此，務必還要接受國府委員一職。

　　經過再三考慮，王雲五覺得辭去了經濟部長，已經獲得脫離直接行政的責任，而對於僅參加會議的國府委員一職，實際上與他感興趣的議壇沒有多大區別，祇好接受。

　　於是，王雲五便奉到選任狀：

　　選任王雲五爲國民政府委員。　此狀
　　　　　國民政府主席蔣中正
　　中華民國三十六年四月十八日

　　王雲五接受了國民政府委員的職務，他認爲，從此，他獲得了脫離直接行政的責任，他有更多的時間可以閉門讀書、研究、寫作了。

　　沒有想到，在接奉擔任國民政府委員的委任狀僅僅幾天之後，事情又起了變化。

　　張群在繼任行政院長之前，就提出以各黨派加入，擴大政府基礎爲條件。經過了一番説服和動員，民社、青年兩黨均已應允，王雲五也接受了國民政府委員一職。一天，張群突然拜訪王雲五，堅請他以國府委員的身份兼任行政院副院長。

　　已經不得已允任國府委員閑職的王雲五當然堅決拒絕。然而，張群懇切相勸，並力言組閣的困難。又説，你既已允任國府委員，爲使出席國務會議時，討論不致蹈空，又何妨再參加政務會議。而且，行政院副院長一職，以雲五先生當前的威望、影響和呼聲，最爲適宜，千萬不要拒絕。

　　在這種情況下，王雲五考慮，行政院副院長一職，與部會長官不同，並沒有實際的執掌，僅僅是在參加國務會議之外又參加一種政務會議，而兩者互有關係，也可資參證。他又是個遇事不肯空幹的人，事前既沒有謝絕國府委員一職，對於府委的閑職又不願意尸位，祇好接受這一項兼職了。雖然有違初衷，然而，事已至此，也祇好勉爲其難了。

　　一九四七年四月二十八日，王雲五就任行政院副院長。

三　行政院副院長

　　一九四七年四月二十八日，王雲五正式就任行政院副院長，正式到院視事。

　　王雲五到任的第一天，即向行政院院長張群表示：願意從三個方面，致力於協助的工作。一、對於政務會議的議案擬多加注意；二、尤其願意對預算案多加關注；三、打算以若干時期巡行各省，視察地方行政。張院長對於王雲五的態度和打算表示非常讚同和欣賞。

　　然而，王雲五在上任之前，以爲行政院副院長祇是一個閑職，並無實際的執掌，至少是一個錯誤。

　　行政院是由政務委員構成，各部會的長官皆兼任政務委員，此外，還有不管部會的政務委員，其人選則是由各黨派和無黨派按協議的比例分配。無疑，這一屆的行政院，已經成爲進入憲政的過渡內閣。而所討論的議案，無論與本人主管的部會有無關係，一經通過，則全體政務委員都負有責任。所以，參加政院會議的人，無不儘情地發表意見，這樣，會議的時間就特別長。再者，在政務會議上，遇到較爲複雜的問題，便不得不指定若干政務委員加以審查。所以，小組的會議也日漸增多。這些小組會議，如果有王雲五參加的，照例都由他擔任召集人。另外，原最高經濟委員會改名爲全國經濟委員會，隨同行政院改組後，一變過去很少開會的慣例，固定爲兩星期開會一次。無數的小組會議也往往由王雲五召集，因此，王雲五每星期參加的大會和小會，平均總有六七次，最多的時候，竟達到十次以上。

王雲五所主持的行政院小組會議，範圍特別廣泛，除軍事外，對於內政、財政、經濟、教育、交通、實業等等，無不有之。後來，又增加了主持預算委員會，對於上述範圍以外的事件也都涉及。他向來辦事認真，開會也是這樣，幾乎每次都是最早到會，最後退會，而且，一次會議沒有解決的問題，不肯因為時間的關係而草草了結，往往再開一次。在這些小組會議中，由於時間充裕，問題專一，討論時可以窮源竟委，不厭求詳。擔任會議主席的人，必須歸納眾議，作出結論，尤其要處處留心，仔細認真。所以，通過這些行政院的小組會議，王雲五還確實獲得了不少的行政知識，這是他擔任行政院副院長之後的意外收穫。

然而，王雲五沒有想到的是，在他主持的這些小組會議當中，由於他辦事認真，處置也有條理，在同仁中也頗得好感。但是，在對外方面，由於任何決議都牽涉到不同的利害關係，很難儘如人意。而關係人總覺得王雲五是會議的主持人，而且主張最有力，對於會議作出的不利於自己的決議，便導致對王雲五產生了許多的不滿。

在王雲五主持的行政院預算委員會期間，便得罪了很多人，其中尤其是教育界、一般公務員和軍界。

行政院在宋子文院長時期，本來沒有設立預算委員會，除一年一度的預算，其原則須經行政院會議決定外，所有隨時追加的預算，都是由行政院會計處合議後，呈院長決定施行，再履行法定的手續。在行憲的過渡內閣中，關係人民負擔的預算，尤其是不斷追加的預算，就不便由院長個人核定。因此，每一項追加預算案都要提交政務會議討論，由於物價不斷高漲，本來是例外的追加預算，已經變爲日常發生的補充預算，幾乎所有政務會議的議案中，都是以追加預算案佔大多數。爲了節省政務會議的時間，尤其是不願意把沒有經過審議的有關專門問題的預算案提出討論通過，於是，政務會議便決定組織一個經常性的預算委員會。預算委員會的任務是預先審議各種預算案，預算委員會審議通過之後，再提交政務會議核議。這個預算委員會以行政院副院長爲主任委員，財政部部長、行政院秘書長及所有不管部的政務委員爲委員，其目的是以一個不主管用錢的人主持，以便得以公平的態度來審核預算。財政部部長因爲主管國庫，行政院秘書長是行政院院長的幕僚長，故例外參加。

同時，指定行政院會計長爲該委員會的主任秘書，以便利用行政院會計處人員辦理各種手續。

由於王雲五擔任了預算委員會的主任委員，他便在實際上主持了國家的財政大計。由於任何政務和機關無不與預算攸關，而且，在物價不斷高漲的情勢下，任何政務和機關無不有追加歲初預算的必要，所以王雲五便有機會與一切政務和機關接觸。他對任何事情又都肯用心，在擔任這一職務的過程中，雖然獲得了不少的行政知識，然而，也因爲他的負責精神得罪了不少人。

有一次，審核一件關於國防部所轄的某兵工廠的追加預算。這項預算包括建築工人宿舍的經費，其所列的數字沒有和寄宿工人的實數與當時的建築費密切配合，換句話說，或者因爲過去審核預算的習慣是不問所列預算的正確性如何，一律打一個折扣予以核定，因此，申請預算的爲防止行政院要打折扣，不得不從寬開列。王雲五認爲，過去，不論情形一律折扣的慣例，一面鼓勵了申請預算者的浮開預算，另一方面仍然不能核定真確的預算。所以，他在審核這件預算案時，要求提案者說明該兵工廠所用工人的總數，需要寄宿的人數，再按每人平均需要宿舍的面積與當時當地該總建築物的建築費加以核算，於是便立刻可以獲知所需建築費的大概數目，而據實予以核定。

由於王雲五的認真負責的精神，提案者也無法提出反對的意見，預算案就此通過後，彼此都覺得滿意。此後，王雲五和預算委員會的同仁也儘可能地用這種方法審議其它預算案，而一改過去隨意打折扣的習慣。

王雲五主持預算委員會審議預算案時，討論總是不厭求詳，於是，原定每星期一次的委員會議，漸漸的增為二次或三次，每次的時間也往往延長到三四個小時。由於這種認真精神，審議的結果雖然不敢說完全公平，但總算儘了心力。所以，預算委員會審議通過的預算案，到了政務會議，十之八九總是照審議意見通過。間或有原提案的部會長官提出異議的，除了能夠當時決定者外，大多數都交回委員會復議。在復議時，王雲五絕對聽取提案部會的補充說明，對於理由充分的，無不重行決議，絕對沒有固執的成見，但是，理由不充足的，也毫不顧忌地堅持原議。因此，各部會的主管人員，說他們公平雖然很多，埋怨他們過分認真的，也不乏其人，但是，却很少有批評他們有所偏袒的。

不過，非主管人員不明真相的，或誤信惡意中傷的，尤其是誤聽了主管部會二級人員推諉責任的，便不免對主持預算委員會的王雲五發生誤會或者怨恨。

對王雲五發生誤會的，首先是教育界。

　　説來真是委屈。在過去的四十年間，王雲五無時不與教育界發生直接或間接的的聯繫，至今，在教育界還有很多朋友。他深知教育界的清苦，無論於理於情，都不會有和教育界過不去的主張，却仍然不免遭到誤會。

　　由於王雲五對預算的審議不肯苟且馬虎，因而，對教育部先後提出的追加預算，便往往有自己的觀點或提請教育當局注意的地方。

　　首先是關於公費生的制度和名額的問題。

　　在抗戰時期，爲了鼓勵淪陷區的青年來後方求學，規定凡來自淪陷區的中等以上的學生，一律給予公費，直到大學畢業。這項政策，在當時，固然有其必要，但是，抗戰勝利以後，就沒有必要繼續維持。所以，後來又規定，公費制度應於抗戰結束後廢止。

　　然而，不僅原來的公費生一律維持到大學畢業，甚至國立各大學每期招考的新生仍然照公費待遇。總計全國國立、省立中等以上學校公費生人數多至三十多萬人，而且日益增多，這不僅對國庫是一個重大的負擔，而且使國家對於人人應該受的義務教育毫無補助，少數人所受的專科以上的教育却完全以公費支持，於情理也説不過去。

　　王雲五一向認爲，在現行的高等教育制度下，清寒的子女很難有接受高等教育的機會，爲了機會均等，他曾在憲政實施協進會中極力主張，對於清寒而優秀的學生，由國家多設獎學金，以便利其接受高等教育。很明顯，王雲五所主張的設置優秀學生獎學金，是對少數傑出的人才給予公費，而不是對考入國立、省立大學的全部學生一律給予公費。本來，大學教育，爲培養高等人才起見，自然應該有選擇性，而獎學金的授予，尤其應該限於最優秀的分子。因此，他在預算委員會和政務會議上，均主張，除原有公費生成績合格者，得維持至畢業外，今後，國立大學新招的學生，僅對於最優秀的百分之十或二十而家境確屬清寒者，給予獎學金，獲得獎學金的學生，在以後的每個學期，都應該維持其優等的成績，才能繼續享受獎學金。這樣，新的公費名額便可以大大減少，真正的人才，也可以通過這項獎勵培養出來。

其次，是關於招收新生的寬嚴問題。

中國的教育辦了幾十年，平心而論，其成績，初等教育自從採用語體文教學後，確實有很大的進步。而中等教育則職業科太不發達，普通科的程度有退無進，基礎既已不堅，高等教育自然受其影響。

王雲五認為，高等教育應該重質而不應該重量，凡是學歷、資質不適宜高等教育者，如果轉入職業教育方面，任何有一技之長的人，都可以有利於自己。如果勉強接受高等教育，不僅有畢業即失業的危險，而且學問有名無實，於國於已都沒有好處。

然而，事實恰恰相反。我國的教育當局對於高等人才的造就，側重於量的增加，這樣，勢必難以兼顧質量。因此，王雲五在預算委員會和政務會議中，都力主大學招生從嚴，所收的新生，暫時應該以不超過各該校的畢業人數為限。這樣，不僅可以從嚴選拔優秀分子，建立大學教育的堅強基礎，而且還可以節省增加數量的經費，移用於增加設備，以改進和提高大學生的素質。

第三，是移任用冗員的費用，以提高優秀教授的待遇。

王雲五深知，中國的機關，冗員向來偏多，國立學校當然不是例外。他認爲，在大學，教授任課的鐘點不宜偏多，以便使其有進一步研究的時間。這個原則當然沒有人會加以反對，但是，優秀的教授鐘點過少，在目前人才短缺的情況下，又難免以不甚稱職的人充數，對於教育方面又不無損失。

至於職員方面，更無理由可以過分地多用。王雲五曾調查過某著名的私立大學，校長告訴王雲五說，他所主持的學校中，平均十五名學生一位教職員，上海另一所著名的教會大學，平均十七名學生才聘一位教職員。而在國立大學中，上海某校平均九名學生聘一教職員，還是國立大學的最節省者；南京某甲校平均學生五人聘一教職員，某乙校平均學生三人聘一教職員。大學校國立與私立的差別竟然如此之大！因此，在一次政務會議上，討論各行政機關裁減人員百分之二十，以其所節省的生活補助費移充留職人員的福利費，就是以冗員的糜費補助其他公務員的待遇。王雲五因此順帶將國立學校應否一並照辦的問題提出，而以上述的意見與所得的報告情況，提供教育當局注意。王雲五的這些建議和主張間接傳佈於教育界，教育界的同仁因此對王雲五產生誤會和怨恨。

一般公務員對王雲五的誤會，無非是爲着加薪的問題，而這簡直是一種毫無根據的誤會。

一般公務員，薪俸較低，生活比較清苦，期望加薪甚切，在每次調整生活費以前，無不希望有大量的增加，這是可以理解的。然而，因爲王雲五是行政院預算委員會主任委員，一般公務員便容易造成一種錯覺，認爲增加多少，全掌握在他的手裏，於是，祇要有一二個對他不懷好意的人隨便放一個謠言，說各部會首長都主張多加，祇有王雲五靳而不與，誤會和怨恨便隨着起來。有一次，調整公務員待遇草案還沒有經行政院會計處作初步的準備，某報便登載一篇報道，說此案提行政院討論，許多政務委員都主張從寬調整，唯有王雲五獨堅持從嚴。這種謠言原可不攻自破，捏造這項新聞的動機，不外是兩個目的：一是懷有惡意的人故意中傷；一是明知方案尚未準備，便先發制人，使王雲五對於將來提出的方案不得不力主從寬，以免造成眾怒。

無疑，公務員的待遇之薄，誰都不能否認，誰也不能不同情。不過，因為立場不同，或者真相不明，以至於主張增進待遇的寬嚴就會有很大的差異。一般來說，各部會的首長因為不明瞭國庫有沒有如此負擔的能力，卻目睹了部下公務員生活的艱苦，其印象是直覺的，其主張也是單純的，所以，大都傾向於從寬提高待遇；反之，當家的人才知道開支的艱難，當國者也是如此。主管財政或者預算的人，因為深知國庫收支差額的龐大，如不量力而行，反而任意增加鉅額的負擔，結果，祇有大量增加發行鈔票，又必然導致物價飛漲，使公務員對於所增加的待遇，得不償失。王雲五因為主持預算，深知財政的實況以及公務員待遇在行政費中所佔的重要地位，在每次討論增進公務員待遇時，將實情報告，以供大家參考。這是他的職責所在，而報告財政實情的結果，不免加深各政府官員對於增加待遇的慎重態度。

王雲五個人認為，公務員的待遇實在應該大大增加，公務員的人數，也應該大大減少。假使公務員的人數減少了一半，而將留職人員的待遇各增加一倍，則國庫負擔不增絲毫，行政的效率就會有增無減。然而，各部會的首長無不視裁員為畏途，甚至裁減公務員百分之二十的方案，執行了幾個月，也由於各方面的反對而無形取消了，最後不了了之。

　　至於軍界對王雲五的誤會，實際上毫無存在的理由。

　　其實，事實恰恰相反，中國向來重文輕武，武職的待遇遠較同級文職爲低，王雲五是極力主張文武待遇一致的。在抗戰時期，國家的存亡繫於前方將士身上，民意機關也不斷有提高士兵待遇的建議，一直沒有能夠實行。武職的待遇既低，帶兵者必自籌出路以資彌補，而最普通的彌補方法就是剋扣餉額，尤其是以士兵的缺額來補助種種的虧空。

　　張群就任行政院院長不久，爲了整治軍風紀，極想先對官兵待遇作一個合理的調整，然後從事整治。對於張院長此議，王雲五極力支持，並爲之進行了詳細的計劃，決定了文武待遇一致的原則，實際上就是把武職官兵待遇的基礎提高了一倍以上。依照這一原則，由於軍官員額多至五十多萬，較全部中央公教人員還多七八成，過去武職人員的待遇平均不及文職同級人員的一半，現在，既然大加調整，則其增加國庫的負擔自然非常龐大。儘管如此，王雲五等政院首長仍然想儘力解決武職人員待遇偏低的問題。

　　行政院決定增加這項負擔，原希望今後將士兵的名額核實，解決過去軍隊吃空額的弊病，國防部也認爲過去軍隊吃空額的惡習應該糾正，衹是由於軍官的待遇太低，才漸漸養成了此習。今後，武職軍官由於和文職人員享受同等待遇，軍官的待遇大大提高，吃空額的弊病自然可以極力糾正。爲此，王雲五會同國防部幾經研究商議，對武職各級軍官如何參照同級文職公務員的待遇作了一些原則規定，並於一九四七年某月開始執行。這項決議執行之後，全國的軍官爲之感奮莫名，國防部也開始命令各地設法核實士兵的名額，以期逐漸糾正歷年吃空缺的弊病。

然而，事與願違，軍隊多年來形成的吃空額的惡習，正所謂積重難返，一時不易收到效果，尤其在東北方面。東北的軍費開支向來呈半獨立性質，積弊最深，雖然一再糾正，終難實現。

為了糾正這個弊病，王雲五多次在審議預算時，毫不客氣地削減軍方申報的虛假而不實的預算。這樣，當初為力讚文武待遇一致而博得軍界好感的王雲五便漸漸引起一部分軍人的不滿。但王雲五毫不在意，也無所顧忌，他有他為政的原則，祇要一日在職，便一日不肯放棄責任。甚至到張群內閣改組的前夕，在最後的一次政務會議上，審議到東北駐軍的某一次追加預算，其人數是按七十萬計，本已經堅決打算脫離政府的王雲五，仍然嚴辭指責其人數的失實。當時，國防部某次長列席，起而答復說，國防部對這項預算也非常懷疑。他們曾經私自詢問過駐東北的補給司令，瀋陽內外究竟實有士兵人數是多少，據稱不過五十萬人。祇是鑒於東北軍權的優越，國防部如果核減其預算，又沒有證實的資料和證據，祇好如數提出審議。於是，這項追加預算按五十萬實數核減。

會後，這位次長感慨地對王雲五說，國防部所處的地位也非常困難，幸而有王主任委員秉公執法，主持正義，而不避嫌怨，才能對此予以糾正。

聽了這位次長的話，王雲五也不勝感慨萬千，想起岳武穆曾經有“文官不要錢，武官不怕死”的願望。他認為，凡愛錢的武官，沒有不怕死的。如以後來的事實印證，益信其然。

王雲五覺得，他在行政院副院長任內，最招怨的工作是在預算委員會；最愉快的工作，也是在預算委員會。當他每次為國家節省了一點糜費，換句話說，就是為人民減少了一點非必要的負擔，即使可能會引起關係方面的不滿，他仍是相當的愉快，認為他們這一次的努力不至落空。他覺得，這種感想，恐怕不祇他一個人如此，他深信，委員會中各委員，甚至替委員會工作的行政院會計處的若干主管人員都是如此。

王雲五在行政院副院長任內，還奉特派兼任善後事業委員會主任委員。

在他主持善後事業委員會的幾個月內，由於他的實幹精神和認真負責的工作態度，勉力解決了救濟中國漁民木船製造的遺留問題。

原來，聯合國救濟總署的救濟計劃中，對於中國的漁業方面，規定了供給中國捕魚機輪與木船兩個項目。前者目的，在協助中國建立新漁業；後者的目的，在於以八千艘木船無償地分配給中國沿海、沿江因戰事受損失的漁民。

這八千艘木船是以木料及船上的配備供應，由中國自行製造。所有的木料和配備早已經運到中國，大部分堆存在上海，已經一年多了，卻不僅沒有開始製造，甚至製造與分配的計劃也沒有擬定。王雲五主長善後事業委員會後，瞭解其拖延的原因，是由於行政院善後救濟總署起初打算自行製造，估計了建造公價的費用之後，擬向中國農民銀行借貸，製成木船分配給各地，然後酌量收取公價費，以償還銀行的借貸。然而，不知道什麼原因，擱置了一年多尚未開工，而此時公價已經大漲，原來的預算已經遠不夠用，於是，便無限期地擱置起來。

為此，王雲五曾經前往上海視察過一次。親眼見到這些木料堆積如山，而且有些已經損壞。他覺得，這樣擱置，不僅無法面對中國沿海、沿江的漁民，而且有負聯合國救濟總署對中國漁民的盛意。經過詳加考慮，他認為，上海的公價特別昂貴，實在沒有集中製造漁船再行分配的必要，而且，各省的漁船款式不一，這些木船既是爲了救濟我國的漁民，自然應該適合漁民需要爲宜。更應分別由各區自行製造，這樣做，不僅因爲内地的公價低廉，可以大大節省費用，還有一個理由，即聯合國救濟總署供應中國的造船木料，都是上等洋松，尺度非常大，用這些木料製造各地需要的小木船，不僅不經濟，也未必合用。而中國建造鐵路需要的枕木，都是以外匯向國外定購，如果能將上等木料售給鐵路，所得款項在各地收購土産木料，供就地造船，於國家、人民都非常有利。考慮了這幾項因素，王雲五便召集主管人員和專家進行論證和計劃，都認爲可行。於是，召開善後事業委員會討論，就此原則通過，並決定組織一個造船及分配委員會，其委員以善後委員會、保管委員會、漁管處及沿海、沿江六省政府與漁業工會代表構成。經過討論決定，即將出售木料所得的現款依協定比例分配給各省，其它配備也按照這個比例以物資分配給各省，各省則分別組織一個造船委員會，自行管理，主辦其事。善後事業委員會僅派員監督其按計劃執行的情況，所有造船的工作則一概由各省自行主持。對於王雲五來説，總算把懸擱將近兩年的問題解決了。

一九四七年七月十八日，是陰曆的六月初一，這天，是王雲五的六十歲生日。自從復員後加入政府擔任政務官以來，他一直是獨自住在南京，他的家人仍然住在上海。這天，王雲五仍然照常上班工作，也絲毫沒有向他的同事透露這天是他的六十壽辰。直到晚上，他才一個人搭夜車返回上海。

在上海的家中，王雲五接受了親友們簡單的賀壽禮節之後，又像往常一樣，早早地睡覺了。又按照慣例，在第二天的午夜時分三點鐘便起了牀。經過一番準備之後，他習慣地坐在書桌前，開始了一天的工作。

此刻，萬籟俱寂，年已六十的王雲五却有些心緒難平，他心潮起伏，感慨萬千。四周是一片漆黑，他的目光却似乎可以穿透這黑沉沉的夜空，看到很遠很遠。他習慣地拿起了筆，却沒有順着昨天那篇文章的思路寫下去，今天是一個特殊的日子，他已經進入了花甲之年，他要寫一篇類似遺囑的東西，以抒發自己的感慨。

他在一張稿紙上寫下標題："六十生日告家人"，然後，文思如涌，飛快地在稿紙上"刷刷"地寫下去。

　　昨日是我六十歲的生日，我因出席國務會議，不及回滬和家人相聚。當晚乘夜車趕回來；今日仍能和家人把晤，很是愉快。

　　生日本不算一回事，所以我平素極反對做生日，尤其是耗費多金來做生日。但是六十歲恰滿花甲一週，在長壽的人看起來，還不過是壯盛之年；而在一般人看起來，總算是難得的日子，百歲以上的人畢竟很少；假定能活到九十歲，已是難能可貴。那就六十之年在人生程途中已經渡過了三分之二，到了這年紀，似乎不能不作一番的檢討。

　　我在過去多年，尤其在抗戰期內，曾經預定了一種志願：就是在六十歲以後，把身體精神全部獻給國家。去年復員東遷，首先擺脫了商務書館的職責，原想閉門寫一兩本書，可使個人和應當倚我為生計的家人獲得經濟上的自給。想不到為當軸所迫，致不得不

放棄原計劃，把獻身於國的志願提前實現了一年。今
年既滿六十，不僅在事實上，而且在志願上，我也不
能不獻身於國。

我認爲政治家須能經濟獨立，才能自由發展其抱
負。我以白手獨力支持一個大家庭，生平又不肯受分
文非分的錢，所憑藉的祇有一個腦一張嘴和一雙手。
原計劃想以一年閉門的努力，鞏固我的經濟獨立基
礎。不幸此計劃未能實現；然猶幸久已置諸度外的唯
一房屋依然存在，去年把它出典，獲得代價美幣三萬
圓；經過一年來對於入不敷出的彌補，至今還餘存二
萬六千圓。今年以來，我的版稅收入突然大增，用以
彌補每月收入的不敷，尚無不足。又以餘額增購商務
書館股分，其價值猛漲十倍；所以原有的經濟自給計
劃雖未能實現，而意外的事實仍使我能够經濟獨立。

我的年紀，我的志願和我的經濟獨立原則，到今
日總算一一實現了，我今後以餘年獻身於國當然是義
不容辭的。

一個政治家須時時準備爲國家犧牲，才可以有補
於國。我國今日到了這般的嚴重關頭；假使我不準備
隨時可死，我便不配做政治家。我生平血性過人，平
時因心細，表面似乎膽小；可是到了緊要關頭，我的
膽大和不怕死的精神，我家各人想都深知。在"一·
二八"和"八·一三"前後，我之準備爲商務書館而
犧牲的情形，你們或者還没有忘却。其實我曾因此寫
過兩次的遺囑；可惜都隨着十年間的日記，在香港被
人焚毁了。

　　在這個準備爲國犧牲的關頭，尤其在剛到六十歲
的今日，再寫一篇好像遺囑的文件，有些人或認爲不
吉利，在我則認爲是最適當的日子，而且是最好不過
的計劃。

　　現在且把這計劃披露。我這計劃僅僅是關於經濟
的部分；因爲經濟可以籠罩一切和支配一切。祇有在
經濟上能自立才能達到其他種種的自立。我之主張政
治家須能經濟獨立，原意就在這裏。

　　我小時多病，讀書很遲，十五六歲便度學徒生
活；十六歲以後靠半工半讀的自立方式，而有今日。
不知者，甚或我自己在少年時，或會怪我的父親不肯
助我完成正式的教育；可是最近一二十年來，我無時
不感謝我的父親，給我這樣一個難得的訓練機會，使
我有今日的小小成就。我平素最愛兒女，最願教育和
輔助兒女；我的兒女也最愛我，最願接受我的指導和
輔助，同時也都有志向上和前進。所以我的作風雖和
我的父親不同；而其結果我深信定能殊途同歸，假使
我真能活到九十歲，我的兒女大都和我現在的年紀相
若；那時候誰都不必受誰的指導，而彼此都可藉天真
的感情而互助；一念及此，真是不勝愉快。可是天有
不測風雲，況且我是準備面對風雲的；萬一我不幸而
遭遇不測，則平素慣於接受我的指導和輔助者，一旦
失其指導和輔助，豈不是無所措手足，豈不是愛之適
以害之。在最近旬日間，許多親友正爲我籌備做壽，
而我內心却深深感念着這一問題，簡直有兩夜沒有睡
得好。經過了深長的考慮，便作了這一個析產的決

定。

　　我這決定之唯一目的，在使我的兒女開始作經濟
獨立的實驗，趁我還健在的日子，可以從旁協助，使
其漸漸達到經濟獨立之境地。我絕非主張一經析產獨
立以後，我便袖手旁觀；我更不主張你們兄弟間一經
析產獨立以後，便不相協助。反之，我極盼望你們兄
弟間在析產獨立以後，一面接受我的從旁協助，一面
彼此互助。這是萬萬不要誤會的。

　　……

　　接着，王雲五把他所有的財產，包括美鈔、商務印書館的
股分、在上海浦口和嘉興購置的田地以及商務印書館出版的各
種書籍的著作權和書籍、字畫等列舉在後，指示了對他財產的
析產辦法，又對兒女提出了各項希望以及兩件需要特別聲明的
事情。

　　王雲五將《六十生日告家人》寫完，東方已經露出晨曦，
昭示着新的一天的開始。

　　王雲五將《六十生日告家人》藏在一個秘密的地方，準備
在必要時，公開於家人和親友。沒有想到，一年後，時局和世
事都發生了翻天覆地的變化，王雲五這篇告家人書也一直沒有
出示給家人。又沒有想到，經過二十多年，這篇告家人書仍然
藏於他的行篋中。偶爾檢出，重讀一過，又是一番感慨系之。

　　王雲五的性格有一種特點，就是遇事不肯放棄責任，對於
行政院副院長一職，儘管在事前他堅決不肯任其事，但是，一
經勉爲擔任，無不切實儘職，備極辛勞。本來，行政院副院長

除因爲院長離職當然代理外，平時並無實際的責任。有一次，五院（行政院、立法院、司法院、考試院、監察院）中的一位副院長對王雲五講過一個笑話，説他擔任該院副院長後，已經幾個月了，僅僅是在院會時到院，平時從來不辦公，任職這麼長時間，還不知道他的辦公室在哪裏。可是，王雲五却終日忙碌，何以如此勞逸不均，苦樂不均！

　　然而，儘管王雲五如此賣力，如此不肯放棄責任，在行政院和張院長的關係也處理得很好，照理，在行政院副院長任內，他的許多主張和意見本可以貫徹執行。可是，實際上，除了許多普通而直接的事情，他的努力還能發生效用外，所有根本的計劃，縱然大多數獲得張院長的贊同，却沒有能夠實行。一言以蔽之，不外乎是由於各方面的牽制太多。王雲五尤其耿耿於懷的，就是當他在接任行政院副院長的第一天，曾對張院長表示的三種願望，其中第一、二兩種還算基本實現，唯有第三方面的願望和工作，打算以若干時間巡行各省，視察地方的行政。由於從事第一、二兩種工作過分忙碌，以至不能分身實現第三種願望。否則，他認爲，加上他從事視察地方行政的實地經驗，他所提出的一部分建議，特別是關於改革地方行政的建議，或者會更加有力，也未可知。

　　然而，儘管王雲五殫竭積慮，夙夜憂思，仍然挽救不了日趨惡化的時局。

　　一九四七年，國共兩黨和談徹底破裂，國民黨恢複了積極剿共，各地都已展開了激戰！

　　由於時局的惡化，國家在經濟和財政上大受影響，幣值大跌，物價飛漲，尤其是糧食價格高漲，若干地方還發生了搶米風潮，真是民不聊生！

中國就在這樣混亂而饑饉的狀態中進入了一九四八年。

一九四八年一月一日，王雲五獲授一等景星勛章。

爲了挽回經濟上的頹勢，國民政府和行政院採取了一系列的措施。

二月五日，行政院"救濟特捐督導委員會"正式成立，王雲五兼任主任委員。

爲了募集救濟經費，王雲五在中央廣播電臺向全國發佈廣播講話。在演講中，王雲五申述了舉辦救濟特捐的三點意義：第一是均衡社會財富，和緩社會問題的衝激。第二是激發富有者的天良，獎勵富有者濟人的美德。一方面救拔苦難同胞於水深火熱之中；另一方面，發揮人類高尚的同情心。第三是富有者要確保他的身家財產的安全，必須先確保社會的安定。所以，舉辦救濟特捐，雖然是救濟難民，實際上也是爲保障社會安全，保障富人財產的有效方法。

二月十六日，國民政府頒佈經濟緊急措施方案。

早在一年前，國民政府就曾頒佈緊急措施方案，包括開源節流，增加生產，出售物資，出售公營事業，社會節約以及限制工資調整等。又曾先後頒佈"取締黃金投機買賣辦法"、"禁止外國幣券流通辦法"及"黃金外幣買賣處罰條例"，這些方案施行後，三個月內，經濟情況一度穩定，中央銀行收兌美鈔及其它外國幣券達美金一千餘萬元。到五月，由於上海工資調整及其它不利因素，又促成了外匯黑市的猖獗。

三月二十九日，第一屆國民大會第一次會議在南京國民大

會堂舉行開幕式。王雲五以國大代表身份出席，並在四月五日
舉行的第六次預備會議上，當選爲由八十五人組成的大會主席
團主席之一。

這次大會，選舉蔣中正爲中華民國第一任總統，李宗仁當
選爲中華民國第一任副總統。

在這次國民大會上，王雲五與莫德惠、胡適、谷正綱、張
伯芩、王世杰、徐傅霖、左舜生等共一二O二人連署向大會提
出“動員戡亂時期臨時條款”提案。該提案經過國民大會代表
反復討論，作出了一些修改後，在大會上三讀通過，通過後的
“動員戡亂時期臨時條款”如下：

> 茲依照憲法第一百七十四條第一款程序，制定動
> 員戡亂時期條款如左：
> 總統在動員戡亂時期，爲避免國家或人民遭遇緊
> 急危難，或應付財政經濟上重大變故，得經行政院會
> 議之決議，爲緊急處分，不受憲法第三十九條或第四
> 十三條所規定程序之限制。
> 前項緊急處分，立法院得依憲法第五十七條第二
> 款規定之程序變更或廢止之。
> 動員戡亂時期之終止，由總統宣告，或由立法院
> 咨請總統宣告之。……

國民大會結束之後，新一屆國民政府即將成立，久有去意
的王雲五便開始作脫離政府的準備。

行政院院長張群在最高當局囑意其繼任的情況下，極力推
辭，並在改組前回原籍探親，久去不返，以示堅決不肯接受。

張院長在回籍省親之前，將行政院院務委託王雲五代理。

王雲五在張群內閣實行改組之前，已經向國民政府蔣主席遞交了辭呈，並表示了堅決不再擔任行政院副院長的意願，已獲蔣主席勉允。然而，在下一任內閣沒有公佈之前，王雲五仍然每天到行政院去處理公務，直至新任行政院院長翁文灝正式公佈，才由王雲五代表行政院辦理了移交手續，王雲五才不再到院。

一九四八年五月初，王雲五正式卸去了行政院副院長一職，感到一身輕鬆。

進入一九四八年以後，王雲五希望脫離政治生涯的決心比上次行政院改組時更大、更堅決。他已預先計劃安排了下野後的打算，就是在辭職後，仍然留在南京，將抗戰前已經開始編撰卻尚未完成的《古體大字典》繼續整理，以便出版。同時，從事其它的著述。爲此，他把留在上海和香港的許多參考用書都陸續運到南京，準備在下野後可以專心研究和著述。

辭去了政務的王雲五真是心曠神怡。在中國一個政府機關的首長，照例有公家的住宅和僕役，尤其是汽車，然而一下臺後，這些就沒有了。享受慣了的人一時便不容易適應這種環境，尤其是汽車一項。甚至孔子也曾說過："以吾從大夫之後，不可徒行也"。王雲五平素刻苦慣了，從政以後，既然沒有增加什麼享受；擺脫以後，自然也毫無留戀。他的住宅，自從他將抗戰前在上海自建的房屋出典之後，所得款項，以半數供他從政的補貼，另外一半，在南京購置了一所住宅。下野之後，不致有遷居的困難。在僕役方面，當他擔任部院首長時期，祇雇用了二三名必須的僕役，出則從來沒有隨從，入則從來沒有司閽。下野之後，簡單一點，自己雇請一名僕役，也還負擔得起。在汽車方面，他從政時期，本來就經常步行；下野之後，更可安步當車。爲了出行方便和節省時間，他自己購置了一輛三輪車，打算在下野後，雇一名三輪車夫，平時在家充任僕役，必要時可爲他駕車外出，以節省時間。

一切安排就緒，王雲五衹待新一屆政府成立，他將一切職責交卸完畢，便可以優哉遊哉，自主天下，在家裏安心從事研究和著述了。

然而，事情並不是按照王雲五的意願和安排發展的。

就在五月中旬，行政院院長、副院長及所屬各部部長、各委員會委員長、政務委員聯署辭職後不久，新任行政院院長翁文灝找到王雲五，堅邀王雲五擔任下一屆政府的財政部長。

感到意外的王雲五當然堅決予以拒絕，並向翁院長介紹了自己下一部的打算和爲此所做的諸多準備工作。

然而，翁院長毫不鬆口，繼續迫勸。翁院長說，他做夢也沒有想到自己會擔任行政院院長，衹因爲行憲的内閣久未產生，幾乎陷於無政府狀態，對外對内都不好，在蔣總統的力勸下，他才不得已勉爲其難。但是，財政部部長這個要缺，如果沒有人肯擔任，内閣還是不能成立。他個人雖然同情並贊賞王雲五的高蹈，但他實在無法找到一個比王雲五更適合的人來任此席。尤其是蔣總統強調，這一職務須由與金融界沒有關係的人來擔任，並指名要王雲五擔任。

翁院長強調，請王雲五擔任財政部長是蔣總統的意思，所以，新内閣能否及早成立，就在於王雲五能否接受這一職務。

儘管如此，王雲五仍然不肯答應。

翁院長又進行了數度反復的勸說，王雲五仍然緊閉從政的大門。

最後，翁院長拉着王雲五一同去見蔣總統。

在蔣總統面前，王雲五以他對當前中國財政情況的深刻瞭解，陳述了他的看法和觀點。他說，幾天來，為着翁院長誠懇相邀，曾經仔細考慮了一下。遠的且不說，祇就最近半年的國家歲出入預算而言，以他過去一年主持預算審核的經驗，以及對物價增長率的推測，歲入的部分無論如何設法增加，也趕不上物價無限制地增長，何況，物價的高漲是按幾何級數，愈在後期，愈速愈高，前途真不堪設想，恐怕不久的將來，便難免發生物價的重大波動。

王雲五誠懇地對總統說：「我如果對國家財政情況一無所知,或者還有勉為嘗試的勇氣,但我對財政實況不能不算明瞭，在這種情況下，委實不敢擔任。實以個人犧牲事小，而無補於國，甚至可能因為事態進展的不可避免，因而誤國，實在承擔不起。」

聽了王雲五的一番話，蔣總統誠懇地安慰王雲五說：「雲五先生，當前軍事的好轉和美援發生的效力，物價當不致像過去幾個月一樣的狂漲，祇要你肯不惜犧牲，擔任此職之後，有何舉措，我一定會極力支持的。」

王雲五仍然極力謙辭，一直到臨走時，他還是希望總統另簡賢能。

第二天，翁院長又來拜訪，力陳總統仍然堅決要他擔任。

在這種情況下，王雲五覺得他再也不好拒絕了。

這天晚上，王雲五又一次失眠了。

總統如此信賴，無論是為國為民，還是為了人情，他都不能再拒絕了。

同時，他向來不畏難的性格和遇事敢於負責到底的精神又抬了頭。

　　他想起，在張群內閣時期，當美援發動之初，他曾經極力
主張，美援應該以協助中國改革幣制爲主，因爲國家的收支，
民間的生產無不因爲通貨膨脹而遭遇重大困難，在復員之初，
外匯充裕，正是可以改革幣制之時，却已失去了良好的機會。

　　目前，爲了改善國家財政與促進生產，仍然必須以獲有穩
定的幣值爲樞紐，而欲使幣制穩定，莫如使無準備、無限制與
不公開的發行，變爲有準備、有限制和公開的發行。換言之，
即籌措充分的發行基金，在有限制和公開的狀態下改革幣制，
這樣，幣值可望較爲穩定。同時，輔以平衡國家收支的必要措
施，並極力增加生產，節約消耗，財政經濟才有改善的希望。

　　至於美國其它方式的援助，縱然都對我國有利，但是，其
有利的程度，總不如協助改革幣制爲高。

　　比如，關於建設方面的援助，收效甚遲，勢難挽救危急萬
分的經濟局勢。物資的援助雖然可以協助收縮通貨，但是，人
民對於法幣已經根本不信任，縱能局部收縮其發行，但同時由
於國庫的特別需要，又必須增加發行，究竟收縮的部分能否抵
消增加的部分，在無準備、無限制和不公開的幣制下，是不容
易保持人民的信心的。因此，他在那時候就強調藉美國的幣制
貸款而改革幣制，而且認爲，美國對中國目前最有效的援助，
莫如協助改革幣制的貸款。

　　從那個時候起，王雲五便將改革幣制的期望無時不存在心
裏。

　　此刻，當他對於財政部長一職固辭不獲時，便不免又想
到，他一年來改革幣制的主張，如果能够在他主長財政時得以
實現，那麼，縱然是犧牲自己和變更自己的決心也在所不惜！

　　既然如此，辭無可辭，他祇好接受這一職務。

　　一九四八年五月三十一日，王雲五被任命爲新一屆政府的財政部長。

四　財政部長

　　王雲五以一位對財政金融界向無關係和淵源的人，驟然出長財政，任命一經發表，立刻引起了一些人的不滿！某些人仿佛和他結下了不解之仇，總是和他過不去，特別是上海某報，幾乎沒有一日不對他進行攻擊，説他對財政完全是個外行。甚至在他就職那天，新聞記者詢問新任財政部長對於今後財政的方針，王雲五在倉促受任的情況下，未必就已經訂定方針，即已訂定，又豈能輕易發表，因此，便以輕鬆的口吻對記者説：“我向來沒有對財務行政的經驗，今日剛到部，一切還在學習，一時還談不到發表方針。”各報把這幾句話發表之後，某報更渲染王雲五對財政的外行，並指責他既需學習，又何以貿然接受大任。在還沒有見到他的措施或所發表的施政方針之前，便這樣無的放矢。

　　對於這種種的攻擊，王雲五認爲，自己既然懷着苦幹的精神和對財政經濟作根本改革的決心，祇能對這些不負責任的攻擊一概置諸腦後，不予理會，而一心一意積極推行他的改革。

　　六月五日，新任財政部長王雲五在上任的第一天，便在財政部大禮堂向全體職員致辭。他表示，爲政不在言多，任何事情做了再説。我雖然對財政是外行，但處理今天的財政，仍不

外乎是"開源節流"。節流，就是嚴厲執行預算，非與戡亂軍
事進展直接有關的需要，今年下半年度的預算不能追加，並裁
併削減重復的機構和冗員，以及不必要或不急要的事業經費；
開源方面，計劃增辦新稅，整頓現有的稅收，使涓滴歸公。

　　確實，新任財政部長王雲五自就職以來，雖然沒有發表過
什麼施政方針，可是早已胸有成竹。他一上任，立即施行了三
項重要措施，一是增加稅收，二是裁併機構，三是改革幣制。

　　六月中旬，也就是王雲五上任僅一星期，便開始整頓稅
收。

　　關於增加稅收，王雲五認為，不外乎兩種辦法：一是剔除
中飽，二是調整稅率。

　　剔除稅收人員的中飽，並不是短時間所能收效，可以通過
下列辦法加以抑制：適當調整待遇，使稅務人員足以養廉；合
理增加辦公費，使主持者不至藉詞彌補養成惡習；切實執行督
導，使弊端可以預防，效率可以增進。凡此種種，不是牽涉太
多，不能由一個機構單獨進行，便是需時很久，不能在短時間
內收效。

　　雖然有種種困難，王雲五仍然不肯因難而放棄，除調整待
遇關係全體公務人員，非財政部所能單獨實現外，他的前任已
經擬定有稅務人員任用及待遇法草案，可以優其待遇，固其位
置，並已提交立法院審議。他認為，這個原則非常好，應請立
法院早日完成立法程序，從速實施。

　　關於合理增加辦公費用，王雲五計劃在裁併機構中，以被
裁併機構的經費一併撥給保存的機構使用外，並計劃於下半年
度預算中提出一筆補充的徵收費用，由財政部斟酌情形，分別
撥給經費過少的稅收機關。

　　關於督導制度的改善，王雲五在接任後的第一個月會時，就已經宣佈他的主張。原來財政部內設有視察室，視察具有兩種作用，一是防弊與改進，一是查案。前者，各稅往往具有共同性。過去財政部和各所局分別設有視察與督察，王雲五認爲，與其單獨行使職能，不如集體進行，以收到集思廣益的效果。後者因案派員，爲防止袒護起見，不宜由一人主持，也不宜以一人獨往。王雲五決定，將部視察與各署局的督察合併利用，由部派高級人員會同有關督察的各署局首長，組成一個督導委員會統管，其主旨在將督導工作分爲經常的和臨時的二種。經常的工作分區舉行，以實施視察各該區所關各稅的業務，研究防弊與改進。臨時的工作則以查案爲主，必要時由督導委員會就部視察以及有關署局督察人員中各派一人協同辦理。

　　經過一番周折之後，督導委員會終於組成，各區的督導團也先後出發。據江浙皖區督導團團長回部報告，此行視察僅一、二個地點，已發現不少聞所未聞的事，可資以改進，並深感這項定期的集團督導實在非常必要。

　　至於調整稅率，當時國家的主要稅收不外是關稅、鹽稅、直接稅及貨物稅四種。這些稅的稅率都由法律規定，在調整以前非先經過立法程序不可。因此，王雲五到職後，立即將有關稅法研究修改。

　　關於關稅一項，王雲五指示了酌增酌減稅率的原則。一般來說，奢侈性的輸入品加重其稅率，有關工業的機械設備則儘量從輕。依照這個原則修訂，將附加稅併入正稅之後，全部稅則，或增或減，平均比未修訂前的正附稅均增加了百分之二十。

　　鹽稅關係民食，不分貧富一律負擔，在理論上似乎不應增加。但是，在中國，鹽稅是重要的稅源，當此國庫負擔綦重，一時還難以找到可以代替該稅的稅源時，自然應該繼續維持。爲了防止鹽商在增稅前大量蠆積，以輕稅率收購，加稅後再推銷出去，結果，國庫本可以增收的稅款有很大一部分被鹽商所吞蝕。鑒於加稅案由行政院提出後，必須經過立法院批准，而從行政移送立法院後，不知要經過多少時日才能通過，於是，鹽商蠆積的機會很多，這樣增稅的結果，無異爲鹽商製造了發財的機會。王雲五考慮再三，決定改變徵稅的原則，即將鹽稅的稅率按戰前的標準定爲基數，授權財政部，按照全國物價的蠆售指數隨時調整。這樣，國家收入可以保障，鹽商也不致藉蠆積而發意外之財。

　　直接稅是戰前舉辦的新稅，在進步的國家，這是最優良的稅。但是，在中國，因爲創辦不久，推行不易，又因爲查帳困難，便改爲半攤派性質。王雲五認爲，直接稅的改進全在執行方面，與稅法無關。所以，直接稅法目前尚無修正的必要。

　　貨物稅是間接稅，在理論上本不是優良的稅，但是在中國，尤其是在近年的中國，貨物稅已經成爲收入最大的稅源。由於貨物稅是從價稅，隨着物價的高低而增減其稅收。最近縮短爲三個月估價一次，以爲這樣可以準確的估計物價，沒有想到，由於最近物價飛速增長，按照三個前的平均估價徵稅，實際所得則大大低於應徵收的稅款。因此，合理的方法，應該改按最近一個月的物價徵稅。

　　王雲五到財政部後進行的第二項重大舉措就是裁併機構。

　　財政部裁併部屬機構的工作從七月上旬開始執行。

　　王雲五歷來主張精減機構，他認爲國家設官是想發揮作

用，然而，如果多設一個機構，不僅没有增進效用，甚至有損
效率，那又何必有此機構。特別是在當前財政奇窮之際，一方
面維持冗員，一方面又想充分提高待遇，那是不可能的。他向
來主張，通過裁併機構與冗員，然後以所節省的費用大大增加
留職公務員的待遇。但是，裁併機構與裁減冗員，由於牽涉到
人的問題，矛盾和糾紛多多，各主管長官多不願意執行。王雲
五却表示，爲財政部本身着想，他願意在整個政府中，作一個
表率。雖然勉爲其難，但他甘願冒這個風險。

　　經過充分的調查和瞭解，王雲五認爲，直接税和貨物税同
屬國內税，根本没有必要分設兩個機構。過去分立，是因爲直
接税成立在後，而且，主要是由於人事的關係，不肯和原有的
貨物税機構合併，於是，兩個系統的人員便互劃鴻溝。如果將
兩個機構合併，不僅可以節省糜費，增進效率；而且可以互相
利用，對於税源的調查也有很大的幫助。

　　在討論合併的方式時，王雲五注意到，滬、漢、津、穗幾
個大都市的兩税機構，規模大，税收多，雖然衹有幾個城市，
其税收竟佔全國的百分之七八十，過去一直歸財政部直轄。爲
使税收不至在機構合併中受到嚴重影響，同時，如果這些城市
的兩機構合併，辦公地點也會有問題。所以，決定把滬、津、
漢、穗四市的兩税税局作爲直轄局，暫時不予合併外，全國從
中央到各縣的兩税機構一律合併。

　　王雲五又看到，許多貧困的地方，税收極少，設立一個徵
收機構，實際上所入還不敷稽徵費用。王雲五深感，與其爲養
活幾個税吏而使人民受苛索之苦，對國庫收入又微不足道，不
如取消這種機關，淘汰這些税吏，寧可豁免了這些窮苦地方人
民的負擔。爲此，他定下兩條原則：一是大都市的直轄税局暫

仍維持分立；二是小地方的下級稅局收入不多的儘量裁撤。

這樣裁併的結果，全國的兩稅機構，由原來的共一千五百餘所剩下約八百所；兩稅機構的人員由原來的實有二萬九千餘名減爲二萬四千餘名，裁減了四千多名。

王雲五剛到財政部上任，就開始進行歷屆前任所不敢進行的裁併機構和裁減冗員的舉措，許多人都爲他耽心。事實上，在裁併機構和裁減冗員的執行過程中，一些地方也不免發生不少糾紛，王雲五也因此遭到一些下屬的反對和攻擊。王雲五認爲，他做的是於國於民都有利的事情，難免不引致反對，祇要自己確認這件事情應否實行，並且在實行前預作審慎的籌劃，實行時本着公平的原則，縱然遭到反對和攻擊，也祇好聽之任之。否則，做任何事情都無不有可顧慮之處，顧慮太多，便一件事也不能辦了。

五　改革幣制　引咎辭職

王雲五就任財政部長之後，所採取的第三項重大措施，也是他希圖通過此舉對中國經濟產生重大影響的措施，便是實行幣制改革。

復員之初，政府還擁有美匯五六億元，當時如進行幣制改革，正當其時，而數年之間，所存外匯幾已罄盡，無法保證供應。其時法幣已貶至美幣等值百萬分之一。早在一年前，王雲五就認爲，祇有改革幣制才能挽救財政經濟日趨惡化的形勢。他到任後，便立即開始這項改革幣制的計劃。

　　在正式提出改革幣制的方案之前，他做了很多前期的準備工作。

　　首先，他指示財政部的主管人員分別查詢並搜集所有關於改革幣制的舊案和意見供他參考，其次，又廣泛聽取財政部內對幣制素有研究的人員的意見和建議，有時還出題目徵求他們的意見。此外，他還將財政部秘書處資料室所剪貼保存的歷年來國內關於改革幣制的資料共七八十種，都一一進行閱看，並且歸納總結。

　　王雲五認爲，在自力更生的情況下改革幣制，需儘力搜求獲得可能控制的發行準備金，同時還需配合其它種種措施，如關於平衡國內收支，平衡國際收支以及管制經濟金融等事項。又參考了部中所得的實際資料和部內外專家的意見，經過詳細考慮，親自草擬了一篇"改革幣制，平抑物價，平衡國內及國際收支的聯合方案"。

　　這個方案的主要內容包括：

　　採行管理金本位制，於最短期內發行新幣；

　　新幣單位定名爲中華金圓；

　　所有法幣東北流通券及臺幣，於金圓券發行三個月內，全部以金圓券收兌，逾期作廢；

　　舊日發行的各種法幣公債，一律按金圓券發行時市值清理，或改發金圓公債；

　　黃金收歸國有，由政府定價格，以金圓券限期收購，逾期發現，除每人所帶金飾重量不滿一市兩者外，一律沒收；

　　外幣一律收歸國有，由政府按金圓券對美幣折合率，以金圓及金圓公債各半限期收購，逾期發現，一律沒收；

　　國人所有外匯及外國證券限期登記，應登記而不登記，或登記不實者沒收並處刑；

　　舊銀幣准以每元兌金圓一元，限期收兌，逾期發現，一律沒收；

　　本年下半年度歲出歲入未執行的部分，一律按金圓對法幣折合率，以金圓收付。

　　對金圓券與美元，金圓券對法幣的收兌率也作了具體的規定。

　　這一篇共三十二條的聯合方案，又對幣制改革的前期準備工作和注意事項以及其它有關事項作了規定。

　　七月七日，也就是王雲五就任財政部長的一個月後，王雲五將此方案提請翁院長考慮並呈送蔣總統核奪。

　　七月八日，王雲五與行政院長翁文灝面謁蔣總統，提出改革幣制的方案。蔣總統原則上表示同意，但是，爲慎重起見，指定中央銀行總裁俞鴻鈞和專家三人：臺灣省財政廳長兼美援會聯絡人嚴家淦，中央銀行副總裁劉攻芸，財政部政務次長徐柏園協助，再詳加研究，並草擬各種有關辦法。

　　在得到蔣總統的指示後，王雲五與翁文灝、俞鴻鈞、嚴家淦、劉攻芸、徐柏園等六人在半個月的時間裏，對王雲五原擬就的方案逐條進行詳細的研究，最後，進行了一些重大的修正。如關於新幣單位的名稱，決定簡稱爲金圓；金圓對美圓的比值由王雲五原方案的三比一改爲四比一；關於收兌舊幣的範圍和期限，決定臺幣仍暫時保存，非中央特准不得隨意變更其對金圓的匯兌率；收兌舊幣的期限也從原方案中的三個月改爲一九四八年底爲截止期；金圓對法幣的收兌率也由原擬方案的一元兌一百二十萬元改爲一元兌三百萬元等等。

　　六人小組將王雲五原擬就的方案進行了修正後，又由王雲五草擬了五種實施辦法：一、金圓券發行辦法；二、人民所有金銀外幣處理辦法；三、中華民國人民存放國外外匯資產登記管理辦法；四、整理財政及加強管制經濟辦法；五、金圓發行監理委員會組織規程等。

七月二十九日，王雲五又與翁文灝等六人赴莫干山進謁蔣總統，請示幣制改革的各項問題。在聽取了蔣總統的指示後，又對方案及各種辦法再進行修改。

王雲五等幾位財政金融界人士離開莫干山後，儘管對幣制改革的事情仍然嚴守機密，然而，外間和社會各界對幣制是否改革已經在紛紛猜測。

八月十五日至十八日期間，六人小組對幣制改革應行修正的內容和實施前應有的措施作了幾項決議。

一、由於日內法幣又繼續急劇貶值，對於金圓原比率，在莫干山商議時，原定為二百萬對一，為適合實際，再改為三百萬對一；

二、十八日下午召集中央政治會議時，上海方面由中央銀行俞總裁召集銀錢業公會，宣佈十九、二十兩日，銀錢業及交易所暫停營業，其它重要都市則由財政部電令各地金融管理局分別宣佈；

三、在發佈改革幣制前兩日，由財政部電知國際基金會，以符協定；

四、推定行政院秘書長李惟果主持改革幣制的宣傳事宜。

此外，還決議，在中央政治會議時，由王雲五負責對本案進行說明。王雲五不是國民黨員，照例不能列席該會議，但根據事實需要，大家一致認為，應該破例。作為財政部長的王雲五責無旁貸，祇好答應。

　　一個多月來，雖然王雲五無時不爲改革幣制而操心費神，尤其是對各種文件的起草，甚至謄正，爲着高度保密，也都是他自己一手辦理，不肯假手他人。直至從莫干山面謁蔣總統歸來後，因爲必須將各種方案復寫若干份，以便在小組會議上進行細密的文字修正，才開始指示財政部簡任秘書趙伯平到王雲五的家裏參與抄寫工作。又遲至八月十二日，由於該方案與錢幣司攸關，其中有些準備工作不能不令該司司長王撫洲親自辦理，才開始讓他瞭解這件事。到八月十五日，因爲對外宣傳關係，不能不把全案文字譯爲英文，遂又委託財政部公債司司長陳炳章親自擔任英譯。這三位高級職員都能够恪遵指示，嚴密處理，絲毫沒有泄密和走漏風聲。

　　八月十八日，是宣佈幣制改革的前夕，一年來對改革幣制縈縈於懷的王雲五由於希望即將實現，心情特別激動，他夜以繼日地忙於幣制改革前的種種準備工作。

　　這天，王雲五全天都在家裏，以全付的精力和全部的時間處理這件事。

　　首先，他將英文譯稿進行核閱，其次，即起草改幣宣佈後他的談話稿，又再次與陳炳章司長及國際銀行後補理事張悅聯商洽草擬致國際基金會的電文，此外，還在寓所準備與有關的人員商洽各項事宜。

　　下午，徐柏園次長來王雲五寓所洽談公事，由於日前錢幣司王撫洲司長所擬命令各銀行錢莊及交易所暫停營業的電稿與最近商定的不甚符合，王雲五即將此稿交徐次長帶回部中整理。徐次長回到財政部後，便立即命令主任秘書徐百齊在次長室重新擬稿。爲了保密起見，稿中對於開始停業的日期及所停日數均留下空白，沒有填明。電稿擬就後即由徐次長於下班後帶到王雲五家，交王雲五審核後決定執行。

八月十九日，是實行幣制改革的日子，也是王雲五盼望已久的一天。

這天，凌晨一時左右，徐柏園次長將整個方案的最後條文帶到四聯總處秘書處，監同若干職工從事謄寫和油印，以備下午會議討論，這個工作是在深夜和凌晨爲之，極端保密。

下午三時，國民黨中央政治會議討論幣制改革一案，由蔣總統以總裁身份主席，在翁院長略述了幣制改革的原則後，即由王雲五將各要點詳爲説明。討論時，出席者除皆對此項措施認爲必要外，也提出了一些修正意見，最後對原案進行了兩點修正，其它各點連同全案均無異議通過。

散會後，好幾位國民黨元老均表示對幣制改革方案熱烈贊成，並認爲幣制改革早就應該實施。一位國民黨元老直言不諱的説："王某有如此魄力，可佩之至"。

這天下午六時，繼續召集行政院會議，將已通過國民黨中政會的本方案提出討論。經過四個半小時的會議，大家對於改革幣制的大原則無不贊成，但是對其中的細節，因爲事前沒有研究過內容，有許多人向王雲五發問，經過王雲五一一解釋後，除了對若干條文作了一些文字上的小修正外，其餘皆照原案通過。

經過四十多天緊羅密鼓的策劃、研究和修改的幣制改革方案，經國民政府蔣總統核定，按照憲法臨時條款，以總統命令發佈。

一九四八年八月十九日晚上，行政院以全文在中央廣播電臺向全國廣播改革幣制。

改革幣制，是以財政經濟緊急處分令由總統頒佈的。

財政經濟緊急處分令
民國三十七年八月十九日公佈

總統命令：

　　茲依動員戰亂時期臨時條款之規定，經行政院會議決議，頒佈財政經濟緊急處分令。其要旨如左：

　　一、自即日起以金圓爲本位幣，十足準備發行金圓券，限期收兌已發行之法幣及東北流通券。

　　二、限期收兌人民所有黃金、白銀、銀幣及外國幣券，逾期任何人不得持有。

　　三、限期登記管理本國人民存放國外之外匯資産，違者予以制裁。

　　四、整理財政並加強管制經濟，以穩定物價，平衡國家總預算及國際收支。

　　依據這個緊急處分令，又同時頒佈了"金圓券發行辦法"、"人民所有金銀外幣處理辦法"、"中華民國人民存放國外外匯資産登記辦法"及"整理財政及加強管制經濟辦法"。

　　緊急處分令發佈之後，王雲五以財政部長身份向新聞界和社會各界發表談話。王雲五説：

　　今日總統頒佈財政經濟緊急處分令，係經最深切之考慮，以最大之決心，從事於財政經濟之重大改革。本人職司財政，對於翁內閣財政經濟施政方針之形成，自始參與；而對於當前財政經濟種種嚴重問題

之解決，實亦責無旁貸。茲當改革伊始，謹舉其要
點，以告國人。

　　本緊急處分令，包括四種辦法，以改革幣制爲出
發點，以穩定物價、安定民生爲目的，而以控制金銀
外匯，平衡國家歲出入預算及平衡國際收支爲手段。
……

　　八月二十二日，各銀行錢莊復業，也是中央銀行開始收兌
金銀外幣的第一天。這天，人民群衆持黃金美鈔赴國家銀行兌
換金圓券極爲踴躍，其熱烈程度超出了王雲五的預料之外。

　　在上海，兌換者從早晨到下午排隊等候。

　　其它各大都市的公私電訊也都作了同樣的報導。

　　令王雲五感到振奮的是，這種情形不僅是一天如此，也不
僅是一地如此，一直持續了一個月，並且繼續到九月底收兌金
鈔的最後一天。

　　九月二十四日，南京中央日報以上海市場一個月爲題的報
導中有這樣的介紹：

　　　　從八月二十三日到今天，經濟緊急處分在上海實
　　施，整整一個月了。這一個月中間，總統的支持，行
　　政院的決心，督導員的鐵腕和地方政府的執行，使緊
　　急處分在上海市場發生了實效。我們試就其概要指陳
　　於下：一、市民爲兌換金圓而提交中央銀行的黃金約
　　七十萬兩，白銀約六十萬兩，美鈔將近二千萬元，港
　　幣約六百萬元，兌出金圓超過了二億元。現在是九月
　　的盡期，持有金鈔即將視爲違法，而政府對於金鈔兌

　　換期限絕對不會延展，預料今後一星期內，市民提出
　　金鈔兌換金圓，必將更爲踴躍。……

　　王雲五感到更加振奮的是，總計到九月底原定截止之日，
全國各地收兌金銀外幣的總量，折合美金一億五千萬元以上，
因此，兌出的金圓券合計也達六億餘元。顯而易見，財政經濟
緊急處分令執行情況良好，改革幣制取得了初步的成功。

　　與此同時，各地在平抑物價，吸收外匯存款，增進僑匯，
平抑利率各方面也取得了良好的成績。但是，王雲五也同時注
意到，在增進國庫收入與控制國庫支出兩方面則極不理想。國
庫收入絲毫沒有增加；而控制國庫的支出，不僅沒有成績可
言，甚至比過去更加惡化。

　　正當王雲五準備採取各種措施鞏固這次改革所取得的各項
成果時，在他的身邊，發生了一件使他萬萬預料不到的痛心的
事情。

　　就在幣制改革開始順利執行的時候，八月二十四、五日前
後，上海大公報揭載說：八月十七日，南京有要人獲得改革幣
制的消息，乘夜車趕到上海。一到上海，不洗臉也不吃早飯，
便跑到證券交易所，將大量的永安紗廠的股票拋出，獲利千數
百億元等語。接著，許多報紙紛紛要求嚴屬查處。

　　事出意外，王雲五也感到非常突然。爲澄清事實，以免使
剛剛開始的幣制改革受到影響，甚至因而影響幣值，王雲五立
即命令上海金融管理局局長及財政部派駐上海證券交易所監理
員從速徹查。爲慎重起見，不久，王雲五又加派財政部參事周
德偉到上海協同調查。監察院也委派監察委員孫玉琳、唐鴻烈
二人來上海調查此案。於是，王雲五指示周參事及上海金融管

理局予以協助，共同進行。王雲五還表示，如果有其事，無論
牽涉何人，決不姑息。

不幸的是，王雲五所耽心的事情終於發生了。上海大公報
所刊載的有人在幣制改革正式實施之前便獲知消息，並在上海
大量拋售永安紗廠股票，確有其事！

九月二日下午六時左右，王雲五從財政部回到家中不久，
突然接到主任秘書徐百齊從部裏打來電話，說接到上海金融管
理局林崇鏞局長打來長途電話，他有要事立即來王部長寓所報
告。不久，徐百齊從部中偕同來財政部訪問王雲五的陳君來到
王雲五寓所。

原來，陳君拜訪王部長之後，即在徐百齊的辦公室與他閑
話，正在談話時，上海林局長來電話要找王部長，因王雲五已
離開財政部回家，故託徐百齊轉告，說上海方面已經查明，拋
售永安紗廠股票的為財政部薦任秘書陶啓明的妻子李國蘭。

聽到此訊，如聞晴天霹靂，王雲五頹然坐在椅上。想到自
己六個星期以來為幣制改革，小心謹慎，嚴守秘密，以至在改
幣的辦法公佈之後，外面的輿論紛紛讚揚政府這次幣制改革能
夠做到異常的機密。不料竟在他身邊捅出漏子，由財政部內部
一個不相干的人惹此禍端。

王雲五犀利的眼神望著主任秘書徐百齊，正想說什麼，徐
百齊又趕緊解釋說，為了免除別人誤會有叮囑陶啓明逃避的嫌
疑，所以在接到上海電話後，立即偕同在旁邊的陳君一起來到
王部長的寓所，藉此證明他並沒有通知陶啓明逃避的機會。

王雲五望著徐百齊，真是不知說什麼好，心中百感交集。

原來，徐百齊是王雲五在商務印書館的舊同事，後來又跟
隨王雲五到經濟部，繼而財政部，而陶啓明又是徐百齊的舊同

學。陶啓明到財政部任事，正是徐百齊推薦的。

　　徐百齊一九二九年畢業於上海東吳法學院法律系。當時，該學院在國內算得上是成績特優者，王雲五的老友吳經熊正在該院執教。一九二九年底，王雲五離開編譯所後，改任中央研究院研究員並兼社會科學研究所法制組主任，因爲需要助理研究員協助研究，便請吳經熊推薦一名優秀畢業生，徐百齊正是在那年畢業，吳經熊於是將他推薦給王雲五。

　　徐百齊進入研究所後，協助王雲五研究甚爲得力。一年後，王雲五回到商務印書館任總經理兼編審部部長，由於百齊過去的成績，特把他調到編譯所。在數年之間，徐百齊忠實任事，著譯甚勤，後來升爲人事科長，也能稱職。"八‧一三"抗戰爆發後，王雲五離開上海，他仍然留在商務印書館一段時間，後來因爲商務緊縮編制而自動辭職改任律師。相隔了七八年，王雲五從重慶返回上海，才再次相見。在公佈了王雲五任經濟部長之後，他表示願意追隨。當時，王雲五考慮，徐百齊雖然沒有行政工作的經驗，但以其所學及平素辦事均還有條理，讓他充任一位秘書當沒有問題。而王雲五到經濟部任職後，自己感覺最大的缺憾就是沒有班底，身邊沒有熟悉的工作人員，於是，讓徐百齊擔任了經濟部的秘書。

　　王雲五辭去善後事業委員會主任委員一職後，徐百齊便決定仍然回上海擔任律師，而且一切已經接洽妥當。

　　王雲五出任財長時，對於主任秘書一席，因爲財政部的單位非常多，秘書處的工作尤其繁雜，遠非經濟部可比，而且應付各單位的首長尤其需要分寸得宜，起初，他原打算請原任經濟部上海區工商輔導處長某氏擔任，某氏却因爲種種原因極力辭謝，並力勸王雲五仍然由經濟部主任秘書徐百齊擔任。王雲五初時並沒有考慮到徐百齊，一來因爲徐百齊已經決定回上海擔任律師，而王雲五出任財長祇是暫時，不願意因此牽動徐百齊的長期計劃；二來因爲他雖然還能幹，畢竟從政的時間很短，在經濟部秘書處的小範圍內還能應付，對財政部的局面恐怕難以勝任。但這時，徐百齊託人向王雲五表示，已追隨多年，仍然願意繼續相助並爲國家効力。而且，王雲五今天任此繁重職責，倘若他驟然離去，難免外面不明真相的人會誤會王雲五對他有什麼不滿。當時，王雲五因爲急於就任，而主任秘書一職必須在就任前決定人選，否則，交接將會遇到一些問題。徐百齊既然有這個表示，鑒於過去十多年他先後追隨王雲五工作，還能審慎。兩年來，追隨王雲五從政也沒有什麼過失，又正值年富力強，努力工作，全力以赴，勝任主任秘書工作當不會有問題，因而就此決定下來。

陶啓明是江蘇省川沙縣人，時年三十歲，也是東吳大學法律系畢業，曾任臺灣高雄地方法院推事，由徐百齊推薦到財政部任秘書。到部工作還不到兩個月。

王雲五感到頭痛的是，由於最近一個多月來，他忙於幣制改革和有關的事宜，對於陶啓明，他還祇知其名，至今還沒有見過他本人。

想到這裏，王雲五趕緊問徐百齊，陶啓明現在什麼地方？

徐百齊回答說：“他住在財政部辦公大樓三樓宿舍。”

聽到這裏，王雲五立即拿起電話，通知上海的林局長，在陶啓明被逮捕以前，暫勿發表消息，以免其聞風逃匿。然而，林局長說，已經有兩名新聞記者獲悉這件事，雖然叮囑了他們暫勿將此消息發表，但恐怕未必能夠照辦。

於是，王雲五立即同徐百齊趕到部中，密查陶啓明是否還在宿舍，以便對他進行拘捕。經過瞭解，陶啓明已外出吃晚飯，尚未回來。王雲五便留在部裏，一面電話邀請兩位次長和幾位高級主管人員到部裏來協助應付。同時，電招首都警察廳廳長黃珍吾來財政部，叮囑黃廳長派員會同部中高級人員在火車站及本部門口守候陶啓明。同時，王雲五又親自前往翁院長的公館報告，並同翁院長商定，在陶啓明尚未逮捕以前，必須嚴守秘密。但是，一經逮捕，便應該將真相發表，以免在外間造成誤會，甚至妨礙幣制改革的順利進行。

這天晚上，陶啓明一直到十二點左右才回到宿舍，守候在財政部的人員便立即將其逮捕。王雲五也在這天晚上，將事情的真相，撰寫了一篇談話稿，交中央社於第二天發表。

第二天早上，王雲五想到，徐百齊是陶啓明的舊同學，又是陶啓明進財政部的介紹人，而且，陶啓明獲知交易所停業的消息，恰恰是在徐百齊由徐次長面囑草擬電文之後，這樣，徐百齊也不無嫌疑。於是，將徐百齊找來嚴詞詰問，徐百齊則堅決表示他決未泄露消息，此事與他無關。徐百齊又表示，不幸的是，陶啓明是他推薦到財政部來的，萬一要對他進行傳訊，他斷不會逃避。

王雲五考慮，如果這時候將徐百齊交付警察廳，似嫌證據不足；但是聽任他自由，就公事言，也實在不太恰當。於是，他明確告訴徐百齊："萬一你受到牽連而逃避的話，即使是不白之冤，也永遠難以澄清了。"

徐百齊知道王雲五的意思，於是，自己要求留在部中，由部長派人監視，隨即自己寫了一份書面證明，請求派人監視，以明心跡。

在這種情況下，王雲五立即電話首都警察廳，請黃廳長委派專人來部監視徐百齊的行動，並命令徐百齊立即移住於陶啓明原住的宿舍中，暫停辦理公務。並當面叮囑黃廳長，在徵詢陶啓明的結果後，如果有涉及徐百齊洩露這項消息的事實，便立即將徐百齊逮捕，併案偵訊。

王雲五的態度是，雖然徐百齊與他有十多年的相識和相處，平時也能守份儘職，然而，如果涉及本案，則絕對不能對他有絲毫的袒護。

不久，黃廳長來電話告知，陶啓明已經供認，他的消息得自徐百齊。王雲五瞭解了這個事實，便立刻書寫了一張便條，請黃廳長將徐百齊逮捕。並表示，今後，對於此案，一切須聽法院依法辦理。

九月五日，即陶啓明洩密事件發生後的第三天，王雲五以信函形式，向行政院長翁文灝報告陶啓明案的經過情形，並請辭職，以示負失察之責。

王雲五在報告中説：

> ……王雲五對於改革幣制之準備，雖於保守秘密已儘最大之能事，及本案發生，亦經從嚴澈查處置。然終以未能防患於未然，耿耿於懷，尤以進用該陶啓明時，僅憑主管人員之推薦，未能詳加考察，究難免疏忽之責，謹負責辭職，務祈轉呈　總統賜准，實爲公便。

陶啓明洩密事件發生之後，對於王雲五的果斷處置和嚴肅認真負責的精神，京滬各報也有不同的評價。有的報紙認爲王雲五處事嚴正，對部屬不予袒護，不徇私情。但是，對王雲五攻擊的也不少，尤其是平時對他特別有惡感的幾家報紙，又竭盡攻擊之能事。

　　然而，蔣總統深知王雲五的爲人、品格和情操。就在王雲五向行政院長遞交了辭職報告的第二天，九月六日上午，國民黨中央黨部舉行紀念週，蔣總統以總裁身份出席致詞。談到陶啓明泄密案，蔣總統爲王雲五主持公道，他說：

　　　　這次幣制改革，我們最足自慰的，就是行政院院長與財政及金融當局擘劃周密，勇於負責。而且財政當局事先各種文稿都親自抄繕，不敢假手於部屬，其精勤奉公，更爲難得。不幸發佈命令之前夕，關於停止交易所等營業的命令蓋印，不得不經其秘書之手，因之洩漏秘密。但此完全爲其秘書的責任，而且其秘書有關人員皆已逮捕到案，政府自當依法嚴處。不料有幾家報紙藉題發揮，對財政當局予以重大嚴厲的抨擊。這件事情實已水落石出，對於財政部長毫無關係。我們不能以其用人不慎的微疵，而加以重大的責難，反致妨礙政府經濟政策的實施。

　　正當王雲五的幣制改革正在順利進行，陶啓明的泄密案已經發生，王雲五勇於承擔負失察的責任而請咎辭職的時候，他又不得不作短期的遠行，那就是赴美國出席國際貨幣基金及國際銀行第三屆聯合大會。

　　國際貨幣基金及國際銀行聯合大會，每年集會一次，由美、英、中、法四大國的理事輪流擔任會長。

　　第一屆大會於一九四六年在美國舉行，由美國財政部長兼該兩機構理事者任會長。

　　第二屆大會於一九四七年在英國舉行，由英國財政部長兼該兩機構理事者任會長。

　　第三屆大會於一九四八年舉行，輪到中國財政部長兼兩機構理事者擔任會長。集會地點本來應該在中國，因爲中國境內有戰事，在上屆會議閉幕前，大會議決並經中國代表同意，改在美國集會。

　　這次會議雖然並不是非常重要，但是中國原應爲地主國，既已放棄，則是借他國的土地而儘主人的義務，實在不宜再予放棄。兩機構的組織章程明確規定，會員國的財政部長爲當然理事，大會主席則非由理事親自擔任不可。假如王雲五因事不能出席，則本屆大會的主席便要讓與他國，這不僅有放棄職責之嫌，而且，對於臨時主席的選任，可能會引起爭執。

　　本來，王雲五因爲執行財政緊急處分令，備極忙碌，原不想分身前往，祇是由於兩機構一再來電相催，經與翁院長商量，認爲不得不一行。請示蔣總統，蔣總統也覺得應該前往。

　　正在王雲五猶豫不決的時候，兩機構的秘書於九月十四日聯名電告，已用王雲五的名字，於某日在美國招待各國代表和美國的朝野人士，務請王雲五如期到會。因此，王雲五前往赴會已成騎虎之勢，無法推辭和放棄了。

　　在出國赴美之前，王雲五將財政部部長職務交政務次長徐柏園代理。又考慮在他出國的二十天時間裏，幣制改革將面臨兩個重要關頭：一是九月底的截止收兌金鈔，二是十月一日的調整物價和稅收。爲此，王雲五擬定了各種辦法並面呈蔣總統核准，然後將擬定的辦法致函翁院長，又將該函的副本交給徐次長，叮囑徐次長務必按照所擬的辦法執行。徐次長也表示贊同，願意切實遵照執行。

王雲五因爲預定的辦法已經得到各方的贊同，深信在他出國期間，如果按照他的辦法執行，財經的局面當可以繼續穩定。如果有必要繼續採取什麼措施的話，那麼，再過十天，他便可以返國，親自主持。因此，他在啓行出國之前，覺得可以放心了。

九月二十二日，王雲五乘西北航空公司的飛機赴美。

九月二十七日，國際貨幣基金及世界銀行第三屆聯合大會正式開幕。在五天的會議期間裏，王雲五以大會會長的身份擔任會議主席。

第一次出席國際會議的王雲五，在這次會議上不僅擔任大會主席，同時，還是程序委員會的當然主席。在主持會議時，王雲五不僅能做到程式一點不錯，而且在處理一些複雜的問題時，都表現得像很老練的主席，能够運用主席的權力作適當的解決。

在開幕式的致詞中，王雲五考慮，一方面，他是中華民國的代表，另一方面，他同時也是四十七個會員國的總代表，開幕詞的内容應該雙方兼顧。爲着代表四十七個會員國所組成的機構，不能不維護兩機構過去的立場而代爲解釋；爲着代表中華民國及與中華民國同樣需要兩機構今後多予注意的會員國，又不能不期望兩機構今後的方針應該有所修正與改進。以國際銀行而論，在過去的兩年間，該銀行的貸款政策側重於在經濟上遭受了戰時破壞的西歐國家。王雲五在致詞時則強調，今後，以性質而言，應該兼重經濟本來落後而未經戰事破壞的國家。以地域言，則應兼重遠東、近東、南美及東歐諸國，這樣，名實才能相符。王雲五的這種措辭，固然獲得了向來沒有獲得國際貸款的國家的支持，也不至於傷害美、英、法、比等國的感情。因此，他的開幕詞每一個段落都博得了各國代表的熱烈鼓掌。開幕詞結束之後，鼓掌聲持續了一二分鐘之久。

會議結束之後，據我方代表以及駐美人員所獲得的評論，都認爲王雲五這次主持大會，遠比上一屆更爲成功，而且出乎一般人的意料之外。據說，在開會之前，兩個機構的秘書長與中國駐各機構的執行委員等談到，大會一律要用英語，第一、二屆的大會主席是美國人與英國人，當然沒有問題。這次輪到中國，他們又知道王雲五從來沒有留學過英美，因此，對王雲五主持會議能否熟練地運用英語，表示懷疑。因此，考慮預作種種的準備和特別的協助，以期王雲五主持大會能夠順利進行。在中方的執委說明王雲五主持會議能夠應付後，他們仍然將信將疑，及至見到王雲五主持了會議的開幕式之後，無不感到驚訝。尤其是對王雲五在大會期間處理代表間的爭議時，能夠以敏捷的手段發揮主席的權威，簡直是一位國際會議的老練主席。許多國家的代表由於利害關係的不同，尤其感覺到實際主持兩機構的美英兩國，側重於西歐的利益，對於其它地區的國家，一般未能兼顧。而王雲五在會議的開幕詞中主張普遍注意。所以對王雲五表示了一種特別的好感。美國的財政部長施耐德更加極力讚揚王雲五措辭的得體和主持會議的老練。

總之，王雲五以優異的成績，完成了這次主持國際會議的任務。

然而，王雲五萬萬沒有料到，就在他離開國內的短短的半個多月時間裏，國內發生了他始料不及的悲劇性的變化。

首先在軍事上，共產黨領導的中國人民解放軍在東北發動了遼瀋戰役，與國民黨軍展開了決戰，許多中小城市被解放軍攻克，東北的重鎮錦州危在旦夕。接着，九月二十四日，華北的門戶濟南被解放軍攻陷。濟南失守後，繼續威脅到南京的門戶徐州，局勢迅速惡化。

在經濟方面，王雲五發動的幣制改革，在他出國之初，還保持以往一個月來的成績。他出國不久，特別是在濟南失守之後，局勢便迅速地惡化。金圓券出現黑市，對外的匯價迅速下跌，由原來的四比一下跌到十比一，逐漸下跌到二十比一，各地又發生搶購風潮，尤其是上海。搶購的風潮迅速瀰漫全國，先是搶購洋貨雜品，然後是米　糧食，最後，祇要手上有錢，無所不購，社會秩序發生了鉅大的騷動！

更有甚者，心急火燎的王雲五從美國趕回南京後發現，他在出國之前交待的兩件重大的事情，均沒有按照他擬定的辦法切實執行。

首先，王雲五原交待，金銀外幣的收兌期限於規定的九月底屆滿後，萬不宜展延。財政部却在十月一日通令，原定於九月三十日截止的金銀外幣對換金圓券的期限延長兩個月，至十一月底止。

關於調整物價，也僅僅是將少數貨物的稅收先予調整，而沒有實行調整物價的整個方案，產生了惡性的影響。增加稅收和取消補貼的辦法也遲遲未予實施，致使收支產生鉅大的差額，導致了惡劣的後果！

十月十日，王雲五由美國返抵上海，親眼見到了人心浮動和搶購之風的可怕局面，焦心如焚。又瞭解到財政部在他出國之後，對於他所擬定的各項措施均未能認真遵照執行。便於第二天匆匆返回南京，與翁文灝、徐柏園等研究商討挽救金圓券幣值的措施。

十月十三日，王雲五即向行政院提出調整物價工資及公務員待遇的辦法。十四日，又向行政院提出預結外匯維持幣信的辦法。

十月十六日，翁文灝院長召集經濟管制委員會討論王雲五提出的兩種救急辦法，討論來討論去，經管會對王雲五提出的兩種救急辦法，特別是預結外匯一案，意見不能一致。最後未獲通過。此後，金圓券日益貶值，一般的物價上漲惡化尤甚，到本月下旬，救急的辦法仍然沒有能够通過，而一些地方已經發生了搶購糧食的事情。

十月二十六日至二十八日，行政院經濟管制委員會接連召開三次會議，由行政院院長翁文灝主持。全體經管會委員及若干關係部部長出席。這次會議上，王雲五的主張不僅未被採納，而且決定放開糧食市場，取消糧食限價。這樣，其它物品的議價等於多此一舉，實際上取消了其它物品的限價和議價，等於將過去的經濟管制政策作了一個一百八十度的大轉變。

旬日之間，物價波動日甚，搶購停售之風愈烈，惡劣的情勢有如火急，而且星星不減，已成燎原之狀！

王雲五自返抵首都之後，迄今已經半個多月，當時，他還認為這種惡劣的情勢可以挽救，打算在本月二十日全盤調整物價，同時宣佈大量預結外匯。這樣，兩者同時實行，幣值既能得到保障，物價至少也不會再漲，如果加以合理的調整，自不難起死回生。而如今，他的調整方案不僅沒有得到經濟管制委員會的的批准，而會議所作的決定簡直與他過去的主張背道而馳。此時，蔣總統由於軍事形勢的緊張，已赴北平指揮，一時不克返京，王雲五維持幣值的有效措施，又無法向蔣總統請示和得到批准，將來的局勢必將日益惡化。

瞻望前途，一切已無希望可言！

王雲五本來可以成功而且已經取得初步成功的改革幣制方案，因爲沒有能切實執行，又加上軍事形勢的日趨惡化而最後挽救的政策也沒有能够實現，以至大好的金圓券一敗塗地，不禁痛心萬分。

他想到自己在出任財政部長之後，本想爲推行挽救財經崩潰的政策作一個大膽的嘗試。然而，他的幣制改革自實施以後，政策多項未能貫徹，最後，他的挽救方案也沒有能够實行，以致幣制改革遭到徹底的失敗。

以此，對於他任職的財政部，實無戀棧的必要。確實，大勢已去，力爭無效；唯有立即對過去引咎，而對未來不再與聞，這就是他的願望。

就在這次會議的第二天，十月二十九日，王雲五致函行政院長翁文灝，請求辭去財政部部長職務。

王雲五在辭呈上說：

> ……最近金圓券價值突變，雖有種種外在原因，然雲五未能提前返國，堅持適時適當之措置，在責任制之政府中自屬不能辭責，且旬日以來，苦思焦慮，計議多沮，竟夕失眠，精神恍惚，不足以當艱鉅。故就過去責任言，與將來負責計，均不敢尸位誤國，謹此辭職，務懇轉呈　總統賜准。……

第二天，翁文灝親筆復函王雲五，對他的請辭表示挽留。

緊接着，十一月一日，王雲五在一天時間裏，兩次致函翁文灝，請求辭職。

王雲五在上午的辭呈上說：

> ……雲五考慮再三，仍不得不辭。此次幣值突變，原因雖多，然雲五為建議與主持改幣之人，無論由於計劃未周，或議而未行，責任所在，實不能不辭，一也。今後應付局勢，似非就財經緊急處分原案作重大轉變不可。雲五以主張原案最力之人，信用既失，從事轉變，斷不能取信於國人，不如易人主持，面目一新，事半功倍，二也。財長職責，首在平衡預算，就目前情勢言，行將提出之三十八年度國家總預算，支出如此龐大，收入之責端在財部，雲五既乏點金之術，自難為接近平衡之計；按憲政先例，財長苟不能平衡預算，實不容須臾戀棧，三也。……又雲五連日失眠加甚，精神疲乏，不克治事，在奉准卸職以前，自即日起，務懇給假休息，所有財部部務暫由政務次長徐柏園代理，合併陳明。……"

他在同日下午致翁院長的第三次請辭函上說：

> 弟如不立時辭職，等於戀棧而不肯負責，以戀棧而不肯負責之人，於此艱難之時，膺此艱難之責，個人名譽縱不足惜，其如誤國何？且這次幣值突變，人民確受有重大苦難。實際責任誰屬固不必問；弟竊願代表政府負其責任，使人民能得小小安慰。千乞原情俯允，迅請總統准予辭職，另選賢能接替。國家幸甚，個人幸甚。天下興亡，匹夫有責；見危接命，弟

不敢辭。惟留任財部，於國家實有損無益；辭職以
後，仍當以在野之身，隨時供貢其一得之愚。⋯⋯

十一月十日，蔣總統發佈命令，准允王雲五辭職，同時命
令主計部主計長徐堪繼任財政部長。

十五日這天，王雲五到財政部親自向接任的徐部長辦理交
待。王雲五自認有生以來第一艱苦的任務得已解除。

不久，以翁文灝爲首的政府內閣也引咎總辭，由孫科（哲
生）出任行政院院長。此後，金圓券改革案的全部措施和精
神，完全被推翻。

自十一月十一日起，金圓券的對外匯率降低爲二十元對一
美元。

十一月二十二日起，中央銀行改採"外匯移轉證"制，隨
市場調整匯率。隨後，物價波動更劇。而在前方，軍事上也步
步失利，使金融的變動更加日益加劇。美金一元對金圓券的匯
率，從一九四八年八月原定的四元，到一九四九年四月，下降
爲二〇五〇〇〇元。在八個月的時間裏，美金匯率上漲了五萬
一千二百五十倍。金圓券的發行額也循幾何級數急速累進。一
九四八年十一月，發行總額開始衝破原限的二十億元，到一九
四九年的五月九日，達一八九四〇〇億元。在前後不足九個月
的時間裏，發行總額上漲了六萬三千九百餘倍。實際上，金圓
券便等於一張廢紙，連鈔票的印刷費用也高過其本身的價值
了，這是後話。

下　部

第四章　從大陸到臺灣

一　香港暫棲

　　昨由商務轉到手書，快如把晤，在離群索居之心情中無殊一服興奮劑。惟弟年來竭智儘忠，於國事或議而未能行，或功敗垂成；於一己更遭毀名敗家之厄。擺脫以後，祗期得一清靜地，重理十年未竟之業。無如穗市固喧囂萬狀，覓居尤難；港地則生活奇昂，維持乏術。處此情勢之下，寫作研究，其難可知。最近邂逅英友，憫其遭遇，自動建言已由劍橋大學邀往講學，藉避煩囂。在彼以弟送鷹要職，當能自給，未計酬報，而不知弟躊躇莫決，轉在此小節也，承兄與雪兄謬許，以弟尚有余勇可賈。實則生平向不消極者，今已意志消沉，除能於別一方面假我數年，

或可對學術有多少貢獻，不致虛此一生外，痛定思
痛，祇深悔前此之過分熱心，與不自揣度耳……

　　這是王雲五在辭去財政部長職務後，沒有留在政治中心南
京，沒有留在繁華的舊遊之地上海，也不便重返闊別已五十年
的廣東中山縣泮沙村的故居，祇好暫時居住在廣州的親戚家
裏，利用這幾乎與外界隔絕的機會，潛心讀書撰文。一天，在
接到前參政會秘書長雷儆寰寄自臺灣的來函後，感慨系之，寫
下了上面這封信。

　　是呀，功敗垂成，毀名敗家，痛定思痛，痛何如哉！

　　王雲五不後悔他在改革幣制之前措施不得當，計劃不周
密，也不後悔他在幣制改革的關鍵時刻前往美國參加國際貨幣
基金和世界銀行年會，致使緊要關頭他無法在國內親自掌握，
而導致局面無法收拾，使幣制改革最終臻於失敗。他祇是深悔
過去他對國事，對挽救頹敗的時局，對幣制改革過份熱心。

　　然而，勇於負責又敢於負責的王雲五又得到了什麼？

　　一九四八年九月，在王雲五奉委出席兩國際機構的年會期
間，監察院因陶啟明、徐百齊泄露機密案對王雲五提出糾舉，
當時因為王雲五不在國內，行政院長翁文灝於九月下旬前往監
察院為王雲五進行辯護。辯護之後，原提出糾舉案的孫玉琳、
唐鴻烈二位委員認為，翁院長的辯護，“曲盡文過飾非，增加
庇護之能事”，將糾舉案改提彈劾案。在案由中，從五個方面
證明王雲五失職和應予懲罰的理由。該彈劾案經過監察委員九
人審查成立，遞送公務員懲戒委員會，在王雲五辭去財政部長
職務並已移居廣州之後，公務員懲戒委員會仍然沒有放過他。
十一月底，王雲五在廣州接行政院秘書長於同月二十五日轉來

的監察院對他的彈劾案，命令王雲五在限期內對監察院移付的懲戒提出答辯。此時，經過幣制改革失敗的王雲五，對於毀譽成敗早已置之度外，他將答辯書匆匆寫好寄出後，對答辯後的結果也同樣置諸腦後。

一年以後，王雲五才接到司法部公務員懲戒委員會作出的議決書，在這個議決書中，對監察院的彈劾理由也提出了三點不同的意見。第一點認為王雲五對於銀行錢莊的休假命令尚無交由徐百齊起草的事實，雖然徐柏園未依被付懲戒人的意旨，必由口授徐百齊執筆辦理，似難據此即認被付懲戒人為失職；第二點認為王雲五於案發後對徐百齊的處理，從首都警察廳一再復訊徐百齊的筆錄可以證明，則被付懲戒人的申辯不無理由可採；第三點認為王雲五稱徐百齊平常沒有其他過失，尚屬可信。以上三點都是為王雲五解脫的。

但是，認為王雲五有責任的也有三點。一是對於這次如此重要的改革幣制的計劃，無論王雲五有無不使徐百齊參與瞭解，然而，機密最後還是被泄漏，顯然不合知人善任之道；二是陶啓明任財政部秘書到職已兩月，而王雲五竟然未一晤面，說明其平日用人疏於考核，更無辭以解；三是王雲五發表的公開談話，雖然經過與財政部主持改幣的幾位宣傳人士熟商，維持新幣的苦心故無可厚非，尚未影響偵查工作的進行，考慮仍有欠周到。

最後，公務員懲戒委員會作出了書面申戒的處分。

對於這個處分，已經時過境遷的王雲五也絲毫無所縈心。

然而，社會輿論對王雲五的辭職也有公平的評價。

十一月十二日，中央日報刊載一篇《王財長去職》的短評，稱讚王雲五的辭職有政治家的風度。文章說：

　　財政部長王雲五氏爲財政經濟緊急措施之變更，
引咎去職，今日政務官有政策者幾人？以政策爲進
退者幾人？能進而不能退者又有幾人？大家心裏都
很明白，不待我們贅述。王雲五氏來得光明，去得磊
落，開責任政治的風氣，我們真是衷心贊許。……
政策談何容易，政務官以政策爲進退，更須具民主政
治的風度，尤須其人的生活能任其進退自如。在二千
五百年前，曹劌已曾慨乎其言之：「肉食者鄙，未能
遠謀」。我們今日可以說：一個人日久慣於肉食，就
能進而不能退了。總統倡導勤儉建國運動的時候，早
已指出王雲五氏是一個勤儉的楷模。今日王氏去位之
瀟灑，正足以說明他勤儉的美德，亦即爲他政治的風
度之內在支持力。

　　對於這些讚譽之詞，王雲五也無所縈於心。總之，自辭去
財政部長職務後，對於改革幣制的功過成敗，是非曲直，王雲
五總是保持緘默，不願再予置詞。他寫了一首《南還偶感》的
七言絕句，抒發了自己辭職後的心情：

　　　　儘人風靡我獨堅，金剛百煉志超然；
　　　　生平不作安家計，愛國愛名不愛錢。

　　一九四八年十一月二十六日，王雲五携家眷從首都飛往廣
州。當時，六兒學農原在南京中央醫院任牙醫師，也隨同南
行。接着，應友人的邀請，前往香港開業，其母親也隨往香

港。這樣，王雲五獨自留在廣州的親戚家，頗爲清淨，開始以兩年半的從政經歷爲内容，撰寫回憶錄。他覺得，連年爲國辛勞，這時得以卸去行政的負擔，無所事事，正好藉此消遣餘暇。其次，太平洋戰事爆發之後，他九年的日記毀於香港，如今，回首既往的經歷，已經很難找到文件可以作爲依據，他希望趁現有記憶猶新，儘速的補述迄今兩年的從政事實，以誌不忘。尤其重要的是有關金圓券的事實，外面衆說紛紜，傳述不一，此時雖不宜辯正，却不可不予存筆記，以便在必要時，可以澄清真象。抱着這個目的，又有足夠的時間可以利用，因此，在這段時間，王雲五每日孜孜不倦，將撰寫回憶錄作爲他生活的主要内容。經過兩個多月的時間，他已寫成十八萬言。又反復地校閱修正了兩三次，最後，清繕了一份，交給兒輩妥爲保存，以留信史。

兩年從政的回憶錄完成後，王雲五考慮，在重慶編撰的《王雲五小辭典》久未修訂，内容已嫌貧乏，打算趁此閑暇較多，正好從事修訂。於是，又開始進行《王雲五小辭典》的增補修訂工作。

爲了修訂《王雲五小辭典》，他在太平洋戰事發生前的留港期間，曾有不少藏書，爲參考方便計，決定遷往香港學農的診所，這樣，既可以利用藏書，又可與家人團聚。於是，王雲五在一九四九年二月，由廣州遷居香港。同時，在上海的部分家人也遷往香港，一家人終於在香港團聚。

此時，四兒學農經香港政府醫務總監承認其牙醫師的資格，準備開業，算是有了一個固定的職業。一家人便與學農住在一起。

在學農的寓所裏，王雲五在附有窗門的露臺安置了一張帆布牀，在面對街道的窗邊擺了一張小書桌，開始編撰和寫作。

正在這時，有一位王雲五在訪英時認識現執教於倫敦大學漢文系的西門教授來香港度假，得知王雲五也在香港，特來拜訪。當他得知王雲五今後的出處尚未決定，便力勸王雲五赴英國講學。還有一位王雲五訪英期間認識的現在劍橋大學執教漢學的夏倫教授在了解王雲五的情況後，也表示希望王雲五赴劍橋講學。

王雲五考慮，如果變換一下環境，置身於學術氣氛之中，也是非常愉快的事情。便和西門與夏倫兩位教授函商，不久，便接到夏倫教授轉來的劍橋大學的聘書，聘請王雲五爲漢學特別講座，聘期暫定爲一學期。並稱，"初聘雖僅一學期，如願久留，當可續訂長期之約"。又談到，劍橋大學認爲王雲五久任要職，生活當不成問題，故擬按所講次數致送報酬，必要時可在續約中明定待遇。

經過函商，王雲五決定接受劍橋大學的聘請。隨後辦理了護照等有關手續，又經香港政府予以簽證，隨時可以出發了。

關於何時出發的問題，王雲五考慮，這次遠行不是一般的工作訪問和旅行，到英國後，説不定要久留，在動身之前，不可不將家屬妥爲安頓。王雲五覺得最妥善的安頓方法，莫如使旅港的六兒學農可以實現自給，而且贍養全家。不過此時，學農剛開業不久，不可不稍加觀察，便等待了一些時日。

正當王雲五準備前往英國的時候，突然接到一位老友、前參政會副秘書長雷儆寰從臺灣的來函。雷儆寰在函中説，他與國民黨總裁辦公室秘書長王雪艇對王雲五在香港的生活極爲關心，勸王雲五前往臺灣定居。即使一時不便決定，也請先來臺灣訪問一次。王雪艇也給王雲五來信説，蔣公極盼王雲五在赴英之前，來臺灣一晤。其時，王雲五的大兒學理已經在臺灣的公營事業任職，全家在臺灣。王雲五考慮，如果遠赴英國，也應該去臺灣與學理一家話別，加之蔣公等朋友的盛意情不可却，於是，便在一九四九年四月某日，由香港飛往臺北。暫時住在大兒學理家。

王雲五到臺北後，便會晤了王雪艇、雷儆寰等友人。獲悉王雲五已來臺北的蔣總統也在陽明山晤見了王雲五。

蔣總統這次召見王雲五可謂不同尋常，從上午十一時談到下午二時許，中間並留下共進午餐，當時蔣夫人在美國，午飯僅是蔣總統與王雲五共席。在談話中，蔣總統對王雲五的近況及前途計劃垂詢甚詳，除對王雲五勉勵有加外，還詢問了王雲五今後的計劃。

王雲五說，生平原以出版為業，並願終身為之，現在可以得遂所願。如果在大陸，本可以復返舊崗位商務印書館，但是現在，他在香港和臺灣均無基礎，祇得改趨於研究和著述，從事出版祇得從長計議。又因為港地喧囂，才接受了劍橋的聘約，打算不久成行。

蔣總統聽說王雲五有復返出版崗位的意思，極表贊同。並說，如果王雲五有何困難，當儘力相助。這樣，王雲五便可以留在國內，或在距臺灣不遠的香港，隨時接受政府的咨詢。

王雲五則表示，他與劍橋已經有約在先，秋後必須一行，以期踐約。總統說，如確有必要，不妨一行，但講學結束，不宜續約久留，希望能儘早回國。

王雲五見蔣公如此誠懇，考慮到國家正當多事之秋，個人遠行，祇是獨善其身，也並非他的本願。因此，便答復總統，願意重新考慮總統的建議，再行報命。

從蔣總統處告辭後，王雲五又經過了幾天的思考，決定仍照原計劃，於秋後赴英國講學三個月，即返回，在港臺籌辦一家小規模的出版公司。

為籌辦這家小出版公司，經過與王雪艇詳談後，王雲五決定先行返港，從事出版的計劃。

首先是籌集所需的最低限度的資金。

王雲五一面與在泰國經商的四兒學政函洽，學政回信對父親的計劃極為贊同，並主動徵得其外兄的支持，投資一部份。又承王亮疇（寵惠）先生介紹，將王雲五收藏的明清時代名人書札千餘通及訪英時購得的趙雪松絕交書長卷真跡售給世界社的李石曾先生，所得的款項加上其他投資，勉強組織了一家兩合公司，定名為「華國出版社」，資本總額為新臺幣二十萬元（實際匯兌率恰等於港幣二十萬元）。

王雲五將這個計劃及其實施情況函託王雪艇轉呈蔣總統。蔣總統慨然答應，依照前諾，撥款十五萬元，以助其成。

華國出版社在臺灣進行了登記之後，聘請了兩三個助理人員，開始正式經營。

當時，臺灣的印刷業還沒有發展起來，排印及原料的成本遠比香港昂貴，而且，向國外推銷也有賴於香港作為中介。王雲五決定，以臺北為公司所在地之外，大部份業務都在香港辦理，並在香港設一間名為「香港書店」的門市部，經辦對外發行的業務。王雲五自己則先在香港主持，稍後再遷臺灣。

華國出版社的出版方針，為適應當時的需要，準備儘量譯印有關國際問題及反共的各國名著，同時以工具書為維持營業的基礎，教科書為副。經選定若干種國際問題的名著，分別委託學者進行漢譯，王雲五也親自翻譯了若干種。

　　華國出版社開業後的第一種出版物是王雲五自任漢譯名記者根室所著的《在鐵幕之後》。這段時間，王雲五一邊主持出版社的業務事宜和選定書目，一邊還以每天五千字的速度進行翻譯工作。在兩個月的時間裏，翻譯《在鐵幕之後》一書計三十餘萬字，分印爲上下兩册。王雲五的這部書的譯者筆名改用"龍倦飛"，取"雲從龍"和"雲無心以出岫，鳥倦飛而知還"之義。以後，王雲五所有的譯著也都改用"龍倦飛"筆名。

　　接着，王雲五積極籌備將《王雲五小辭典》增訂改編爲《王雲五綜合辭典》。

　　王雲五在一九三0年編印了一部《王雲五大辭典》，供中等學生參考。其所謂"大"，是與《王雲五小字典》相對而言。抗戰時，在重慶，他綜合這兩部書改編爲《王雲五小辭典》。經過不斷增訂，凡原編大辭典未經收入的新資料，儘量加入，原編大辭典所收的詞條，如無必要者，則酌量删除。從一九四五年三月第二次增訂本出版以後，到一九四九年底，四年之間，重版四十多次。因而，原編的大辭典早已經絕版。

　　這次，爲了重整出版事業，爲新成立的華國出版社創造一項重頭産品，王雲五決定將原有的《王雲五小辭典》增訂重編，作爲華國出版社開業時最早的出版物之一。爲此，王雲五廢寝忘食，朝斯夕斯，將他的全副精力都投入到《王雲五綜合辭典》的編纂工作中去。

　　六月二十六日，爲這年的陰曆六月初一，是王雲五的六十二歲生日。寄居海隅，潛心書齋，即使在花甲晋二的生日這一天，仍然手不釋卷，筆不停揮的老人撫今思昔，百感交集，寫成五言詩一首，以抒其懷：

年年有此日，今歲獨淒涼，憶昔持筆政（余主商務書館編譯所前後共二十五年），聲名被四方。八載當言路（余任國民參政員八年），一鳴震議場（余於國參會不多言，言輒中肯，首次博得全場之熱烈歡迎者爲對於國共問題之發言），重洋歸使節（民國三十二年余膺選訪問英國，歸途順訪近東諸國，歷時合四閱月），萬衆仰書囊（余好書成癖，於書無不讀，夙有有脚書櫥之稱，訪英時暇輒收購圖書及各種參考資料，隨購隨讀，在英講演對英國實情如數家珍；歸後二三月成書兩種，英人多以 Walking Encyclopaedia '行動的百科全書'相稱，亦我國有脚書櫥之意也），憲法勤促進（余於留渝期間膺選爲憲政實施促進會常務委員，集會之第一日即建議提審制以保障基本人權，厥后對憲政之促進力所能及者，無不極力爲之），和平與協商（民國三十五年召集之政治協商會議，余以無黨派人士經各黨派推舉加入第五方面代表之一，對憲政及黨派間問題多有獨立主張，頗能舉足輕重），片言判輕重，三度挽危亡（指余於一・二八、八・一三及太平洋戰事發生之十二・八，三度挽救商務書館於千鈞一髮），仔肩未得卸，高位敢承當（余在渝承蔣主席數度堅邀入閣以所負商務書館責任未交卸，婉却之），勝利來臨日，丁寧戒履霜（民國三十四年八月九日日本投降消息甫至，余適主持同業會議，全體聞信狂歡，余以勝利非出自力，前途問題孔多，力勸同業同仁毋過分樂觀，並宜隨時警惕）。我生四去三，易轍勿彷徨（余嘗謂人生上壽不過八十，余六秩已近，在人生程途中，四去其三，人生有如遊程，余主商務前後二十五年，佔吾生三之一，中經三度鉅劫，賴吾主持不墜，心力交瘁，勝利後爲重大轉機，此時不走，更待何時），前驅赴火湯（**復員後，余即力辭商務職責，初擬以全力協讚政府，繼續政協未竟之功，蔣主席以政協續商無期，力勸余加入政府，以爲擴大政府之初步，竊不自揣，於固辭不獲之際，允爲前驅，固明知爲赴湯蹈火之舉也**），從政兩寒暑，書生未改常，一心唯儘職，趨避靡所長，經部如嚼蠟（**余初長經濟部，時資委會已改隸，範圍益狹，在他人或認同嚼蠟，余則惟日孜孜就所掌力圖振刷**），孜孜日不遑，協揆無專責，事事有主張（**張內閣中，余以國府委員兼政院副院長，副院長平時無專責，余獨不肯素餐，負責特多，且多所主張**），府怨寧足惜（**余於政院中兼主預算委員會，掌全國財政實權，認真整飭，開罪各方，頗多其他會議中亦發言無忌，府怨頗多**），無功枉自忙（**余以勞而無功，極思於改組政府時擺脫**），政垣方改造，此番決遠颺，時際非常會，未許獨徜徉，成則新建伯，敗則臨川王（**余於拒任財長不獲如願，遂滿懷幣制改革，嘗致書女兒鶴儀，謂余任此席，必須從事重大改革，在昔吾宗名政治家爲余服膺者在宋爲王荊公，在明爲王陽明，余改革幸而成功，或不敢上擬陽明，設不幸而失敗則余將爲荊公無疑矣**），下車先自計，後果問天良，忍辱復負重，一舉破洪荒，四旬收特效（**幣改成四旬間，成績斐然，在人耳目，全非能變把戲掩盡天下人耳目也**），野馬突溜繮（**幣改後物價平穩，迄九月底不稍變……**），種因豈一道，功罪暫難彰，掛冠明政責，走筆志不忘，何期列戰犯，薄產池魚殃，彼方且勿笑，財富盡書香，一息尚存在，海隅姑遁藏，但願得小康，來歲補稱觴。

一九四九年十二月二十五日，華國出版社在香港和臺北兩地同時開業。

華國出版社開業之前，王雲五就對該出版社的出版物進行了積極的籌備。開業之日，由王雲五親自翻譯的《在鐵幕之後》上冊正式出版發行，該書的下冊也在一個月後出版。

在華國出版社成立的十天之後，即一九五0年一月六日，英國政府正式承認了中華人民共和國。王雲五原定於一九四九年秋應約赴英國劍橋大學講學數月，當時，因華國出版社創辦伊始，一切需由自己主持，無法分身，曾去函劍橋，要求將講學的時間延至一九五0年春天。如今，英國承認了中共的中華人民共和國，王雲五便在消息發表的數日後，致函劍橋大學，聲明鑒於目前中英兩國關係的變化，對於原約定的赴該校講學一事，敬謹辭謝，取消了往訪講學的聘約。

此後，王雲五以全副的時間和精力，從事華國出版社的編譯和出版業務。

在華國出版社開業的一個月後，王雲五重新編纂的《王雲五綜合辭典》初版在香港問世。他在這本辭典的自序中說：《王雲五綜合辭典》"一以其兼具原編大小兩種辭典的效用，再則為將來繼續完成王雲五綜合大辭典的初步。"

這年的二月，王雲五又決定華國出版社譯印今世名著菁華數十種，其中的多種由他親自執筆翻譯。如《工業心理學》、《波蘭怎樣變為蘇聯衛星國》、《現代武器與自由人》、《俄人眼中的俄國》、《文化在考驗中》等。

王雲五又與香港的美國新聞處取得聯繫，該處為了進行反共宣傳，打算陸續譯印一批小冊子。因為獲悉華國出版社出版了不少這類書籍，於是，兩家便商洽了合作的辦法。首先由美國新聞處提供外文的書籍，由華國出版社翻譯並出版，由美國新聞處大量訂購。協議達成後，美國新聞處便提供了《史達林與狄托之交惡》一書作爲嘗試，由華國出版社辦翻譯出版。王雲五在收到書之後，用不到一星期的時間將書譯完，共四萬字，並在四、五天時間內排印完畢，正式出版。美國新聞處訂購了數萬册，廣爲分送，進行反共宣傳。

初次合作成功後，美國新聞處又提供了三種小册子，交華國出版社翻譯並出版。這三種小册子是《蘇維埃帝國主義》、《反動的俄國》、《蘇維埃怎樣管制思想》。三種小册子出版後，美國新聞處各購買了五萬册以上。

通過積極而繁忙的出版經營，在一年的時間裏，華國出版社以微薄的資本，刊行新著數十種，營業也甚爲可觀，取得了顯而易見的成績，爲許多同業另眼相看。香港《天文臺》日報就曾以《王雲五在港時的工作　第二"商務印書館"墮地》的顯赫標題，報道了王雲五創辦華國出版社的業績。

然而不久，一次意外發生的一件險惡事件，使王雲五毅然決定離開香港，赴臺灣定居。

十二月下旬的一個星期三的下午，王雲五參加由一批有識之士集議創辦的《自由人》刊物集會後回家。這天散會較遲，王雲五與住居相距不遠的民社黨金侯城先生同路，他們二人邊走邊談，不覺過了停車站，忘了搭乘電車，於是，乾脆步行回家。走到堡壘街口，王雲五才與金侯城道別，獨自步行返寓。到了家門口，步行登樓，剛按門鈴，夫人隨手就開了門。因爲這天王雲五回家特別晚，夫人已守在門口。剛進入房內，夫人便詢問今天回家何以如此之晚，王雲五正想告訴原因，忽然聽見玻璃破裂的聲音，王雲五夫婦都以爲是女僕失手打碎了用具，詢問女僕，她又回答說沒有，也就不再追問。

於是開始用晚膳。他家的膳廳是以配上玻璃窗的露臺充數的。香港的住户爲了充分利用居住面積，大多在露臺欄杆上裝置玻璃窗，露臺地面釘上木板，便使露臺變成一個房間，不僅可作膳廳，若住房緊張，還可充作臥室。這天晚上，家人都外出了，祇有王雲五和夫人用膳。這時，幼年的孫兒春申在露臺上玩耍，偶一失手，將一件陶瓷的玩具小壺打破，不禁大哭起來，夫婦便停下膳食進行撫慰，同時叮囑女僕掃除破碎的小壺碎片。

突然，王雲五發現，在破碎物中，有破碎的玻璃。王雲五想，壺是陶瓷的，怎麼會有碎玻璃雜在其中。他立刻想起剛才聽見的玻璃破碎聲，那麼，必定是另一件器物被打碎。王雲五偶爾抬頭一望，看見露臺欄杆上裝置的玻璃窗有一扇破碎了，於是確信剛才聽見的玻璃破碎聲是這裏發出來的。王雲五審視玻璃窗，中間有一小圓孔，四周有許多裂痕，正百思不得其解，女僕在掃地時，又檢出一枚子彈，其大小與玻璃窗上的小圓孔正好一樣。王雲五覺得事關重大，他分析，陶瓷玩具是一件事，地上的碎玻璃來自洞穿的玻璃窗又是一件事。再詳加檢查，又發現樓梯頂壁襯有鋼絲的一扇玻璃窗也有裂痕，但沒有洞穿，於是推論，從外面射入的子彈，擊穿了欄杆上的玻璃後，又擊在對面樓梯頂壁的鋼絲玻璃窗上，而被撞回掉在地上，這是顯而易見的。

王雲五立刻想起，他聽見玻璃破碎聲，是在他剛登樓進門時，這顆子彈定然是緊隨他進門時射出的。那麼，子彈不早不遲，在他登樓進門時發射，其目標除針對他之外，不會有別的對象。

想到這裏，王雲五不禁悚然。

王雲五又將住在斜對過在香港書店服務的堂侄權之叫來一起分析，權之對於射擊頗有經驗。他也認爲王雲五的推論絕對正確，這顆子彈是想將王雲五置之死地而後快。

事情變得嚴重起來。王雲五分析，自己生平並無私仇，而那個處心積累欲置他於死地的人，一定是他的死敵，而所謂死敵，必然是政治上的原因無疑。

半年以來，王雲五每星期三的下午都必去參加《自由人》三日刊的同仁座談會，外出或遲或早，皆無定時。一般是在他家門口乘電車，如一時等不到電車，往往乘行經門口的計程小車前往。返家則固定在五至六時之間，而且每次都是乘電車或計程車。如乘電車，總是在離商務工廠前數丈的地方下車；乘計程車則必然轉入他家旁邊的明園西街下車。二者都必須在下車後，返身自東而西步行十幾步至二三十步，才能抵達他家門口，這已經成爲規律。這天，因爲少有的步行，是從西而東到達家門口，便逕行登樓入室，與以往的規律不符。這樣，守候在預定地點的刺客，大概未料及王雲五突然改變了回家的方向，措手不及，故在他登樓的一刹那，慌忙開槍，才導致失誤。否則，王雲五必倒在槍彈之下。而這天他得免一死，真可謂大幸。神靈又在冥冥之中使他幸免於難。

明白了事實的真像，王雲五的家人建議報警，王雲五則力勸不必。因爲此時，危難既已幸免，刺客已經失手，成功與失敗已不容考慮，且爲避免發覺，必定是已逃匿，即使報警也無濟於事，徒引起警方的注意。因此，他叮囑家人鎮靜處之。

然而，刺客究竟埋伏在什麼地方，從何處向他身擊？却使王雲五費了一番思考。第二天早晨，家人因爲昨晚禍起窗外，戒勸王雲五不要到露臺上去，以免再遭不測。王雲五則因爲好奇無法自制，便站在客廳裏隔窗遙望露臺外面，立刻發現一件頗不尋常的事情。

原來，王雲五家房屋對面的某公寓有四層樓，其二樓正對王雲五家的一個房間。從這個房間望過去，對面二樓平時在上午總是重幕低垂，將近中午才會開啓。大概是因爲該家人睡得很晚，起床也就甚遲，晚上將簾幕放下，起牀後才又打開窗簾。奇怪的是，今天早上則七八點鐘時簾幕已經打開，如果不是該居室的主人特別早起，便是已經搬走。然而，怎麼會僅僅隔了一天便情形迥異，而且不早不遲，正巧在昨晚的事故發生之後，這不能不引起王雲五的懷疑。便聯想到此事與昨天的槍擊事件有否直接或間接的聯繫，於是，叮囑權倪去對面不動聲色地觀察一番。

不久，權倪回來報告，果然發現了特殊情況。

原來，該幢公寓在正門之外，還有一扇便門，由便門登上二樓，就是那家引起王雲五懷疑的房間。權倪試着從便門登樓，藉故詢問門房，該房間是否空出，據門房回答，房主果然已經遷走。於是，仍然從原路下樓，剛走到樓梯的半中間，突然發現臨街的橫百葉玻璃窗中，有一條玻璃破裂，從破裂的玻璃縫往外看，正與王雲五家的露臺成一條直綫。因此推想，那刺客定然是守候在這裏，而其向外射擊的手槍則一定是從玻璃的夾縫中伸出去，由於槍擊的震動，致將玻璃震裂。

至此，真相已經大白。刺客已熟悉王雲五的活動規律，知道他每星期三傍晚約五、六時必乘電車或小汽車從西而東返家，下車後大都需要回頭走一小段路。於是，便在該公寓的便門樓梯上持槍以待。他的位置，是在內面居高臨下，由於相距不遠，命中必不成問題，射擊後且可避入室內。沒有想到，王雲五昨天是步行返家，到了家門口便立即登樓入室，無需走回頭路。刺客在久候之後，忽然見王雲五從西面步行而來，而不是如以往的走回頭路，又見他走到門口之後便很快登樓，爲抓住瞬息即逝的時機，便立即從玻璃縫處向外射擊，才誤中他家露臺的玻璃窗，並將插槍處的玻璃撞壞。既然失手，又恐王雲五立即報警搜捕，自身難保，遂即於第二天藉故遷走，而不料因此更欲蓋彌彰。

此事既然已真相大白，刺客也早已遁去，如果報警查緝，在香港的人海中要找到刺客，無異於大海撈針，破獲實屬不易。而且，既然其目的是屬於政治性的，就一定會有非常强硬的後臺。如確是政治暗殺，則雙方均爲香港政府所不歡迎。其核心的對象王雲五便必會引起港府的隨時注意，甚至因此殃及他的一些同仁和朋友的自由。爲此，王雲五決定不報警，讓此事悄然結束，就當是什麼事情也沒有發生。

由於王雲五本來就決定在新年後前往臺灣，以照料出版社的業務，槍擊事件發生後，爲防不測，他決定提前一、二個星期啓程，並作久居的打算。好在他早已辦妥並已領到了入境簽證，早走與晚走均沒有問題。

在此後直至動身以前，王雲五託病在家，不參加外面的任何活動。他曾與成舍我在槍擊事件發生之前，發出請柬聯合宴請一次友人，屆時也託病請成舍我單獨主持。對於此事的發生和他的計劃，王雲五對一般的朋友也諱莫如深，即使是他的行期也不告訴任何人，祇在行前的三日，寫信給在臺灣的大兒學理，要他屆時獨自來機場照料，絕不要通知第三者，以免消息從臺灣迅速傳到香港，招來不必要的麻煩。

　　一切安排妥當，王雲五於一九五一年一月三日清早，悄悄地前往啓德機場，乘機前往臺灣。到達臺灣機場時，確實祇有學理一人來接機。王雲五以爲，他安然抵達臺灣，而無任何人知曉，真可謂神不知，鬼不覺，心中暗暗稱慶。

　　却不料，到機場後發生的一件事，立刻使王雲五到臺灣的消息昭然於天下。

　　原來，幾乎是在王雲五到達臺灣的同時，有一位要人比他稍後一二十分鐘乘另一班飛機也將從國外到達臺灣，提前在機場等候迎接的人數以百計，還有不少新聞記者，其中的大部分人認識王雲五。這些人見到王雲五從機場出來，也紛紛前來握手招呼，表示歡迎，使王雲五不勝驚訝，以爲他來臺的消息已經泄露。後來知道了原委，也啼笑皆非，看來，像他這樣的一介書生，也已無秘密可言了。

　　從此，王雲五開始了在臺灣定居的生活。

二　　遷居臺灣

　　一九五一年二月六日，是農曆的正月初一。

　　定居臺北的王雲五，來到臺灣已整整一個月了，這天，也是王雲五在臺灣度過的第一個春節。臺灣畢竟是臺灣，在大陸，特別在上海、南京，春節正是天寒地凍甚至冰天雪地的日子，要在過去的春節，無論是在上海或南京的寓所，王雲五總是與家人圍在彤紅的炭火爐前，或話家常，或回到書房看書寫字。哦，近幾年來，時局不穩，已加入政府擔任長官的他，即使在春節，也總是有着處理不完的公務，或接待着一批又一批拜年或看望的客人和朋友。而如今，一切都與往日迥異，單就臺北那和熙如陽春三月般的晴暖天氣，就令即使是廣東人的王雲五也覺得有些不適應，特別是在這個新春的佳節，更覺得似乎少了一些什麼。

經歷了幣制改革慘遭失敗而從政府部長卸職下來的王雲五，一方面強烈地感到了解職後的輕鬆和自由，另一方面也稍稍感到了退隱後的世態炎涼，即使在今天這種春節的佳日，門前已鮮有拜年和看望的賀客了，王雲五却因此獲得了多年來少有的清靜和閑適。

確實，王雲五多年來憧憬的能够靜下來讀書、研究和著述的願望終於實現了。

不是嗎，三十年來，自加入商務印書館擔任編譯所長之後，除中間有幾個月脫離了商務，受聘為中央研究院專任研究員，從事過短暫的社會研究之外，幾乎就沒有一日的寧處！他曾經無數次地盼望有一個能够真正地靜下心來讀書、研究、著述的機會和時間，然而，他却總是被動地被命運操縱着，不能主宰自己。確實，在這個激烈動蕩地社會裏，一個人要想"寧處"是多麼地不容易，許多事情並不能祇按照自己的意願發展的，即使是極富毅力，辦事果斷而且充滿自信的王雲五也是如此。因此，王雲五特別珍惜今天能够"寧處"的機會和時間。

儘管此時，王雲五已經六十四歲了。

在中國，到了六十四歲年紀的人，一般已是精力衰退，意志消損，青壯年時期的銳氣和鋒芒早已磨滅殆盡，或已是看透了人世的紛擾而心如止水，此時，早已是含貽弄孫，貽養天年了。然而，六十四歲的王雲五却絲毫沒有垂老遲暮的感覺，非但如此，他甚至覺得他開始了一種渴望已久的新的生活。從此，他可以整日長伴硯田，將他三十年來縈縈於懷的許多著述計劃付諸實現了。

爲此，即使在今天大年初一這樣的新春佳節，他仍然按照往日的習慣，昧爽即起，然後用小爐火燒水治茗，啜過之後，已覺全身舒暢，精神振奮，便展開書箋，進行著述。待到四面八方的爆竹響起，預示着天已大亮，新的一年來臨，家人們也開始打開財門，迎春接福時，他已經寫成了五千字的書稿了。久坐書齋，他不但不覺得疲累，反而感到筋骨舒展，心胸暢快。

是的，他喜歡這樣無拘無束的生活，每日從事着自己心儀的著述和研究工作，他覺得舒心而愜意。他願意長此下去，寫作著述，爲社會貢獻自己的知識和心得。像春蠶吐絲，使綠葉變成絲綿；如奶牛吃草，讓漿酪勝過甘泉。他唯一的願望，就是讓他再有十年的學習時間，那麼，他對社會的貢獻一定會比現在大得多。

聽着遠遠近近的爆竹聲，空氣中似也傳來爆竹硝烟的馨香，王雲五心有所感，便口占五言詩一首，以抒情懷：

> 門鮮車馬客，長日伴硯田，昧爽初治茗，啜罷展書箋。晨炊猶未起，屬稿已盈篇，一日五千字，程功不苟延。久坐舒筋骨，徘徊玫瑰園，不堪回首比，汪山萬朵妍。最是惱人處，萬卷付雲烟，藏書自多厄，何如人腦賢，當如蠶吐繭，綠葉變絲綿，當如牛吃草，漿酪勝甘泉。書生違世立，空懷解倒懸，此生惟一願，爲學更十年。

　　自到臺灣後，王雲五便積極地從事各種文化活動，包括爲報刊雜誌撰寫文稿，應邀前往各地各機關團體進行專題的演講，編撰書稿，還積極策劃並促成他和幾位朋友共同創辦的《自由人》半週刊健康而正常地發展。

　　從一九五一年一月一日起，王雲五就在《自由中國》半月刊第四卷第一期雜誌發表《爭取人民》一文，開始了他在臺灣的撰寫文稿的生涯。

　　此後，他相繼爲《自由人》半週刊、《民力》月刊、《自由中國》半月刊、《學生》半月刊、《當代青年》、《自由談》月刊以及臺灣"中央日報"、"新生報"、"中華日報"等報刊雜撰寫並發表《我們需要那一種生活》、《理想與現實》、《從倫敦大學入學試聯想起來》、《我大學應准自修生投考》、《談教育機會均等問題》、《漫談讀書》、《憲法與教育》、《我國憲法上值得檢討的幾個問題》、《我的圖書館生活》、《英美的公營企業》、《蘇俄的工業》、《我的學校生活》、《何爲科學管理》、《蘇俄足畏與不足畏》、《從小學生赤足上課談起》、《寫在西德和平契約甫經簽訂之後》、《南美洲的赤色威脅》、《焦頭爛額的美國》、《由英國近年對外政策談英國民族性》、《埃及舊遊新感》、《瑞士舊遊新感》等文章。這些文章以及他後來發表的其它文章，先後收入他集結出版的《談教育》、《談管理》、《談世界》、《談往事》、《岫廬論學》、《岫廬論政》、《岫廬論教育》、《岫廬論經濟》、《岫廬論管理》、《岫廬論世局》等諸多論著中。

　　不僅如此，王雲五這種靈活及時的時論和知識性極強的短小文章，由於能適時地指點世事，針貶時局，宣傳科學知識，談古論今，又能暢抒胸臆，不僅受到廣大讀者的熱烈歡迎，王雲五自己也覺得這類文章短小精悍，內容集中，快速靈活，能及時地對社會、時事及讀者感興趣的問題作出反應，也能使自己的認識和觀點適時地進行表達。因此，他的這種短小文章後來越寫越多，無論是在以後復出從政、從商和從教時都一直沒有中斷過，成爲他對社會貢獻一己之長的重要形式。

一九五二年三月，王雲五接受了臺灣"新生報"的聘請，擔任該報的專欄作者，每月爲該報寫有關國際政治的言論文章一、二篇，每篇以千五百字爲度。稿酬每篇二百元，較長者倍之。從此，王雲五有計劃地爲該報撰寫政論文章，他的許多有關國際政治的文章都是在"新生報"發表的。其《蘇俄足畏與不足畏》，就是這年三月七日在"新生報"上首次發表的專欄文章。

由於王雲五的威望和影響，自到臺灣定居後，許多機關團體、企業和大學都紛紛盛邀他去作專題演講。他曾應臺灣電力公司之邀，在該公司主講《何謂科學管理》，在國立臺灣大學主講《一九五二年的世局》，在內政部調查局主講《機關管理》，爲中國廣播公司青年講座播講《青年成功的要素》、《讀書先要識字》、《怎樣檢字》、《讀書先辨性質》等等。

由於王雲五著稱於世的淵博的知識，對世界局勢精深的洞察力，以及他在商務印書館和後來在行政機關推行科學管理的成功的經驗，他在那些機關團體、企業、大學講演的內容儘管千差萬別，甚至包羅萬象，但都能滿足要求，並深受聽衆的歡迎。

通過這種講演的形式，青年後學皆感到獲益匪淺，甚至在演講時，"旁聽高年勤筆記"。王雲五覺得他的知識和經驗能最大限度地發揮作用，更加樂此不疲。即使在六十五歲"高齡"時，還欣然受邀，親赴高雄演講，"凌晨深夜送還迎"，"講學蟬聯四小時"，也絲毫不覺疲累。

　　正當王雲五如魚得水，在文化的海洋裏自由遨遊，得心應手地從事着各類文化活動時，一九五一年三月十九日，他親密相交，生死不渝達四十年的摯友朱經農在美國逝世。

　　得到這一噩耗，王雲五心裏感到無比的沉痛，他似乎覺得他失去的不僅僅是一位生死相交的摯友，而是失去了自己生命的一部分。

　　往事悠悠，四十年來，他與朱經農親密相交，融洽相處的情境又一幕幕地映現在他的眼前。在中國公學任教時的意氣相投，共事於南京臨時政府時的志向高遠，在北京爲"民主報"撰文時的促膝交談。特別是朱經農推薦王雲五任職於全國煤油礦事宜處時，王雲五以一晝夜時間譯完熊希齡急等將提交國會討論的美方契約草案，朱經農以王雲五的成功爲自己的成功，其欣喜之狀溢於形外的感人場面，爲王雲五終生不能忘懷，至今想起，仍歷歷如在眼前。其對王雲五摯愛如此，使王雲五深爲嘆息，在今日，欲得一如經農這樣的摯友，將去哪裏尋找啊！

　　王雲五想起朱經農爲赴美求學忍辱負重的事情。

　　一九一四年，朱經農擔任薦任的部職官員，屬三等文官。爲求得深造，積極設法赴美留學。恰逢中國赴美留學生經理處有一書記員的空缺，位卑而薪薄，爲解決在美留學的經費，朱經農不惜降格，毅然放棄了部職而就此書記員一職，以達到半工半讀的深造目的。

在美期間，朱經農以工作的餘暇就讀於華盛頓大學教育系，而每日必須以主要精力從事書記員的工作。不可思議的是，新派駐美留學生經理處經理員某雖爲朱經農同鄉，年少而資歷淺，僥倖獲得此職，却官架子十足，不僅對資歷和才幹都比他强的朱經農頤指氣使，而且公事之外，他私人的函件，也命令朱經農用工楷謄寫。朱經農爲不失去這一對他來説至關重要的工作，仍絲毫不拒命，無不勤謹從公，辛苦工作。並在這樣的條件下，以未畢業國内大學的基礎，而以優良的成績，用三、四年時間，先後獲得教育學士和碩士學位。並在返國之前，受聘爲北京大學教育系教授。

王雲五又想起在商務印書館時，他與朱經農愉快共事的經歷。

王雲五就任商務印書館編譯所所長之後，以對朱經農相知之深，深知朱經農精研教育而夙富編譯經驗，費了不少力氣，才將朱經農從北大教授的職位上致聘爲商務印書館哲學教育部部長。後又兼國文部部長，主編小學各科的教科書，又兼任商務印書館附設的尚公小學校長。由於朱經農擅長教育，使尚公小學成爲當時上海聞名遐邇的試驗學校。

朱經農在商務印書館任職的四年間，主要工作是主編全部新學制的小學教科書。後來又發起編譯《教育大辭典》，《教育大辭典》出版後，其取材之豐富，編制之精審，二十年來仍可謂首屈一指。對於其他的編譯計劃，朱經農或創意，或贊助，對王雲五的工作起了很大的幫助作用，使王雲五至感愉快。

國民革命軍定都南京後，經過當局再三向王雲五遊説，朱經農於是脫離商務，就任上海市教育局長，執掌全國第一大都市的教育。然而，即使如此，朱經農仍不願放棄實際的教育工作，兼任了若干私立大學的講座教習。

後來，朱經農調任教育部，初任普通教育處處長，繼任教育司司長，後升任常務次長。一九三二年秋轉任湖南省教育廳廳長。在湖南省教育廳十年任內，對於湖南的普及教育，厥功甚偉，以至湘人皆稱道之。

他又想起朱經農接替他擔任商務印書館總經理的情事。

抗戰勝利之後，朱經農雖久任教育行政長官，却非常希望尋找機會仍然從事著述，以復返學術生涯。適在此時，蔣總統堅邀王雲五入閣從政，王雲五義不可却，在脫離商務之後，答應蔣公的盛意允任經濟部長。此時，王雲五瞭解到朱經農既倦於從政，而與商務又有舊關係，於是一面爲朱經農與商務董事會居間斡旋，一面在奉蔣主席召見時，面爲陳情，獲蔣主席俯允。於是，朱經農於一九四七年秋辭去教育部政務次長之職，接任商務印書館總經理並兼編審部部長。

朱經農受任商務之後，首先擴充王雲五在抗戰時期編印的“中學生文庫”，編爲“新中學生文庫”，作爲復員後各中等學校的補充讀物，也爲淪陷多年的地區學校供給健全的精神糧食。同時又主編“新小學生文庫”，主要内容與王雲五在戰前主編的“小學生文庫”相若，而取材則更適應時代。就編印書籍而言，僅在第一年，其成績便殊爲可觀，表現了非常幹練而卓越的學術知識和行政領導才幹。

一九四八年冬，國際文教聯合會在巴黎召開，國民政府當局找不到合適的人前往出席，便委派朱經農爲首席代表參加大會。朱經農遂趁此機會擺脫了他已控制不了而又不願與之爭執的商務印書館，打算久留國外，從事寫作和研究。

　　國際文教聯合會閉幕後，朱經農便轉道赴美，與其兩個兒子朱文長、朱文華住在一起，閉戶專心讀書寫作。以一年時間，寫成英文《中國教育思想史》一書。出版未果後，爲維護生計，不得不出而就業，於一九五〇年秋，赴康州應哈德福神學院之聘，任中國史哲講席，並在該院獨居。同時，雄心仍未稍減，以六十五歲高齡，不懈地從事著述。不幸辛勞過度，因心臟病突發，在寓所逝世。臨終之夕，仍一卷在旁，眼鏡置於書上，至死猶在進修，猶在工作！

　　因病起倉卒，朱經農逝世前未留下遺囑，其子在檢視其日記中，有下面一段話語：

　　　　我爲同盟會員，民元轉入國民黨，對黨始終如一，黨當政時，我祇守黨紀，不爭黨權。黨失敗時，流離顚沛，決不背黨。國民革命初步成功，十七年國府成立，余因黨的關係，捨學從政，浮沉二十餘年，至今思之，實爲重大犧牲。倘以二十餘年光陰從事學術研究，埋頭著述，則今日成就決不止此。從政二十餘年，所做建設工作，均被戰事摧毀。至今回思，一場空夢。年老力衰，雖欲從事著述，精力不逮，奈何？

以上話語，可謂朱經農在臨終前的哀嘆和心聲！
朱經農又曾有七律詩二首曰：

　　　　華年如水去匆匆，　白髮蕭疏對落紅。
　　　　肝膽猶存還自勵，　笙歌已散覺春空。

千家野哭天無語，　　萬裏乘桴道豈窮？
午夜聞鷄常起坐，　　滿窗花影月朦朧。
（《異域風光》）
陰陰夏木壓重檐，　　風送微凉到小園。
萬里烟波懷故國，　　半生憂樂入詩篇。
春歸已久花猶好，　　雲破遥看月再圓。
千古興亡成一夢，　　尚存三户欲回天。
（《海濱長夏》）

看到摯友朱經農的這些話語，王雲五也是百感交集，心中似有千言萬語要對老友傾訴。於是，他拿起毛筆，以自己的肺腑之言，撰述了一篇紀念摯友的文字，題爲：《我所認識的全面教育家朱經農先生》。

王雲五在篇首就充滿感情地説：

世之以教育見稱者，或從事教學，造就人才；或研究教育，耽心作述；或主持行政，推行教育，各有務，自成一家；其以一身而兼數者，畢生交互從事於此數者，吾無以名之，名之曰全面教育家。亡友朱經農實當之而無愧。

經農自二十歲始獻身於教育，迄逝世之年六十有五，其間四十五年，無時不直接間接與我國教育攸關，其對於教育研究，教育實施，教育行政與夫教育著作，在此四十五年無時或輟；致力之勤，成績之優，方面之廣，範圍之遠，就余所知，國内尚不多見。天假以年，其造詣定隨年事與經驗循幾何級

數以增進。今不幸以本年三月與世長辭，此豈僅我
國教育界之莫大損失，亦世界教育界之莫大損失
也。……

　　這段文字，實在是王雲五對亡友朱經農的最高的最恰當的
評價。
　　朱經農是一個虔誠的基督徒，晚年信奉尤篤。對於肉體的
滅亡，早已視爲一種改變的過程。王雲五想，正如朱經農之子
朱文長、朱文華在給他的信中說：人生如夢，但基督徒有天堂
重聚之一日。朱經農雖然去世了，但對於逝者不過是棄此煩惱
世界而入於永生之天國。那麼，就讓經農在天國永享其無憂無
慮的生活吧。

三　老當益壯“龍倦飛”

　　王雲五在臺灣的另一件重要的工作就是著述和出版。
　　王雲五創辦華國出版社不久，立刻引起新聞出版界的矚
目，港報曾以《第二“商務印書館”墮地》爲題進行報道。
　　華國出版社創辦僅一年，已有卓越的表現。該社以微薄的
資本，在經營之初，毫無憑藉，全靠着王雲五的經驗、勇氣和
毅力，取得了令人矚目的成績。
　　王雲五堅持反共與國際知識的出版方針，不斷選取美英最
新出版物，分別委託專家漢譯，王雲五自己也負擔其中一部
分，新書一到，短期內即可譯印出版。所以，在港臺，華國出
版社便立即以出書快速、緊跟國際形勢著稱於社會，在一年內

即出版發行了新書數十種。當時，臺灣出版業還很少能做到。以此，華國出版社能獨佔先着，營業甚爲可觀，爲許多同業另眼相看。

王雲五到臺灣後，仍然積極推行臺灣華國出版社的出版業務。截止到一九五三年底，僅他自己所撰述或翻譯的單篇文章集結出版的書籍便有《我的生活片斷》、《談世界》、《讀書常識》、《國際常識》、《談政治》、《原子與原子彈》等。

在臺灣，王雲五考慮到，小學和中學雖開設有本國史地課，不過，由於史地的範圍至廣，而學校授課時間有限，爲補充教科書的不足，亟有編輯一部中國史地辭典的必要。於是，他仿照日本《東洋歷史大辭典》的體例，參考古今中外關於中國史地的專著及工具書幾十種，先行編定條目，然後依四角號碼的順序編排，歷時六個多月，編撰成一部《中國史地辭典》。全書共約四十五萬字，於一九五一年八月由華國出版社出版。

此外，王雲五還應邀爲臺灣商務印書館及其它出版社編譯和出版書籍。

商務印書館臺灣分館於一九五０年十月在臺灣重新登記，改稱臺灣商務印書館，由原任經理趙叔誠獨立經營。於是，過去僅負責經銷總館出版圖書的分館，演變成爲兼編輯出版與印刷的機構，一切從頭開始，一切也僅賴自力更生。不過，好在過去幾十年，商務出版的書甚多，足夠臺灣商務印書館在創辦之初擇優而且銷路好的圖書重版印售，以維持業務。故在創辦之初，基本無須編輯，也基本沒有自行組織編譯出版的圖書。直到積累了一定資金，又吸納了一批股金，羅致了一批編譯力量，才開始編譯出版自己的圖書。

　　一九五三年一月，臺灣商務印書館約請王雲五漢譯美國哥
倫比亞大學卡曼（Harry j. Carman）與施雷特（Harold
C. Syrett）兩教授合著並於一九五二年出版的《美國全史(
History of the American People)。這是一部關於美國歷史的傑
作。原書分兩鉅冊，譯成漢文，字數約一百三、四十萬字。臺
灣商務印書館擬請王雲五一邊漢譯，一邊出版，全書分四冊出
完。因爲臺灣商務印書館過去還從未出版過此種新譯鉅著，甚
爲重視。另外，此書譯完，王雲五將得到一筆約八萬元左右新
臺幣的稿費，此時僅賴賣文爲生的王雲五一因生活需要，還因
在美治療小兒麻痹後遺症的女兒鶴儀迭次手續，需要一筆不菲
的費用。儘管此時，王雲五年已六十六歲，譯著此鉅著必須付
出艱鉅的勞動，仍然答允了臺灣商務的約請。計劃用一年半到
兩年的時間譯完，於是與臺灣商務訂定了合約。

　　王雲五於一九五三年六月中旬開始漢譯《美國全史》。由
於此時已有了不少文字工作任務，他計劃每日譯三千字，約
四、五個月可以譯完一冊。此後，他以六十六歲高齡，每日仍
昧爽即起，孜孜不倦，將全副身心皆付與學術與譯述之中。

　　由於後來公務與譯事、寫作並繁，致使此書的翻譯時斷時
續。直到一九五六年初才將全書譯畢，前後共歷時三年，較原
計劃多費了一年時間。

　　《美國全史》全稿譯完之日，該書的第一、二冊已由臺灣
商務印書館出版，第三冊排版將完，可在當年春出版，第四冊
則延至一九五七年二月才出版。全書一百三十餘萬言。出版時
所用筆名爲“龍倦飛”。此時，作者龍倦飛一一王雲五七十
歲，已是古稀老人了。

　　然而，王雲五所創辦的華國出版社却並不儘如人意。在第二年底核算，華國出版社在香港及海外的業務，出現了衰退的形勢。

　　華國出版社的業務，主要分爲三類：一是漢譯當代名著，即有關國際問題及反共的新出版物；二是各種字典、辭典等工具書；三是教科書。香港及海外的業務以一、二兩類爲主。

　　關於漢譯當代名著。王雲五在香港時，因爲和美國新聞處保持了密切聯絡和合作，獲得了大量的銷售業務，由該處向華國出版社大量購買後向社會各界分送。王雲五離港後，留港同仁與美國新聞處的聯繫明顯減弱，加之香港新興的出版機構日益增多，紛紛爭取與美國新聞處的合作。王雲五既不在香港，便不能相機應付，以致競爭陷於失敗，譯印的新書也無法暢銷於香港及海外。

　　新編的綜合辭典是在香港印刷，出版後除運銷臺灣外，香港及海外各地也都有大量需求，故銷售情況一直很好。沒有料到，一九五一年時，香港出現兩個翻版商，將王雲五在二十多年前編印的《王雲五大詞典》大量翻印，流入市場，其表面裝潢精美，而售價則比王雲五後來出版的《王雲五綜合詞典》低廉得多。這些翻版的書籍大量向港地、尤其是海外各地傾銷。由於香港政府祇保護在香港初版的書籍，而舊編的《王雲五大詞典》不是在香港初版的，不能得到香港政府的保護，翻版商漸漸地由地下轉入明目張膽地印行。雖然該書是二十多年前印行的，內容多已喪失時效，實際上遠不如綜合詞典豐富，然而對於南洋各地的書商言，廉價批購，便能獲取厚利，便不惜以大力向各學校推銷。各學校見該書是王雲五所編，稱爲大辭典，而其售價遠較綜合辭典爲低，當然樂於購買。因此，以致造成去年在港地和海外各地可銷售數千部的綜合詞典，自此之後，竟一落千丈，銷售幾等於零。

這樣，除了能在臺灣享有著作權保護的圖書外，在香港的營業大爲減少，海外的業務也幾乎喪失。過去海外收入的外匯，是維持香港書店的主要資源，現在卻祇能勉強支持了，並造成華國出版社在臺灣出版的新書也不容易在香港和海外推銷的頹勢。

至於第三種教科書，本是華國出版社在臺業務的重點，其中，全套高中國文教科書的編輯和排版，耗資極多。後來，由於國、公、史、地四科的教科書限用教育部編教材，華國所編教材遂無人問津，使華國出版社損失奇重，僅靠工具書的銷售勉強維持。

儘管如此，在積極參與政治方面，卻無疑使王雲五在赴臺後的生活添上了精彩的一筆。

王雲五參與政治，幾乎是同他到臺灣定居後同時開始的。

抵臺不到一星期，王雲五便突然接到行政院的聘書。他被行政院長陳誠聘爲行政院設計委員會委員。

新任行政院長陳誠爲提高行政院的行政效力和行政的正確性，組織了一個設計委員會。所延聘的委員都是富有行政經驗和飽學之士，包括一些舊日的元老在內，以期共同爲行政設計。由於祇是名譽職務，沒有任何薪酬，王雲五不便推辭，也覺得膺任此職正好可以藉此機會與過去的同僚和友好時相晤對討論，以免對現實政治造成隔閡，也就欣然接受了聘任。

行政院設計委員會所聘委員不滿二百，按政院的執掌分成若干小組。另外還有一個政制組，其研究內容除應歸其它組研討者外，一切問題皆可提出討論。該組原有二位召集人：一爲總統府資政、前行政院院長張群，一爲總統府國策顧問、前總統府秘書長邱毅吾（昌渭）。王雲五參加了政制組，並被推爲第一分組的第一召集人。

從此，王雲五積極參與了行政院設計委員會的各種會議和活動，如在會議上討論"我國憲法上值得檢討的幾個問題"，又在討論"戰地最高軍政指揮機構案"、"戰時體制建立問題"、"行政院各部會組織法案"、"反攻時政治號召方案草案"以及其它問題，均積極發表了重要的意見。

這年年底，王雲五又被聘爲行政院設計委員會政制小組召集人之一，還被聘爲由各組召集人一起參加的綜合組的召集人之一。後來，設委會成立了一個聯合國問題研究專組，也由王雲五主持召集。

無疑，王雲五已成爲行政院設計委員會中一個重要的不可或缺的角色了。

一九五一年五月，王雲五又奉蔣總統命，聘爲總統府國策顧問。

在此之前，王雲五除仍爲國民大會代表外，在政府方面已沒有任何職務，加以當時的國大代表沒有薪津補貼，王雲五可謂是一個地地道道的老百姓。無官一身輕，祇靠着出版和賣文爲生。

受聘爲總統府國策顧問後，王雲五每月可領一千元的薪津，相當於享受了一等文官的特任官待遇。

不過，由於國策顧問並沒有實際的執掌，而作爲老百姓的王雲五，此時的賣文收入每月平均不下七八千元，則又遠較特任官爲優。

一九五二年七月，國立故宮、中央博物院召開第二屆共同理事會，王雲五被選爲理事長。國立故宮、中央博物院共同理事會每二年換屆一次，王雲五自此次開始擔任理事長，一直蟬聯至第七任。

鑒於商務印書館在臺灣沒有董事，而臺灣商務印書館已經成爲脫離大陸存在的獨立機構，由原分館經理主持，遇事無人可以商承。經理趙叔誠於一九五三年二月邀集在臺灣的股東舉行座談，商議的結果，決定成立一個顧問性質的業務計劃委員會。此委員會有提供意見之權，而並無監督經理人的責任，因而，不屬權力機構。委員會一致推選王雲五爲主任委員。

四　　説明專家　國大之寶

一九五四年二月十九日，在臺北中山堂舉行的第一屆國民大會第二次會議，標誌着王雲五以一個新的精彩而優美的姿態重返政壇。

第一屆國民大會第一次會議是一九四八年三月二十九日在南京召開的。其任期本應於一九五四年三月屆滿，然而，滄桑鉅變，天翻地覆，歷史無情地造成了這樣一個現實，國民政府撤到了臺灣。本應於六年改選一次的國民大會，却由於無法改選，次屆大會便不能產生，對於原第一屆的代表便無法交代。因此，到了第一屆大會屆滿時，不得不從權召集第一屆國民大會的第二次會議。而且，不能改選的障礙仍然存在，以後，仍將在臺灣召集第一屆國民大會的第三次和第四次會議等。這是後話。

王雲五以國民大會代表的身份出席了這次會議，在二月二十四日舉行的大會第三次預備會議上，被選爲主席團成員。

第一屆國民大會第二次會議的主要任務有三項：一、選舉總統副總統；二、決定動員勘亂時期臨時條款的延長或廢止；三、討論監察院對於副總統李宗仁的彈劾案。

依照憲法第二十九條召集的會議，本次大會除選舉總統、副總統爲正常任務外，對於另外兩案應否併付討論，事前在國大代表和朝野人士中，頗有分歧的意見。王雲五由於連年以寫作生涯爲主，注重學習，對於這些問題素有研究，並在大會召開之前已在報刊中發表了不少個人的見解。

關於監察院對副總統李宗仁彈劾案的處理問題，王雲五在《行將召集的國民大會的任務》一文中有所論述。王雲五認爲：

　　關於彈劾案，或謂前此既因事實困難，立法院院長未能於總統、副總統選舉罷免法第九條第二款的限期內，召集國民大會代表，舉行臨時會，今所召開者爲依憲法第二十九條規定之集會，是否必須兼議此一彈劾案。且李副總統之任期即將屆滿，李氏既因違法失職而遭監察院之彈劾，在事實上斷無連選連任之可能，是則彈劾案縱不付討論，似亦無妨。筆者則認爲彈劾案既經提出，國民大會即有受理之任務，以決定應否罷免。如罷免案通過，則李副總統依照總統、副總統選舉罷免法第九條末款之規定，不待任滿應即解職，自亦不能再當選；如罷免案被否決，則彈劾案

等於無效，李副總統當然仍具有連選連任之權利；甚
至在罷免案未付討論及表決時，被彈劾之副總統仍有
重被選任之權利。……爲實現法治精神，澄清李副總
統有無連選連任之資格，此一彈劾案之列入議程，自
須在選舉總統、副總統議程之前。又查總統、副總統
選舉罷免法第九條第二款之規定，被聲請罷免之副總
統尚有向國民大會提出答辯書之權利，其依第十條規
定由監察院提出之彈劾案，在原則上仍當比照辦理，
如此則彈劾案副本之咨送與答辯書之提出，均需要相
當時日。爲免使國民大會將爲此案多耗時日，與選舉
總統、副總統案之因此而延遲，故彈劾副本之咨送，
在開會前立法院長似應有補行辦理之必要。……

三月十日，國民大會第六次大會討論監察院彈劾副總統李
宗仁違法失職案。上午適逢王雲五擔任大會主席。

這天，有關罷免副總統李宗仁有兩項事項。即

一、主席團關於胡代表鍾吾等簽署罷免副總統李宗仁的報
告；

二、關於監察院彈劾副總統李宗仁違法失職案的討論與決
議。

在進行第一項討論時，王雲五以主席地位代表主席團加以
說明。王雲五說：

據洪秘書長蘭友報告，三十九年五月五日，國民
大會在臺代表胡鍾吾等七百零五人簽署罷免副總統李
宗仁一案，函送國民大會秘書處囑依法辦理。當時一

因簽署中包括候補代表一百十人，其資格是否等於代表，有非秘書處當時所能認定，未克遽予公告。二因一部分簽署人旋以大陸淪陷，國大代表來臺者僅及千人，即使召集會議，亦難達法定人數。經即復函將本案暫從緩議，故未咨送立法院院長召集國民大會臨時會。現本案究應如何處理，應請主席團核奪。主席團詳加研討後，認爲本案當時既未經公佈程序，而現在已有監察院彈劾李副總統宗仁違法失職案列入大會議程。此兩案之目的正復相同，似可由大會就彈劾案討論並處理。至胡代表鍾吾所提之罷免案全文，實屬重要文件，應正式列入大會記錄。

王雲五說明了主席團對李宗仁彈劾案的處理後，即徵詢有無異議，當即決定無異議通過。

於是開始討論監察院彈劾案。大會發言非常熱烈，王雲五主持適度，使會議得以順利進行，未出現任何意外和枝節。隨後，又討論如何行使罷免權及其表決方式。最後，王雲五以主席地位採納眾議，決定採取投票表決方式，以昭愼重。並宣佈下午三時繼續開會，投票表決。

下午會議由曾任過湖北省主席、現總統府資政、德高望重的何成濬主席。依照上午會議的決議，對罷免李宗仁案進行投票。

投票工作是在極爲愼重的手續中進行的。通過發票、領票、圈票、投票，在監察委員的嚴密監察下，順利舉行了投票工作。最後以發票一千四百八十一張，同意罷免票一千四百零三張的絕對優勢，通過了依法罷免副總統李宗仁案。

　　對於本案，由於有胡鍾吾連署案和監察院案，在大會討論時，許多人預料可能會發生爭議。然而，由於主席團在事前處理妥當，特別是在該日上午的大會上，王雲五以主席地位，持客氣而堅定的態度，從容應付胡派各代表的發言，以致能免除枝節，迅速通過，使下午的投票工作得以順利進行。

　　第二天，中央日報所載國大六次大會側記稱：

　　　　王雲五主持大會斬釘截鐵，不拖泥帶水，節省了不少時間。下午何成濬主席主持大會則採用無爲而治辦法，也皆大歡喜。一剛一柔，後先輝映⋯⋯

　　在這次大會上，還遇到一件特殊的案例。

　　前行政院政務委員吳國楨託詞赴美，到美國後，不但久留不歸，而且經常發表一些反政府的言論，並且在二月二十七日國民大會召開之際，從美國伊利諾州寄發致國民大會的一份函件，對政府肆意攻擊，極盡詆毀之能事。該函件於三月八日下午郵遞送達大會秘書處，秘書處即於九日上午向主席團會議報告。主席團部分代表認爲問題嚴重，特別是幾位來自海外的代表深感驚訝，認爲必須設法疏導，否則，傳揚開去，將造成惡劣影響。另外也有一些代表頗爲附和。

　　正在大家一片附和議論之聲時，王雲五卻首先起來表示不同意見。

　　王雲五説：“我認爲，對於此案，不必感到驚訝，更不必感到問題嚴重，而以‘見怪不怪’的態度處理之。

　　“吳國楨的來函，除內容荒繆姑不置論外，其投函國民大會，顯然於程序不合。因爲，吳國楨若以個人名義請願，則應該向立法院提出。吳既非國大代表，竟然向國民大會提出此函，顯然是存心藉國大開會時，遂其惡意宣傳的目的。大會主席團對此函件應不予置議，並且在向大會報告後，將此函件予以公開。使其原以此函件恫嚇政府，而政府的表現爲坦然而無所畏懼。正所謂‘見怪不怪，其怪自敗’。”

王雲五一言既出，立刻改變了會議的氣氛，由剛才的驚訝、憂慮而變爲輕鬆愉快了。多數人讚同王雲五的意見，一些人還悄悄私語：“薑還是老的辣呀！”

於是，經過一番討論，決定立即成立一個五人小組，負責處理吳國楨案。五人小組由王雲五、王寵惠、徐傅霖、陳啓天、林彬五人組成，由王雲五召集。

五人小組於十日上午集會討論後，提出了一個包括三條辦法的處理建議：

吳國楨二月二十七日自美國伊利諾州伊文斯頓發出致國民大會函一件，三月八日下午六時由郵遞達本會秘書處，經報告九日之主席團會議，並經十日之主席團會議決議如下：

一、吳國楨以現任行政院政務委員，在國境外揚言政見不同，肆意詆毀政府，並欲藉本大會開會期間，增加其惡意宣傳之力量。主席團認爲此種直接間接有利於匪敵之言論行爲，實堪深惡痛絕。

二、主席團曾於第六次會議時決定：凡個人向大會陳訴事件，依憲法之規定，不屬本大會議事範圍，吳國楨來函，應不予受理。

三、上項決議連同吳國楨來函，一併印送各代表。

　　同日下午，王雲五代表五人小組向主席團會議報告該小組提出建議處理辦法，當即經主席團一致通過，決定將此建議作爲主席團的決議，向大會說明，並一致推選王雲五代表主席團向大會進行說明。

　　經過王雲五向全體大會進行說明之後，大會一致接受了主席團對此案的決定。於是，吳國楨函件案問題得到解決。

　　當天，大華晚報刊載國大會議集錦，對於王雲五代表主席團向大會說明吳國楨一案，評論說：

　　　　博學多才的說明專家王雲五，今日上午又被請上臺，說明主席團對吳國楨來函處理經過，說得慷慨激昂，獲得連續的掌聲。

　　從此，王雲五獲得了"說明專家"、"國大之寶"的美譽。

　　第一屆國大第二次會議的主要任務是選舉總統和副總統。

　　在第一屆國民大會第一次會議上，選舉了蔣中正爲第一任總統，李宗仁爲第一任副總統。本次會議將要選舉的總統、副總統候選人，原則上從各黨派和無黨派人士中產生。

　　國民黨的總統候選人，毫無疑義的當然仍屬於第一任總統蔣中正。其副總統候選人，衆說紛紜，大多數人認爲可能是時任行政院院長的陳誠。也有些人認爲可能是另定其他人。至於其它黨派，由於其黨派在代表中的黨員人數遠不足以與國民黨競爭，所以，在會議之初，尚無人競選。而無黨派人士向來沒有組織，既無法推薦，也不可能取得相應的票數，自然更沒有人作非分之想。

稍後，在選舉將臨近時，國民黨的副總統候選人已決定爲陳誠。至此，總統、副總統候選人已經產生，按理，會議即可進入選舉階段。却沒有想到另外生出一些枝節來。

大概是執政的國民黨當局爲尊重民主體制，體現民主精神，極盼其它黨派和無黨派人士有人出來參加競選，並已在會外積極與其它黨派協商，甚至動員。經洽詢青年黨和民社黨的意見，青年黨仍然予以婉謝，民社黨則答應予以考慮，但又遲遲未決定，更未推出該黨的候選人。

鑒於這種情況，國民黨秘書長張其昀奉命來動員無黨派的莫德惠和王雲五，希望他們二人能代表無黨派人士出來參加競選。

王雲五感到意外，他絕對無此奢望，而且也不願作這種嘗試，因此，一口拒絕，絲毫沒有商量的餘地。

比王雲五大五歲、聲譽卓著、德高望重的莫德惠也表示不願參加競選。

然而，經國民黨再三做工作，許多國大代表也極力慫恿督促，莫德惠勉强答應參加。而王雲五仍然堅拒。

選期已臨近，由於民社黨仍未決定態度，此時，總統候選人已有蔣中正和莫德惠，而副總統候選人却仍祗有一位陳誠。國民黨方面勸說愈甚，一些國大代表也覺得反正不過是一種形式，參加也無妨，也紛紛出來勸說。王雲五見事已至此，爲尊重國民黨的民主精神，也爲使選舉總統、副總統的國民大會能得以順利進行，才勉强答應參加副總統競選。

王雲五在勉強答應參加競選之前，又聲明：自己參加副總統競選是在陳誠先生沒有競選伙伴的情況下勉允的，如果民社黨在選舉之前仍願參加，則自己仍然退出競選，以免因爲有三方參加競選，而多開一次選舉會議，徒增國家開支，也多耗費諸位代表的時間和精力。

王雲五又更加率直地指出：我向來還有自知之明，因此，向來抱定不考試、不競選、不求職的宗旨和原則，這次參加競選，純屬破例，而且純是一種形式，絕不希翼取得什麼成功，因此，也就絕不爲此花費應酬。無論什麼人有欲以金錢讚助我作爲選舉費用的，因爲毫無必要，也就絕對不會接受這種非分的利益。

王雲五的聲明得到了各方友好的體諒，也受到國大代表的普遍尊重，因此，自始至終，他沒有因競選副總統收受分文。

總統、副總統的競選醞釀了一段時日之後，工作已趨於具體化，到十四、五日，一切手續已經備齊了。過了一天，民社黨忽然表示參加競選，並推薦徐傅霖、石志泉分別作爲總統和副總統候選人。既然如此，王雲五和莫德惠便立即表示，根據自己的聲明，欲立即退出競選，並極力請有關方面不必公佈莫德惠先生和他的提名。

然而，一切都來不及了。根據法律所因具備的手續均已辦妥，驟然更正，不予公佈似屬不宜。事情已經決定，公佈名單已不可避免。莫德惠和王雲五無可奈何，祇好俟完成了公佈手續後再商。

於是，三月十七日，國民大會主席團公佈了總統候選人三人的名單：蔣中正、莫德惠、徐傅霖。同時，大會秘書處統計副總統連署提名候選人，王雲五獲國大代表——八人連署而被提名，與國民黨陳誠、民社黨石志泉同爲副總統候選人。

　　三月十九日，國民大會第二次會議主席團正式公告副總統候選人名單。公告如下：

　　　　茲依照總統副總統選舉罷免法第五條準用同第四條第一項第一款之規定，開列中華民國第二任副總統候選人名單，並準用同條第一項第二款之規定，以連署提出之代表人數多寡爲先後公告之。

　　　　副總統候選人名單：

　　　　陳誠　　王雲五　　石志泉

　　　　　　第一屆國民大會第二次會議主席團
　　　　　　中華民國四十三年三月十九日

　　於是，王雲五便正式成爲國民大會第二次會議副總統候選人之一，此事也立即成爲本次大會的重要話題之一。

　　競選副總統本非出自本意的王雲五，自獲知無法避免公佈名單之後，便採取低調處理的原則，不發表任何政見，特別是十七日公佈了總統候選人名單和副總統連署代表人數的統計數字後，王雲五便乾脆閉門不出，以免去新聞記者和同仁許多不必要的口舌之煩。

　　那幾日，適逢一本收輯了他一些時論和政見的《談政治》書籍清樣送到了王雲五的手頭，王雲五便利用避在家中的清閑進行編校工作，倒也適得其所。而莫德惠却無法廻避，獨自在外，窮於應付那些新聞記者無休止的探詢和採訪，後來獲知王雲五匿居在家，便謊稱有關政見已由王雲五先生起草擬定，不日將宣佈，才躲過了那些新聞記者的糾纏。

　　新聞記者也耐心地靜候王雲五在會場出現並宣佈政見。

　　此刻，王雲五却在家中平心靜氣地校編他的政治論集《談政治》。

　　這天，莫德惠因有事要與王雲五相商，到王雲五家拜訪。走進書房，見王雲五的案頭赫然放置着《談政治》一書的校稿，笑問說：「這就是你所起草的政見的藍本嗎？」

　　王雲五也笑着說：「這本書正好在這個時候排版完成，也正好可以作爲你我二人提名競選的紀念。你是否可以爲此書題簽並作序呢？」

　　莫德惠欣然答應。

　　其後數天，莫德惠粗讀了王雲五的《談政治》書稿，果然爲此書寫了一篇序言，在序中並述及了這一段有趣的經歷。

　　對於王雲五來說，他的書稿向來都是自己作序，從不假手他人，請人作序還是第一次，這次破例無疑非常有意義。

　　在國大會場上，那些新聞記者仍在靜候王雲五出現並向他採訪有關競選的政見。

　　而莫德惠、王雲五已經決定放棄競選，計劃早已定奪，甚至關於放棄競選致國民大會秘書處的函稿也早經擬就。三月十九日，副總統候選人的公告一公佈，莫德惠、王雲五二人便立即將放棄競選的函件送達大會秘書處。

　　莫德惠、王雲五致國民大會秘書處函，全文如下：

　　　　敬啓者，德惠依法簽署提名爲第二任總統候選人，雲五依法簽署提名爲副總統候選人，均經公告在案。茲查大會程序即將進行投票。德惠等審度再四，不擬參加，用特具函聲明，希將德惠勿庸列入總統候選人，雲五勿庸列入副總統候選人。至希查照辦理爲荷。

　　此致
　　國民大會秘書處

　　　　莫德惠　　王雲五
　　　　中華民國四十三年三月十九日

　　莫德惠、王雲五此函件於十九日上午送達秘書處。當日下午，主席團爲此召集會議討論，經大會主席團認真討論後，接受了莫、王二位放棄競選的請求，並立即發佈公告如下：

國民大會主席團通告：
　　據國民大會秘書處呈送第二任總統候選人莫德惠
先生、副總統候選人王雲五先生三月十九日函一件，
正式聲明放棄參加競選，請勿庸列入候選人等由，茲
經本日主席團第十四次會議討論，以候選人在未進行
選舉以前，自可聽其自由放棄候選之權利，應勿庸列
入選舉票上，決議通過，紀錄在案。
　　特此通告

　　　　第一屆國民大會第二次會議主席團
　　　　中華民國四十三年三月十九日

當天晚上，王雲五與莫德惠向新聞界發表放棄總統、副總

統候選人的聲明。全文如下：

> 本屆總統、副總統選舉，德惠、雲五之被簽署提
> 名爲候選人，竟達到法定人數，實非始料所及。我們
> 認爲今日能肩負領導全民反攻大陸，建設民有、民
> 治、民享的新中國，唯有今總統之蔣先生。此不僅爲
> 吾人深切的認識，且大多數國大同仁亦有此感想與願
> 望。德惠、雲五所以擁護蔣先生爲第二任總統，並擁
> 護陳誠先生爲第二任副總統，業於二月中旬分別在各
> 日報作此意見之表示，除致函國民大會秘書長聲明放
> 棄候選，並請轉報外，謹將此意婉陳於簽署提名之各
> 代表，並致謝意，藉以公諸國人。今當大會投票選舉
> 之前夕，特再申擁護蔣、陳兩先生之誠意。

至此，莫德惠、王雲五一場非出自本意却鬧得沸沸揚揚的
總統、副總統競選的事件總算有了一個完滿的結束。

事情了結了，王雲五心中也稍稍得到一些寬慰，否則，如
果真的參加了選舉投票，明知不可爲而爲之，那是違背他的爲
人信條－－不考試、不競選、不求職－－和處世原則的。勉爲
其難，將使自己處於尷尬的境地，那他心裏會不安的。

事情看似已經了結，然而，却還生出一些餘波。

王雲五幾十年從商、從文，從政祇是擺在第三的地位，又
來自工商界，注重實際。爲人處世，儘量避免繁文縟禮。這次
參加競選活動，原非出自本意，最後又按原計劃放棄了競選，
事情應該算是了結。他在接受參加競選時就曾表示，絕不接受
任何金錢的賛助，至此，僅有一件禮節性的事情要辦理，那就

是對他候選副總統簽署提名的各位代表，應該有所表示。王雲五認爲，此事處理至爲簡單，祇要去一封道謝和致歉的信，便算了事。

然而，莫德惠先生却不這麼看。也許是他過於注重禮節，他認爲僅去一封道謝和致歉的信還不足以儘其心意，因此，在總統候選人公告後的第二天，他便請國民大會洪秘書長代發請柬，宴請爲他和王雲五簽署提名的各位代表。王雲五雖認爲没有必要，但也不好過於拗拂其意，祇好表示同意。然而，他在私下裏對洪秘書長提出一個條件，即這次請客，是他們競選以來的第一次，也是最後一次。自己在接受參加競選之後，絕不接受分文的贊助，故這次請客的花費，必須由王雲五自己支付，而且，絕對不能讓莫先生得知，以免造成彼此分擔的結果。對此，洪秘書長完全同意並接受了王雲五的條件。

宴請之後，洪秘書長將所費款項的帳單給了王雲五，王雲五便立即開具了一張支票付清了錢款。而此事，除了洪秘書長外，没有任何人知悉，莫德惠先生更是蒙在鼓裏。

三月二十二日，國民大會選舉蔣中正爲中華民國第二任總統。

三月二十四日，國民大會選舉陳誠爲中華民國第二任副總統。

第五章　重返政壇

一　協理考政

　　遷臺以來，特別是一九五一年回到出版著作的崗位以後，王雲五致力於文化和學術研究，從事着自己多年來縈縈於懷的工作，真是非常快慰，極感身心愉悅。雖自覺資力不算雄厚，而精力尚仍強健，對於自己興趣所屬的事業，自然樂而不疲。儘管自到臺灣後，他還應邀參與了許多政事，備員顧問並參與設計，對國家的大事積極從旁協助。

　　說起來，天下興亡，匹夫有責，然而，他仍然衹是參政。參政不一定要從政，他還沒有參與實際的政府工作。他覺得，對國家，他已經儘了心力，以自己將逾古稀之年的現狀，他所作所爲，也已經够了。因此，他打算終老於是，絕不作再度從政之想。

　　然而，王雲五沒有料到，在他脫離政府數年之後，特別是在他已近古稀之年時，蔣總統又特任他爲考試院副院長。而且，此一職務的任命從徵詢意見到發佈命令公佈，相距的時間極爲接近，使王雲五頗覺意料之外。尤其是自己生平從未經歷過任何一種考試，却任命他協理國家的考試大政，尤其是意外之意外。

　　儘管如此，王雲五向來認爲，處此非常時期，任何人均有以其微力貢獻給國家的義務，祇要自計尚能勉負職責，縱然是一介"老兵"，也不應因爲逾齡而規避動員的徵召，何況，這一新任務還不受兵役年齡的豁免呢！

　　因此，王雲五怎能固辭，祇好欣然接受。

　　按照憲法規定，王雲五的考試院副院長一職經總統咨請，監察院嚴格的審查後，又以超過半數監察委員投票的結果，獲得同意，報請總統於一九五四年八月十九日公佈總統令。同時公佈特任的，還有考試院院長莫德惠（柳忱）。

　　由於王雲五已擔任政府特任官，總統原聘任的總統府國策顧問被解聘。不久，他主動辭去臺灣商務印書館業務計劃委員會主任委員一職。

　　九月一日，考試院第二屆院長、副院長及全體考試委員就職。

　　在就職典禮上，王雲五在莫院長致詞後，應邀致詞，作了一篇扼要而由衷的即席講話。王雲五說：

　　　　本人生平未嘗經歷過任何一種考試。此次奉命
　　協理考試院，真是異常惶悚。幸而是在二十年來相
　　與提携的老友提携下，又得許多朋友共事；本人的

地位還沒有什麼專責，平時院務有院長綜理，本人
自可從旁研究，以期將來或有多少的貢獻。

　　文官考試制度，我國在約莫二千年前已肇其端。
漢武帝從公孫弘之議，既開始以文字考試官吏，即
從隋唐確立科舉制度時起算，迄於清末，已歷一千
三百餘年。較諸西方國家，如德國文官考試制度之
確立肇始於十八世紀後期，迄今還不滿二百年；英
國始於十九世紀後期，迄今祇一百年左右；美國則
爲時更遲，距今不過七八十年。因此，在文官考試
的設施上，我國真不愧爲全世界的先進。

　　但是歐美國家由於科學之日趨發達，其考試制
度以及整個人事行政皆已科學化；其後來居上的種
種優點，我們不宜漠視。前者爲考試技術的改進，
後者爲職位分類之實行，都值得我國取法。本院在
最近數年間，先後有考試技術研究委員會與職位分
類計劃委員會之設置，足見前任賈院長羅副院長與
各位考試委員的目光遠大，本人至深敬佩。像這些
意義深長的措施，本人認爲今後仍當繼續進行，但
其研究的範圍與計劃的細節應否針對現實與國情加
以擴充或修正，亦有從長研究之必要。尤以職位分
類，在我國固屬創舉，即在美國，其發源於工商業
雖不下半世紀，而由政府採行尚系最近三十餘年來
之事。……

　　本人並無專長；惟遇事尚能悉心研究，而在研
究的過程與對研究所得的結果，除商承院長外，自
當隨時向各位考試委員及本院與兩部的專家請教。

此次本院考試委員名額皆已由總統慎選學識經驗兼
優之士出而擔任，本院因是更增加了很大的新力量。
本人半生爲社會服務，時時視爲戒律的話，便是：
"義務不辭，權利不爭"。又本人的從政經驗極淺，
但對於同仁無時不開誠相見，對於人民亦無時不存
易地而處之想。換句話說，就是力謀便利人民，一
如自己站在人民的立場所期望於政府者。這是本人
服務與從政的態度，過去如此，今後也如此；還望
各位同仁隨時指教。

確實，王雲五的這篇即席致詞，沒有一句不是由衷之言。
王雲五所謂"從旁研究"，便絕不是一句客氣話。

數年來，王雲五遇事無不處以研究的態度，即對於不知者
務求知之；不甚知之者務求深知之；一般人視若當然者，則務
求有以改進之。才使他從事的任何工作都能在力所能及的範圍
內，達到最好的效果，最優的成績。

爲適合所任職務和便利"從旁研究"，王雲五在他與莫柳
老將被任命之前，就曾當面向莫院長聲明，上任之後，院中用
人、用錢和一般行政皆由莫柳老主持，他絕不過問。但對於考
試政策，則願極力相助，多負責任。這樣，既不影響院長的綜
理院務，又能從旁對政策上有所貢獻。正所謂"權利不爭"！

至於"義務不辭"，他自擔任院職以後的行動，沒有一事
不是符合這一句諾言的。

僅僅在踏入考政的第一年——一九五五年，王雲五就從旁
協助和參與完成了下述工作：編訂四十五年度施政計劃綱要，
這是該年最重要的工作之一；三月份起，莫院長因病不能視

事，王雲五責無旁貸，代理院務達四個月；在代理院務期間，負責舉辦了臺灣省就業考試；舉辦警察人員初試；主持四十四年（一九五五年）高普考及各種特種考試；主持首次軍法人員考試；研討博士學位授予問題；研討公務員保險問題；主持四十四年中央機關公務人員升等及現職人員銓定資格考試；訂定本院及兩部分層負責處理公務方案等等。

其中要特別提到王雲五主持四十四年高普考及各種特種考試，這是政府遷臺以來規模最大的一次考試，而考試院會和莫院長又推選王雲五擔任典試委員長。王雲五的責任更顯得特別重大。爲此，王雲五先後費了三個月的工夫，真是兢兢業業，深恐出什麼差錯。

此件工作的關鍵又在該高考典試委員會組織的成立。

成立典試委員會，王雲五的首要任務是選擇適當的典試委員候選人。王雲五認爲，典試委員如果選擇得當，則典試的任務就算成功了一半。

依典試法規定，典試委員會是由典試委員長一人及典試委員若干人組成。其主要任務是命題標準及評閱標準的決定，命題及閱卷的分配，以及應考人成績的審查；另外如考試日程的排定，錄取名額的決定，以及其它有關典試事項，皆須由典試委員會集體會議決定。

典試委員個別的任務則是命題與閱卷。

這兩項任務實在是考試的最基本的工作。

典試委員的責任如此重大，考試院便嚴格地規定了典試人員的選派規則。典試委員的人選，除考試委員，高考及格十年以上及有專門著作或發明經認定者三項外，其它則一概由現任或曾任教授爲之。而凡以現任官吏的資格擔任的，皆須曾任教授三年以上。

王雲五認爲，典試委員的人選，距此規則不宜有所出入，更不宜過遠。爲了更切合實際，王雲五經過深切考慮，針對當前的實際，擬具了七項遴選原則，向院會上提出，詳加討論，略有修正後，予以通過。

這七項原則是：一、立監委員不列入；二、部會長官職務繁重，無暇作實際參加，非必要不予列入；三、現任官吏須曾任教授者；四、在臺連任多屆高考典試委員者，以輪轉更替爲原則；五、各科教授之選，以（1）資深，（2）學粹，（3）聲譽高，（4）肯負責爲主；六、高考及格十年以上者，已曾兼教授或有專著爲原則；七、考試委員儘量參加，各按專長加入各組。

王雲五擬具了典試委員遴選原則後，又根據這些原則條件擬就了典試委員名單。這些名單與去年（一九五四年）的差別頗多，除了考試委員人數大增外，部會長官及在臺連任典委三年以上者，幾乎盡未列入。包括現在專任教授、曾任及現任教授在內，共計六十多人。

在組織蘊釀典試委員會時，由於必須嚴守秘密，對其中的任何一個人都不敢預先徵求意見，然而，在院會通過之後，報請總統任命以前，又必須徵得該人的同意。而徵求意見的工作又不能發一信函了事，必須分別登門拜訪勸駕。

爲了工作，向來不拜客的王雲五，這次却不得不破例，除少數幾個極熟的朋友是用電話徵求同意外，其他十分之七八都是由典試委員長王雲五親自拜訪，十分之二三則請考選部部長或次長代勞。其中有幾位老先生，許多人認爲不一定肯屈就的，經過古稀老人王雲五再三誠邀，總算一一俯允；還有幾位教授，工作本來極爲繁忙，由於他們都是所考的某些學科的權威，不能不請求相助，經不起王雲五的懇求和重託，也就於百忙中勉爲擔任。

爲此，他以將近七十的高齡，每日無數次地在街頭奔波往返，一家一家，一户一户拜訪勸駕，有的委員家甚至去過好幾次，終於將這個高層次的學術性的典試委員會組織起來了。

王雲五所爲何事？

王雲五過去曾經擔任過幾種掄選或選任職務，如一屆至四屆的參政員，制憲國大代表，行憲國大代表以及國民政府委員，對於這些職務的選任，王雲五不僅從未進行過任何會外的活動，甚至連拜一次客也吝惜自己的脚步，不肯爲自己的獲選而去任何一家登門拜訪。

這一次擔任考試院副院長，按照憲法規定，其程序須先由總統提名，經監察院同意然後才能任命。而監察院同意權的獲得是一個相當複雜的過程。

按照憲法規定，須由總統向監察院提出咨請，並附被咨請人履歷一份。然後，監察院召開監察委員審查會，提交全院委員審查後進行投票，"採用無記名投票法"，"行使同意權時，由出席委員過半數之議決行之"。

審查王雲五的任職，參加投票的監察委員共八十多人，如投票的結果達不到半數以上同意票的話，即使是總統的提名也要被否決。因而，在任命未審議之前，許多朋友都勸王雲五對於平時認識的監察委員不妨去拜訪一下，以期獲得較順利或大多數的同意票。王雲五却本着一向的立身處世原則，没有拜訪過任何一位監察委員。

王雲五對朋友說："如果我是適於其任的，以監察委員們的賢明，或不會把我否決；如果我是不適於其任的，我正可藉此機會而落選，不致濫竽重任。又何必去進行拜訪呢？"

又有一位至好的朋友勸王雲五說："你是經總統提名的，你的反映又是如此冷淡。萬一因爲你的過分冷淡，而祇獲得勉强通過的票數，甚至不獲通過，既有負於總統的厚愛，豈不也失了自己的面子？"

王雲五一笑，淡然說："本人平生絕不以從政爲榮，尤其不藉從政謀私利。近年以賣文爲活，安步當車，無官身輕，讀書最樂。在不敢固辭新職之後，倘若行使同意權的機關認爲我不勝此任，不予同意。這在民主制度之下實在是常事，既無關於榮辱，而我也免移轉崗位，對我來說，也不能不說是一件好事。－－又何必去拜訪誰呢？"

朋友們如此善意地規勸，王雲五仍然沒有去拜訪任何一位監察委員。

然而，在獲任考試院副院長之後，王雲五却冒着酷熱炎暑，在盛夏的七月，以古稀之齡，在臺北的街頭逡巡，親自登門勸駕擬任典試委員的教授和專家。這些教授和專家大部分年紀比他輕，資歷比他淺，學養沒有他深，影響沒有他大，王雲五却一反常例，不厭其煩地一家一家拜訪，以致許多專家和教授深感過意不去。聘任典試委員的工作很快順利完成。

王雲五所爲何事？

無他，祇爲了自己所承允的諾言－－"義務不辭"，爲了選拔國家賢明的掄才大典得以順利進行！

事實正是如此，典試委員會成立之後，八月七日舉行的典試委員會議上，空前繁多的四百三十多個科目的命題任務都順利得到解決，找到了最適當的專家擔任，並且按計劃要求於八月二十日以前將全部題目交齊。

至於從九月七日開始的評閱試卷工作，也完全按計劃要求於九月三十日全部評閱完畢。特別是這項閱卷工作，約莫七萬分的試卷，經襄試委員和典試委員的認真初閱和復閱，如期完成任務。除委員們認真負責、不辭勞苦的敬業精神外，不能不歸功於典試委員長王雲五事前的周密策劃，佈置和閱卷過程中的指揮得力，領導有方。

一九五六年八月九日下午六時，全國高普考開始的前一日，典試委員長王雲五進入一座大院，正式開始了爲期七日的入闈。

考試入闈的制度，在中國由來已久。國民政府在南京舉辦高普考時，根據《典試法》施行細則第九條第二項規定，典試委員長及典試委員自命題之日起，應住宿典委員會內。因此，典試委員長及所有典試委員無不入闈，非俟全部試務完畢，不得外出。

政府遷臺以後，因爲沒有固定的試場，限於條件，根據《典試法》"但有特殊情況者考試院得變更之"的規定，故高普考時，爲保守秘密的必要，除辦理試務人員如監印和繕印試題者，必須留居試場一隅工作，不得自由外出，以免有洩漏試題的可能外，典試委員長及所有典試委員皆不必入闈。

儘管如此，在此六、七年間，經歷了十次考試，都沒有出現試題洩漏事件。這不能不歸功於歷屆高普考和各項特種考試的典試人員嚴守紀律、自覺奉公的高尚品德，也屬難能可貴。

然而，在一九五六年，考選部"中醫師檢核委員會"舉辦的中醫師面試時，其中有若干面試委員竟然發生了洩漏試題的情事。中醫師面試僅僅是檢核的一個步驟，面試委員也祇是考選部依照“中醫師檢核委員會”推薦而聘任的，檢核的結果僅僅構成檢核程序的一環，還必須層層經過考選部部務會議與考試院院會通過，與典試的結果有所差異。儘管如此，仍然出現了面試委員出賣試題的事實。於是，過去考官入闈的優良傳統又重新被提了出來。

王雲五認爲，即使在全體典試委員無法一一入闈的具體事實情況下，如果能由典試委員長代表全體委員入闈，雖然不如全體委員入闈那麼慎密，但至少可以使慎密程度提高一步。

因此，從今年開始，王雲五考慮自我作始。即首先由他代表全體典委員入闈。這樣，雖然不能説考試萬無一失，但至少要比不入闈要完善一些，慎密一些。

其實，王雲五在去年（一九五五年）任公務人員高考典試委員長時，就曾有此想法。然而，當時，一位富有考試經驗的朋友對他的想法持反對態度。那位朋友説：“考試時，僅一天的試題便多至百種，文字有五、六萬字以上，而且科目繁雜，各有專門。如果命題偶有筆誤，在闈外拆閲後經發現，對於疑而未明的問題仍然有向命題委員會查詢的餘地；如果入闈後才開始拆閲，時間又是在深夜，向命題委員會查詢既不可能，而第二天又要考試，不能久待。根據這種情況，仍然是由典試委員長提前在闈外啓閲較爲便利。”

經這位朋友的這麼一説，王雲五便産生了猶豫；正巧又因爲遇到一件特殊任務，必須在考試期内外出參加，即使是勉强入闈，也難堅持到底，於是，便打消了這個念頭。

今年的高普考試，王雲五仍擔任典試委員長。這次，既没有去年臨時遇到的特殊任務，保證試題的機密又更有加强的必要，王雲五讓自己代表全體典試委員單獨入闈的想法和意志也更爲堅決了。

然而，一件突發的事情使王雲五又産生了動搖。

王雲五少時多病，體格原非强健。由於依靠長時間的苦鬥與磨煉，中年以後，頑强逾昔，特別是最近十多年來，簡直不知道什麽叫"有病"。即使對於老年人常患的高血壓病也漠不關心，認爲與己無關。兩年前趁妻子治病檢驗血壓之際，順便也爲自己檢驗了一次，記得低壓爲七十左右，高壓爲一百四十左右，醫生認爲正常。王雲五於是更加不注意。

直到今年的七月底，他才開始意識到一個人的肉體終究逃不脫年齡與勞苦的檢驗。

王雲五在去年一度擔任高普特考典試委員長後，辛勞四個多月，順利地經歷了身體的考驗。今年，考試院原一致推莫德惠院長爲典委員長，莫院長也勉允擔任。王雲五認爲今年不致有去年辛勞了。哪知莫院長到關鍵時刻，血壓突增至一百七十多，不能勝任如此繁勞，於是，據實呈明總統。於是，這一重任又落到了王雲五的頭上。而命令下達時，已是七月十六日，距高考祇有二十多天了，一切的準備工作還没有開始！

現實擺在面前，王雲五不敢怠慢，於是，他快馬加鞭，開始了緊張的高考前的準備工作。他有如一個年輕人，精力充沛，意氣昂揚，像一隻擰緊了發條的時鐘，不知疲倦地日夜忙碌着。

王雲五首先從事典試委員會的組織成立，直至七月二十八日，才經考試院集會通過了典委會的人選。又和去年一樣，在院會通過後的第二日開始，用三天的時間，每日馬不停蹄地分別登門拜訪了各位被提名的典委。同時又亟須準備在兩三天之內召開的典試委會議議程，特別是將近五百種科目的分擔命題問題。那幾天時間，王雲五的忙碌和急迫，真是有生以來未嘗經歷過。

七月三十一日，也就是召開典試委員會議之日，王雲五在午前突然感到頭暈，他立刻覺得不妙！過幾天就要考試，工作必定更為緊張，於是，他瞞着家人，私自到一位熟識的饒醫師那裏量血壓。量過血壓之後，饒醫師大吃一驚，王雲五的血壓躍升至高壓一百八十五和低壓九十五！

無疑，勞累過度是王雲五血壓升高的根本原因。

饒醫師一邊為王雲五開藥方，一邊千叮萬囑要王雲五多注意休息，千萬不要過於勞累。當饒醫師知道王雲五過幾日還要入闈去無晝無夜地單獨工作六、七天時，起先堅持認為決不可以，但見王雲五態度堅決，也不便阻止他為國家儘其職責，祇好勸他必須在入闈前養精蓄銳，並切囑自備好各種藥物，以應急需。王雲五當然滿口答應。

然而，饒醫師哪裏知道，王雲五在入闈前的準備工作，其緊張之程度，也絕不亞於入闈之後呢。

無疑，王雲五面臨着嚴重的考驗！

數年以來，王雲五養成了早睡早起的習慣。平時，一般晚間八、九時入睡，昧爽三、四時便起牀。入闈後，晚上必須工作至半夜，昧爽三、四時才能入睡，而由於過去早起已成自然，驟然改在白晝睡覺，不一定能够入睡，便無法彌補晚間睡眠的不足。於是，一邊是備極辛勞，一邊是休息不好，高血壓病便難免愈加惡化！

怎麼辦？是入闈還是不入闈！

先父王光斌在不到花甲之年便因腦血管破裂而致半身不

遂，偏廢在牀達二十餘年的往事，又一幕幕襲上王雲五的心頭，映現在他的腦海裏，此時，王雲五心中有如轆轤在不停地上下，思前想後。

如果措置不當，調理不周，一旦導致和自己父親一樣的結果，則不僅不能繼續爲社會服務，連自己的生活起居也需要他人來扶持照顧，豈非得不償失！

王雲五又想到了自己爲人處事特別是服務社會一貫的原則。他遇事祇問應做不應做，而不計較值得不值得，也就是祇求現實心之所安，哪管未來的玄妙遠景。記得西方有一句諺語說：“昨天已過去，明天尚未定，今日即在此，好好地利用它罷。”王雲五非常贊同這種對待生活的態度，這也就是王雲五人生觀的一部分。這一次也不例外。王雲五想，世界是非常偉大的，個人原極渺小，如以渺小之身，空懷未必能實現的大志，何如實事求是，把握目前呢？

想到這裏，王雲五毅然決定，仍按原計劃，入闈！

動搖的心緒終於被理智和責任感所克服，所戰勝！

入闈後工作的緊張，不僅非闈外可比，簡直超出了想像。

根據這次典試委員們所定的高普考的辦法，各位典試委員雖然在闈外命題，典試委員長却不在闈外啓閱，而祇逐日在午後檢齊第二天所需考的試題，在闈內經過監試委員會同驗明，然後才開拆。

王雲五粗略地統計了一下，以每日考試科目大約一百項，每一科目計正副題平均按八道計，總計題目便是八百道。以每題平均六十字計，則題目的總字數便不下五萬言。而王雲五以典試委員長身份以整夜的時間，必須對此約五萬言以上的各科題目，一一過目，其中還可能有需要斟酌修正的。如果他能够在午夜前——核定，則擔任繕印包裝的工作人員仍需要至黎明四、五時才能完成工作；如果他的工作完成更遲，這些工作人員更要遲至天亮才能休息，甚至還會發生能否趕得及第二天考試需要的問題。因此，就對王雲五提出了一個必須解決的難題，即他必須在深夜一、二時左右把第二天午前需要的試題全部處理完畢，交給工作人員發繕。

如果王雲五一個人的工作遲緩，不免會影響到三、四十位工作人員的休息和精神，甚至因此還會影響到萬千考生的時間和金錢，故王雲五責任之重大，工作之繁忙緊張，可想而知。

王雲五就是在這樣的情況下進入闈內開始他有生以來一星期的特殊生活。

所幸王雲五在入闈之前，由於饒醫師的精心治療，加之他自己調理得當，他的血壓高壓由一百八十五降至一百六十，低壓由九十五降至六十，饒醫師稍稍放了心，深感慶幸。但仍囑王雲五入闈後不能過於勞累，並給了他大量藥物囑帶進闈內，放在身邊隨時服用。

八月九日下午六時，王雲五進入闈內的第一項工作，便是把準備好供試場用的考題九十三套，依序檢出，交給監試委員李先生檢查。李先生查明每一封套騎縫蓋的命題人印章均屬完好，證明典試委員長未在闈外拆閱。於是，李監試委員簽給王雲五一紙便條。其文如下：由典試委員長提出十日試題九十三套，經本人驗明，每套騎縫均經原命題人蓋章完好。

王雲五在取得這份證明書後，便立即進入闈內爲他專設的辦公室開始依次將各科試題拆閱。

由於命題委員的認真負責，王雲五檢查命題的結果，不僅內容正確，繕寫也絲毫不苟，尚無意外發生。

　　不過，有時也會發生小小的誤差，這是在閱題之前未曾預料到的。拆閱試題之後又無法與出題人協商，王雲五祇好自己作主處理。

　　這天晚上拆閱一種試題是有關國父遺教。其中備有正題副題各四道。對於國父遺教，王雲五不敢稱精研，而命題委員又是黨義的權威，夙受敬重。但是，王雲五詳核正副試題後，覺得副題中有關集會討論的一題，是作爲民主政治的基礎，關係非常重大。孫中山先生所撰的《民權初步》便是基於這種思想。因此，實行民主政治，非從集會討論的方式養成牢不可破的習慣與精神不可。爲此，儘管四道正題都非常適當，王雲五却大膽地删去其中一題，而換上副題中有關集會討論這一題。

　　王雲五敢於這樣的變更，是因爲他對於文史及社會科學範圍各試題所涉的內容，平時皆曾涉獵，並能够精研，故在此際需要他負起全責時，才敢於稍作變更。

　　幸而，這種變更修改的情況非常少見。

　　這天傍晚，王雲五從六時半開始拆閱試卷，直到午夜一時左右才將試卷全部校閱完畢。繕印包裝的工作人員也能得以在黎明五時前竟其全功，順利地開始了第一天的考試工作。

　　這天，王雲五感到最苦的，倒不是試題核閱的困難，而是由於他生活習慣的突然改變帶來的不適。

　　王雲五原來每日晚上大抵九時左右必睡，昧爽三、四時必定起牀，偶然一次的改變，稍作推後，當然問題不大。而該日幾乎將過去的習慣完全顛倒，使他大感不適。當天晚上工作至深夜一時左右，中間已幾次睡眼朦朧，他仍然强使自己堅持下去，及至工作完畢，躺下睡覺，反而輾轉不能成眠，大約到二時以後仍尚未入睡，而到黎明五時便一覺醒來，再也睡不着了，恍惚祇睡了二、三個小時，睡眠顯然不足。第二天的精神自然有些萎靡不振。

苦惱的是，第二日下午三時以前，留居在闈內又無事可做，幹了一夜晚班的工作人員正好藉此機會休息，補充睡眠，王雲五却沒有這個習慣。他强使自己幾度偃卧，却翻來復去睡不着，充其量祇睡了半小時。

怎麼辦？像這樣無謂地打發時光，不符合王雲五的性格和習慣。幾經考慮，長日無事，正可利用午飯前的閑暇，撰寫《入闈記》，將這一從未經歷過的特殊生活如實記錄下來。於是，王雲五開始進行這項工作。沒有想到，由於全身心地投入撰述，精神因爲集中而振奮起來，萎靡之態竟一掃而光。

人的習慣也是可以改變的。第三日夜晚工作完畢之後，王雲五睡至五時醒來，因感疲憊，於是又繼續睡，竟一覺睡到七時許，這實爲王雲五旅臺以來所從未有過。王雲五也因此能以更充沛的精力在闈內工作了。

以此，王雲五入闈以後，最艱難的時日已經度過去了，工作日益感到輕鬆。中間抽便赴饒醫師處檢驗血壓，居然高壓爲一百五十五，低壓爲八十五。以他這個年齡，可以説已經恢複正常。

王雲五便在這樣的狀況下，順利地在闈內工作了七天。

八月十六日清晨，這是王雲五入闈的最後一天了。這天，他起得特別早，又幾乎恢複了過去昧爽即起的習慣。七天近乎變態的生活將要結束，習慣坐在案前寫作的王雲五，此刻却無法靜下心來，集中思想著述了。

他在追憶這不平凡的七天來的心境和所獲。

王雲五想到，在入闈前，自己以突患高血壓之身，驟然變更自己多年來早睡早起的習慣，並須接連整夜工作七日之久，還必須審閱近千套未經啓閱的各科試題。而這些試題，涉及工礦農林醫藥等許多科目，對於這些科目，即使是博學多才的王雲五也甚鮮涉獵，萬一偶有缺漏或出現差異，時間又是在深夜，既無法請教原命題的委員，而其試卷又需啓用，急不及待，雖然他可以利用常識應付，却無疑難保萬無一失，不出差錯，爲此，他每天在拆閱試題時，真是誠惶誠恐，祇求不致貽誤公事，即使事後個人因此致血壓升高而影響身體也在所不惜。本次高普考和特考，賴各位同仁通力合作，儘心儘責，於公事總算毫無誑誤，可算大幸。而在出闈之後檢查血壓，竟有減無增，更是出乎意料之外。可見，天下無難事，祇怕有心人。自己憑藉一副熱情，敢於克服難關，不僅增强了今後自勵和戰勝困難的信心，年輕的朋友想也可以通過這件事激勵自己，更加奮勉啊！

　　歲月的流逝就如一江春水，雖波瀾不驚，却永不停歇地汩汩地流淌，不知不覺就是一九五七年六月的下旬了。

　　王雲五的生辰是陰歷的六月初一，今年的六月初一是公曆六月二十八日，掐指算來，這一天是王雲五的七十壽辰。

　　王雲五向來是不慶生日的，特別是在他瞭解自己出生時，母親因天氣炎熱，勞累過度而致昏暈過去，幸賴好心的鄰居急忙用兩隻水桶，購買了一些冰塊，放置他母親的牀邊，以降低暑氣，驅去炎熱，才使母親蘇醒過來。王雲五深切地感到，自己的生日即是母親受難之日，他便更加不願意在這一天爲自己慶壽。

　　王雲五出生在一個憂患而多災多難的時代，國家多艱，戰禍連年，老百姓陷於水深火熱之中，王雲五憂心國事，經年累月。或勤謹勞作，忘老辦公；或專心著述，竟日不倦。在這種情況下，適逢生日，更沒有心思和情緒去操辦生辰的慶壽，因此，多少年來，他的生日都是在悄無聲息的狀況下度過的。即使在他六十花甲整壽時，適在行政院副院長任上，也沒有驚動任何人。那天，他照常上班，祇在下班以後，獨自乘夜車由南京返回上海的家中休息。第二天仍然昧爽即起，於黎明時分寫就一份《六十生日告家人》書，傾訴了自己為國家作奉獻不惜犧牲生命的肺腑心聲，算是度過了一個特殊的六十生辰。

不知不覺，一晃就十年過去了，真是不知老之將至，轉眼間，王雲五已經七十歲了。

人生七十古來稀，按照中國古來的習俗，活到七十，也算高壽了。而王雲五却還從來沒有感到自己已經老了。即使在現在，他還仍然全副身心，精神抖擻地投身於考試院的院務工作中，甚至在去年全國高等考試時，他還以近古稀之年，入闈七日，成功地主持了近千套考題的審核工作。以此，王雲五感覺自己七十猶不減少壯，如假我十年，相信一定會有小成！

對於王雲五的不慶壽，親朋好友也頗尊重他的意旨，順其自然，而且，在過去，不知壽日者，故不必探索詢問；即使偶有知之而熱心者，也因無人率先為壽，也自視同不知。因此，這麼多年，王雲五每逢壽辰，都相安無事，悄然度過。

然而，這次似乎不同了。這次是他的七十整壽！

在中國，人逢七十壽辰，無論是他本人，還是親朋好友以及社會，都不會等閑視之。不管是什麼人，窮人、富人，位卑或位顯者，無論用何種方式慶賀壽辰，都不會視為過份。

更何況是受到同仁、親朋以及社會各界極其敬仰尊重的

"國寶"級人物王雲五！

　　然而，王雲五本人仍把自己的七十壽辰看作是一件極爲尋常的事，他仍然不打算搞什麼慶壽活動。

　　於是，在他的壽辰將要來臨之際，就出現了一些撲朔迷離、神神秘秘的私下議論和動作。説來頗爲有趣。

　　不久前，設在高雄的陸軍軍官學校和海軍軍官學校曾邀請王雲五在適當的時候前往該兩校講演。爲免避壽之名，而收避壽之實，王雲五便囑曾與王雲五在經濟部任部長時共過事，後又協辦華國出版社，現在臺灣擔任教席的老友趙伯平先生轉告其在陸軍官校任數學系主任的弟弟趙良五教授，請其代爲接洽，安排王雲五於六月二十八日在該兩校講學。經趙良五教授聯繫，已經安排妥當。

　　根據此一安排，王雲五在六月二十七日上午的考試院會前同院長莫柳老商妥，告知擬於當晚南下前往高雄的計劃。

　　然而，在院會上，王雲五已聞同仁們在竊竊私語，内容似與他的七十壽辰有關，王雲五也佯作不知。散會後，一位同仁却不知是有意還是無意，走上前來向王雲五轉告説，一位王雲五的友人於明晚在某處有一宴會相聚，王副院長能否參加？王雲五也據實相告，説他應陸軍官校之邀，將於當日下午前往高雄講演，並打算在南方滯留二、三日，不能前往赴宴，並託其向友人東道主致謝。

　　於是，考院的同仁更加猜測王雲五是因爲七十大壽在即，託詞前往南方避壽。有一位同仁更直言笑着問王雲五説："王院長，聽説你老壽辰在即，此時南下，是否緣於避壽呀？"

　　王雲五見同仁們談論的果然是有關他的壽慶之事，爲徹底消除他們的疑惑，他乾脆直截了當地回答説："不不，講演的時間早經約定，我的生日早已過去了，避什麼壽呀！”

於是，王雲五匆匆忙忙乘車返家。

沒有想到，就在車上，司機告訴王雲五說：“王院長，今日考院的司機都在傳說，明天是您的七十大壽，院長和考院的先生們都在準備爲你賀壽呢！但聽說您今天下午要去南部避壽，是不是真的呀？”

王雲五聽了，心裏不覺一驚，連司機都知道了，考試院也已傳得沸沸揚揚了。看來瞞是瞞不住了。於是，他哈哈一笑說：“哪裏呀，講演是早就安排好了的，避什麼壽呀！”

然而，回到家裏，王雲五却陷入了沉思。

他想，他七十大壽的生日已昭然於考院同仁，自己雖不做壽，但南下講演明擺着祇是一個名義，避壽的事實是廻避不了的，不承認也得承認。既然考院的同仁都已知道他明日的七十壽辰，並據聞院長也正在準備賀壽，那他在今天下午南下的行動就顯得有些不明不白，甚至有負於同仁們的一番盛意。

他想，與其這樣廻避事實，不如乾脆把事情挑明了。這樣，南下講演照舊，避壽的目的也已達到，同仁們也清楚了王雲五對做壽的態度，既感謝了大家的盛意，也不致於待同仁準備了慶壽又掃大家的興，否則，真是有拂同仁們的深情厚意。

想到這裏，王雲五拿起筆來，致書莫柳老及考試院全體同仁，闡明自己對此事的觀點和態度，謙辭祝壽，並感謝諸位的盛意。

　　柳老院長、委員諸公並轉院部同仁同鑒：

　　　　弟虛度七十，無功無德，偶濫竽著述，未能儘善。苟有寸長，其惟頑健力學，不減少壯乎！以言頑健，則精神體力，差堪半百；下壽稱慶，猶待十年，以言力學，則如饑如渴，逾半世紀。近年昧爽蚤起，讀書記述，惟日不足，假我十年，或有小成。誠以出身草野，秉性質樸，先君七秩，未嘗慶壽，嗟我藐躬，寧敢僭越。尤以世局多艱，警惕未遑，蒿目神州，廬墓蕩然。惟望反攻有期，摩厲以須，重光而後八秩來臨，果有斯日，親友歡聚，稱觴浮白，雖醉不辭。即日南下講演，期以數日，既不言壽，自非避壽。朋儕玉趾，萬不敢勞，厚意隆情，中心銘感。知好眷愛，並乞代謝。倉卒陳詞，惟鑒不備。

王雲五拜啓　四十六年六月廿七日

　　王雲五認爲，此信轉交給了莫院長，考試院用人必能體諒他不做壽的衷心，對諸位的好意也算有一個回答和交待了。他還認爲，所幸壽辰和慶壽之議僅祇限於考試院同仁，深信並未將此消息廣佈於世，他仍可悄然度過他的七十壽辰了。

　　王雲五按計劃於六月二十七日晚到達了高雄。

　　二十八日上午，剛屆古稀之齡的王雲五在海軍專科學院禮堂，面對一千多名海軍軍官發表演講。

　　王雲五興致勃勃，精神矍鑠，聲音洪亮，加之他淵博的知識，流利清晰的口齒，使聆聽他演講的軍官們情緒高昂，禮堂內不時響起陣陣掌聲。

　　演講已經一個多小時，王雲五仍不覺疲倦，而且毫無倦容，他甚至不打算休息，一口氣將講演結束。

　　正在這時，在王雲五講演剛好告一段落的時候，身着筆挺軍服的海軍官校校長突然走上臺來，並走到王雲五身邊，向王雲五輕輕地耳語了幾句，然後就站在臺前，大聲地說：“同學們，報告大家一個激動人心的好消息，剛才，本校接到臺北總統府電話，今天，是王雲五先生七十大壽，我們的領袖蔣總統在今天上午，親到王雲五先生府寓致賀，並頒發壽軸”

校長的話尚未講完，臺下的軍官們已經激動萬分，引起了一陣騷動，剛待校長說完，軍官們已經“轟”的一聲一齊站立起來，立刻，會場響起了暴風雨般的掌聲。而且，掌聲此起彼伏，經久不息，持續了很久、很久。

王雲五也頗感意外，事情完全始料不及，不知道怎麼會鬧成這樣，形成了這樣一個結局。而且，眼前這個場面，他也從來未遇到過。幸而他也算是見過世面的人，便也滿臉笑容地站起來，接受大家的鼓掌致賀。

軍官們的掌聲終於在校長的示意下停息了。

“同學們，”校長又興奮而又充滿敬意地說：“王雲五先生在今天七十壽辰的時候，不慶壽，也不休假，以七十高齡而不辭勞苦，在如此炎暑的天氣裏，遠道來到我校，給我們進行演講。王雲五先生的行動，給我們樹立了一個光輝的榜樣和表率，我們都要學習王雲五先生公而忘私，為國家精忠儘職的崇高精神。所以，蔣總統也親自到雲五先生的府上賀壽。這就充分說明，王雲五先生是值得全社會，全國人民特別是我們青年學生崇敬和學習的！”

校長的話激起了臺下的一片掌聲。

校長又激動地說：“同學們，蔣總統親向王雲五先生賀壽都沒有見到壽星老人；我們很幸運，王雲五先生七十大壽卻送到我們學校來了。”

校長的話引起了下面的轟然笑聲。

"現在，讓我們代表在臺北賀壽的人，也表示我們的敬意，集體給壽星拜壽！"

校長說完，立刻響亮地吼了一聲"立正－－！"

畢竟是軍校，一千多軍官學生立刻隨着校長的發令"誇"地一聲站得筆直，臺下立刻鴉雀無聲。

校長自己也轉過身來面向王雲五。

"向尊敬的壽星老人、王雲五先生敬禮！一鞠躬－－！"

手執軍帽的軍官們以中國傳統的方式整齊地向王雲五行鞠躬禮。

不知所措的王雲五也在臺上以禮作答。

"二鞠躬－－"

"三鞠躬－－"

禮畢，臺上臺下又立刻熱烈地鼓起掌來。

王雲五很激動，這始料不及的插曲使這場普普通通的演講變得意義非凡。他雖然躲過了臺北的同仁、朋友、親眷甚至蔣總統的賀壽，却在這裏受到一千多海軍軍官誠摯而熱情的致賀。儘管這種賀壽方式出乎他的意料，更不是事前精心安排，臺下一千多賀壽的軍官他也一個都不認識。相比之下，他倒覺得這簡單的慶壽活動來得更有意義，更令他激動而欣喜，更加難以忘懷。

上午演講結束，在招待午餐後，官校官長們又在客室裏備下了一隻碩大的生日蛋糕，將慶壽的活動又推向一個高潮。

這天下午，王雲五按計劃來到陸軍軍官學校進行演講。

這時，今天是王雲五七十大壽，蔣總統親爲致賀的消息已經不脛而走，傳遍了軍校和相關部門，甚至社會各界。

在陸軍官校演講之前，校長徐中汝中將便率領全體聽講的軍官們向王雲五拜壽，整個會場又像上午在海軍軍官學校一樣，激動熱鬧了好一陣。

這一天，王雲五接受了數千人的集體賀壽。

事情還不僅於此。

當天晚上，王雲五就離開了高雄。按照原定計劃，車過臺中時，在故宮博物院住一晚，二十九日才返回臺北。不料，國立故宮、中央博物院聯合管理處孔德成（達生）主任和同仁們顯然也得到了消息。王雲五到達後，他們就將王雲五請進早已佈置好了的壽堂，金碧輝煌的“壽”字在壽堂上熠熠生輝。博物院的同仁和後學們讓王雲五端坐上首，喜氣洋洋地向壽星老人鞠躬拜壽。然後，又延入早已備好的壽筵，主人們爭着向王雲五敬酒，祝壽的話語在壽筵上廻響不絕。讓壽星王雲五再次領略了意外的驚喜和歡愉。

王雲五本來是爲避壽而特意安排到南部演講，却沒有想到反而得到了比在臺北寓中更加熱鬧且更加別具一格的慶壽致賀。六月二十九日，在從臺中返回臺北的途中，他仍沉浸在軍官和友朋們熱情爲他祝壽的氣氛之中，社會各界對他的盛意令他感動不已，並將永遠留在他的記憶裏。

直到返回家中，王雲五才看到了蔣總統親自送來的壽軸以及其他同仁和親朋故舊送來的慶賀帖幛，足足擺滿了他的客廳和書房。

王雲五百思不得其解的是，總統如何會得知他的七十歲壽辰的消息的？

直到第二天，他到考試院上班，才獲知了事情的原委。

原來，問題還是出在他自己身上。

　　王雲五壽辰臨近時，莫院長和考試院的同仁確曾準備了慶
壽活動，不過，因爲王雲五始終對他生辰的時間緘口不言，且
在二十七日還要去南部演講，同仁們對此事仍有些猶疑，並且
對於慶壽活動究竟如何操辦也拿不出一個確切的主意來。恰在
二十七日下午，收到了王雲五寫給莫院長的書簡，等於證實了
他的七十壽辰。事屬確實，王雲五寫此短函，反而欲蓋彌彰。

　　於是，此事很快輾轉傳到總統府秘書長張群的耳際，張群
遂立即將此消息轉陳蔣總統，便出現了蔣總統在王雲五壽辰之
日親赴王寓致賀並送壽軸的情節。

　　獲知了這一情節，王雲五一面感謝考試院同仁們的盛情厚
意，同時，對於蔣總統對他的無限關愛和深意更是衷心銘感，
永記心頭。

二　推行行政改革

　　一九五七年九月十一日上午，一架自臺北飛往紐約的客機
平穩衡地升上天空，開始了向地球另一端的長途飛行。

　　飛機的乘客中，有一位身材矮小的老人，鬚髮皆白，却魁
梧結實。從其外貌看，垂垂老翁，已不適宜作這種長途的飛
行；而觀其狀貌和神采，却是舉止沉穩，神采昂揚，充滿了盎
然的活力，甚至比他身邊的那些中年乘客還要顯得堅毅和自
信。他，就是中華民國派爲出席聯大會議的代表王雲五。

　　聯合國大會第十二屆常會於本年九月十七日在美國紐約舉
行。中華民國奉派出席聯大會議代表團的首席代表爲外交部長

葉公超，代表由蔣總統新提名二人，即胡適之與王雲五，代表團顧問爲馬星野、方治、林慎，諮議黃雄材、鄭炳鈞、李善中，秘書爲廖碩石。

這天，隨王雲五同飛往紐約的還有代表團顧問方治及外交部科長黃雄材。

說起來，王雲五這是第三次赴美國了。

第一次，是在一九三0年，王雲五初任商務印書館總經理，爲研究工商管理和國際出版業的先進經驗，由日本至美國至歐洲六國。在美國考察參觀兩月有餘。回國後著有《初履西土記》、《初訪華盛頓記》、《美歐管理專家訪問記》等文章。

第二次，是在一九四八年秋，以中華民國財政部長的身份，出席國際貨幣基金組織及世界銀行年會，並擔任大會主席。往返恰滿兩旬。行程時日雖短，却由於他無法避免地離開半月，加之另外一些他無法克服的原因，導致他精心策劃並已經取得初步成功的幣制改革遭到慘痛的失敗。至今想起，仍使他長太息不已。

此次是第三次。

此刻，舒適地坐在軟椅上的王雲五無心觀賞機窗外變幻莫測的景色，他陷入了沉思。

關於出席聯合國大會，王雲五在啓程赴美前晉謁蔣總統時，就曾率直地表示，以中華民國今天在聯合國所處的地位，名義上雖說是五個常任理事國之一，實際上，由於大陸已被共產黨佔領，中華民國已經不能像從前那樣在聯合國作任何有效的主動建議。在聯合國大會上，除了偶然地主張正義的立場外，其它的任務主要還在儘力維持中華民國在聯合國的席位。

而這項任務主要是依賴其常駐聯合國代表以及顧問的周旋和應付。因爲常駐人員藉其多年的關係，與各會員國的代表稔熟，不僅與對我國有邦交的代表可以聯絡，即對於已經沒有外交關係的，祇要不是共產黨集團的成員或其外圍，也可以由於過去的私人交際，相機在會外作非正式的接洽，比如美國、荷蘭等國便屬於這種情況。

而新任代表由於對各會員國代表向來沒有接觸，這種任務自然無從着手，而對於其它國際問題，即使有所主張，也無法通過。因此，王雲五早就主張，聯合國大會，除了那些對外交夙有經驗的專業人才不妨由國內派往出席外，其他人員當以少派爲宜，主要原因就是因爲他們發生作用的機會太少了。

即使王雲五自己，他也認爲出席聯合國大會並非他之所長，他在會上的作用也極爲有限。

經過二十多個小時的旅程，王雲五於九月十二日風塵僕僕地到達了美國紐約，踏上了這塊既熟悉又陌生，既疏遠而又親切的土地。

之所以說王雲五對紐約既熟悉又陌生，是因爲他曾兩次到美國，兩次都曾到過紐約，而且第一次還在紐約有近十天的逗留。然而，他每次到這裏都是全身心地投入工作，調查、採訪、研究、無暇顧及其它。對這裏的街道、建築甚至名勝都沒有什麼印象，來去匆匆，祇是一個過客而已。

說王雲五對這裏既疏遠又親切，是因爲王雲五以國事爲重，離去之後，再不縈懷，紐約縱然是天堂，那也是別人的國度，與他無關。然而近幾年來，美國特別是紐約與他的關係漸漸親密起來，聯繫也逐漸頻繁，甚至這裏的天氣變化，時事的變遷都會牽動他的心。這是因爲，自一九四八年後，他的八個子女就有五個已先後來到美國讀書、就業、定居，僅在紐約及紐約附近就有三個。這裏，如何不教王雲五牽腸掛肚呢。因此,當王雲五一踏上紐約的土地，看到在機場迎接他的就有他多年未見的女兒鶴儀、二兒學武和五兒學哲，如何不使他心情至爲愉快。在這異國的土地上，七十老人能看到兒孫繞膝，飽享人間親情的天倫之樂，真讓王雲五有身處異國而在故鄉之感。

鶴儀一九二０年生於上海，極爲王雲五所鍾愛，然在十歲時，因高燒而致罹患小兒麻痹症。王雲五初任商務印書館總經理從美國考察歸來時，見女兒已成半殘，心痛欲裂。從此，更加精心撫育弱女。數年前，便把女兒送到美國就醫。爲此，王雲五以年過花甲之齡，著述不輟，並以數年的辛勞，翻譯並由商務出版《美國全史》及其它著作，換取十多萬元稿費，以繳納愛女在美國迭次手術的昂貴費用。如今，鶴儀除動作稍異於常人外，已基本能行走自如。尤其難能可貴的是，她不僅能一切自理，而且以優異的成績被錄取在一家醫院工作，生活能夠自立。殘而不廢，令王雲五至感欣慰。

二兒學武生於一九一七年，畢業於滬江大學，現已四十歲，與妻子蔡韶麗居住在長島，育有四個女兒。

五兒學哲生於一九二二年，抗戰時期曾就讀於齊魯大學，一九四七年畢業於東吳大學法學院，曾在商務印書館擔任編輯。一九四七年赴美，在中國駐美大使館商務參事處任職，業餘就讀於華盛頓大學法學院研究所夜間部。現與友人合開一家保險事務所。妻子呂慧貞在斯靈製藥公司研究所工作。一家人現居新澤西州的英格裏活。雖不屬紐約州，却祇與紐約隔河相望。從居所穿越華盛頓橋，約行二十英哩便可到達中國代表團的駐地。

學武、學哲皆備有自購的住宅，都是分期付款購買的。學哲爲期較短，祇須六年付清；學武却爲期二十年。這種先住房子然後分期償還房款的方式令在工商界數十年的王雲五都感到很新鮮。

六兒學藝和七兒學善尚未婚。

學藝現年三十二歲，一九四八年畢業於上海交通大學土木系後，即赴美依靠半工半讀進修，經過一年半即獲得紐約布禄連工業大學碩士學位，並就職於紐約某著名橋梁專家所開辦的工程顧問公司，工作六年，已晋升爲工程師，收入頗豐。去年，却想放棄優厚的收入，改業在某大學擔任講師。不久，該校復函稱，在該校擔任講師，首要條件便是須有博士學位。學藝竟因此決心放棄優薪的現職，向密西根大學研究院申請修博士學位，獲得批准後，就在王雲五來美之前半個月，離開紐約，前往該校，重度學生生涯。與學藝已九年不見的王雲五到美後，獲悉六兒的這一頗具志向的選擇，除極爲嘉許外，心裏也頗感欣慰。

學善是王雲五最小的兒子，今年才二十九歲，一九五三年畢業於臺灣大學醫學院，現在北卡路林州的杜克大學工作。

王雲五現在美國的五個兒女儘管互相相距甚遠，兄弟姊妹仍頻繁地時相往來，特別是闊別多年的父親因公來美赴會和研究，更是高興異常。除學武、學哲和鶴儀趕到機場迎接外，路程太遠趕不及和因學習和公事繁忙，一下脫不開身的學善和學藝也於數日後，匆匆趕到紐約看望年邁的父親。

九月二十一日晚上，王雲五與旅美的兒孫在中興酒家歡聚。其時，學武夫婦及四個女兒由學藝駕車，從長島的自由港來；學哲夫婦偕兩個孩子，由學哲自己駕車，從英格裏活的居所來會；王雲五則在該日的中國代表團會議後，乘代表團所備的專用車，携同鶴儀和遠道而來的學善，由司機駕車至中興酒家。三方乘興而來的親人，祖孫三代共十四人，在這家中國式的餐館舉行了一場令人難忘的旅美大團聚。饌肴豐美，親情融融，歡聲笑語，觥籌交錯，兒孫輩頻的向父親、向爺爺敬酒，温馨的話語從嘴裏、從胸臆間流淌而出。眼見兒女們一個個矢志努力，自强不息，學有所長，技有專精，在大洋彼岸的美國能各自獨立，生活無虞，且夫妻和美，孫兒們天真可愛、學習進步，將來一定能超過父輩。想到這裏，王雲五心裏甚感慰藉，素來以善飲著稱的王雲五都覺得自己已陶醉其中了。

中國出席聯大代表團辦事處在王雲五未到之前，已爲王雲五代定了旅館，王雲五到達後一瞭解，每日的房費是十八美元。王雲五旅美期間的生活費是定額的，每日祇有十七元，不僅超過一元，而且每日的伙食費還要自墊。一向儉僕的王雲五便決定取消所定房間。數位兒女中，學哲家距紐約最近且較方便，決定住學哲家。學哲的事務所恰巧距中國代表團駐地不遠，這樣，王雲五便可每日在學哲上班時，乘他的車來駐地，白天則留在代表團辦事處爲他專備的辦公室辦公、研究、閱讀和會客，傍晚又由學哲接其返回寓所。這樣，既不影響會議和工作，又節省了住宿費，也没有給學哲增加太多的麻煩。

中國代表團的辦事處，處在紐約市中心的帝國大厦。這是一幢一百多層的高層建築，中國代表團租用的是位於五十餘層的數間房間。王雲五專用的辦公室也在其中。

九月十八日，王雲五出席了中國出席聯合國代表團的首次會議。除代表外，代表團顧問和所有高級人員皆集中一起，研究中國代表團在本次聯大會議上的措施和對策。

中國駐聯合國常任代表蔣廷黻首先報告了中國代表團在即將召開的聯大會議上立即面對的問題。“一爲聯大會議秘書長的人選；一爲本次大會主席的人選。”

王雲五認爲，關於秘書長人選，蔣代表所談的觀點、態度和措施皆較正確。

關於本次大會主席的人選，聽了蔣代表的介紹，王雲五覺得，今年的問題既已解決，下屆的問題可留待下屆再議。

蔣代表接着説：“本次聯大會議的焦點，主要是塞浦路斯與亞爾及黎亞兩國的爭端問題。後者僅僅關係法國，前者則涉及英國、土耳其和希臘三國。特別是對於塞浦路斯，我國應付最爲困難。不僅對於與我國有邦交的土耳其和希臘兩國，不便得罪於任何一國，即使對於與我國沒有邦交的英國，由於英方歷年來贊同美國的立場，維持中華民國在聯合國的席位，也不便因此而得罪，以致發生反感。這是我國代表團在本次大會上遇到的最棘手、最困難的問題。”

聽了蔣代表的介紹和報告，王雲五考慮了一下，也作了一個發言。他説：“對於這個問題，如果我國能不參加辯論，則最好不過；但如果不能置身事外，我的意見，最好能採取拖延或緩和的方式。即建議由大會組織一個小組，從事調停，並極力使當事的三個國家，通過調停，解釋誤會，以期達成和平解決的辦法。否則，如能够採取像上屆的辦法，仍建議由三國自行協商，和平解決，亦無不可。因爲，我國在原則上不能不贊成民族自決，此原則固然爲希臘所歡迎，却爲英國和土耳其所反對；如果支持英國和土耳其的立場，不僅得罪了希臘，而且違背了中國的原則，也與中國一貫的立場不符。”

蔣代表贊同説：“將來的趨勢，恐怕衹能按照這一條路綫去處理。”

九月十七日下午，王雲五以中國代表團代表的身份，出席了本次聯大的第一次大會。

果然不出蔣代表所分析的，本次大會，先由上屆大會主席泰國的萬親王任臨時主席。萬親王除簡略他報告了上屆的工作外，即提議選舉本屆大會主席。

萬親王剛剛説完，墨西哥代表隨即發言，説本屆大會主席有兩位候選人，一爲紐西蘭的代表孟禄爵士，另一位是黎巴嫩代表馬立克。爲使大會取得一致並造成和諧的氣氛，最好由其中一位候選人放棄競選。

墨西哥代表説完，馬立克便起立發言，表示自願放棄競選。問題立即得到了解決。

馬立克的態度立即博得全場熱烈的鼓掌和讚許。會議的氣氛也立刻變得輕鬆了。

接下來就是對唯一的候選人進行投票選舉。

選舉結果，孟禄爵士獲得大多數票當選爲本屆大會主席。臨時主席隨即將主席的席位讓位於孟禄，由孟禄主持大會。

孟禄就任主席後，首先盛讚馬立克謙讓的高尚風格，並感謝各位代表對他的支持。接着，一些代表也相繼發言，主張在下屆聯大會議時選舉馬立克爲大會主席。

這天大會的第二項議程是討論馬來亞的入會問題。

馬來亞入會的問題很快經大會點名表決通過。令人難受的是馬來亞代表團進入會場入席後，各代表紛紛發言，表示歡迎馬來亞入會，其幾乎是千篇一律的措詞，令王雲五聽之頗感令人生厭，却不得不耐着性子聽。

王雲五第一次嘗到了參加聯合國大會時開會的滋味。

王雲五感到欣慰的是，在九月二十日聯大理事國會議上，印度代表提出的關於反對中華民國在聯大代表權的提案，以九對四票反對，取消其列入議程。並通過了兩點建議：

一、印度提案不列入議程；

二、本屆大會不討論中國代表權問題。

兩點決定的通過，王雲五稍稍鬆了一口氣。至少在本次大會上，中國代表權的問題不列入議程。那麼，中華民國仍可以代表中國在聯合國發揮作用了。

然而，王雲五心裏清楚，中國代表權的問題，聯合國大會遲早終將提出，中華民國代表團也遲早終將被逐出聯合國。這已是一個無法逆轉的歷史潮流，似不是哪一個人能够挽救的頹勢。想到這裏，他有一種日暮西山的沉重的感覺。

僅從在聯大會議上各國首席代表發表總辯論時所用的語言，即可見中華民國代表團的地位在聯合國中的微妙變化。

本來，聯合國規定，英、法、西班牙、中、俄五種語言爲聯合國的官式語言。在聯大會議上，凡以此五種語言中任何一種發言的，大會秘書處都必須在主席臺兩側設置的辦公室內，將發言立即分別譯成其它四種官式語言。出席會議的代表副代表們的座位上都裝置有耳機，祇需套上耳機，轉動座位旁邊的旋紐，如第一紐爲英語，第二紐爲法語……等，便能聽到你所需要的語言。

但是，聯合國同時另有一種規定，即凡能提出此五種語言譯稿的代表團，在發言時，不用此五種語言，秘書處也可以播放此五種語言的譯稿。而聽任該代表團以五種語言之外的任何語言發言。

　　王雲五注意到，在聯大會議的總辯論中，儘管大會秘書處
無須索取譯稿，便會自動譯成另四種語言，中國的首席代表却
用英語發言。而日本代表團却不怕麻煩，將該團的發言稿譯成
五種語言，在首席代表發言時交秘書處播放。而其首席代表並
非不熟悉外國語言，却用日語發言。

　　王雲五聽説，在某年舉行的聯大會議上，精通英文的我國
外交部長葉公超以首席代表的身份出席，發言致詞時，用的是
中文，令人感到得體而有氣魄。

　　怎麼後來不這樣，而非官式語言的日本却堅持用日語發言
呢？王雲五將此疑問請教代表團同仁。

　　代表團的同仁無奈地告訴王雲五，這種選擇實在與國勢有
着密切的關係。在我國的名與實都爲聯合國五強之一時，首席
代表在聯大發言，對聯合國來説應當具有重大的影響，那麼，
即使用外國代表不易聽懂的中文發言，各國代表也無不轉動翻
譯的旋紐，利用耳機傾聽中國代表的立場和原則意見。例如蘇
俄因爲國力强盛，但每一位代表均不得不認真的依賴耳機傾聽
其譯語，以瞭解事態和形勢的發展。甚至戰後的日本因經濟發
展迅速，國力大增，也仿照此例。

　　而以目前中國所處的地位，不能不有自知之明，要使各國
代表聽到中國代表的發言，便不得不放棄大多數代表都不甚熟
悉的漢語，而用絶大多數都瞭解的英語發言。否則，有的代表
連耳機也不帶，豈不是白費力氣！這實在是委曲爲之啊！

　　聽到這裏，王雲五深知中國的國運已是如此衰微，又不禁
深深嘆息了一陣。

　　十二月九日至十二日，王雲五接連三天均赴聯合國出席第
一委員會會議，討論塞浦路期問題的基本立場，王雲五於十二

日上午代表中國在會上作了發言。

　　王雲五説：“本人鄭重地聽取了本問題的辯論，首先應該對英國、土耳其和希臘三位代表發言的明晰有力表示敬佩，尤其可貴的是，三位代表都能以温和與自制的態度，發表富有建設性的建議。

　　“本人初次參加聯合國大會，對於本案不至爲成見所約束，因此，分析問題完全持客觀態度。本人認爲，爭議各方雖然有較深的分歧，然而，要謀求一個可爲各方同意的解決辦法，未嘗不可能。因爲，爭議的各方畢竟是友好鄰邦，都具有尋找解決問題的誠意。

　　“本人充分瞭解目前阻礙妥協與有效談判的心理與情感因素，不過，理性終將戰勝情感，因而，終究是可以達成妥協的。

　　“塞浦路斯是英國的殖民地，而這種殖民地，目前仍然存在的已經不多了。塞島人民要求自決，這種要求也已引起反響。英國代表已明確告訴本委員會，英國將與塞島人民商談該島的政治前途。在這種時候，最需要的是十一屆常會上於二月二十六日通過的第一○一三號決議案中所稱的‘和平氣氛與表達意志之自由’。

　　“我們都知道，英國對於如何適用民族自決原則於其屬地人民，不乏經驗。自第二次世界大戰後，不少舊日的英國殖民地紛紛宣告獨立，今天，這些國家已經構成了聯合國或英協中的中堅分子。

　　“我們沒有理由可以懷疑英國對其諾言的誠意。然而，塞島問題的解決，若不顧及島人另一部分人民的權益，決非真正的解決。這一部分人民是土裔的塞人，他們居住該島已達幾個世紀，與該島的關係可謂根深蒂固。如果該島政治地位有任何變動，他們的憂慮當然是合情合理的事。因此，任何現實的解決辦理，不應當將他們排除在外。

"這次辯論中得以闡明的若干問題，而且藉此説明了各自不滿的情形，對於問題的最後解決，自然有其益處。

"中國向來支持民族自決，不過，本人認爲，目前的重點在於製造有利於解決問題的友好氣氛，最好能尋覓一條'和平民主及公正的解決方法'。本人深信，如果按照美國洛奇大使所建議的'寧靜外交'，則對於解決本案的新意見或不難産生。

"無論如何，本案争議不應當聽其泛濫，以致妨礙該地區和平關鍵所繫的友好同盟。中國的投票也將基於上述的立場來考慮。"

王雲五認爲，他的這一番發言，純是一種外交辭令，並不是他的本意。祇是幾天來聽到各國代表發言的觀點，包括美國在内，多持這種立場。以中國目前所處的地位，與其講一番高論，不如敷衍這種局面。好在這種態度與中國夙所採取的原則並不相違背，對三國的感情也不致造成傷害。正所謂"祇求無過，不求有功"。

國勢如此，夫復何言！

後來，代表團同仁中還有不少人稱讚王雲五的這個發言措詞得體。王雲五聽了簡直是有些慚愧地説："這種違心的言論復何足道！"

聯大會議期間，王雲五一件至感愉快的事便是會見了他的摯友胡適。

　　在到達紐約的當日下午，王雲五便由學哲駕車送他去拜訪胡適。在王雲五的知交中，像胡適這樣長達五十年的親密感情，還有一個便要算朱經農了。此時，朱經農已長眠於異國他鄉，祇有胡適還能與他長相把晤，促膝傾談。這種感情是無比珍貴的，是無法替代的。

　　胡適於抗戰勝利後就任北大校長，一九四八年三月當選爲中央研究院院士，一九四九年四月赴美。在此後長達八、九年時間裏，祇到臺灣去過兩次，作短期的講學和出席會議。如今，他們相逢在紐約，心中都感到無比的欣喜和慰藉。

　　其時，由於蔣總統正邀胡適回國擔任中央研究院院長，胡適因爲王雲五對臺灣的情況認識較眞切，瞭解較透徹，於是，將此事徵詢王雲五的意見。王雲五認爲可以接受，並建議胡適在身體未完全康復之前，先復電蔣總統，表示接受的意願；在美期間，可促勸留美的院士屆時同返臺灣，然後回臺接任，並即召開院士會議。

　　胡適認爲王雲五的這些建議可以接受，決定加以採納，並於次年四月返國就任中央研究院院長。

　　在美期間，王雲五還去拜祭了一位至交摯友，如今，他們二人一個在人世，一個却在九泉之下。

　　這位朋友就是朱經農。

　　朱經農於一九五一年在美國逝世，王雲五又痛失了一位相知相交五十年的生死不渝的朋友，曾經痛心疾首，夜不能寐，懷着悲傷的心情，寫了一篇悼念文章《我所認識的全面教育家朱經農先生》。幾年來，亡友朱經農親切的言談舉止常泛上他的心頭，浮現在他的腦海裏。然而，一切都已成爲過去，往事已成爲隔世的回憶了。

這次赴美，他一個最大的心願，便是去祭奠亡友的墓。到美國不久，便與朱經農之子朱文長取得了聯繫。

聯大閉會那天，朱文長專程從他的住地紐海芬來到紐約拜會伯父王雲五。朱文長不負父親的期望，已取得博士學位，現在耶魯大學任中國文學史講師。有一份穩定的工作和一個幸福的家庭。

見到闊別已二十年的故人之子，王雲五如見故人，心頭一陣激動，其情意之親切自非泛泛之交可比。長談詢問之後，又相偕赴華埠共用午膳，並且相約，待聖誕節後，元旦以前，他將去拜祭經農墓。

十二月二十七日上午，王雲五偕同學哲，乘車一個半小時，至紐海芬抵朱文長家。在文長家用過中飯後，便與朱文長同往經農墓地。

朱經農墓在康納迪克州，距文長家約四十英里。王雲五等人乘車約行四十分鐘，到達該州的首府Hartford，經農墓即在近郊教堂的一座墳場裏。

“經農兄弟，我來看你來了！”在朱經農的墓前，王雲五在心裏默默地説着，將所備好的花圈放置在老友的墓碑上，然後默然佇立。

七十老翁追憶着與經農親密相處的往事，回想起經農的音容笑顏和質樸的表情，仿佛就在昨天。而如今，老友却長眠於這冷寂、遙遠的異國他鄉的地下，怎麼不叫人黯然神傷，悲慟而泣下。正如胡適在他的生日宴叙上所説，五十年的朋友和故舊，又親如兄弟者，今剩幾人？

想到這一切，王雲五不禁淚流滿面。

在亡友的墓前，王雲五默然佇立了很久、很久，才緩緩地離去。

《新約》有言：“這必朽壞的，總要變成不朽壞的；這必死的，總要變成不死的”。那麼，虔誠的基督徒經農兄，你是不朽壞的，不死的。

“安息吧，經農兄！”王雲五虔誠地祈禱。

王雲五這次赴美之行，有兩項任務。前者無疑是出席聯合國大會；再者，便是研究美國胡佛委員會的工作與成果。也可以說，名義上是出席聯合國大會，實際上是調查研究胡佛委員會的工作與成果，以資中國藉鑒。

提起這項任務，說來話長。

王雲五自遷臺後，經常應邀到各機關、團體、甚至軍隊以“科學管理和行政效率”爲內容作專題演講，尤其是以蔣總統爲兼院長的“革命實踐研究院”則長期邀請他主講《科學管理》。王雲五關於行政效率和科學管理的觀點和建議引起了蔣總統的高度重視，一九五五年初，奉蔣兼院長的命令，革命實踐研究院組建成立一個科學管理組研究科學管理的實施，以求提高行政效率，達到配合黨政軍聯合作戰的目的。聘王雲五等五人爲該組委員，王雲五爲召集人。

經過研究，王雲五等科學管理組成員認爲，其研究的範圍主要在改進行政效率。根據蔣總統指示的以重客觀，重現實，求真理，求效果的科學精神，達到節約經濟、實用有效的目標。具體指示爲“簡化辦事手續，實行分層負責，嚴格考核成績”。

經過半年多的多次集議，王雲五爲召集人的科學管理研究組認爲，首先應該劃分機關相互間和上下級的職權，實行分層負責制；然後檢討如何減少公文報表，簡化手續；減少行政的重復手續；並實現行政機關賞罰獎懲，以激勵負責精神。

王雲五等人在將研究結果提出書面報告給蔣兼院長後，建議政府另行成立一個行政調查委員會。此機構類似於美國政府設立的胡佛委員會，超然於五院之外。以一年時間，完成調查研究的工作。

在這裏，有必要對美國胡佛委員會的來龍去脈及情況作一個簡介。

美國從十九世紀後期開始，工商界推行改進效率的運動，範圍日漸展開。政府方面也先後設置了若干委員會，從事調查研究。但是，實際上，根據科學管理的原則進行較廣泛的研究始於一九一〇年六月塔夫脫總統所設立的經濟與效率委員會。

在以後的數十年間，經濟與效率委員會一方面取得了不少的進步；另一方面，則由於兩次世界大戰，特別是第二次世界大戰，聯邦政府的機關膨脹至於極點，第二次世界大戰結束後，機關單位多至一八〇〇個，較第一次大戰前增加了四倍，使行政系統處於混亂狀態，職權重叠衝突。而且，在二十年間，聯邦政府的歲出從三十六億元增至四百二十億元，其中不小的一部分屬於不必要的耗費支出。

鑒於這種狀況，經國會同意，杜魯門總統組建了一個"行政部門組織委員會"。有委員十二名，由總統、參議院議長及衆議院議長各提名四人，共和黨和民主黨各佔一半。再於委員會中推舉一人爲主席。結果，共和黨籍的前總統胡佛被選爲主席。於是，該委員會遂通稱爲胡佛委員會。

胡佛委員會分第一次和第二次會。第一委員會成立於一九四七年九月，終止於一九四九年五月；第二委員會於一九五三年七月經總統公佈其組織法而後成立，規定於一九五五年六月底結束。第二委員會的人數和產生方式與第一委員會相同，祇是沒有嚴格限定兩黨須有相同數量的代表，主席仍是胡佛。

　　第一、第二委員會均提出了研究建議的目標。兩委員會所採取的工作方法，均爲組織工作委員會，就所研究的目標分別調查研究。

　　第一委員會在各報告中共提出建議二百七十項。到一九五三年九月，已採納執行一百九十六項，其中全部執行的約一百十六項。國會並爲此制定法律四十六種，總統依法提出改組案三十六種，國會贊同二十八種。基於上述行動，國家每年可節省財政經費二十億元。

　　第二委員會在各報告中共提出建議三百十四項。其中，可由各部署執行的一百四十五項，須經立法程序才能執行的一百六十七項，可授權總統執行的約五十項。

　　以王雲五爲召集人的科學管理研究組的報告呈報總統後，一九五七年初，蔣總統指示行政院組織機構，研究各機關權責。

　　遵照總統指示，行政院於一月八日組成“行政院及所屬機關組織權責研究委員會”，以政務委員黃季陸爲主任委員。

　　該委員會徵詢了王雲五的意見後，以王雲五所擬的科學管理研究組報告爲基礎，制訂了工作計劃。又經過了兩三個月的調查研究，於六月底提出了“中央行政機關組織權責調查報告”，並擬進一步從事第二階段的研討工作。

　　在赴美出席聯大的前夕，蔣總統在陽明山召見了王雲五。總統除稍微詢問了王雲五對於聯合國大會的意見外，即諄諄囑咐王雲五趁此赴美之便，調查研究胡佛委員會的建議與成果，以備國內藉鑒。

在總統面前，王雲五除了直率地坦陳自己對於中國出席聯大的態度外，對於總統託付的任務，認爲自己能夠趁出席聯大之便，積極從事自己尚具備專長的任務，而對國家作出貢獻，當然非常愉快。

因此，與其說王雲五赴美是出席聯合國大會，不如說是研究胡佛委員會的工作與成果爲主要任務更爲恰當些。他到美後，深感中國所處的地位祇能採取守勢，很難有所進展，而守勢又重在會外側面的疏通工作。這項工作，主要是依靠常駐人員和各使館的同仁勉力爲之，不僅他自己無法協助，即使是深孚國際重望並久居美國的胡適也很難有所作爲。因此，決定在美期間，以大部分的時間從事於胡佛委員會的研究。

到美不久，他即選購了美國政府印刷局出版的胡佛委員會報告數十種，開始閱讀。在此之前，他已閱讀了第一第二兩次胡佛委員會報告，並曾拜訪過熟悉該會工作不下於胡佛本人的第一委員會報告主編Neil McNeil 先生，詳細交換了意見。

十月十四日，王雲五從紐約前往華盛頓，住入距國會圖書館不遠的Cauoll Arms Hotel 旅館，他計劃用兩星期時間在國會圖書館儘量閱讀有關胡佛委員的一切圖書與期刊。

十月十五日，王雲五開始進入美國國會圖書館，在該館爲他特配的二五0號研究室開始進行研究閱覽。由於該圖書館卓越的工作效率，王雲五進研究室不久，該館館員便很快將王雲五從圖書目錄片中查出的有關胡佛委員會的圖書數十種送到了王雲五的研究室。於是，王雲五便像他二十七年前一樣，在研究室裏閉門靜讀。

　　由於時間所限，經過一二日的經驗和考慮之後，王雲五決定了幾項讀書原則：

　　一、凡可以從政府印刷局購到的公家出版物，一律留待返紐約後閱讀；二、凡可以向出版家購得的書籍，除略予涉獵，認識其價值外，一律留待返紐約購到後閱讀；三、凡僅供參考的圖書，除參考其特定部分外，餘部概不閱讀；四、凡讚揚胡佛委員會建議優良的期刊論文，僅略予涉獵，概不全讀；五、凡批評胡佛委員會的期刊論文，除設法訪購此項舊刊外，儘可能通讀一遍，並摘記其要點；六、其它圖書如有關行政、效率、研究與發展，儘量抄錄其書名、出版家、出版年月，以備擇優購置外，大部略讀其内容；七、以相當時間儘量檢查目片及索引，以發現其篇名、書名及出版處所，以備將來訪購。

　　這樣，王雲五在國會圖書館，用十二天時間，遍讀有關胡佛委員會的書籍期刊爲數不下二百種。對胡佛委員會建議各案的執行情況與其有無窒礙，已基本得其梗概。

　　古稀之年的王雲五，畢竟是上了年紀，縱然身體尚爲强健，但精神畢竟容易疲倦，加之這次應酬較上次爲多，所以，與二十七年前同樣是十二天的讀書比較，這次實際讀書的時間，比上次少了將近一半，所讀的書也比上次少了許多。

　　然而，王雲五却感到，以理解而言，的確是老年勝過壯年，壯年勝過少年。

　　通過學習和比較，王雲五覺得，胡佛委員會之所以建議行政改革，乃是基於美國行政上的現實與背境。中國如果要採取改革的行動，也必須根據中國行政上的現實與背境，而師其原則，斟酌損益，以期適應中國的實際，才能有所收效。

　　十月二十五日，王雲五結束了在國會圖書館的學習和研究，由華盛頓返回紐約。

回到紐約後，王雲五除分函訪購或索取參考資料外，先就已搜得的資料進行系統的研究。為此，臨時聘請了一位助理人員，協助他進行檢閱和摘錄工作，由王雲五覆閱記述。

十月八日，王雲五又應約訪問了胡佛委員會的前編輯主任、胡佛先生的得力助手，也是胡佛先生的代表Neil McNeil先生。王雲五原打算直接訪問胡佛先生，經聯繫，其秘書請示之後答復說，胡佛先生原極願親自接見，因最近患病，年事已高，才請Neil McNeil先生代表與先生詳談。

在與Neil McNeil先生晤談中，王雲五以預先備好若干重大問題，進行了詢問和瞭解。

至此，王雲五對胡佛委員會的研究工作，已初步完成。

一九五八年將至，新年元旦一過，王雲五就將結束在美國的研究工作，啟程回國了。

在啟程回國前，接到妻子馥圃寄來的家書，這封家書還引起了王雲五的思慮，讓他費了一陣心思。

原來，馥圃在信中說，本月二十二日，她做了一個惡夢，夢見他返國途經香港時，在香港遭到不測。馥圃因此從夢中驚醒。心中多疑的馥圃還為此去占了一卜，占卜的結果也是兇多吉少。因此，叮囑夫君在返歸的途中，千萬不要在香港停留。

原來，王雲五還有二個兒子──學理、學農在香港就職，已多年未見，特別是學農的妻子以及諸孫兒，自婚後至今，還尚未見過面。王雲五因服務於政府，無故不宜出國，尤其不可隨意赴港。王雲五原計劃自美返臺時，順道在香港稍留數日，與闊別的兒子和諸孫兒女相晤，也是人生一大快事。為此，在啓程赴美之前，就將此計劃通知了在港的兩個兒子。

收到老妻的信，致使王雲五徹夜思量這件事。

七年前，王雲五在港滯留時，幾遭歹人槍殺，祇是由於他偶然的一個行爲的改變幸免於難。然而，如今，香港的治安已明顯較七年前安全，他到香港停留的時間也不過二三日，一切謹愼小心一些，應當不致發生什麼意外。而且，馥圃所述，也不過是一個夢，並非果有此事，所謂的占卜更是無稽之談。一向不信迷信的王雲五更不宜以這種不可靠的吉兇結果而中途改變自己的計劃。況且，在港兩兒已獲知父親要在過港時停留，殷殷盼望，忽又以此莫須有的夢境取消原議，未免失望。

想到這裏，王雲五便當即復函馥圃，重申堅持原計劃。並力勸妻子釋除顧慮，一切儘管放心，他不會有任何事的。

其實，王雲五心裏還有另外一層想法。他已是古稀之齡，人生七十，餘日無多，得見面時且見面。將來的事，是任何人也無法預測的呀！

一九五八年一月四日，王雲五離開紐約返國。途經洛杉磯時，會晤了同鄉好友孫科（哲生），並共遊了好萊塢和狄斯奈樂園。在舊金山，又會晤了故友張君勱。抵達檀香山時，還與旅居檀香山的中山泮沙王氏族人歡聚了一天。一月十日才飛抵東京，在東京停留了二日，並爲故宮博物院精印名畫事與日本的印刷廠進行了洽商。

正如王雲五所想，將來的事，是任何人也無法預測的。

一月十三日，乘零時十分從東京直飛香港的飛機啓程，按照飛行時刻表，早晨八時可以抵達香港。不料，將抵港時，因爲香港上空大霧，飛機無法降落，於是折返臺灣，降落在臺南。王雲五本來最終的目的地是臺灣，此航班飛機却提前將他送到了臺灣。

這時，王雲五既然已經抵達了國境，如再去香港就發生了一個問題：如是公事則沒有問題，而他純粹爲的是家庭的私事，此行又是因公出差，再去香港就有些不合情理了。於是下機後，王雲五毫不猶豫地通知主管，取消香港之行，並立即將護照繳消。

當日下午，王雲五到達家中時，老妻見到丈夫平安歸來，臉上露出寬慰的笑容；而王雲五的笑容中，似還夾雜着一些無可奈何。

真是人算不如天算啊！

王雲五在自美返抵臺北的第二天開始，便立即投入了行政改革的下一步工作。

他首先將在美國已經擬就的大約八九萬字的胡佛第一第二兩委員會報告的撮要交付打印。又在蒙總統召見時，闡明了自己的看法。他認爲，胡佛委員會的原則可足取法，方法也大致可採，惟研究須據實情。行政院曾設立組織權責研討委員會，工作經年，似可資以爲根據，並就胡佛委員會所採的原則方法加以審議，如果能在短時期內，擇其犖犖大者施行，當可使國人深感耳目一新。

王雲五的建議和認識得到了總統的首肯。

一九五八年二月十日上午十時，在總統府舉行的月會報告日上，王雲五作了題爲《對於胡佛委員會報告之研究簡述》的匯報。

王雲五在報告中，對胡佛委員會的組織、工作成果、重要建議向總統府各要人進行了簡介，最後，並闡明了自己的認識和打算。

王雲五報告完畢之後，蔣總統破例登上講臺，特別強調了王雲五所報告事項的重要性。指示當在總統府內設立一個行政改革委員會從事研究，並限在半年內提出研究報告和建議。

第二天，蔣總統又親自手諭，指示儘快草擬行政改革委員會的組織簡則，並提出人選。總統府秘書長將此任務交給了王雲五。王雲五考慮，總統既然將主持行政改革委員會的責任交給了他，那麼，起草組織簡則和提出人選也責無旁貸，而且，將來執行起來也較爲方便。於是答應照辦。

三月六日，經王雲五草擬並經過修正的"總統府臨時行政改革委員會組織簡則（草案）"經總統核定，同意執行。

委員人選定爲九人。除原研究小組五人：王雲五、黃季陸、雷法章、嚴家淦、周宏濤外，加入謝冠生(司法院)、馬紀壯（國防部）、周至柔、阮毅成（均爲省政府）。王雲五爲主任委員。

根據總統在二月十日的月會上提出的限一個月內成立該會的指示，那麼此時，距離一個月的時間衹有三天了。於是，在這三天時間裏，王雲五抓緊時間在家裏草擬成立大會上必須提交討論的"會議規則"、"辦事細則"和"經費概算"。其它諸如接洽辦事地點、會議場所以及各項手續等則交給阮毅成等人去辦理。

經過三、四天緊張的籌備，一切準備工作總算辦妥。

三月十日下午四時，"總統府臨時行政改革委員會第一次委員會議假臺北賓館隆重召開。出席會議除全體委員外，還有副總統陳誠、總統府秘書長張群、行政院院長俞鴻鈞等。

陳副總統在致詞中，對本委員會今後的工作寄予了很大的期望，並希望本會的同仁能任勞任怨，把握重點，注意此時此地的客觀需要，提供有效可行的具體方案。

會議通過了本會“會議規則”和“辦事細則”。對於“經費概算”中原列的考察費每月四千元，大家認爲不够，於是各加至一萬元。其餘也皆照準通過。

會議通過了聘請浦薛鳳等二十五人爲顧問，四人爲專員，阮毅成委員兼任秘書主任。另外，又成立了十個研究小組，分別推選了各組的召集人。

本會的任務是研究行政改革事宜。

本會研究的目標有六項。即：一、調整機關組織；二、調整各級機關權責；三、改善行政制度；四、簡化行政手續；五、節約開支，移緩就急；六、其它有關行政效率事項。

本會的工作爲，一、研究美國胡佛委員會報告及菲律賓對於効法實際情形，足資我國取法事項；二、審議行政院所提中央行政改革建議案；三、審議其它有關行政改革考察報告或建議；四、其它與本會研究目標有關事項。

至於本會工作的對象，除中央民意機關以外，所有整個中央政府及其所屬各機關與地方各級政府，均包括在內。而研究建議的事項，又涉及組織、權責、制度、手續、經費及一般行政效率各方面。因此，其範圍之廣，較之行政院及所屬機關組織權責研討委員會與美國的胡佛委員會均有過之。

根據總統關於行政改革委員會必須在半年內提出研究報告和建議的指示，也即這一任務必須在九月十日以前完成。因此，在委員會成立後的第二天，工作人員便在臨時商借的行政院三樓開始辦公，投入了緊張的工作。

爲全力以赴地投入蔣總統賦予並即將開始的行政改革委員

會的工作並優異地完成任務，王雲五還主動放棄了一筆即將到手的可觀的收入。

還是在去年（一九五七年）二月，王雲五與教育部名著譯述委員會訂定了合約，將The Type of Culture（《文化發展史》）一書譯成中文。此書約六十五萬字，限期一年完成，完成後約可得譯稿費四萬元。合約簽訂後，王雲五已照章預支了稿費三分之一即一萬三千元。之後，他便立即投入了緊張的譯述工作，到去年秋天出國赴美時已譯成約二十萬字。王雲五如不出國，以四個月的時間，無疑可將書譯完，而因此却未能繼續翻譯下去。

一月十日，總統府月會後，王雲五得到總統的即席指示，隨後，總統府秘書長張群又將内定的計劃告訴了他，即要他負責籌備並全權負責即將成立的行政改革委員會。王雲五因此考慮，既然這樣，在以後的大半年時間裹，更無暇恢複該書的譯述工作了，於是決定與教育部商量，請求中止合約。爲此，王雲五籌措了新臺幣一萬三千元，退還給了教育部。那末，該書四萬元的譯稿費也便自動放棄了。

另外，王雲五又決定，在擔任改革會的任務中，不以任何名義支領分文。所以，他失去的，不僅僅是上述一書的譯稿費，在以後的大半年時間裹，每月尚要犧牲譯著收入四五千元。

王雲五遷臺後，家産蕩然無存，又没有什麼積蓄，考試院每月的薪俸僅二千六百元，每月開支還不敷三、四千元，全賴他以古稀之年昧爽即起，以譯著的收入貼補家用。自投身於行政改革委員會的工作後，每日的譯述便基本停止了，著述的收入也便没有了。今後大半年的生活無疑將會遇到困難。目前尚可維持數月，以後便祇好聽命了。實在不行，祇有仍然昧爽即起從事譯著，仍可爲生計儘力。

　　王雲五想，既然總統知遇，能爲國家作出貢獻，生命尚不足惜，更何況金錢呢！

　　根據總統指示，行政院改革委員會原定六個月内完成全部工作，即於一九五八年九月十日前必須提出一份完整的研究報告與建議案。因此，從七月開始，即王雲五就任政院副院長之後，到九月上旬，是委員會工作最緊張的階段。王雲五即使移職政院，工作遠比考試院繁重，仍不得不以很大的精力，以大部分時間從事行政改革會的工作。

　　行政改革會研究工作的進行，是採取分工合作的的原則。

　　分工方面，是按工作的對象和研究人員的專長，分設行政、國防、財政金融、經濟、文教、預算、總務、公營企業、司法、考銓等十組，分別進行研究。這與胡佛委員會分設十八個工作小組或委員會的辦法相同。

　　考慮到在各研究小組之間，如果不能密切聯繫，使它們之間互相瞭解，那麼，所提的報告和建議，不免會發生掛漏和重復的現象，因此，在合作方面，則在各研究小組之外，另設綜合聯絡小組，以達聯繫協調的目的。綜合聯絡小組由各研究小組召集人及主任委員與秘書主任組成，並經常邀集各研究小組的兼秘書參加。其工作爲：除分配各小組研究的題目先由綜合小組予以協調，以免重復衝突外，所有各研究小組提出擬完成之案，都由綜合小組討論調整，通過後，再提交本會委員會討論。

　　在這六個月的限期内，特別是自王雲五移調政院的兩個月時間裏，行政改革會全體同仁投入了緊張而忙碌的工作中。

　　三十多位顧問及研究專員分成十個小組進行研究，每人都兼任兩組以上的研究，顧問中還有多人兼任了各組的召集人或秘書。由於各組在不斷地舉行會議，有時一個人在同一天之內，曾參加三次以上的小組研究工作會議，其忙迫之情狀，可以想見。截至九月九日止，僅王雲五就參加並主持行政改革會綜合小組會議二十九次，行政改革委員會議二十二次。許多人還要分別前往各地考察，溽暑遠征，尤多勞苦。至於各研究專員及辦公人員遇到工作特別繁忙之際，不但要延長辦公時間，甚至星期日也得不到休息，仍然需要整日辦公。全體同仁的工作熱情和服務的精神，實在令王雲五深爲感佩。

　　一九五八年九月十日，在原定六個月的期限屆滿之日，行政改革委員會擬出建議案共八十八件。這八十八件建議案可以分爲十四類，依類別爲：一、各級政府權責關係；二、行政院及所屬機構；三、地方民意機關；四、行政效率；五、事務管理；六、國防；七、財政；八、金融；九、經濟；十、預算；十一、文教；十二、司法；十三、考銓；十四、其它。

　　行政改革委員會依限分三次，即於六月九日、八月九日及九月九日，將八十八件建議案先後轉陳蔣總統，按時完成了工作任務。

　　依照改革會組織簡則，工作完成之後，以兩個月時間爲結束期。此期間內，所有委員顧問均停止工作，僅由王雲五與委員兼秘書主任阮毅成督同有關專家及助理人員，從事“總報告書”的編印和首次胡佛委員會報告書及有關行政改革言論集的印刷工作。

　　但在行政改革會的工作已全部完成，結束期的工作也已臨近結束時，却出現了一件令王雲五意想不到的事情。

這便是行政改革會結束後經費的交代。

由於行政改革會是一個時期不算短但也不算長的臨時機構，其經費的預算沒有舊經驗可以藉鑒。在工作過程中，如遇經費不足，便須追加，追加不成，便須補賠。當然，如有經費剩餘，還應繳還國庫。因爲經驗不足，在預算上便不十分準確。王雲五辦任何事都是本着精簡節約的原則，所上報的經費預算還不到四十萬元，故所估計並報預算的經費便特別緊張。以不下五十名工作人員，在六個月的夜以繼日的工作所需，還有兩個月的結束期，僅印刷、編譯兩項所需的經費便需十餘萬元。當時許多會內的工作人員甚至主管預算的機構，都認爲預算經費太少，將來恐怕還會要追加一些。但王雲五堅持認爲，祇要節約開支，便足資所需，說不定還會有一些剩餘可上繳國庫。

果然，工作結束前二、三日，經會計處結算，全部經費收支相抵，還有二萬多元的剩餘，於是，便準備將這筆剩餘的經費繳還國庫，並且將剩餘經費的數額預先報告了主管機構。

然而，沒有想到，就在這個時候，却又出現了一筆意想不到的開支。

行政改革會所印行的文件報告中，有《行政改革言論集》一書。此書是王雲五的門生、畢業於政大政研所的邱創煥根據王雲五授予的方法，將報刊雜誌中有關行政改革的言論搜集整理而成。經王雲五審閱後，作爲該會的材料付印。

當時，由於位於木柵的某校是剛剛創建，經費困難，而該校附設有實習的印刷廠。爲支持該校建設，便將該書交給該校印刷廠排印。

也是王雲五一時疏忽，也由於他數十年從事出版業，對印

刷的工費是太熟悉了，因此，在交付印刷之前，未與該廠預先
商妥價格。面以王雲五的經驗，此書的工費共計約二千元已足
够，爲此，在將餘款上繳國庫之前，還預留了三千元作爲此書
印刷的費用。沒有想到，在將剩餘款數額報告主管機構之後，
該廠送來的印刷賬單，竟索價八千元。爲此，王雲五重與該廠
計算工價，又似確需此價，如不予照付，於心不安，而從擬上
繳國庫的餘款中墊補，則餘款數額已報明國庫，素講信用的王
雲五既不能拒付印刷廠的工費，又不能以擬上繳國庫的經費扣
以補付，衹好由自己賠付了三千元，以了結此賬。

負責辦理此事的邱創煥知悉此事的全部事實，委實想不
通，覺得於公於私都沒有必要這樣做。

"老師，我覺得這樣做有些欠妥，餘款既尚未上繳，又不
必辦理追加一類的報告，而且是從節約的經費中扣除，何必由
老師自己賠付呢？"邱創煥大膽地向老師講了自己的看法。

見學生有些想不通，王雲五慈祥地答道："我們已經把剩
餘款的數額通知了主管機構，如果最後上繳的剩餘款又少於這
個數，豈不是出爾反爾，失信於政府嗎？我們雖不是從商，但
也必須講信用。"王雲五語重心長地説："三千元事小，信用
事大啊！"

見老師這樣看重信用，邱創煥也默默無語了。

"哦——，"見學生不再有異議，王雲五又補充説，"這
件事，也就到此爲止，不必到處去説，我不想讓更多的人知
道。"

邱創煥見老師在對待這樣一件小事上，取捨之間，也如此
信譽卓然，胸懷坦蕩，不禁非常感動，他再一次看到了老師那
純潔無瑕的金子般的心，無疑是他今後工作的一面鏡子。

邱創煥牢記老師的教導，沒有將此事外傳。直至十年後，時過境遷，雲師也早離開了行政院。他在一篇介紹老師的高風亮節的文章中，才重提到這件事。

十二月十日，在蔣總統收到行政改革會呈送的"報告書"的一個月後，除對陸續呈送的建議案曾予批閱外，又對此總報告進行了全面的鑒核，並分別其優先與次要，批定了處理辦法。蔣總統批示行政院陳誠院長：

　　……總統府臨時行政改革委員會呈報建議案八十八件，請鑒核等情。除"調整行政院及其各部會組織職掌案"、"憲法第一〇八條研究報告案"、"事務管理改進案"等三案已先發交該院研辦，及"統一三軍階級現行薪給案"應暫從緩議，"建立高於高等考試之考試制度案"及"改進公務人員考績制度案"已交考試院外，其餘八十二案，將核定如次：

　　一、應予優先籌劃實施者三十二案，已逐案分別批示，如附表，即希遵照辦理。

　　二、其餘次要者五十案，統交該院分案酌核辦理。

　　三、交院採行之案，應對每案採行之日期及實施方法，分別研究決定，並定限期呈報。

　　四、次要各案中有純屬省政府辦理者，應由院轉飭臺灣省政府切實研究，分別擬具實施日期或如何分期實施之辦法呈報。

　　五、前已先交該院研究辦理之"調整行政院及其各部會組織職掌"等三案辦理情形如何，希先行具報爲要。……

　　蔣總統對改革會所提的八十多件建議案，在短時期內提前披閱，並分別緩急一一批示，其求治之急和重視之殷，令王雲五等躬親其事者深爲興奮與感動，受到莫大鼓舞。

　　鑒於建議案公事到達行政院以後，沒有一個統一的機構主持處理，祇是依各案性質分交各組，既難做到一致，又拖延時日，甚至功虧一簣，前功盡棄。王雲五深感責無旁貸，經商請陳院長同意，決定成立「行政改革建議案研議小組」。又於一九五八年一月五日親自擬定了「行政改革建議案研議小組」辦事簡則，送請陳院長核定。該研議小組以副院長、不管部政務委員五人及秘書長、主計長組成，王雲五以副院長身份爲召集人，副秘書長兼任小組秘書。

　　研議小組的工作是，討論有涉及某機關職掌的案件時，由召集人邀各該機關首長到席，其任務以研議總統發交行政院處理的各建議案，擬定具體辦法與實施日期，均報請行政院長核奪或提交行政院會議，然後呈復總統。對於轉令各部會及省政府核辦各案，則負責考核和督促。全部工作完成限期半年。

　　王雲五以原主持改革建議案的人，現在又以行政院副院長的身份，一心一意地對行政改革建議案研議實施，以促使其實現。然而，實施畢竟不是建議，每項建議案的實施，都牽涉到許多現實問題，所以進度緩慢，這已不是王雲五所能左右的了。到半年期將屆時，建議案的處理尚不及一半，這又是王雲五所始料不及的。

　　一九五九年七月，蔣總統又指示。「期望於本年內完成各案處理之任務，並盼明年以後，行政院仍應有一個負責之小組，督促各機關對改革會各建議案之切實施行。"

一九六二年，行政院又以王雲五爲召集人，設立"行政改革建議案檢討小組"，對各建議案的實施情形從事全盤的檢討，並提出改進意見，這已是幾年以後的事了。

三　重任行政院副院長

正當王雲五殫精竭慮，夙興夜寐，爲行政改革委員會付出全副精力時，一件意想不到突如其來的事情不僅改變了他後面數年的工作和生活，而且使他將目前所從事的，即行政改革委員會的工作，推向了一個實質性的階段。

七月四日，蔣總統明令副總統陳誠兼任行政院院長。

陳兼院長在正式就職之前，必須全面組閣，而內閣人選却遲遲未予公佈。

由於內閣的人選久未決定，外間便不免有種種的傳聞，有些傳說還牽涉到王雲五。王雲五一則已有考試院副院長的本職，二來，總統正委他以重任，行政改革委員會的工作也正在緊張階段，似不可能對他有何移調之議。即使果有此議，他也可以有充足的理由予以拒絕。因此，對於這些傳聞，王雲五絕未把它放在心上。

七月十三日，王雲五在家中突然接到陽明山陳副總統官邸來的電話，說副總統馬上會到他家來，有要事和他相商，請他在家相候。

陳副總統兼行政院長正忙於組閣之時，突有要事和王雲五相商，不免使王雲五心中產生疑惑，聯想到外間的傳聞，王雲五立刻警覺起來，覺得院長下山來訪，一定與日前的謠傳有關。便考慮，自己如果有意入閣，樂得聽其過訪，以示自重；但他並無此意，並早已決定不就，則與其讓陳院長空走一趟，心裏覺得不安，還不如由他登門去辭謝爲宜，於是，在電話上與陳院長彼此客氣了一番。最後，陳院長還是拗不過王雲五，便請王雲五上山相晤。

果然不出所料，王雲五一見到陳誠，陳誠便直言表示，要請王雲五擔任行政院副院長，並强調説，這不僅是他個人的意思，也是總統的意思。

王雲五因已有思想準備，故並不感到突然，他決定上山來與陳誠相晤也就是準備來辭謝不就的。於是，他以非常充足的理由推辭。

"以我的年齡，已應該退休了，祇是因爲考試院定有任期，而且工作較輕，任務較簡，才勉爲繼續承乏。而政院副院長關係國家行政，責重事繁，遠非考試院可比。務請收回成命。"王雲五説。

陳誠也似乎對王雲五的推辭早有思想準備，心平氣和地説："雲五先生，我深知你的性格和操守，爲國出力，你是向來不服輸的，談什麽退休不退休。何況，你身體頑健，精神毅力皆甚於青壯年，政院工作雖責重事繁，以你的精力毫無問題。而且，你曾任過此職，正所謂老馬識途，駕輕就熟，我是深信你能勝任的。"

聽了陳誠的勸導，王雲五笑笑説："其實，正因爲我曾任過此職，才深知我對此實不相宜。別的且不論，僅是應付立法院一事而論，政院前副院長黃少谷在這方面的能力便遠勝於我，這點我也有自知之明。

“當然，論計劃研究，我不是没有片長，但是，副院長之職不以此爲主要職責，甚至簡直利用不到；辦事負責，我也並不自薄，但副院長之職也用不着負擔什麼責任；况且，陳先生你夙以敢作敢爲著稱，也用不着分負什麼責任。以此，我不僅無法勝任此職，即使是我願意擔任，也難有什麼積極的表現。”

“唉，雲五先生過謙了。”陳誠説，“至於談到先生的能力和才幹，真是有口皆碑，世所共知的。遠的不説，就是目前的行政改革委員會的工作，也是仰仗先生才得以順利進行的呀！”

“陳先生其實有所不知，”王雲五繼續推辭，“十年前，我在南京張内閣中擔任此職時，雖然應付上尚較現在較佳，但已深覺自己徒然忙碌，無補國是。目前的任務更加艱鉅，而我的年事已高，已非過去可比，委實不敢擔任。務請陳先生另選賢能。至於説到目前的行政改革委員會，我不過是調查研究，提供資料信息，憑經驗爲之。與做學問實在没有什麼區別，也祇能勉力爲之。”

陳誠見王雲五態度如此堅決，於是提出一個特殊的理由，他説：“雲五先生目前主持行政改革委員會，已有很多好的建議，而絕大多數的建議案是應該由行政院執行的。這些建議的執行，與其委諸其他人，不如由你自己一手負責到底。如果你擔任行政院副院長之職，那麼，你提出的研究建議，將來由你自己負責實施，不是更好嗎？其實，總統對這次行政改革，極其重視，請你任此職，正有此意。是想請你將行政改革負責到底呀！”

聽了陳誠的這一番話，王雲五心裏似有所觸動，却没有表示出來，不過，卻一下子沒有說話，他也不好說什麼了。

　　見王雲五稍顯遲疑，陳誠知道是這番話打動了他的心，於是隨即抓住機會，勸王雲五再三考慮一下。

　　王雲五也隨即告辭出來。

　　順便，王雲五在歸途中拜訪了總統府秘書長張岳軍（群）先生，想聽聽他對此事的看法。

　　其實，張岳軍已知悉此事。他勸王雲五說：“總統對於行政改革極具決心。今日既要你負責計劃組織，將來的實施仍要你負責，這已是明擺着的事實。我看你不必固辭，還是接受這一職位吧。”

　　王雲五與張岳軍無話不說，也就據實明告，說他實在不想去重蹈覆轍。如今年事已高，力不能勝任.希望秘書長在總統面前爲之善言婉謝。

　　張岳軍也笑着回答：“從私誼方面，我固然對你深表同情，但這畢竟不是私事；而從公的方面着想，我却不能爲你代辭，而且要勸你勉就。”

　　接着，張岳軍以很輕鬆的口吻笑着對王雲五說：“凡事都有天意，而天意是不可違拗的。你如果不主持行政改革會，行政院的事當然不會勉强你擔任；而如果你去年不擔任出席聯合國大會代表，並乘機研究胡佛委員會的建議與執行成果，那麼，行政改革的任務，也自然不會落到你的頭上。這都是一環扣一環，一鏈接一鏈的，也就是天意。

　　“先生還是順從天意吧！”張岳軍說。

　　回到家裏，王雲五沒有像往常一樣，與家人聚在一起，叙叙家常，說些家事，然後才回到書房，而是不聲不響，徑自進了書房，然後，又默默不語，沉思、沉思……一直到天黑，似乎不覺得時光的流淌。

王雲五在思考。

這一轉變，對他的前途影響實在太大了。剛開始，陳院長相勸時，王雲五是決心辭謝，毫無滯礙，所以表現得泰然自若。然而，院長先生最後的一番說詞，却引起了他的思考，激起了他胸中思緒的浪花。特別是岳軍的話，也使他覺得，冥冥之中似乎確實有一隻命運之手在操縱着他，主宰着他。

他想起，自己這一輩子多次地受到命運的擺佈，初時都是想予以拒絕，結果，終不能逃脱這命運的控制。難道，這真的是天意嗎？他可是從來不相信命運，不相信天意呀！

說來也真是可笑，即使是天意，是命運，可如今，他已屆古稀之年，自計當可逃出命運的擺佈，逃脱這天意的控制，而稍稍可以聽任他自己抉擇，却想不到又有如此不求而至的新的職業降臨到他頭上。看來，一個人要想自己主宰自己，難呀！

晚飯以後，王雲五根據以往的慣例，早早便睡下了。然而，躺在牀上，却輾轉反側，翻來覆去，無法入眠。

此時，王雲五强烈地感到，他這一生，一方面受着命運的擺佈，另一方面，他也因這天意和命運的主宰而儘情地發揮了自己的才幹，創造了輝煌的業績。

比如對於商務印書館，他雖是被動地應命，却在商務前後服務了二十五年，中間儘管曾一度離去，却不久又被敦促復返，並加强任務。從編譯所長而爲總經理，結果才使他創造並寫下了頗爲世人矚目的出版與管理成績。假使他在一九二九年脫離商務後，執拗地不復返館，以後的成就也就不可能出現。可見，凡事有失才會有得，順應命運，服從天意也不一定是壞事呀。

　　因此，話又說回來，今天的行政改革，他雖全力以赴，自認為所建議的內容也多切實可行，但如果僅止於建議階段，文章雖好，卻不能實施，於實際無補，豈不是白費力氣，紙上談兵，徒留百萬空言？而這，正是他不願意看到的事情。

　　想到這裏，王雲五的怪癖又突然伸張，自己責備起自己來：既然自己建議改革於前，如今給予你實施的機會，卻遲疑不肯接受，萬一因此而導致對行政改革產生不良影響，如原可以實施較多的，卻實施得較少；甚至於本來可以實施的卻未能實施。那麼，最後，與其責備別人，不如責備自己。

　　想到這裏，結論似乎已經水到渠成，方略已定。

　　王雲五決計接受行政院副院長一職。

　　此時，王雲五困倦已極，才迷迷糊糊睡去了。一覺醒來，已是將近六點，起牀如此之遲，為近年來少見。

　　不過，王雲五解開了心頭的一個疙瘩，精神上覺得頗為輕鬆，至為愉快。

　　剛剛用過早膳不久，行政院院長陳誠便作不速之客，登門拜訪，繼續說項。看來他已下定決心，一定要王雲五勉任此職才肯罷休，也可看出，此事的決定已是燃眉之急了。

　　然而，令陳院長沒有想到的是，他再談到請王雲五移任政院事時，王雲五稍作客氣的表示之後，便很痛快地答應了。倒使陳誠驚喜之餘，又頗覺意外，不知道自己昨天的哪句話觸動了王雲五的哪根神經。沒有想到事情進展竟會如此順利！

　　果然，陳誠內閣的其他成員早經商定，祇待副院長王雲五點頭。王雲五一經應允，當天，即七月十四日，內閣全體成員便接到了總統命令：

蔣總統令：

特任王雲五爲行政院副院長。

特任王世杰、薛岳、余井塘、蔡培火、蔣經國
爲行政院政務委員。

特任田炯錦爲内政部長，黄少谷爲外交部長，
俞大維爲國防部長，嚴家淦爲財政部長，梅貽琦爲
教育部長，谷鳳翔爲司法行政部長，楊繼曾爲經濟
部長，袁守謙爲交通部長，李永新爲蒙藏委員會委
員長，陳清文爲僑務委員會委員長。

特任陳雪屏爲行政院秘書長，沈錡爲行政院新
聞局局長。

又過了一天，七月十五日上午十時，行政院副院長王雲五
參加了就職典禮。

真想不到，他十年前離開的行政院，如今又舊地重遊。

一九五八年七月十六日，王雲五第一天來到行政院辦公的
時候，物也非，人也非，睹物思夕，觸景生情，王雲五真是感
慨不已。世事真是無法逆料！

記得一九四六年，他辭去商務印書館總經理職務的時候，
他曾覺得，人生一世不過是一次壯遊，既如此，便不應該專在
一地遊覽。他在商務服務二十五年，已將他近一半的工作年齡
貢獻給了商務。因此，在離開商務之後，鑒於總統蔣公對他寄
望極重，他決定出而從政，以將自己的才能和微力貢獻給國
家。

從此，王雲五以一個書生的良知，爲國事殫精竭慮，操心
勞神，而毫不計較個人的榮辱與得失，爲此，他付出了一個有

良知的中國人，一個有理性的文化人所應該付出的一切。

如果從那時算起的話，王雲五爲國家服務，即使是除去賦閑在家的時間，也有整整十年了。到今天，以他的年齡，原是應該退休了。即使不然，本着大隱在朝之義，也至多維持考試院任期屆滿時，即可還其初服。

而如今，連他自己也沒有想到，命運又讓他重新回到他十年前曾經遊歷過地方，重度從政生涯。而且，他是在固辭不獲之後，心甘情願地回到了這個舊遊之地。

他究竟是爲什麼呢？

是爲名嗎？王雲五在十年前已曾膺任此席，七十老翁本無所求，況且，他對於名位是向來不重視的。

是爲利嗎？王雲五自問。一枝禿筆已經在臺維持了多年的舒適生活，如今，考試院多暇，賣文仍可爲繼，生活尚可以維持。作爲政務官也不應以利爲重。何況，以王雲五的素性，無論利之有無，均不縈繞於心。

是爲安逸嗎？王雲五在考試院，除偶然代理院長職務外，每星期祇有一次必須出席的院會，其餘的時間便可以安心寫作研究，與剛遷臺時幾乎沒有多大區別。

那麼，他爲什麼還要心甘情願地就任於行政院，縱然不是作繭自縛，至少是甘受束縛呢？

這大概就是王雲五一向奉行的處世準則，人生信條：責任所在，義務不辭。

是的，爲了完成總統寄於的殷殷重託，他可以拋棄一切，甚至生命都在所不惜，更何談其它呢！

這就是王雲五心甘情願地到政院就任的原因。

王雲五認爲，政務官與事務官是有區別的。

事務官的職務基本上有保障，除了違法失職依照規定得予免職外，可以久於其職，甚至終身從事這一職業；而政務官的職務却沒有保障，它隨政潮的起伏而進退，所以進不因其有功，退也不進其有過。其次，事務官可以依賴俸給生活，以正常的條件下，收入一般可以勉敷支出，無須兼營生計；而政務官不能依賴其官職的薪俸作爲其生計的來源，爲着推行其所負責的政策，賠錢也得去做。再則，事務官可以將其職位視同一種職業，就職等於就業；而政務官不能將其職位視爲職業，政策不行，則隨時準備去職。

基於這些差別，王雲五認爲，事務官固然不妨爲貧而仕，政務官却難免爲仕而貧。因此，要想做政務官的人，必須把財產得失置諸度外，一心以實現自己的抱負或贊同的政策而爲國家儘義務。政策不合，則絕不戀棧。爲此，做政務官的人首先必須自己有相當的資產，或者另有相當的謀生能力，才不致因爲政壇的進退而影響生計，以保持自己的清廉從政的風格。

自擔任行政院副院長後，王雲五沒有搬到政院提供的公寓去住，而仍住在新生南路一幢自建的簡陋的房子裏。

王雲五的寓所是初到臺灣時以新臺幣一萬二千元（按照當時的比率，約合美金二千元）自建的，衹有房屋，尚沒有地產權。直到六十年代中期，才以分期付款的方式將地產買下。其房屋之簡陋，建築之樸素，令人簡直不能置信，那會是現任行政院副院長的寓所。

這幢磚木結構的"木屋"簡直可以稱爲"破舊"。外觀看似尚差強人意，那是因爲王雲五爲給人一個清新的感覺和印象，每年春節前都對房屋的外表重新油漆一次。其實，房屋的質量真可以用"金玉其外，敗絮其中"來形容，因爲在那油漆一新的木板或木柱之內，木質幾乎朽敗殆盡，或已被白蟻蛀蝕，祇要用手指用力一按，就能戳出一個洞來。門口右側的一間簡易的汽車棚，是王雲五擔任政務官以後用木板臨時搭蓋的。王雲五說，一旦辭卸了行政院副院長之職，祇要通知汽車司機不要來了就行了。他本來就素性安步當車，汽車不來了，他也可以將臨時搭蓋的車棚拆掉了。那種破舊的程度，祇要經過新生南路三段十九巷的人都可以看得出來。

王雲五寓所的屋內也簡單之極，能夠使用的面積不過二、三十坪，兼作飯廳的客廳也祇有五、六坪大，四周排列着各種書籍，除了書籍之外，幾乎沒有任何多餘的空間。

住在這樣簡陋的"木屋"裏，王雲五却感甘之如飴。有人說，以王雲五一生對國家的貢獻，個人的事功和實際的收入說，如此簡樸的生活，豈不是折磨自己，何必如此"自苦乃爾"？王雲五却認爲，有這樣的生活條件就已經很好了，又何必講究，何必自趨奢侈。奢侈就是浪費，浪費就是不應該。

令人怦然心動的是王雲五的書房兼卧室，他的書房却實實在在是個宏富的、無與倫比的知識的寶庫。

房間大約六坪大小，這間小小的書齋，就是王雲五利用率極高的殿堂。進入這間房間，第一個强烈的印象便是充滿了"書香"，除了四壁的書櫥上整齊地排滿了各種精裝的、洋裝的以及綫裝的書籍外，地板上、書櫥頂上、桌子下面、床鋪前的茶幾上甚至牀底下，過道的兩邊都堆放着書，簡直無一處不是書。中文的、英文的、社會科學的、自然科學的以及人文哲學的等等。還有卡片、資料、年鑒、中外雜誌、百科全書，真是形形色色，應有盡有。除了窗户，三邊都堆放得靠近天花板。

就在這書堆的一隅，安放着一張不起眼的小牀，一張並不很大也不很氣派的書桌，一張安樂椅，另外還有一張大椅子，大概是作爲向高處取書用的梯子或是偶然客人進到書房裏坐的。因此，即使從書房門口到他的書桌前的短短的幾步路，也必須經過那條被書堆擠佔得彎曲了的小路而不能直行。

祇有一個例外，那就是在他的牀前的壁上，懸掛着一副經過王雲五精心挑選的對聯。那是清代錢南園的手書：“位置皆宜無雜品，收藏極富祇諸書”。可以想見，坐擁書城的王雲五在讀書著述的間隙，抬眼見到這副對聯，内心一定是愜意而恬適的。

就在這個顯得有些局促狹小的房間，王雲五幾乎將他公事之外的全部業餘時間都消磨在這裏，沒有娛樂，沒有清談，更沒有麻將、牌九之類的消遣，而每日睡眠的時間也縮到最短，祇有六小時左右。將近六十年來，王雲五就是這樣安排了他的全部生活。

既沒有相當的資產，又沒有相當謀生能力的王雲五仍不計榮辱和得失，不顧年事已高，不畏責重事繁，而勉任行政院副院長，乃是因爲他人生的信條和處世的準則是國家和民衆的大事高於一切，責任所在，義務不辭！乃是因爲他爲了報答蔣總統的知遇之情和殷殷寄託，他才將自己的餘生都奉獻給社會，他才不惜拋棄自己的一切，甚至自己的生命！

移職政院的王雲五，責任遠較考試院繁重，他一面要主持改革會，一面還要致力政院工作，其忙碌和緊張爲有生以來所少有，然而，已過古稀之齡的王雲五仍然傾注全副精力，耗費他的全部心血，勤謹爲公，不辭艱難。

　　在政院的五年從政生涯中，王雲五所致力和從事的政務活動真是千頭萬緒，牽涉到政府工作的一切方面，外交、内政、財政、經濟、國防、教育、工農業生產以及救災等等，真是無所不包。中間還數次代理行政院院長，較長的一次竟達三四個月之久。對於數年來在政院的工作，祇能擇其犖犖大者和具有代表性的事件進行介紹。

　　王雲五並不是法律專家，然而，他在行政院處理公事，都嚴格依照法律行事，由於他廣博的知識和高度的思辨能力，對於法律的解釋和認定往往較一般的法律專家還能仔細入微。而且一經認定，則毫不顧及情面，根據法律核判或力爭。在王雲五就職後的數年内，這一類牽涉到法律的問題真是屢見不鮮。僅舉數例於次：

　　某玻璃廠免稅案。

　　某玻璃製造廠股份有限公司在一九五五年十月起開始營業，却根據修正所得稅法申請免徵所得稅三年。一九五七年十月，經財政部認定不合規定，由行政院答復該公司在案。然而，該公司在一九五八年以該廠試銷期爲由一直陳情，財政部雖仍然認爲於法不合，但也認爲情況特殊，不無可以考慮。又徵詢經濟部意見，經濟部依據經濟安定委員會工業委員會函述的種種理由，也傾向於免稅。其中最重要的理由，是因爲工業委員會認定，試銷並非正式營業。於是，財政部邀集經濟部經濟安定委員會及行政院主計處派員會商，結果，在聽取了實情介紹後，認爲依法不能免稅，但就工業政策而言，確應予以免稅獎勵，沒有作出一定的結論。就是行政院的主管單位所簽意見也不一致。

　　於是提交行政院討論決斷。

　　王雲五在調查了實情後，堅決主張依法辦理，不能免稅。

　　王雲五説：“查一九五六年一月一日起施行的修正所得稅法第三十九條第一項規定：‘營利事業之屬於公司工礦及重要運輸事業，而合於政府獎勵之標準者，得減徵稅額百分之十，其係新投資創立之股份有限公司組織者，自其開始營業之日起，三年內免徵營利事業所得稅。’又，同法施行細則第四十六條規定：‘本法第三十九條第一項所規定自其開始營業之日起三年內免徵營利事業所得稅，係指本法施行後開始營業之日起，按照實際營業期間免徵三年。’該玻璃製造廠從一九五五年十月起，在其所謂試銷期間，已開立發票，報繳營業稅，顯然在修正所得稅法施行前開始營業。”

　　王雲五又説：“工業委員會並無解釋法律的權力，因此，其認爲試銷不能作爲開始營業的解釋不能成立。即使不談法律，就常識而言，所謂試銷是沒有嚴格的界限的，既已繳納營業稅，便已自認爲正式營業，怎麼能事後又反悔，稱僅是試銷呢！因此，試銷是説不過去的，依法也不能免稅。”

　　討論到最後，王雲五主張將這一事件作爲法律問題，請求法律專家提供意見。根據王副院長的提議，院長囑秘書長徵詢行政院法律顧問某博士的意見。據博士研究之後，其報告與王雲五的見解完全相同。

　　於是，決定本案不予免稅。

高利貸公訴案

　　一九五八年八月八日，王雲五偶然翻閱報紙，有一則消息引起了他的注意。這則消息説，司法行政部下令檢察機關對於高利貸者提起公訴。看過之後，王雲五立即陷入了深思。

　　王雲五想，此令文雖然引據了刑法，然而，總是覺得有些不妥。於是，將刑法取出來閱看了有關條文。原來，其援引的根據是刑法第三百四十四條，屬於第三十二章詐欺背信及重利罪。其條文爲“乘他人急迫，輕率無經驗貸以金錢或其它物品，而取得與原本顯不相當之重利，處一年以下有期徒刑，拘役或科、或併科一千元以下罰金”。然而，現在借高利貸者，無不具有經驗，甚至其經驗還遠在貸款人之上，其借貸大多屬於供求關係，雙方同意，絕不含有欺詐或背信成分。司法行政部主持司法，對這法條當然明瞭、清楚，怎麼會爆出一條這樣的消息來？

王雲五認爲，如果不是出自中央社，其消息一定是誤傳。然而，既然由中央社發表消息，便決非空穴來風。王雲五畢竟對法律專門知識不敢自信，於是，便立即將行政院法規委員會主任委員召來，徵詢他的意見。該主任委員瞭解了情況之後，也認爲王副院長的分析是正確的。但爲了慎重起見，仍打算回到辦公室研究後再簽報。

正在這時，司法行政部突然給陳秘書長打來電話，否認該部有此令文，並說該部已經去函各報進行更正。

王雲五見司法行政部已經否認了此事，衹好作罷。然而，他總覺得，中央通訊社既然有這樣一條消息，而且居然敢於將消息全文刊載，又好像並非道聽途説。他分析，司法行政部肯定有人起草了該令文，並已爲中央社獲悉，事後可能又有人發現不妥，所以沒有正式發佈。否則，中央社是絕對不會杜撰這一令文稿件的。一場風波就此平息。

勞工保險問題。

根據“勞工保險條例”規定，政府應該設立勞工保險局主持這項工作。然而，臺灣省政府則堅持以臺灣省原有的保險公司承辦。行政院法規委員會對這件事，原來是極爲反對的，但經不住公文的數度往返，不得已又表示了遷就的態度，而於法理又説不過去，且沒有任何法律的依據，於是，建議在施行的細則中，增加一條規定，可以其它機構代替勞工保險局。此建議案呈送某位政務委員審查時，也贊同法規會的這項建議。

當全案呈送副院長王雲五進行最後的核判時，受到了王雲五的質疑和反對。

王雲五認爲，"勞工保險條例"是母法，其實施細則衹是對於保險條例的子法，而施行細則不應該作違反母法的規定。這樣修改，將來送立法院備案時，必定遭到反對。而且，這種變更立法院法規的行爲，行政院勢難逃違法之嫌。王雲五認爲，目前臺灣省的事實衹能勉强維持，同時，指定省政府仍應依法設置勞工保險局主持這項工作。在籌設時期，可維持現狀，但必須從速解決，以遵循法律的要求。

預備軍官現役問題。

一九五九年三月某日，王雲五在處理公務時，見到有國防部呈送的（士官）服現役草案，行政院法規會已經簽註意見認爲妥善，可行。

王雲五在詳細閱看其草案内容時，發現其中有預備軍官士官須服現役至少三年一條。分析其意，是指除教育及實習的一年半在外，這樣，全國的大專畢業生既須受預備役軍官教育和實習一年半，以後又必須服現役三年以上。換言之，即全部大專畢業行必須連續入軍營四年半之久。這樣做的結果，對於軍隊來説，每年固然新增了軍官二三千人，然而，對於社會，則文教和生產事業都會感到無新人可補充。這不僅在事實上萬難行得通，即就法律而言，"兵役法"明確規定，預備役軍官僅接受教育和實習，期滿即可退伍。以後，如國家有動員的必要時，才再行召集。現在國防部呈送的這一"服役條例草案"，顯然是以一子法變更母法，當然不可以。

為此，王雲五立即將此草案交還法規會與第三組重新審核簽報。幾天之後，法規會遵照王雲五的指示，另簽了意見，並認為確實有問題。

為此，王雲五召集國防部及有關部會首長重新審查此案。國防部官員說，之所以擬訂這樣的草案，是因為受到各方面的壓力，也僅僅是希望接受預備役軍官教育的，在自願的條件下，繼續服現役。那麼，這項現役就應為三年，並無強調一切預備役軍官一律服現役三年的意思。

王雲五見國防部官員如此解釋，便將兩草案交還國防部重新擬定再報院審核。

關於管制和徵用的問題。

王雲五認為，對於種種妨礙人民自由的管制和徵用措施，非到萬不得已時，不宜加強，而且，如有不必要的，應儘可能撤消之。

根據這一思想，王雲五在他主持的總統府臨時行政改革委員會的建議案中，就有廢除現行無必要或不適用的有關經濟管制的各種辦法案。還在切實保障人權案中所建議的各項辦法，一開首就主張限制政府依照國家總動員頒佈的命令，因為，該法規定，政府在必要時可以頒發限制人民權利的命令。由於這項命令具有法律同等的效力，所以，王雲五主張政府如果依照該法續頒命令，其審核的手續必須從嚴，適用的區域和期限也應預先進行公佈。

至於過去歷年已經發佈的命令，應該由各主管機關進行檢討和重新審查，如果發現已經沒有必要繼續存在的，應該立即報請行政院宣佈廢除。

在這個原則的基礎上，當經濟部提出緊急工貸時，原辦法所建議的依照總動員法頒發對此項工廠及與有關係的人加以廣泛管制的命令，王雲五在審查時，即予以取消。

後來，財政部和經濟部繼續提出，在商洽貸款時期，各該工廠的債權人不得提取其債款的命令。王雲五在審核時，在時期和範圍上都比原提案辦法縮小。然而，此案實施後，反而使持有預發支票的債權人紛紛提款，以致各工廠尚未獲得新的貸款，反先受舊欠的迫索。可見管制命令縱然有部分的效力，也定然免不了不良的負面影響。

不久，國防部又呈報"擬實施軍事徵用之時期及區域"一案，經行政院會討論，決議由於本案關係重要，先由王副院長召集政務委員及與有關係的首長等十人會同審查。

在審查時，王雲五和多數參加審查的同仁都認爲，廣泛徵用勢必對人民造成影響，主張徵用僅限於有其必要的地區，其餘應該從緩適用"軍事徵用法"。

王雲五歸納各位出席會議的首長的意見，並補充他自己的意見爲如下各點：一、軍事徵用法於民國二十七年（一九三八年）公佈，目前仍有效。二、金、馬已在作戰狀態，適用自不成問題；臺、澎是否可視爲將發生戰爭，應先研究認定，不妨從緩適用該法。三、如臺、澎尚不認爲將發生戰爭，則可以其它辦法代替徵用。換言之，即金、馬適用的徵用法，臺、澎暫不適用，但先行準備，由國防、財政、經濟、交通、內政等部就物資問題會商統籌研究使用。四、土地徵價可由評價委員會決定，至於評價委員會的組成，可由內政部擬定。五、現今戰争，除軍事外，並須顧及人民，因此，對徵用法應由關係各部預先詳細研究其適用範圍，但必須適時查照辦理。六、各部商討應兼及民防問題。

經過詳儘的研究和商討，最後，會議獲至結論五項：

一、金門、馬祖、東引、烏坵四地區，准適用軍事徵用法。

二、臺、澎地區暫不依該法第一條徵用。

三、對物資之利用，應由國防部協商經濟部、交通部、財政部、內政部統籌調配使用。

四、由五部就該徵用法研究，在必須適用時應規定其範圍，並如何兼及民用之具體措施。

五、國防部認爲有緊急需用時，可會商有關部會決定後報院核示。

以上審查意見提經行政院會討論後採納，於是，國防部廣泛的軍事徵用案即藉此取消。

王雲五在行政院，還有一項常年的重要工作，就是主持行政院預算小組。

行政院的預算小組，是以副院長爲召集人，財政部長、行政院秘書長、主計長及臺灣省政府財政廳長爲參加人。除一年一度的總預算在審議時加入不管部會的各位政務委員，決定後提請行政院會議通過外，平時的各種追加預算，經過預算小組決定後，即簽報院長同意後，逕送立法院審議，而無須提交院會討論。

行政院的預算小組自一九五八年九月成立，每月至少開會一次，每次平均有二、三十案待審議。到一九五九年七月，在不到十個月的時間裏，共審議追加預算案共二、三百件，其工作的繁累可以想見。這些追加預算，或准或駁，或予以核減，一般是由主計處簽註意見後，再提交小組討論。討論時，有主計處簽註意見的，一般以此作爲決定的根據；如主計處未簽註意見的，則説明主計處無法決斷，討論時則不厭求詳。

對於這些追加預算案，凡參加審議的人，無不就事實的需要，並考慮國庫的負擔能力，秉公決斷，絕對不抱任何偏見。預算小組決定處理的各案簽報院長後，院長絕大多數也如決定核准，而所有追加各案匯送立法院審議後，立法院也絕大多數予以通過。因此，預算小組可謂責任重大，對於各追加案的處理，實際上負起了全責。作爲預算小組的召集人的王雲五，其責任之垂重也可想而知。

作爲一生從事文化和教育的王雲五，對於有關發展文教事業的建議和計劃特別關心和重視。在行政院副院長任上，對於文教事業又可謂獨具慧眼，他在這方面的偏重和厚愛更是有甚於往昔。

胡適於一九五八年春自美返國就任中央研究院院長後不久，即擬了一份"國家長期發展科學計劃綱領（草案）"，函送總統府秘書長張群轉呈總統，並將此草案的副本分送給一些友人研究，其時尚在考試院的王雲五也收到一份。

作爲考試院副院長，更作爲在胡適的知交和摯友，王雲五對胡適的這分草案不僅關心，而且進行了詳細的研究，認爲此計劃對發展中國的科學事業是切實可行的，國家完全應該予以支持並付諸實施。祇是王雲五身處考試院，這種認識仍祇能限於理論上，國家的決策他還無法參與。

不久，胡適再度赴美，行前也沒有機會向總統面陳此事。

又過了不久，王雲五移職行政院。此時，對於胡適所提的“國家長期發展科學計劃綱領（草案）”，就不僅僅祇是理論上的支持，而是可以也有條件切切實實地支持並有計劃地實施了。

就任行政院副院長的王雲五憶起胡適所提的計劃（草案），認爲行政院實施這一科學遠景規劃責無旁貸。於是，就在他上任的一個月後，在關於行政改革委員會的諸多建議案尚未進行總結工作時，王雲五便於一九五八年的八月下旬，召集梅貽琦、李濟、王世杰、嚴家淦、陳雪屏、李熙謀、錢思亮、陳大齊、杜元載及閻振興等四所大學校長商談如何推進此案，事前並向梅貽琦部長商請教育部提出補充意見。

教育部根據胡適的草案提出了較具體的方案。

胡適的草案建議在五年內陸續籌足美金九百萬元，作爲發展科學的基金。依照當時公家的匯率，約爲臺幣二億元强。王雲五雖然極力赞成這筆基金的籌設，但鑒於當時財政的困難，打算分年酌撥，第一年暫照新臺幣二億元總額的五分之一，籌撥四千萬元。其中，國庫和美援相對基金各負擔一半，另外美金二十萬元，原計劃由中華文化基金會籌撥，但中基金當年已無款可撥，也一併改爲請求美援。

王雲五對於胡適此計劃的實施，由於不久金馬戰事的突發，擱置了一些時日，撥款數額也相對減少。經過王雲五的不懈努力和籌劃，一九五九年一月，蔣總統終以代電核准了由王雲五等人最後商定的並由行政院陳院長呈報的“綱領”，同月提出行政院會議討論通過，並於該月由行政院命令教育部及有關機關開始實施，國家長期發展科學的計劃終於得以施行。

　　　　　亦莫戀此官，　亦莫厭此官。

　　此官何足戀，　無力挽狂瀾；
　　此官何足厭，　自信非素餐。
　　無戀亦無厭，　且隨所遇安。

　　處在行政院副院長位上的王雲五，對於自己所擔任的工作既不貪戀，也不厭倦。他深知政界的事情是複雜的，千頭萬緒的，以他一個無黨無派的書生，縱有卓越的才幹，超群的能力，也“無力挽狂瀾”。然而，他既已勉膺此任，就要以自己凡事不苟且的素性，儘自己的最大努力，將工作做得最好，並臻於完美，因此，在副院長的任上，他“自信非素餐”，並以自己認真嚴謹，堅持原則，敢於負責和深謀遠慮，在行政院以至整個政界和社會上留下了一個良好的形像。

　　一九五九年八月某日，行政院秘書處召集各有關部的代表會議，審查並核判司法行政部和內政部建議法官訓練所學員緩徵一案。

　　該兩部根據四十八年（一九五九年）度徵召預備軍官申請免訓及延期徵召入營辦法第七條第三款規定，爲法官訓練所十餘名學員請求緩徵。在會議上，有關部的代表皆認爲該訓練所學員的情況，符合延期徵召條件，可以援例給予通融。

　　王雲五經過詳閱案卷之後，在衆多的司法和法律專家面前，他不憚與衆議相忤，提出異議，認爲不妥。

　　王雲五說：“各部代表所建議的理由，是依照四十八年度徵召預備軍官申請免訓及延期徵召入營辦法第七條第三款規定，我詳查該款內容，是指考入大學研究院（所）進修的大學畢業生，准許緩赴預備軍官訓練。這裏的關鍵，在於法官訓練所學生是否確實屬於該辦法第五條所稱正進入大學研究院（

所）進修的畢業生相同。

　　"根據我所瞭解，學位授予法明確規定，大學研究院（所）研究生的資格，必須已在大學校獲有學士學位，而且，其入院（所）研究的目的在繼續獲取碩士博士學位。今法官訓練所的學生雖然有一部分已獲有學士學位，但是，經高檢及格而應司法官高特考及格或依其它法律審查合格，具有司法任用資格的人員，則大部分沒有獲有學位。而且，更重要的是，其研究的目的並非爲了獲取碩士以上學位，而是爲完成其再試及格的資格，也就是僅是一種就業訓練。那麼，無論其學習期間的長短，自然不能視同爲學位授予法的所謂大學校院（所）的研究生。

　　"因此，其緩徵的申請，既不符合《兵役法》第三十六條第一款的規定，也不能適用於四十八年度徵召預備軍官申請免訓及延期徵召入營辦法第七條第三款的規定。礙難照準。"

　　王雲五以政院副院長的身位駁回了兩部關於緩徵案，他認爲並確信，他作此決定，切合法律，即使與衆議相忤，也沒有什麼值得顧慮的。

　　過了幾天，行政院先後接到司法行政部及法官訓練所所長的來函，函件中說，這些接受訓練的學員都是准法官，應該可以比照緩徵條例准予緩徵。而且，如果他們應徵入營，便不能完成訓練，那麼，將不能完成其法定資格的要求，對他們將來的職業將會產生影響。另外，函件中還仍然以比附大學研究院（所）爲由，希望行政院能准予緩徵，以便於他們完成兩試過程。

　　王雲五見司法行政部和法官訓練所長的函件中所述，已經超出了以正確的態度來解釋法律，而是情多於法了。以此，他絲毫不予通融，親自分別對上述兩函件作復。

王雲五在函件中指明："徵"與"召"在法律上純爲兩個不同的概念，不能混爲一談；其次，大學校院（所）研究生的資格是學位授予法所明確規定的，與法官訓練所不同，而且，其考試過程在兵役法上並沒有緩徵的規定。所以，緩徵是沒有理由的，不能通融，應該依照法律辦事。

在對這件事情的處理上，王雲五以一個並非專攻法律的人，在法律問題上，竟然敢於與司法長官和法學權威辯論，說來有些令人不可思議。其實，道理也簡單，其法律的內涵並不複雜，理解也不難，之所以產生歧見，緣於一方是嚴格依照法律辦理，一方祇是言情而已。這樣辯論的結果，自然言情一方論不過論法的一方，而非其它原因。

王雲五認爲，事情至此，應該算是了結了。

然而，沒有想到，事情並未了結，節外又生出枝節來了。

就在王雲五答復了司法行政部和法官訓練所長函件的第二天清晨，法官訓練所不准緩徵的學生推出三名代表專門到王副院長家裏來拜訪。

正在書房處理公事的王雲五聽説登門拜訪的三名青年是法官訓練所的學員，知道是爲他的駁復而來，便坦然將他們延進了客室，一問，果然是爲他駁復緩徵一事來的。學生們在將情況匯報後，仍然希望王副院長能夠體恤他們的困難，准予緩徵入軍營訓練。

王雲五對於青年，向來是諄諄教誨，尤其是對於這些將來的法官。於是，他首先聲明這個問題的處理是他決定的，不推辭責任，然後引述法律依據並詳爲解釋他們要求緩徵的不合法之處，對學生們進行耐心的開導和説服。

最後，王雲五又語重心長也不乏嚴肅地説：“我是最喜歡同青年人打交道的，本來，如果今天你們是爲求知而來，我一定歡迎之至；但你們是爲了通融和説情而來，我是可以不予接見的。因爲你們是青年，而且是准法官，也就是將來的法官，我才破例接見。因爲青年正在求取知識，我可以爲你們釋疑解惑；又因爲你們是將來的法官，那麼，依法辦事就應該首先從自己做起，而不應該於法外求通融。你們將來才可以理直氣壯地執行法律，並要求全社會和人民大衆都遵法、守法。將來，回首自己的人生道路，才没有任何值得遺憾和自悔的事情了。否則，作爲一名未來的法官，在還没有成爲正式的法官之前，就爲自己的事求取法外通融，不就給自己的一生留下了一個永久的遺憾嗎？

“人的一生，任何時候都會遇到誘惑，遇到各種考驗，那麼，我們祇有任何時候都謹言慎行，站穩脚跟，才能永遠迎難而上，永遠立於不敗之地呵！”

聽了王副院長的一席話，真是情真語摯，字字皆爲肺腑之言，幾位青年深受感動，慨然答應遵照命令入營訓練。臨走時還再三向老前輩王副院長表示道謝和深深的歉意。

見青年們如此深明大義，王雲五也頗感欣慰，可喜之至。

立法院是國家的最高民意機關，行政院所制定的各項政策、法規、計劃等都必須得到立法院的通過才能施行。立法院也有權對行政院所管轄範圍内的各項工作、事件以及所制定的計劃、法規和政策進行質詢。因而，與立法院打交道，接受立法委員的質詢是行政的一項重要的經常的工作。

而這件工作主要的就落到了副院長王雲五的頭上。

　　由於立法委員人數衆多，有些立法委員爲體現民意，所質詢的問題和提問題的方式既尖銳又毫不留情，甚至窮追不捨，要對付這接連不斷的各種各樣的質詢，沒有豁達的氣度，寬廣的胸懷，對問題和情況的深切瞭解，對法律和司法程序的切實掌握，加之雄辯的口才，是很難應付裕如，得到滿意的結果的。因此，歷來行政院首長對應付立法院的質問，都視爲頭痛的事。

　　王雲五在勉任行政院副院長之前，其不願接受該職務的理由之一就是認爲應付立法院一事非自己所長，很難臂助院長在備立法院質詢時有所建樹。在這個問題上，他對陳誠院長直言，他“有自知之明”。

　　然而，就任了政院副院長之後，對於立法院的各種形式的質詢，王雲五即本着認真負責的態度，實事求是地答復，也往往能收到良好的效果。

　　一九六０年二月十六日，在立法院復會後的第一天會議上，陳誠院長和王雲五副院長以及政府一些有關部會的首長照例列席會議。

　　在陳院長對行政院的工作進行報告之後，立法委員劉志平立刻對發生在三年前的一件名爲“鶯歌大車禍”案進行質詢。

　　“鶯歌大車禍”案發生於一九五七年十二月，本是王雲五就任之前的事。事件發生之後，對於事故處理，各有關主管部門互相推委。交通部調查後，認爲是鐵路的責任，省政府則認爲事故的發生是由於兒童搬石塊置於軌道上才釀成此禍，因此，責任不在鐵路局。立法院對於此事，經過數次質詢答復，均不得要領。

　　關於對該事件的處理，陳院長在上次舉行的立法院會議上，曾表示要成立專案組調查，以徹底解決這個問題。此後，行政院秘書長具名，請省主席派主管的官員携同其所謂無責任的憑證，親自向劉委員解釋和説明，以期消案。

　　沒有想到，省政府對於行政院的指令未予認真執行，不僅未派人親自解説，而袛是具函劉委員，函件中所附的材料也袛是前年復行政院材料的一個副本，請劉委員閱後予以消案。劉委員看後，認爲如此敷衍塞責，推委過失，更加大爲生氣，因此，便在立法院上再一次質詢。

　　劉委員在這天會上的質詢，不僅嚴厲，措辭也更加尖鋭。他説，行政院對於中央民意機關的立法院的質詢，不應該由地方政府代爲答復，其處理事情的本身就是錯誤的。其次，所答復的材料乃是省政府於兩年前答復行政院的舊材料，此材料早已經由行政院作爲依據答復過他，而今又將兩年前的材料拿來搪塞，答復也等於不答復。因此，要求陳院長或交通部袁守謙部長對此事給予解釋。

　　這時，陳院長在座，陳秘書長因爲院長在上次會上曾有成立調查專組解決的許諾，既然未曾實踐諾言，頗難作答；袁部長因爲省府的態度頗爲對立，此時也不便再次表態，便詢問，可否由王副院長作答？

　　王雲五見此情勢，如果他此時不適時地站出來表態，行政院幾位首長將更陷入被動。而且，他對於此事，事前不曾負有任何責任，由他表態答復，將由被動轉爲主動。此時的他，站出來作答已經義不容辭了。

　　王雲五成竹在胸，便從容地答復。

　　他説：“諸位委員都知道，去年八月七日，臺灣中南部十三個縣市發生六十年來少有的大水災，造成房屋倒塌，人員傷亡，田地損毀。數月來，陳院長忙於‘八七水災’的賑災和災後重建工作，政院的事務大多是由我處理，所以今天陳院長雖在座，應該由我來答復。我也絕不推卸責任。

　　“需要特別説明一下的是，行政院並沒有特令省府代爲答復的意思，這可能是省府出於誤會。由於車禍事關技術問題，行政院覺得公文旅行，難於述説清楚，所以指令省政府派員携同有關證件，面爲劉委員説明。行政院的意圖是，如果劉委員因此明瞭了真相，以後可以不再質詢，固然好；否則的話，即使有繼續質詢，仍然應當由行政院作答。

　　“劉委員對於此關係到國家和人民生命財産安全的龐然大禍，不憚再四質詢，以期明瞭真相，説明劉委員對國家和人民生命財産的關心，本人深表欽佩。然而，此一事件至今尚未獲得肯定和滿意的答復，本人也感遺憾。

　　“既然事已至此，本人願意負責地表示，本人一定負責，親自召集交通部和鐵路局的主管，查明真相，作出相應的處理。

　　“本人雖非技術人員，自信就常識加以判斷，尚不致離題太遠。待事件的處理有了一個結果，本人再負責向貴院答復。”

　　王雲五這一番敢於承擔責任的負責態度，獲得了出席會議的立法委員的熱烈鼓掌稱讚，劉委員也認爲王副院長勇於負責，態度明確，表示滿意。

　　對於此事，王雲五並不止滿足於會議的表態。會後不久，他果然認真地召集了有關方面的人員，認真調查，並徵求意見。結果，認定鐵路局負有相當的責任。作出結論之後，又對於負責人給予了相應的處分，才將處理的結果書面答復了劉委員。

劉委員見多年前無着落的案件有了處理結果，終於得到了解決，頗感欣慰。也當面向王雲五表示，對此事和處理相當滿意。

“鶯歌大車禍”案終告消案。

王雲五不但以積極負責的態度處理國內事務，在外交事務中，他也以他豐富的經驗和練達的處世方法妥善地處理國際間的關係和許多棘手的問題。

一九五九年下半年，菲律賓曾發生驅趕和遣送中國僑民出境的事件。爲此事件，中國外交部和菲律賓外交部經過不斷交涉，終使事件有了一個初步的結果。

十二月十日，行政院舉行院會，聽取外交部長黃少谷報告與菲國交涉遣僑事宜。在此會議上，王雲五想起了前此發生的越南政府強迫中國僑民加入越南籍的事件。

當時，越南政府爲排斥中國的勢力，曾採取很多極端手段，強迫中國僑民加入越南籍，否則將驅逐出境。此事在國內引起強烈反響，國民對越南政府的舉措極爲憤慨，輿論也強烈反對華僑加入越南籍，認爲這是數典忘祖，背叛中國，大逆不道的事情，一致要求政府向越南政府提出抗議。

其時，王雲五適兼任光復大陸設計委員會國際關係組召集人，在討論和研究對該案的對策時，力主鎮靜考慮，並提出了自己不同的看法。

王雲五説：“無論如何，越南目前還願意接受中國僑民爲該國公民，比起某些國家對中國僑民希望加入該國國籍，求爲其公民而不許，或提出許多苛刻條件極力阻撓其加入該國國籍的完全不同。今天，世界的局勢與過去的殖民時代不同了，對於新興的國家，我國僑民爲並獲取其駐在國的公民權，享受外國僑民不能享受的權利，並非無利。

「我國目前承認雙重國籍，中國僑民加入他國的國籍，未必就會遺忘自己的祖國；我們更不能視作該公民就是背叛了祖國，而應該支持他們加入該國國籍。另一方面，也應該承認他們仍然是中國人，否則，就是自己將自己的同胞拒之門外。」

會議同意並支持了王雲五的意見，並將此作爲政府的基本對策。後來，大多數華僑加入了越南國籍，與當地人民和睦相處。這一鬧得沸沸揚揚的越南遺僑案也便無形得到解決。

今菲律賓遺送中國僑民案比起前案，事態更甚，情勢愈烈。不久前，由於中國對於應行遺返的三十餘名華僑沒有及時予以解決，以致菲律賓政府又施行了一條普遍性的禁令，大批的菲律賓華僑有遺送出境的可能。爲此，中國政府外交部同菲律賓外交部進行了多次交涉，終使交涉有了初步的結果。

在這個會上，王雲五發言說：「我認爲，對外關係必須‘知己知彼，當斷即斷’，首先要保持冷靜的頭腦，考慮問題和決定政策不要受一時的衝動和興論的影響。前次越南政府迫我僑民入籍案就是如此。如今的菲律賓遺僑案，假合我國前此對於應該遺回的三十餘名僑胞及時果斷地給予解決，則最近菲政府所下的普遍性禁令，可能不致於發生；等到禁令已下，取消禁令自然遠比預防要困難得多。

「目前的局勢，考慮並顧及無數留菲華僑的利益，我國政府應權衡利害關係，當機立斷，力避討價還價策略，以致傍生枝節。因此，外交部所提的解決辦法應該儘快與菲政府達成協議，以便儘早實施，解決我國僑民的燃眉之急。」

　　一星期後，即十二月十七日傍晚，王雲五接到黃外長電話報告說，經過交涉，菲律賓政府的遣僑辦法已經雙方同意。然而，菲外交部又節外生枝，在發佈雙方認定的方式上又提出了苛刻的條件。黃外長說，由於這一方式問題，可能會引致談判的破裂。

　　王雲五感到莫名其妙，詢問詳情。既然雙方已同意解決辦法，怎麼會由於發佈方式引致談判破裂呢？

　　原來，菲律賓外交部對於發佈的方式，堅持須由中國具函，承諾該國提出的各種條件，並不得提出對案條件。菲方接函後，便出函稱，由於中方接受某某條件，菲方才允許解除禁令。以這種方式發佈。

　　王雲五一聽，覺得不可思議，這哪裏是兩國談判，簡直是城下之盟！

　　在外交部緊急召開的會議上，王雲五斷然說：“一般來說，我主張對內要委曲求全，不料菲律賓在雙方均同意協議內容之後，竟然提出此種不合理的方式，這是萬萬不能接受的！外交讓步也應有止境，對於他國無厭之求，也節節退讓，有損我國的地位，應該堅決反對，甚至不惜因此關係破裂。而且，我方既與菲政府在內容上達成一致，對方也不致因爲形式的問題而導致關係破裂。

　　“因此，我認爲並建議，應該採取雙方簽訂備忘錄或發佈共同公報的方式，凡彼此所提的條件，經過洽商，雙方同意的，一一列入，以示平等。這才是正確的途徑。

　　“我也深信，菲律賓政府一定不會堅持其所提的方式。”

　　參加會議的首腦俞鴻鈞、陳雪屏等，都贊同王雲五的觀點。其他出席會議的也沒有提出異議。

　　於是，外交部以王雲五所提辦法作爲中國政府的對策答復菲律賓政府。

　　王雲五靜觀事態的發展。

　　果然，第二日，從外交部傳來消息，菲方已接受了中方所提的對案，當日下午便可以簽字。

　　王雲五的分析和態度均逆料不爽。

　　在與黃少谷外長談到此事時，王雲五慨然說：“我所提供的意見和建議實是因辨於事理，不得不如是。這和一個人立身和處世的道理是一樣的，成固然可喜，不成也不足惜也！”

　　王雲五的這種辨於事理、立身和處世的原則也體現在他處理外交關係的事務中。

　　一九六二年一月上旬，中日合作策進會第七次大會在臺北舉行。日方代表團到達臺灣後，按照慣例，行政院要宴請雙方代表團的全體委員。經決定，定於一月九日晚上七時在行政院招待室宴叙，由陳誠院長和王雲五副院長聯名發出請帖。其時，由於陳院長在病假中，宴會實際上由王雲五一個人主持。

　　王雲五對於這一類的酬應一向是不耐煩參加的，事屬因公，也祇好不得已而爲之。

　　這天下午四時，已近下班時間了，王雲五照例拿起當日的晚報閱看要聞，突然發現一則消息報導，這天上午，日方代表團拜訪了總統府張秘書長，並於拜訪後留下名片，請秘書長轉達對總統副總統的致敬之意。隨後又拜訪了立法院長和監察院長。

　　然而，直到閱報時止，對於代理行政院長之職的行政院副院長，迄尚無拜訪的表示，甚至連這方面的消息也沒有。

　　如果當天晚上行政院沒有邀宴雙方代表團並由王雲五主持之事，那麼，稍緩拜訪還不是問題。問題是，兩小時後，行政院要予以宴請招待，而宴請之前竟不作禮貌上的拜訪，無論在體制上還是禮節上殊屬失當。尤其是其時王雲五代理行政院務，這就不僅僅是王雲五個人的面子問題，而是對行政院的恭敬態度問題。

　　王雲五認爲，日方代表團在今天上午拜訪總統府，並留下名片對總統副總統致敬姑且不論，其對於行政院院長或代理行政院院長，至少應該比照立法和監察兩院院長的禮節，也應予以拜訪。

　　王雲五認爲，如今，挽回之道，唯有在宴會舉行前，哪怕是前半小時，甚至十五分鐘，由日方代表團到他的辦公室進行拜訪，而不能在宴會的接待室舉行拜訪儀式，然後再依照邀宴的時間赴宴。

　　其實，進行這一禮節，須平空增加半個小時應酬，以王雲五的個性，根本不願意這樣。但是，事關國家的體制和行政院的尊嚴，便不得不這樣，而且必須這樣！

　　王雲五考慮之後，便立即與外交部許次長通電話。

　　王雲五首先爲此項禮節問題徵詢許次長的意見。許次長也認爲王副院長言之有據，在外交體制上也確實有此制度和程序，而且，事關國家的尊嚴，必須予以補救。

　　許次長解釋説，由於這次來訪的日方代表團是由策進會中方代表主持接待並安排活動，外交部對於他們所訂定的活動和程序沒有留意，以致造成了這一重大疏忽，否則，事前一定會予以提醒並作適當合理的安排。於是，外交部立即與策進會主辦方面聯繫商洽，對方也立即意識到這一重大失誤，並立刻答應依照王副院長的意見辦理。

　　當天晚上六點半，也就是行政院招待中日合作策進會大會雙方代表團之前半小時，日本代表團全體成員恭敬地前往行政院副院長辦公室拜訪了代理院長王雲五。

　　在拜訪時，代理院長王雲五由於發生了白天的未予拜訪的情節，而現在的拜訪又是他爲了維護行政院的尊嚴主動提出來的。在這樣的心緒下，儘管日方代表表示了歉意，王雲五仍然有時免不了扳起面孔面對客人。不過，事情總算完滿解決。

　　當然，王雲五畢竟是代理行政院長，這種不快的情緒不致帶到宴席上。在宴叙時，王雲五也一反剛才扳着面孔的情緒，在主持致詞時，也極爲親切誠懇，頻頻與客人碰杯致意，彼此已毫無芥蒂。

　　王雲五深知，堅持日方拜訪也好，扳起面孔接見、又笑着與客人碰杯也好，都不是爲着他個人，而是爲了行政院，爲了國家。

　　王雲五雖不是外交家，並不精於外交禮節，而在必要的關鍵時刻，也能按照他的立身處世原則，以他豐富的人生經驗，在處理這一純屬外交禮儀的事情上，表現出對國家的尊嚴毫不馬虎，有理而又有分寸節制，而將事情處理得恰到好處，不致陷己於被動，陷人於尷尬。

　　一九六三年六月，王雲五已經整整七十六歲了，到行政院任職也已經五年，年歲不饒人，他個人也已經儘了職責，應該適時引退了。

　　其實，在任職政院的五年間，他有好幾次欲辭去職務。

　　第一次是一九六０年的春夏之交，因爲調整軍公教人員的待遇，原定爲新臺幣四億元，已列入年度預算，作爲該年度調整軍公教人員待遇的準備金，但因美國方面直接干預，向陳兼院長表示反對，兼院長又迫於美方壓力，不得已勉允酌減。此議在某次院會提出時，王雲五真是悲憤滿胸，除在院會上即席發言表示憤慨外，返家後嘔思提出辭職書，經過一二日的思考，爲顧全大局，仍然中止了此舉。

第二次大約在兩年後，又因爲發生某件事，打算辭職，最後又不了了之。

後來，王雲五脫離政院的決心未曾稍減，然而，陳院長的健康狀況日漸衰弱，且每況愈下，數次經總統准假休養，都由王雲五代理院長之職。王雲五是個認真負責的人，代理院務，責無旁貸，更不忍言辭。

近一段時間，王雲五聞聽陳院長正考慮請辭，他認爲這正是自己脫離政院的唯一機會。爲此，他立即草擬了辭呈，交陳雪屏秘書長代爲轉交陳院長。

王雲五在辭呈上説：

　　……數年來，雲五雖矢志贊襄，愧鮮建樹，今已行年七六，讓賢讓壯，萬難再緩。……雲五生性落落，從政非其所宜；卸職以後，雖仍須自食其力，甚或更形勞苦；然因講學寫作，習慣早成自然，且均出於自發，雖勞猶榮。趁此年事漸高而身心尚健之時日，爲餘生作多少較有意義之貢獻，夙在關愛如公者當荷贊同。茲鄭重懇求公於請辭大任之日，同時爲向總統陳情，俾遂初服，感激無既。……

　　然而，僅僅過了一天，王雲五的辭呈剛剛送到陳院長手裏，當日下午，蔣總統對陳院長的辭職要求表示挽留，並准假一個月，命令王雲五代理行政院院務。王雲五祇好暫時打消辭職的念頭，他在辭呈上希望在七月十五日他重返政院五週年時卸去行政院副院長職務的打算也落了空。

　　陳院長的一個月假期轉瞬屆滿，身體狀況却還沒有完全康復，報蔣總統後，蔣總統又准他續假兩個月。王雲五又須再代理院務兩個月，請辭的事也就再次擱置下來了。

　　九月十一日，一場危害極大的葛樂禮颱風侵襲臺灣的東北部，洪水肆虐，田園毀壞，國家和民衆均損失慘重。陳誠院長在交通斷絕的情況下，輾轉乘汽車到達臺中，然後乘軍用飛機回到臺北，提前銷假復職，全力投入到救災及善後處理的事務中，王雲五心憂災民，一心撲在救災工作中，請辭一事已經置諸腦後了。

　　十月二十三日，王雲五再次致函陳誠院長，表示了堅決請辭的決心。

　　王雲五在辭呈上說：

　　　　雲五年滿七六，雖賤體尚稱頑健，畢竟歲月迫人，集中意志精神以處理一事，尚勉能應付。惟本院副院長職務，依近年之演進，頗感紛繁，實非雲五目前精力所能繼續擔任。趁此立院質詢已告結束，下年度總預算尚未開始編制之時，我公當有慎選賢能之餘裕。謹以至誠，續請辭去副院長之職，務懇先爲呈請總統照准，免除雲五職責，俾得安心休養。……

　　爲表示他的決心，王雲五還特別在辭呈上決定，"擬自明日起，暫先請假，不到院辦公，候明令照准，立即辦理交代。……"

　　收到王雲五的辭呈，當日下午，陳誠院長親到王雲五的寓所看望，面加慰留。怎奈王雲五去意已決，毫無挽回的餘地，陳院長祇好答允考慮，並簽請蔣總統核奪。

　　王雲五的請辭，已引起新聞界的注意，社會上的反響也極佳。十月二十四日，徵信新聞記者劉壽椿在訪問了王雲五後評論說："我在深思中想到，一個人的隱去，繼之將是一個新人的崛起。如果這種新陳代謝的作用，能使我國政壇上更進一步發生新陳代謝的影響和啓示，那麼岫老的毅然引退，也何嘗不是一個宦守者一種負責的態度？"

　　是的，王雲五對這位記者說："我今年已經七十六歲了，按照公務員退休法，是早該退休的人了。雖然一位政務官不受年齡的限制，這些年來，我也從未生過病，但在處理複雜的公務時，就往往不免有疲勞和不耐感。也許在盛世，年老一點尚無所謂，現在世變日亟，形勢緊張，年輕人總較老年人勝任繁劇。何況，在人生的這場接力賽中，我們也應該趁早把棒子遞給年輕的一代了。"

　　王雲五正在以自己的行動實踐自己的言論。他在七月九日的省行政會議開幕致辭時，引用古代聖賢對官員的職責論述說："《論語》季氏將伐顓臾，孔子責備冉有和子路，說："求，周任有言曰：陳力就列，不能者止；危而不持，顚而不扶，則將焉用彼相矣？'這明明是說，爲他人助理的人，如果遇着不能爲力之時，即當去職，不以政務官爲限。

　　"孟子更說得具體，謂："有官守者，不得其職則去；有言責者，不得其言則去。’宋儒劉宰又曾說過：‘今之士，巧於進而拙於退，知所以奉其身，而不知所以重其身’。”

王雲五一向認爲，公務員，包括政務官，應該有強烈的負責精神，在不能負其職責或不能很好地負起職責時，爲着“重其身”，而應不惜毅然引退。去留進退，有分際，知選擇，這應該是今天的士人所應該取法的。

十一月一日，行政院陳誠院長擬定呈蔣總統的簽呈稿，表示了院長本人的態度。陳院長在簽呈稿中說：

> 雲五副院長此次重至政院五年餘來，不辭勞怨，不懼壓力，其對於國家貢獻之鉅，自不待言，對於當前之政風，尤足使頑廉懦立；而與職相處以誠，相助以力，此種精神更可感佩。惟其辭意既如此堅決，恐不能再強其所難。職前曾與有共同進退之約。近一月來賤軀亦仍感疲乏。職與王副院長彼此欲辭之原因雖各不同，而私衷所祈求之意願則一。值此本黨九全大會召開前夕，鈞座盱衡全局，對今後全盤措施必有重大決策，行政院人事亦宜配合新的要求，重作部署。擬懇　鈞座於核准王副院長辭職之時，對於職前此之請辭，亦同時並予察核考慮爲禱。

不久，蔣總統在陳院長的簽呈上親批“應予慰留”。

又過了兩天，蔣總統親自召見了王雲五。

在長達四十分鐘的交談中，蔣總統讚揚王雲五在政院任職期間，對行政外交財政經濟教育各方面皆有可貴的意見與貢獻。因爲有王雲五協助陳院長，使他極爲放心。盼仍能勉留政院。王雲五則力陳自己年事已高，身體精神雖尚頑健，惟漸不耐煩劇，請辭出於自覺之誠，務求總統體諒，勉予照准。王雲五還強調，如脫離政院，對於國家政治，以國民代表的資格仍可隨時貢獻意見，為國僅獻替協調之責。一直到臨走時，總統將王雲五送到辦公室門口，仍然勸王雲五打消辭意，王雲五則仍然再復述辭意，敬求總統體諒。

也許是王雲五的決心感動了蔣總統，也許是由於陳誠院長由於健康的原因一再堅辭，蔣總統不得已勉允所請，而陳院長辭職後，對王雲五也不便強留。而且，任何新人組閣，在資望皆不便屈王雲五為副，同時，王雲五又不是國民黨員，也無法提其組閣，不得已祇好一併勉允辭職。

十二月二日，總統府秘書長張群到王雲五寓所拜訪，告知蔣總統已勉允王雲五辭去政院副院長之職。十二月七日，蔣總統給王雲五特殊對待，在公佈王雲五的辭職前，敦聘他為總統府資政（通常是在卸職後或同時）。

十三日，蔣總統准予陳誠辭去行政院院長之職，原財政部長嚴家淦被任命為行政院長。

在王雲五與陳誠聯名邀宴政院所屬各部會機關首長的告別宴會上，王雲五喜笑顏開，心情極為愉快，他向前院長陳誠、新任院長嚴家淦以及他自己各敬酒一杯，以表示賀忱。

歸家之後，王雲五撰記錄這一辭職過程的回憶文章《掛冠記》以誌紀念，並作詩一首為此事作結。詩曰：

良朋滿座終須散，笙歌永晝夜難連。
此日掛冠恰到好，再留不值半文錢。

第六章　教學生涯

一　政大政研所的兼職教授

一九五四年（民國四十三年）八月上旬的一天，王雲五應邀出席了教育部召開的一個座談會。出席座談的都是學術界一時之俊彦。會議由教育部長張其昀親自主持，表現了部長對此次會議的重視。

原來，國立政治大學自政府遷臺後，一直未予復辦，幾年來，隨着形勢的發展，國家需要大批的各種人才，政治大學復校也就提上了議事日程。在張其昀部長的關心籌備下，政治大學決定於明年初復校。這次會議，就是請專家學者對各研究所的成立和課程的設置提出建議。

在會議上，張部長簡略地介紹了教育部對政大復校的基本設想。即先辦研究所，把本科留在稍後再議，擬令該校設四個

研究所：即政治研究所、外交研究所、教育研究所和新聞研究
所。

　　接着，張部長請各位專家對各研究所的課程設置及其它相
關的問題儘情地發表自己的見解和建議。

　　王雲五也談了自己的看法，他在概括地對各研究所的所設
課程略述意見外，對政治研究所主張增設《現代公務管理》一
門課程。

　　王雲五説：“我認爲，行政貴有效率，效率視乎管理之得
宜。我國某些大學曾經開設行政管理課。實際上，行政也含有
管理的意思，管理也算得是行政，行政管理構成一個名詞，其
内容不無混淆。不如改稱公務管理，辦理公務便是行政，與行
政管理意義之一略同。但是，如果在公務管理之上再加上“現
代”二字，至少增加了兩層意義：一是現代的行政範圍較過去
更加廣泛，寓有加廣的公務管理之義；二是現代管理注重科學
的方法，也寓有科學的公務管理之義。”

　　王雲五的發言得到了與會專家的一致贊同，於是，便決定
政治研究所開設《現代公務管理》一課。

　　没有想到，這年年底，在政大將要開學之際，王雲五得到
政大一紙聘書，聘他爲該校的兼任教授，主講《現代公務管
理》。該校後來補充説，主講《現代公務管理》非先生莫屬，
爲培養後學，望萬勿推辭。而且，該課僅有兩個學分，份量不
重，每週授課祇二小時。王雲五見此，便答應下來。

　　不過，手持這政大的一紙聘書，王雲五却感慨萬千。他
想，自己從未受過正規的學校教育，青少年時代祇在私立的學
校斷斷續續讀過四五年私塾和補習班，至今還没有一張任何學
校的文憑，如今却要執教國立政治大學的研究生。這一切，恍

若夢中，不可思議。

王雲五陷入了對往事的沉思之中。

過去的教學生涯，開始於五十四年以前，終止於四十四年前，如今，祇能記起一個輪廓，許多印象已經模糊了。

王雲五記起，十五歲時，父親因爲王雲五大哥在得中秀才後不幸夭亡，堅信他們家由於風水的緣故，不能有讀書人，便要王雲五中止私塾的學業，在一家五金店當學徒。王雲五祇能在夜間進一家私人開辦的夜校補習英文。他還記得在那分成四五個等級的上百人的夜校教室裏亂糟糟的教學場面。祇是由於他求知欲強，反而乘可以同時聽幾個等級課程的機會，加快了學習的進度，多學了許多東西。

王雲五又想起，在虹口的守真書館讀英文時，在不到八個月的時間裏，他從第六級升到第三級，甚至可升到第二級，強烈地感受到了奮發向上而收獲豐碩成果的興奮和喜悅。

在同文館，十七歲的王雲五一面修業，一面擔任教席，初次以自己的勞動解決學習的費用，實現了讀書自給。在十個月的時間裏，利用同文館布茂林先生的私人藏書飽讀英文名著，是王雲五所接觸的最早的圖書館。

在名爲“益智書室”的英文專修學校，十八歲的王雲五獨立主持各個等級的英文教學，如魚得水，有了豐厚的酬勞，也取得了豐碩的勞動成果。王雲五優異的教學水平遂名傳遐邇，爲他進入中國新公學擔任教師奠定了基礎。

在中國新公學，十九歲的王雲五以一位無任何文憑的弱冠青年，面對從日本留學返國的大學生們，從容不迫地回答比他年紀還大的學生們的近乎刁難的質詢，並以自己豐富的知識蘊藏和雄辯卓越的表達能力使學生們心悅誠服。在這所學校，王雲五還與胡適、朱經農等學生結成了至交並成爲摯友。

　　辛亥革命勝利後，隨着教育部的北遷，任職於專門教育司的王雲五還兼任了國民大學（後改爲中國公學大學部、中國大學）的教席，又隨着他的脫離教育部，由兼任改爲專任。成爲一位名符其實的大學教授。從未進過正規學堂讀書、更未留學英美的王雲五却能在大學講授英文本的英文修辭學、英國文學史、政治學概論和英美法通論。當時的學生，後來到臺灣的有曾任國立東北大學校長的臧啓芳，久任法曹、嗣又掌教南洋僑校並經營實業的蕭碧川，立法委員趙祖貽諸人。

　　王雲五的這段教學歷史，除於一九一二年民國成立之初中斷了大半年外，連續了十年有餘。然而，從一九一六年王雲五任職禁烟特派員後，迄至今日，便沒有再返杏壇。

　　如今，闊別四十年，王雲五又要重執教鞭，從新體味對學生解惑釋疑的心境，他似乎有一種落葉歸根的奇妙的感覺。而四十年滄桑鉅變，不僅今非昔比，王雲五已經由當年的一個蓬勃的青年而成爲古稀的老人了，甚至當年的一些學生如朱經農、趙祖貽也皆已作古，叫他如何不感慨萬千啊！

　　以此，與其説王雲五是重返杏壇，重執教鞭，不如説他是懷着一種莫名的興奮和新奇的感覺來對待這既熟悉又陌生的新的工作更恰當些。

　　一九五四年十一月，王雲五開始在國立政治大學政治研究所講授《現代公務管理》課程。

　　對於這門課，雖祇有兩個學分，教學的時間也不多，一星期祇有兩個小時，却因爲國內外尚鮮有這門課程現成的資料可以利用，爲了教學的需要，王雲五便祇好自己準備全新的資料，編定講義。

　　《現代公務管理》的講學，比依照現成的資料稍作整理，加以發揮而進行教學要艱難得多。好在王雲五對於科學管理數十年來素有研究，又注意收集資料，加之他在十年前擔任行政院副院長期間，因爲主持國家的預算委員會，獲得了豐富的行政知識和工作經驗，此時，對於這門課程的講授尚不覺費力。而且，政研所的這門課程，每星期祇作兩小時的一次講演，所需内容不算太多，寫作講義大約一萬字左右。這樣，王雲五便每星期預寫一篇大約一萬字左右的講義。

　　在半年的講學中，王雲五將《現代公務管理》編寫了十四篇講義。如《行政權——其發展部分與組織》、《行政的權力與責任》、《管理循環與行政聯制》、《行政制裁》……等等。每一篇講義寫好，先交教務處油印，然後在講授之前，分發各研究生們預作閱看。講授時，王雲五並不對照講義照本宣科，除對講義發揮大意外，另外還補充不少實例，以增加學生的理解和印象。如果仍有時間，或預留餘時，讓研究生們質疑問難，然後由王雲五進行解答，或令他們相與討論，這樣，印象更加深刻。既激發了研究生們的學習積極性，又增强了學習的效果，比起那種讀死書，死讀書的方式，可謂事半功倍。

　　王雲五所寫的《現代公務管理》講義，每講均可獨立成篇，因此，許多講稿經過稍加變動，即可交相應的刊物發表，又藉此應付文稿及文債，可謂一舉兩得。此外，他還將在各地應邀講演中有關公務管理的内容或資料，整理之後，發給政大研究生們研習，對學習也大有裨益。因此，王雲五對於每星期需要寫近萬字的講稿，並不感覺費力。

　　《現代公務管理》半年的講義結束之後，教育部將此講稿作爲該部出版的《國民基本知識叢書》之一正式出版。這樣，

第二期研究生乃至後來各期新生，凡修此科目者，王雲五必要
求他預先購買準備此書，每星期預先閱讀一章，上課時，王雲
五便要求研究生們就該章內容依序每人提出一二個問題，由王
雲五進行解答。研究生們也必須就其他同學所提的問題發表自
己的意見或見解，然後由王雲五分別予以分析和評判。這種與
對中學生大不相同甚至與大學的教學也迥然有別的討論、研究
的教學方法，使研究生們印象極深，也受到研究生們的極大歡
迎和好評。

　　在政大政研所，王雲五還進行了一件從未從事過的工作，
即從一九五五年三月開始，指導研究生撰寫論文。

　　政大研究生撰著論文，是重要的也是必須的一項要求。研
究生學完三年，能否畢業，也主要視論文的水平和質量。嚴格
來說，王雲五平生不僅沒有“指導”過研究生寫論文，就是他
自己，生平雖然著作頗豐，卻也從來沒有寫過畢業論文。他連
大學門也沒有進過，便沒有寫論文的經歷，更不要說撰著研究
生畢業論文了。

　　記得王雲五在北平國民大學－－中國大學執教時期，儘管
教學課目多至四門，由於沒有教到四年級，也沒有指導大學生
撰寫畢業論文的機會，何況大學本科對於畢業論文的撰著，向
來並不重視。祇要各科學業成績及格，照樣可以畢業。

　　而研究生就顯然不同。尤其是政大研究所尤其不同。

　　當時，對於碩士學位，規定研究生至少須修業二年，但往
往都延長至三年，碩士以提出論文為畢業的必要條件，而且在
各學科的考試全部及格之後。

　　碩士論文一般從第二年便開始撰寫，進行得較快的，一年
之內可以完成。如果論文資料搜集未齊，或者論文過長，寫作

尚未結束，可以在兩年屆滿後，延長半年或者一年。並且，碩士論文提出後，必須經過五名考試委員的口試，合格者才能授予碩士學位。

在政大研究所，許多研究生都極爲樂意並紛紛要求王雲五作爲論文的指導老師。

原因有三：王雲五是聞名天下的博學專家，被譽爲"有脚的百科全書"，各種學科都無不曾涉獵，而且可謂精研，一生讀書極多，指導研究生綽綽有餘，應付裕如。許多撰寫論文的並非是由他指導的研究生，無論提出請他指導搜集哪一選題所需的資料，都能從王雲五先生那裏得到滿意的答復。

此外，王雲五可謂"誨人不倦"，不怕麻煩，無論學生們提出何種要求和請教何種問題，甚至有些與學業和撰寫論文無關的問題，他都樂意相助。

第三，王雲五認爲，研究生撰著論文的質量，當視其搜集資料的完備與分析論斷所費的功夫，並藉此訓練其再進一步從事學術的深造。因此，王雲五指導研究生絕不採取武斷的態度，衹要研究生對某一論點能够自圓其說，不致違反邏輯，便聽其自我表現，允許其自持一說。

所以，政大政研所許多研究生要求由王雲五指導其論文的撰寫。

在政治研究所，專任和兼任教授共約七、八人，王雲五以一位兼任教授，指導撰寫碩士論文佔了四分之一強。其中，第一期研究生十一人，其畢業論文由王雲五指導者，多至五人；從一九五五年第二學期起至一九五八年第二學期的三年時間裏，政研所授予碩士學位者共三十九人，其中，碩士論文由王雲五指導者有十一人。而據統計，王雲五在政研所任教期間，由他指導撰寫碩士論文的竟有二十三人之多。

　　尤其不可思議的是，這些碩士論文的內容，政治、經濟、歷史、行政、法律、以及思想史等等，從歷朝歷代到現代，從中國到美英各國，幾乎無所不包。

　　茲將經王雲五指導的研究生和其碩士論文的題目開列於後，以誌其範圍之廣，內容之博：

　　周奉和：機關財務管理。

　　程偉益：英國地方政府組織職能及其與中央之關係。

　　徐有守：公務職位分類的理論與方法。

　　簡木桂：政府權力之分配。

　　謝駿業：美國市經理制的研討。

　　涂元黎：美國副總統。

　　董來燦：美國壓力團體研究。

　　李齊琮：英國首相之研究。

　　許士軍：國營事業監督之研究。

　　傅宗懋：清代督撫制度之研究。

　　金耀基：中國民本思想之史的發展。

　　胡述兆：美國參院批准條約權之研究。

　　劉佑知：美國聯邦文官懲戒制度。

　　方廷榴：機關事務管理效率之研究。

　　杜乃濟：明代內閣制度。

　　王壽南：歷代開國帝王研究。

　　巨煥武：明代宦官禍國之研究。

　　羅致賢：防止貪污芻議。

　　朱增郁：美國國家安全會議研究。

　　曹伯一：中共政權最高行政機關國務院之研究。

曾濟群：就法律案研究我國行政與立法兩院之關係。
趙洪慈：中共僞政權的治藏政策。
朱　武：美國胡佛委員會報告之研究。

二 "博士之父"

王雲五在擔任行政院副院長的同時，仍然應聘政大的政治研究所擔任兼職教授。

自從一九五四年秋政大恢複研究所以後，王雲五便一直兼任該校政研所的教授，對研究生講授《現代公務管理》，每週二小時。一九五六年，政大政研所經教育部批准開辦高級研究班，開始招收修習博士學位的研究生。

説起政大政研所開設高級研究班，還是由於王雲五的積極倡議和力爭才得以實現的。

一九五五年初，王雲五擔任考試院副院長時，便開始研究我國博士學位的授予問題。

經查，中國的學位授予法於一九三一年四月公佈，一九三五年七月開始施行。其中第二條規定，學位分學士、碩士、博士三級。第二、第四兩條分別規定學士與碩士的授予雖已經實施，得授碩士學位的卻寥寥無幾，而博士學位的授予則迄今二十餘年仍尚未實施。其原因主要是因爲國家對於博士學位的授予持過分慎重的態度。

學位授予法規定，"博士學位評定會之組織及博士學位考試細則由行政院會同考試院定之"，所以，在授予博士學位之前，博士學位評定會的組織規程和博士學位考試細則均應先由行政院與考試院會同制定。由於二十年來，國內大學的研究所成立還不多，即已成立的也爲時不久，故對於博士學位的授予遲遲有待。繼而又因爲抗戰軍興，學校轉徙，圖書儀器大半喪失，研究環境也多不適宜，不得不將這件工作擱置下來。

復員以後，對於博士學位的授予原則，兩院之間仍未趨於一致。一九四七年四月，國防最高委員會決定"博士學位仍應依現行學位授予法之規定，由國家統一考試授予"，才算確定下來。卻又由於戰亂，大陸淪陷，將此事再次擱置下來。

政府遷臺以後，文教事業有了長足的發展，研究風氣漸盛，各大學院校的研究所也相繼成立，實行博士授予之議復起。

一九五五年，王雲五擔任考試院副院長後，主持審查這項工作，積極推動博士學位的授予。這年十二月，他撰寫《我國博士學位授予之研討》一文在《新生報》發表，極力主張中國今日實有儘快準備授予博士學位的必要。

王雲五認爲，博士程度本來就沒有什麼固定的標準，授予博士學位的作用，首先在於鼓勵研究。即使是初期獲得學位的人未必能與學術水準較高的各國人才比擬，然而，研究的車輪一經推動，自必日進不已。如果過分慎重，認爲提早授予博士學位難免水準過低，因而不在國內積極提倡高深的研究，而一味依賴留學造就人才，那麼，國內的研究風氣便永遠不能得到很好的提倡，學術也就永無進展，這哪裏是求學術獨立與進步的道理呢？

王雲五又顧及到國內的理工農醫方面，由於進行高深研究的設備需費過多，一時不能充分提供，不如留學他國便利，但是，文法商教方面，研究的對象一般是以本國爲主，其所需的參考主要是圖書雜誌，搜羅設備也比較容易。對於這方面許多問題的研究，比較在國外研究無疑更爲方便。

王雲五的積極主張得到教育界許多有識之士的積極贊同，爲此，王雲五又爲考試院草擬了博士學位評定會組織規程及博士學位考試細則，經院會通過後，函請行政院同意。

行政院將此規程和細則先交教育部審議。

教育部長張其昀在博士學位的授予問題上，與王雲五有共識，認爲中國授予博士學位的條件已經成熟，故答復行政院對考試院的文件力表贊同。於是，各研究所便開始作好招收博士研究生的準備工作。

經教育部核定，審查批准政治大學政治研究所、臺灣大學和臺灣師範大學的文史研究所可以開始招收高級（即博士）研究生。

首先招收高級研究生的，便是政大政治研究所。

政大政研所的高級研究班僅開設兩門課。一爲《中國政治研究》，由浦薛鳳教授擔任；一爲《中國政治典籍研究》，由王雲五與薩孟武教授合任。王雲五側重政治制度，薩教授側重政治思想。

高級研究班開辦之初，因爲録取條件極嚴，招收的人數也極少。第一屆祇有一人，第二屆爲三人，第三屆祇有二人。

幸運地録取爲中華民國第一屆第一位博士生的是政大政研所一九五五年第二學期獲得碩士學位的周道濟。

講授博士班的課程充分顯示了王雲五淵博的學識和驚人的記憶能力。

中國歷代的政治典籍本來就非常博雜，所謂汗牛充棟，能理出個頭緒已屬不易，更何況指導博士生進行研究。

　　王雲五首先指導學生學習的門徑，爲博士打開做學問的門路。他對學生說，中國的典籍零亂無章，又無系統，要找資料，有四句話十六個字可以作爲治學的方法。這就是：一、高處鳥瞰；二、細處着眼；三、淘沙見金；四、貫珠成串。

　　高處鳥瞰最重要，否則，典籍太多，將不知從何下手。

　　中國書籍的分類，至今缺乏統一的方法。唐代以後分爲經、史、子、集等四類。四庫全書分爲九十二目，叢書集成則分爲七百多類。經部方面，說到十三經，周禮的政制好，有政治理論；禮記不全是政治，零碎文章，其中一部分爲儒家的政治思想；史部方面，作爲正史的二十五史，並非純粹的政治理論，但政書中有"十通"，這是最好的政治資料；子部方面，儒家部分爲政治家、法家，談政治、兵家，是政治的一部分，道家、老子有很多的政治，小說家，一條條的筆記，有很好的資料；集部方面，總集是一代一代許多人著作的收集，別集是個人短篇著作的集刊。

　　細處着眼－－許多小書，很少專著，索引又祇有"十通"才有，所以必須找。如《明夷待訪錄》，思想精闢，對民族主義發揮很多；又如各種學案中的陽明學案，偶然帶有政治思想。

　　淘沙見金－－不要輕視資料，應該多看筆記小說，譬如顧炎武的《日知錄》，其中的一部分就是談政治的。

　　貫珠成串－－作成論文或報告。

　　總而言之，王雲五指導博士治學特別是對中國繁雜的政治典籍研究的方法是先作鳥瞰，然而漸求精密，使學生治學有了一條明晰的道路。

　　對於中國政治典籍其中類書的研究，博士研究生們對中國古代成百上千的類書簡直望而生畏，不知如何着手研究時，本人就是版本目錄學專家的王雲五對中國的典籍瞭如指掌，又對博士生進行了精闢的指導。

王雲五首先對中國的類書酌舉大概。

他説，中國的類書括有四類：

一、按性質分類。把古書中的各種資料，按照天文、地理、人事、草木、魚蟲種種分別歸類。這一類的類書爲數最多，流傳至今，最古者是唐代所编的《藝文類聚》，最著名的有宋代的《太平御覽》、《册府元龜》等，明代爲數尤多，清代的《古今圖書集成》算得是規模最大的，有一萬册。

二、按姓氏分類。明代有一大規模的這種類書稱爲萬姓統譜。商務印書館編印的《中國人名大辭典》，也屬於此類。

三、按音韻分類。最早者爲宋代的《韻府群玉》，清代最大的作品便是《佩文韻府》，這部書收羅了五十萬條詞語，雖然未加解説，却一一從古書中引用有關的文句，讀了所引的文句，便不難瞭解該詞語的大意。

王雲五深知，以博士生修業的年限，通讀中國的典籍，既没有必要也不可能，因此，他不要求博士生去讀這些典籍，祇要他們去查閱這些典籍的目録，就可能參考到的各種類書，並就相關的典籍，一一比較其異同。然後就其所含政制資料較多的某一種類書，按照他所指定的某一事項的内容，詳細參考其它所有的資料，撰寫研究報告。對於各種政書的性質比較，也在每次開始討論時，由他首先舉示要旨後，要求博士生分別翻取各書的内容，擬定研究報告，以檢查他們的讀書研究心得。

王雲五要求博士生擬定的這些研究報告，每篇至少不能少於一萬字。儘管有些博士生對於王老師的要求開初時大叫吃不消，然而，一年下來，學生們的確讀了不少書，此時便深悟老師的用心良苦了。

在政大政研所，流傳着這樣一句話，“做王雲五的學生易，做王雲五的部下難”。

政研所的碩士和博士研究生們絕大多數没有做過王雲五的部下，所謂“做王雲五的部下難”，大概是指王雲五本是個工作狂，做任何工作又絕對嚴謹認真，一絲不苟，並力求臻於完美，以致做他的部下不能出一點差錯，更不能偷懶。其實，王雲五對待自己的部下，祇要是儘心儘責，兢兢業業，王雲五也是勉勵有加，和藹可親的。

而作爲王雲五的學生，碩士和博士研究生們確確實實地感受到了如沐春風般的温暖，在他們面前，這位享譽中外，名震遐邇的學者更像一位慈祥的長者，一位令人尊敬、令人欽佩的老爺爺。

如對政大政研所的碩士生一樣，自執教高級研究班之後，王雲五又成爲高級研究生們博士論文的主要指導老師。

由於王雲五對於各種學科都曾涉獵，尤其是一生讀書極多，至老不倦，所以，高級研究生要求王雲五指導他們搜集資料或提示要旨，都能得到滿意的答復。王雲五又不怕麻煩，無論學生們有何請教，無不樂於相助。

政研所招收的第一位高級研究生周道濟的博士論文，從研究方向，論題的選擇與大旨，都主要是王雲五指導選定的。

周道濟考入高級研究班不久，對於他的博士論文選題，王雲五一開始便建議他從事中國宰相的研究，周道濟接受了王老師的建議。經過相當時期的參考、研究之後，決定以漢唐兩代作爲研究的範圍。由於這一博士論文在中國還屬創舉，故決定由王雲五會同浦薛鳳、薩孟武三位教授共同負責指導。兩三年來，王雲五對於周道濟的論文《漢唐宰相制度研究》的選材和設計不斷進行指導，到一九五九年五月已基本撰述完成，全文大約六七十萬言，真可謂是“洋洋乎大觀哉”。

對於這傾吐了周道濟數年心血的洋洋灑灑的中國首篇博士論文，王雲五真是比審閱自己的文章還要嚴謹仔細，經過審閱，王雲五認爲該論文大體非常妥適，正確，祇是結論顯得較弱，似有頭重脚輕之微嫌，應該設法進行補充。周道濟認爲老師的指示極爲中肯，又拿回去再行補充修改了。

一九五九年八月一日，國立政治大學舉行了中國有史以來第一位博士論文的口試答辯。爲進行這一非同凡響的博士論文口試，專門組成了一個考試委員會，除由時任行政院副院長的王雲五作爲召集人主持口試外，另外聘請了校內外教授各三位，一共七位。按規定，七位口試委員各以無記名評定一分數，以平均分作爲最後得分。

由於此舉在國內尚屬首次，因此更顯得特別隆重，在開始口試和評定分數後由王雲五正式宣佈時，還邀請了一些新聞單位前來採訪和拍攝電影，以進行宣傳報道。

口試答辯原定兩小時，由於內容太多，經商定，又延長了兩次，最後實際歷時兩小時四十分鐘。經過無記名記分後，得出平均分爲八十三分，通過周道濟爲中國第一位博士候選人。

由於立法院修正了學位授予法，將博士評定委員會的組織改由法律規定。周道濟博士候選人資格確定之後，尚須請求教育部召集博士學位評定委員會舉行再試。再試及格，才能授予博士學位。

一九五九年十月二十二日，行政院會通過“博士學位候選人評定會組織條例草案"。

　　直到一九六０年十二月三日，教育部才根據法律規定，組成博士學位評定委員會，對周道濟的博士論文進行再試。

　　口試委員由田炯錦、薩孟武、勞榦、李宗侗、藍文徵、左潞生、嚴耕望等七位教授組成。經過嚴格而認真的口試，周道濟順利地通過論文答辯，成爲中華民國的第一位國家博士。

　　中國的第一位國家博士誕生，王雲五心裏是既興奮，又激動，特別是這第一位博士的論文竟是他與另兩位教授共同指導完成的，更使他平添了一層特殊的感慨。想到自己以一個毫無學歷的人，靠自己的努力摸索，從事於教學，並由教學開始，首先是教中學程度的英文，繼而主辦一所英文補習學校，及執教中國公學，所任課程已相等於大學預科。進入民國之後，又從執教大學預科而本科，其後脫離杏壇凡四十年。來臺後，復兼任教授，重理粉筆生涯，從大學研究所的碩士班開始，嗣兼教高級研究生即博士生，這一切，似乎都是令人不可思議的事情。而今天，由他作爲指導教授之一的中國的第一位博士終於誕生了，如何不叫他興奮、激動和感慨萬千。想到這裏，王雲五口占七律一首：

賀周生道濟獲得博士學位

重入絳幃近七年，　者番政治樂相研。

多士問難逾半百，　論文指導廿餘篇。

高才特擢研幾極，　博士開山孰着先，

周生苦學窮三載，　祝爾登科不羨仙。

　　從一九五六年政大政研所開設博士班到一九六四年的八年

間，政大政研所共招收博士研究生共十三人，王雲五一人便擔任了十位博士研究生的論文指導，親自培養出九位博士。這些博士和他們的論文分別是：

　　周道濟：漢唐宰相制度研究

　　陳寬強：清代捐納制度

　　傅宗懋：清代軍機處組織及職掌之研究

　　胡述兆：美國參議院官員任命同意權之研究（未撰述，
　　　　　　其博士學位後在美國獲得）

　　張家洋：我國公務員保險制度研究

　　王壽南：唐代藩鎮與中央關係之研究

　　陳水逢：中國文化之東漸與唐代政教對日本之影響

　　巨煥武：明代巡按監察御史

　　繆全吉：明代胥吏

　　曹伯一：江西蘇維埃之建立及其潰敗

　　後來，王雲五獲得一個中國"博士之父"的稱謂，實不爲過。

三　亦師亦友的學生——胡適

　　王雲五對青年學生寄望殷殷，然而，他早年的一位學生卻帶給他一個噩耗。

　　一九六二年二月二十四日，中央研究院院長胡適因突發心臟病，不幸逝世，終年七十二歲。

　　王雲五是在忙於政院繁雜的國事時，於第二天早上得到這一消息的。驚悉噩耗，王雲五立刻驅車趕往殯儀館，向他的老朋友、五十多年生死相交的學生兼知己作最後的告別。

望着老朋友安詳地躺在鮮花叢中，王雲五悲痛不已，往事一幕幕涌上心頭。

王雲五無法忘記，胡適與他由學生、同道而知交。三十年前，是胡適婉拒了商務印書館請他擔任編譯所所長的邀聘，又毫不猶豫地推薦了王雲五擔任此職，才使商務印書館從此大放異彩，巍然屹立於中國的文化界和工商界；也使王雲五卓越的才幹和廣博的學問能得以發揮到極至，使他堅強的毅力和一往無前的精神在無數殘酷的事實中經受住了考驗，得到了無可辯駁的證明，才使王雲五致有今天！

數年前，王雲五在美國出席聯大時，最使他愜意和欣慰的便是會見了相交相知五十年的胡適。其時，胡適病後初癒，對老朋友的到來自然十分高興。老友重逢，相見甚歡。因而，兩個人重聚於美國，真有說不完的話題，道不盡對往事的甜蜜的回憶，將近古稀之齡的胡適對往事也充滿了緬懷之情。

他們曾有過那麼一段短暫的師生之誼，而今，適之名滿天下，仍尊稱王雲五爲老師；以胡適對學術的貢獻和在國際國内的影響，王雲五也以有這樣的學生和摯友感到驕傲。可以說，他們兩人都創造了恢宏的業績，都是蜚聲中外，名傳遐邇。多少年來，他們兩人就是互相學習，互相鼓勵，互相幫助，以致在今日，已經分不清誰是先生，誰是學生了。所以，當他們欣喜重聚，促膝傾談時，那種心靈的相通，那種無法言傳的思想交流，祇有他們自己才能理解，才能體會得到。

在胡適家的晚宴上，胡適以威士忌酒款待王雲五，由胡太太相陪。病後已戒酒的胡適因有朋自遠方來，興之所至，也以葡萄酒助興。正是"酒不醉人人自醉"呀！

此後，在美國的四個月時間裏，王雲五與胡適常相往來，保持密切的聯繫，回想起來，這段時間真是這一對摯友最美好、最值得回憶的日子了。

記得十二月十七日（農曆十一月十七日），是胡適六十七歲生日，胡適本夙喜清靜，加之病後初癒，不勝煩囂的應酬，耽心知悉生日的親朋好友登門賀壽，這一天，避壽於好友葉良材家，沒有任何人來打擾。下午五時，胡適却打電話給王雲五，約他到葉良材家來"吃壽麪"。

葉家距學哲家僅數英里，在赴葉家的途中，王雲五欣然想起，前幾天，他曾與胡適談起即將到來的壽辰。

胡適說，生日適逢聯大閉會，在美的同仁又夙喜熱鬧，怕人多嘈雜，不勝其煩，想到外面去避一避。

王雲五立即笑着說："我們是五十年的老友，不宜見外，不管避誰，不能避我，屆時還想討碗麪吃。"

今日，胡適果然踐約，邀王雲五吃"壽麪"了。

到了葉良材家，王雲五才知道，這餐"壽麪"，胡適祇請了王雲五一個人！於是，由良材駕車，三人前往鄰鎮的一家西餐館宴叙。

聯大會議期間，王雲五未開酒戒，今日逢聯大閉會，又是老友壽辰，可謂雙喜，心情愉悅之至，於是與胡適開懷暢飲。

在六七壽辰時，有來自萬里之外的至交作陪，胡適感慨系之。他說，五十年的朋友和故舊，又親如兄弟者，今剩幾人？因此，早將什麼心藏病拋到九霄雲外去了。也以威士忌酒頻頻與王雲五碰杯，真是其樂融融啊！那天，他們二人豪情勃發，以酒遣懷，何其暢興。往事歷歷在目，一切仍恍如發生在昨天。

　　一九五八年十一月，胡適被任命爲中央研究院院長。次年四月，胡適回國就任院長之職。胡適自美返國，正是由於王雲五的力勸才成行的。

　　胡適自美返臺後，由於對王雲五夙所敬重，故其言論和行動往往多與王雲五商量，也非常尊重王雲五的意見，受他的影響很多。

　　如今，小他三歲的摯友却先他而去，怎不教王雲五痛徹心脾！

　　就在一星期前，胡適還給他寫來一函，信中説，"我現在可以説是全好了。什麽時候老師有空閑，我很想來談談天。"接信後，王雲五也因國事繁雜，亟欲胡適過來一叙，以消釋疲勞，正考慮安排一個合適的時間，不料，胡適的此函竟成絶筆，他們的相約也成爲隔世的至憾了。

　　哲人其萎，至堪痛惜。胡適一去，五十年生死不渝的朋舊，又少一人！

　　第三天清晨，王雲五親撰一挽聯前往胡適家中，慰問胡適夫人。王雲五的挽聯爲：

　　　　虛懷接物，剖析今古問題，發揚儒家恕道
　　　　實證窮源，爬梳中西哲理，的是科學精神

　　一連數月，胡適的音容笑貌時常在王雲五的腦海中映現，特別是在他昧爽起牀後，夜闌人静時，與適之親切相交的往事更是歷歷在目，一幕幕浮現在他的眼前。王雲五激情難抑，抒寫長詩一首，以追念往事並抒發自己懷念摯友、頌揚一代哲人的拳拳情懷：

　　與君爲同學，遠溯半世紀，往事話從頭，一一可屈指。君學冠其曹，君年稱最少，玉笋班頭坐，玉山朗朗照。業精厥惟勤，早歲識壯志，筆名號鐵兒，課餘主雜誌。畢業教華童，大才小就始，偶醉罹微禍，辭職棄敝屣。適逢遊美試，我曾力鼓勵，一試列前茅，壯遊宏造詣。鵬程九萬到，擇科遵所好，哲理泛中西，沈潛探淵奧。冥心廣搜索，到處找證據，榮膺博士衔，歸國擁盛譽。北旌種桃李，文學主改良，白話首提倡，通俗啓微茫。科學與民主，呼聲震學府，德賽二先生，併出鳴天鼓。學子憂國狂，運動成五四，民族肇自覺，此舉非倖致。講學效力宏，沙場決戰同，攻心仗利器，北伐遂成功。內安復外攘，陳力獻忠讜，抗戰逾八年，宣勞屢鞅掌。出疆馳星軺，窮宇精誠昭，與國能爭取，使才何超超。勝利待建設，赤匪禍忽烈，一貫反共論，終恨地維缺。神器遷海東，中興氣勃勃，奔走國事忙，何暇黔墨突。旅美講學餘，出席聯合國，慷慨斥匪俄，力破中立感。國際視聽改，翩然返臺海，主持中研院，學界呈異彩。殫精科學途，長期謀發展，抱病夜不休，瀕僵蠶作繭。力疾主會務，興奮惜過度，餘音尚繞梁，殉道忽顛僕。哀哉國喪良，一暝竟不起，朝野共吞聲，舉世咸致誄。同悼名學者，胡爲去太匆，損失非一國，無情惱天公。何況我與君，道義流源久，黨派同二無，感情逾師友。顧君終不留，辭我控鶴馭，論年我長君，未應君先去。回憶返國初，受聘商務館，薦我以

自代，深情倍款款。罍捨專學術，出版揚文化，分工
慶合作，繮勒樂共駕，多年從遊誼，兩心絲絲扣，我
固期君殷，君亦報我厚。冰已寒於水，青早勝於藍，
永篤敬師意，使我汗且慚。君今已長逝，我涕隕不
已，君縱無遺恨，國人失仰止。國步日艱難，風雨望
同舟，舵工忽然失，廟堂誰分憂。學術聲譽高，青年
參大纛，一夕竟山頹，孰不中心悼。復興文藝責，落
在何人肩，前途渺茫茫，九京定潸然。嗚呼今已矣，
不可死竟死，後死白頭人，弔君僅一紙。

第七章　謝政以後

一　再長商務

有子有孫萬事足，無官無責一身輕。
獨嫌文債還不清，處身今後有書城。

　　自卸去政院副院長職務之後，王雲五感到一身輕鬆，除可以按照自己擬定的計劃進行著述之外，他在政大政研所的教授一職，也由兼任改爲專任。

　　然而，他却仍然有許多社會活動，如主持嘉新水泥公司文化基金會，中山學術文化基金會，臺北中山同鄉會等等。雖在卸去政院職務後，連帶辭去了政院其它的一些職務，他還仍然是總統府宣傳外交綜合研究小組的成員，並兼任歐洲小組的召集人，同時，他仍是光復大陸設計研究委員會綜合研究組成員。

　　他還經常應邀到各機關團體去進行演講，應約爲各報紙專欄撰寫文章。

　　儘管如此，王雲五心情是愜意的，精神是舒暢的，他喜歡這樣自由自在，無拘無束地參加社會活動，從事文化交流，他雖然辭去了政府的行政職務，却仍然關心國事，關心社會，關心民衆，爲國家的發展，社會的進步竭智儘力，不辭勞苦。

　　而且，王雲五還有自己的一攬子著述計劃，他在給陳誠院長的請辭報告中曾經陳明："雲五辭職以後，當以餘生從事於講學寫作，並擬於今後兩年內，完成一種二三百萬言之著作，亦惟趁此精力勉能應付一二單純工作之時爲之，過此恐不復有此機會矣。"

　　實際上，在尚未脫離政壇前，王雲五就已經從去年——一九六三年的二月開始，嘗試自撰年譜稿，就自己生平經歷，以手邊存有的資料，按紀事本末的體例撰述。到這年年底，他已經寫到一九六一年，共約一百五十萬字。這本自傳年譜稿，他還準備寫下去，再寫一百五十萬字。前半部分，他是在政院副院長任上，利用每天的昧爽時間撰寫的，現在，時間更顯充裕，他寫來更有信心了。

　　王雲五對待自己的這本年譜自傳，雖然將於本年底最後完稿，却不準備拿去出版，敝帚自珍，他是準備將此書私自留存作爲紀念的。他認爲，人生百年，終歸不免"寂滅"，當其死後，由人家來送挽聯祭幛，胡亂歌功頌德一番，或由後人竪立一塊墓誌銘，以狀其貌，倒不如趁垂老之年，自己動手，把一生的行狀真實地記述下來，算算這筆總帳，則較有意義得多。

　　就在幾乎與王雲五辭去政院職務的同時，一個從大陸傳來的消息使他的心情變得沉重起來：他一生的一位重要的朋友張元濟先生去世了。

　　想起張元濟先生，王雲五的思緒又回到了數十年的過去。一九六三年底，正是辭舊迎新的時候，王雲五寫下了懷念張元濟的文章《張菊老與商務印書館》。

　　在這篇文章裏，王雲五滿懷深情的對張元濟進行了高度的評價。王雲五將張元濟在商務印書館約六十年間的作爲，按其性質，分爲五個時期。他説：

　　　　菊老對於商務印書館，亦即對於文化的貢獻，在五個時期中，自然以第一二兩時期爲最。在第一時期（即在民國以前的十年間），他把一個小規模的印刷事業轉變爲一個現代的出版事業，並從他所奠立的基礎，逐漸發展爲中國最大的出版事業，其功實不可沒。他在第一時期，自行擔任極重要的任務；在第二時期（即在民國初年的七八年間），也間接主持了許多極有意義的工作。具體説起來，他是首先編輯所謂“最新小學校各種教科書”時，對於每一課之內容，無不集合編輯人三數名，有時還加上一位日本顧問，就取材深淺，是否符合兒童瞭解力，研討固不厭求詳，就文字難易，亦無不字斟句酌，力求穩妥。依我後來的觀察，這一套名爲最新，而在時代上實爲最舊的教科書，由於菊老主持之得當，用心之精勤，比諸後來陸續編輯之同類教科書，在時期上當然較新或最新，而在編輯方法轉多不如這套時期最舊而名義爲最新者之確能符合“新”的意義。

　　　　菊老之所創編之辭源及中國人名大辭典等工具

書，在今日雖不足爲奇，而在五六十年前竟有此眼光，實屬不可多得。

菊老所編印的四部叢刊，使善本、孤本得以大衆化，其宏揚舊學之功尤著。

菊老爲商務印書館所搜集的善本、孤本及其他國學要籍，逐漸構成著名全國之涵芬樓，後來在我的手上，得據此基礎，建立公開於社會的東方圖書館，菊老不僅爲此舉首倡於前，並以種種努力玉成於後。

菊老在第三（即自民國七八年迄民國十九年間）、第四（由我從編譯所所長改任總經理迄於我在民三十五年辭職從政的十六年間）時期，因信任高夢旦先生，轉而信任我，初時雖以生疏而持相當保留態度，後來漸發見我的實際表現，把我視同等於高夢旦先生一樣的朋友，使我得在編譯所中產生我的自發作用，不僅未遭遇絲毫阻撓，更獲得其衷誠贊助。到了第四時期，商務印書館先遭“一・二八”之鉅劫，由我艱苦奮鬥，五年之間不僅復興故業，並且發揚光大，社會上對我不無過譽之詞，我雖不敢承認或否認，然菊老支持之功實於我大有補助。假使沒有他的全力支持，在效果未顯明的過度時日，恐怕我的成就要打個折扣。

曾幾何時，“八・一三”全面抗戰起，商務印書館又遭遇更嚴重與廣泛之厄運，我由香港而長沙而重慶，一面建設，一面遭遇破壞。太平洋戰事突發，香港基礎盡隳，我幸留重慶，在極度艱難之下，卒達第

　　三度的復興。上海的後方，賴菊老於不屈不撓之下，

　　維持同仁生計與殘餘資產，我輾轉派人返上海提供我

　　對於淪陷地區館廠保持大義之指示原則，亦獲菊老全

　　部贊同與接受，迄於抗戰勝利之時，幸能保持大節，

　　得與我在重慶所發展之聲譽相配合。

　　然而，提起商務印書館，一件與他既無關又至爲有關的事情困擾着他，使他幾乎睡不安寢，心緒不寧。

　　那就是王雲五一生與之息息相關的臺灣商務印書館的經營情勢日益困難，步履維艱，有時員工的薪給都難以支付，到這年的上半年，已是奄奄一息的狀態了。

　　臺灣商務印書館自改爲獨立機構之後，由原任經理趙叔誠負其全責。此後，雖成立了業務計劃委員會，該會僅屬從旁贊襄性質，而非權力機構，因此，一切聽由原任經理一人主持全局，既沒有監督，又不能獲得支持，業務情況每況愈下，財政也是日益困難。如情狀任其惡化，後果將不堪設想，由王雲五苦心經營的商務印書館有可能在臺灣遭到崩潰的厄運。

　　一九六四年六月，商務印書館召開了在臺灣十八年來的第一次股東會，原擔任行政院副院長祇能享有部分股東權的王雲五，如今卸去了政院職務，可享有完整的股東權利，出席了股東會。在這次股東會上，王雲五當選爲董事；在隨後的董事會上，又以全票被推選爲董事長。

　　王雲五沒有想到，在脫離商務印書館十八年後，他又回到了這個耗盡了他的心血，灑滿了他的汗水的文化陣地和商業機構，並成爲它的首腦。從此，商務印書館的振興和發展又成爲王雲五每天縈縈於懷的大事了。

不過，與過去稍有不同的是，王雲五在接受董事長一職時就提出一個條件，即衹儘義務，而不支領分文。董事會在經過勸勉之後，衹好接受了他的這個條件，因此，王雲五成爲臺灣名商業機構中唯一一位衹做事不領工資的董事長。

一九六四年七月一日，王雲五正式到商務印書館視事。

在此之前，王雲五花了一個星期時間，每日約七、八個小時，找商務印書館內的每一位同仁詳談，瞭解商務十多年來的經營情況，搜集了許多資料。找到了商務十幾年來的病象和病因，並想出了一些對症下藥的方法，爲商務重新檢討和設計。

商務印書館的病象是：

一、開支大。到一九六三年底止，客户欠帳多達四十萬元，而另一方面卻負擔着每年十萬元的貸款利息。王雲五算了一筆帳，如果把欠帳收回四分之三，可收回三十萬元，照二分利計算，每年就可節省六萬元的利息。至於人事費，近幾年來年年增加，負擔尤重。

二、營業小。主要表現在出書種類和數量少。商務在“一·二八”以前，以印刷教科書爲主，而將其它參考書稱爲雜書，可見不甚重視。“一·二八”國難後，王雲五在五年內，出版大學叢書四百多種，其它參考圖書也不計其數，把“雜書”的營業比例由不滿四成提高到六成，而教科書的數量卻並未減少。

王雲五認爲，目前，應該向各地搜集商務過去出版的樣書，從事精選審核，然後分別修訂翻印。這樣，成本輕而收效速，利潤自然提高。

三、沒有制度。臺灣商務對原有的規章制度多未利用實行，法治成爲人治，經理以上又無章可循，許多事情便不能按原有制度辦理。開支又沒有預算，也是重要的問題。

六月二十二日，王雲五主持了臺灣商務印書館股份有限公司董事聯席會議。這是王雲五自一九四七年任職政府而離開商務之後，第一次再度過問商務事。

在這次會議上，王雲五向董事們報告了他經過調查瞭解而找到的商務過去的病象和病因，以及對症下藥的辦法。

王雲五認爲，挽救之道，不外乎老生常談的節流與開源。

根據當時臺灣商務用人雖不多而薪給却特別高，尤以上層人員爲最，甚至遠遠超過營業比商務大得多的同行業其它機構的情況，王雲五提出的第一個措施就是核減薪給。其中核減得最多的便是最高級的人員，中級人員次之，低級者則暫予維持現狀。

由於核減薪給牽涉到商務同仁特別是高中級人員的待遇，實際上他們的生活有所降低。王雲五當時親自找這些被核減薪給的同仁談話，曉之以義，動之以情。王雲五對他們說，此時不節流，便不能開源；無以開源，公司將更進一步陷入泥淖之中，以致不可收拾。而目前如能暫時忍痛稍減待遇，藉節流以從事出版可銷的書籍，相信營業前途定會有起色。那麼，過去向來沒有分紅機會的，以後肯定能享有，這樣，不僅能抵消減薪的損失，最後的結果，公司與各位同仁都能增加收入。

幸好同仁們對王雲五信賴有加，對王雲五能使商務重振雄風深信不疑，都表示願意與王董事長協力同心，共創商務新的輝煌。

除提出薪津調整辦法外，王雲五又制定了“公司同仁進退服務獎懲及福利金支給辦法”、“採購辦法”、“營繕修理辦法”、“同仁服務規則”等等規章制度，皆經董事會決議通過。

董事會仍聘任原任經理爲本公司經理。還聘任了副經理、襄理以及各處主任。這次董事會沒有裁減一個人，王雲五也沒有帶進一個人，人員都是舊的，然而，一個新的臺灣商務印書館誕生了。

王雲五以董事長的身份主持召開的臺灣商務第一次董事會議，標誌着商務的新生，對於重振商務起了至關重要的作用，可以説，吹響了邁向新時代的進軍號。

緊接着，王雲五以他獨有的雄心與魄力，大刀闊斧地整治商務的營業，實施開源的措施。決定以最初二年儘量整理重印商務原在大陸的部分圖書，自第三年起，開始印行新著譯的圖書。前者爲應急，後者則需審慎。

爲此，王雲五一面零星選擇商務過去出版的可以暢銷而能獲利的樣書復印，以增進營業；一面另從大部圖書着手研究。

王雲五首先瞄準了曾在大陸時影響最大又給商務帶來了豐厚利潤的《萬有文庫》。

由於原《萬有文庫》兩部共四千册，卷帙浩繁，成本綦重，出版與購置均感不易，其中不少還具有時間性，如果重版，還需要先進行修訂，非短時期内能夠奏效。爲此，王雲五每日就手邊的一部《萬有文庫》逐一進行審閱，分別進行删除和增補，考慮不厭求詳，經過三個多月的挑揀，精選出一千二百册，易名爲《萬有文庫薈要》。

《萬有文庫薈要》發售預約之後，立即在社會上引起了廣泛而强烈的反響。在臺灣，出版整部書達一千二百册的大部叢書尚屬首次，王雲五的名字在社會上又有極好的信譽。該部書全部出版發行後，一年時間，所印六百部就銷出五百多部。爲滿足讀者和顧客的需求，王雲五又決定將五十部拆零銷售，更得到顧客的讚譽。《萬有文庫薈要》的銷售成功，使商務印書館在臺灣市場邁開了一大步，也給商務帶來了無限的活力。

一九六五年四月，王雲五又爲商務編印《四部叢刊初篇縮本》，每部四百四十冊，共印四百部。該書出版之後，也受到讀者和社會各界的歡迎，不到半年，竟全部售罄，尚有一百多人登記要求購買。

一九六五年八月，又擇優選印《叢書集成簡編》計一千二百冊，也印四百部。

王雲五夙夜憂思，經過一年半的慘淡經營，勵精圖治，一九六五年底，商務印書館結算這年的營業總額及盈虧情況，同仁們都睜大了眼睛，嘆服王雲五超人的本領和魄力，這一年，商務印書館取得了令人不可思議的業績。

一九六五年，王雲五實際主持商務印書館僅一年，其營業總額爲一千零五十五萬二千九百九十元，比一九六四年的二百九十五萬三千三百一十元增加了三倍以上，一九六四年七月開始，王雲五主持商務僅半年，一切還在整飭起步階段，這一年的營業總額也比一九六三年增加了百分之三十以上。

再以純利潤來看，一九六五年的純利潤爲三百三十萬零一千八百三十無，比一九六四年的四十四萬二千七百二十元增加了六倍以上。更有甚者，從一九五六年到一九六四年的九年間，利潤的總和僅爲一百三十萬元，而一九六五年一年的盈餘便超過前面九年總和將近二倍！

簡直令人不能置信！

商務的同仁嘆服了，他們對王雲五豎起了大姆指，稱王雲老重返商務，是“挽狂瀾於既倒，扶大廈於將傾”。

　　商務的同仁喜笑顏開，一年半前，王雲五在重主商務之初，爲投入更多的經費用於擴大業務，斷然採取了酌減薪給的節流措施，特別是對職務高、待遇高的上層人員核減尤甚，然而，過去多年來，公司盈餘無多，同仁皆不知分紅爲何物。一九六五年底，商務的同仁像邁入了一個新的世界，這年，商務的職員除薪水外，平均每人還得到等於六七個月薪水的紅利，勞績特優的甚至可得到等於十個月薪水的紅利，也即每位員工一年拿了一年半甚至將近兩年的薪水，其實際所得已經遠遠超過從前！

　　商務印書館的股東也笑逐顏開。一九六三年以前，股東的每股平均可發六七元左右，一九六四年已實得每股八元多，而一九六五年每股便一躍而獲得四十一元七角三分。水漲船高，公司獲利，股東受益多多，股東們如何不會笑逐顏開。他們深爲慶幸，商務印書館得人，迎來了一位財神爺！

　　然而，爲商務夙興夜寐的董事長王雲五雖爲股東和員工帶來了如此的實惠，他自己仍然沒有支領商務分文！年近八旬的老翁王雲五每日仍然精神矍鑠地按時到商務視事，籌劃商務更加輝煌的明天。

　　是的，王雲五考慮的遠不止眼前的這些獲利，他想得更遠、更遠。

　　王雲五向來主張三利主義，即一家公司，特別是像商務這樣的經營文化的公司，不能僅僅看公司和員工的獲利多少來衡量它的好壞優劣，而且還要使社會、使廣大的民眾皆蒙其利。他認識到，社會對於一個出版家的期望，一是要向社會供給許多優良的圖書，二是要供給許多相當廉價的圖書。這就是商務這樣的文化經營機構與一般的企業不同的地方。

一九六六年，王雲五開始實踐前諾，轉而編印新書。

編印新書的計劃分爲兩種，一是完全新編的，首先編印各種研究小叢書；二是新舊參錯的，稱爲《人人文庫》。

各種研究小叢書是清一色的新作，以短小精幹爲原則，每書叙述一學科，分爲概論、小史與研究方法三部分。目的是引導青年學子對現代世界學術有一個鳥瞰的印象，並略知研究的途徑，進而激發他們進行專精縱深的研究。第一階段擇定主要科目三十種，分別邀請專家學者撰寫，陸續印行。然後再續出三四十種，總共出版一百種。

這一計劃進展較緩，原因是在臺的專家學者大多身兼數職,事繁而少暇。然所約定的作者，無論身居國內或國外，皆能積極撰述，共襄文化教育大業。

《人人文庫》雖以重印大陸過去出版的各種圖書爲主，但在選擇時，儘量搜羅當代海內外的新著，讀者對象以青年爲主。分爲單册和復册。這部叢書自一九六六年七月一日開始發行以來，每月都有新書二十種問世，到一九六七年五月，先後出版三百五十餘種。

這年二月，王雲五又就商務在大陸出版的漢譯世界名著數百種之中，精選二百種，計六百册，編爲《漢譯世界名著甲編》，作爲《萬有文庫薈要》的重要補充，並於當月開始發售預約。

同年八月，輯印《四部叢刊續編》共六百册。爲編印這部書，王雲五耗時數月，精心選輯，出版後不到半年，第一版四百部便全部售完。登記請求重版的也不下百人，足見該古籍在臺灣受歡迎的程度。

爲給社會提供價廉而質優的圖書，商務印書館還出版了

《資治通鑒今註》，該書由於篇幅過多，内容厚重，成本也偏高，定價也將隨之而偏高。考慮到如果定價太高，將不易推銷，該書又極有價值，王雲五決定對這套字數在一千五百萬字以上共十五鉅册的圖書，犧牲部分成本，低價銷售，以廣爲推行。爲此，寧犧牲數十萬元也要爲社會提供優秀的圖書。没有想到，書全部銷出之後，不僅未虧損，反而略有盈餘，這應該看作是社會對商務的回報。

此外，在這一年，王雲五還一鼓作氣，出版《增訂小學生文庫》六百册，《索引本佩文韻府》、《幼童文庫》一百册以及重印《百衲本二十四史》四十一册等等。

一九六七年七月，王雲五還作了一件大膽的決策，將停刊已經十八年的《東方》雜誌再度復刊。《東方》雜誌誕生於一九0二年，其間經過四次停刊。一九三二年"一·二八"事變後，商務印書館停業，《東方》也隨之停刊，九個月後才復刊；第二次停刊始於一九三七年抗戰爆發，同年十一月在香港復刊；第三次是於一九四一年冬太平洋戰事起停刊，一九四二年二月在重慶復刊；一九四九年開始的停刊，是最長的一次。如今，《東方》雜誌在王雲五的手中復刊，無疑是《東方》堅韌的生命的延續和再生。

經過王雲五數年的整飭和重振，臺灣商務印書館已經以一個嶄新的姿態和面貌屹立在國人的面前，它又重新恢複了中國文化的橋頭堡的地位，成爲中國一個重要的文化陣地，成爲弘揚中華民族文化、促進中國文化進步和發展的先鋒，它是國人一刻也不能離開的伙伴和朋友，它又一次以一個美好的形象永存於中國民衆的心裏。

一九六六年六月，商務印書館召開臨時股東會，決定由原有的資本額新臺幣一百萬元增資爲二百五十萬元。在這次股東會上，王雲五仍以最高票當選爲董事，並由董事會推舉爲董事長。

一九六七年四月二日，商務印書館舉行股東常會，王雲五以董事長的資格提出一九六六年度決算報告草案。

不必去看那些枯燥的統計數字了，僅從一九六六年九月迄至一九六七年五月，商務印書館出書的數量即可見商務的經營狀況。在這九個月的時間裏，出版初版書一百零一種，一百零一冊；臺一版書八百五十種，一千四百九十一冊。兩者合計九百五十一種，一千五百九十二冊。平均每月出版圖書約一百零六種，一百七十七冊。

這不能不說是一個驚人的數字！透過這簡單的數字，我們完全可以想像王雲五是怎樣以一個將屆八十的衰年，仍每日勤勉地爲商務謀劃，甚至親自審閱古籍，批示文件，校閱稿件的；我們也可以想像商務的同仁在王董事長的麾下，是如何精神振奮、意氣風發，爲商務，也爲自己創造描繪出一個美好的明天的。

在這次股東會上，王雲五的報告受到了一次又一次熱烈的掌聲。這掌聲，已經遠遠超超出了對報告本身的反響，這是商務的股東通過掌聲表示對王雲五的讚賞與欽佩之意，對王董事長的無限信賴和擁戴之情。

也許，股東們覺得通過掌聲還不足以表達他們的心意和感激之情，在所有的討論事項結束之後，全體股東作出一項聯名動議。這項動議可能在中國有記載的股東會議歷史上尚屬首次，動議如下：

　　本公司董事長王雲五先生，學術泰斗，功在國家。今歲八秩華誕，舉國同慶。本公司三次復興，均出自雲五先生一手經營，蔚爲復興中國文化之鉅流，豈惟本公司之榮。崇功報德，本公司股東丞應有永久紀念之奉獻。茲聞國立政治大學全體師生，已議有慶祝紀念辦法，本公司是否商定數額，以參加盛舉，抑由本公司專印文化大詞典，以申慶祝崇敬之忱。是否有當，敬請公決。

　　決議：擬定紀念方式三項，交由董監事會商進行。

　　一、本公司以重印百衲本廿四史，作爲華誕獻禮。

　　二、全體在臺股東釀資新臺幣一萬元，購贈紀念品。

　　三、將來本公司興建之新館址，命名爲雲五大樓。

　　對股東們的盛意，王雲五極力謙辭，然而，這樣的事可由不得董事長了，衆意已定，監察員宣佈，對此動議，全場一致通過！

二　熱心公益

　　王雲五深知，從政治學的觀點來看，人類社會的進步，最主要的原因，是得力於政府的存在，然而，却不能過份依賴它。因爲政府並不能承擔起維護、改造和增進社會文化的全部責任，政府祇是社會的一部分，政府不能代替社會。社會中還有許多問題須要由政府以外的組織或團體來擔負，事實上，許許多多的角色都是由私人的組織或團體活躍地扮演着。

　　基於這種認識，還在政院副院長的任上，王雲五就受聘膺任了許多社會團體和公益組織的負責人，卸職政院之後，他更加熱心地直接參與了這些團體和組織的各項活動。

　　首先值得一提的便是嘉新水泥公司文化基金會。

　　一九六三年四月，臺灣嘉新水泥公司董事長張敏鈺、總經理翁明昌決定捐款一千萬元新臺幣作爲基金，成立一個文化基金會，興辦各種與教育文化有關的事業，除辦理獎學金外，還遍及其它有關學術文化的發揚。嘉新水泥公司董事長聘王雲五、羅家倫、楊亮功、胡健中、陳慶瑜、辜振甫、曹俊、張敏鈺、翁明昌等九人爲基金會董事。

　　王雲五認爲，嘉新水泥公司此舉，其眼光之遠，魄力之大，均足令人讚佩。他不僅欣然接受了基金會董事的聘任，而且還高興地被推選爲董事長。

　　王雲五在嘉新水泥公司首次授獎的大會上高度評價説：“一個人能對社會有所貢獻總是一件值得驕傲與光榮的事。許多事業，我們私人應該加以承擔，一個偉大繁榮的文化社會的建立，決不僅是政府所能爲力，必須有社會的每一個成員有錢出錢，有力出力，奉獻出個人的心血才能有濟。

　　“這次嘉新水泥公司一口氣捐出了一千萬元作爲文化基金，正是對社會文化的一種高度的熱忱與責任感的表現。我覺得嘉新公司這一表現，值得社會的重視與喝彩；雖然它的基金款項不能與歐美有名的基金會相比，但是它在中國社會所產生的意義與將發生的影響却是無可比擬的。因爲這是中國破天荒的創舉，它給中國文化界開闢了一個新紀元。我們可以説，這是對中國文化事業的一項最佳投資，這項投資將永遠不會虧蝕，它的利息將永遠留在人間。”

　　在一九六三年五月廿九日召開的嘉新文化基金會籌備會議
上，通過了由王雲五親自擬就的基金會章程草稿。

　　經全體董事通過的基金會章程決定，本基金會以獎助文化
事業爲目的，包括：一、中等以上學校獎學金之設置；二、大
學及研究所講座之設置；三、學術著作及發明之獎助；四、專
題研究之獎助；五、特殊人材出國研究之獎助；六、其它有關
文化事業之獎助或舉辦。

　　爲便於操作，王雲五又親自擬就了一些授予規程。

　　在各獎助中，王雲五最重視而又堅持最力的，是研究論文
的獎助，即對各研究所的博士和碩士論文爲之出資印刷。

　　由於博士、碩士論文的題材或涉專門，或較冷僻，雖然在
學術上具有貢獻，却祇能備各科專家參考和研究，如印刷成
書，很難廣爲流行。因此，出版商考慮經濟利益，一般很難接
受印行。而研究生們大多已成人，有一些甚至結婚生子，幾年
來專事研究，經濟上多感拮据，有的還要負擔家庭生活，哪裏
有餘資支付研究論文的印刷費用，更談不上出版問世。而這些
研究論文是作者窮數年心力，搜集資料，整理爬梳，深入探
討，在學術上無疑有其存在價值，内容上却難以引起一般讀者
的興趣。如這些研究成果通過答辯後就被棄置一旁，不僅可
惜，簡直就是一種資源的浪費。其實，許多研究論文平時看似
作用不大，價值不高，一旦遇到一些特殊事件，又能發生未可
估量的作用。如某年馬來西亞與菲律賓北婆羅洲的領土主權引
起爭端，全世界極爲注意和關心，許多人却不知詳情和其中的
歷史沿由，正巧，基金會獎助的研究論文中，有閻志恒所著的
《北婆羅洲問題研究》，對於該地區的地理環境、歷史背境以
及政治經濟、文化等關係均有詳儘的叙述。對關心這一問題的

人甚至有關當局，都有極大的裨益。

作爲學者和出版家，王雲五體諒研究生們的困難和心境，故在基金會討論時，極力主張獎助。經決定，博士論文一律無條件印贈，碩士論文以擇優印贈爲原則。每種印數一千部（後因印刷成本原因改爲六百部）。以五十部贈有關研究所，基金會留五十部（後因索贈者過多，改爲二百五十部），其餘悉數贈與論文作者，由作者自行處理。

以此，中國第一位博士周道濟的洋洋七十萬言的博士論文《漢唐宰相制度》得以獎助印刷，否則，周博士儘管是中國的第一位博士，他的論文也祇能塵封在箱底，以他當時的經濟條件，是很難自費印刷的。王雲五的門生金耀基的碩士論文《中國民本思想之史的發展》、王壽南的碩士論文《中國歷代創業帝王、博士論文《唐代藩鎭與中央關係之研究》等都得以獎助印刷。

數年來，基金會以所獎助印刷的論文與國內外有名的大學和研究所交換，極得好評，備受各大學推崇和讚譽。加之各大學和研究所交換寄來的書籍，使基金會成爲國內具有特殊收藏的圖書館。

然而，這項獎助也遇到一些困難。

隨着國內研究所的逐年增加，博士和碩士論文也隨之增多，申請獎助的論文也越來越多，基金會大有應接不暇之狀，加之經費有限，物價上漲，印刷費用加大，相同的經費可印的論文數量却越來越少，因而，審查也越來越嚴，甚至論文的頁數也有所限制，便使一些優秀論文由於經費或篇幅原因未能入選，未免使研究者們失望。其次，有些論文過於冷僻，一時還難以看出它的價值，致使一些人對獎助印刷這種論文的意義和作用表示懷疑，在執行上便會產生一些猶疑。

　　此時，深知學術價值的王雲五在基金會討論這些問題時，總是再三強調這件工作的重要性。他特別強調嘉新基金會在國際上產生這麼大的影響和聲譽，對莘莘學子能產生如此大的鼓勵作用，全賴這項工作的推行。我們不僅不能中斷，還要堅持到底，發揚光大。

　　王雲五帶着滿腔感情的一番話語，其堅毅的情狀以及擇善固執的精神，使聽者不禁爲之動容。以此，這項工作能一直堅持下去。

　　到一九七五年，嘉新文化基金會僅獎助印刷的博士和碩士論文便將近三百部（篇）。

　　嘉新文化基金會的另一項重要工作，就是特殊人材出國研究的獎勵。這項獎勵，後改爲特殊貢獻獎金的授予。

　　所謂特殊貢獻，基金會定爲三種情況。

　　一、對學術有特殊重要貢獻者；二、對文化教育有特殊重要貢獻者；三、對技術發明有特殊重要貢獻者。

　　特殊貢獻獎金每二年授予一次，每次獎金總額爲新臺幣四十萬元；每次授予獎金以兩項爲限，如祇有一項，可獨得四十萬元；如同一項中有兩人合得，則各得十萬元。

　　獎金候選人由中央研究院評議會、教育部學術審議委員會、考試院考試委員會議、各大學研究所，中央各部會設置的學術研究機構以及其它有關的專門學術團體推薦，再由基金會按其性質，慎選國內外學者專家組織審議委員會，提供審議結論，交基金會董事會以三分之二可決票通過之，寧闕勿濫。

　　無疑，這在國內又是一件史無前例的創舉，意義重大，萬千學子、專家學者、社會各界都在翹首以待，基金會公佈的第一位獲得特殊貢獻獎的幸運兒將會是誰，因爲，這項獎項的設立，對中國的學術教育、科技文化方面有極高造詣的學者專家進行褒揚，其本身就對促進人類社會的進步，有着極大的作用和影響。

由國內外專家組成的審議委員會對各方面推薦的十位候選人進行了多次評議，推薦出候選人二人。一九六四年十一月六日，基金會舉行第五次董事會議，對審議委員會推薦的二位候選人進行無記名投票，投票結果，著名旅美物理學家吳健雄榮獲第一屆特殊貢獻獎。

吳健雄獲獎的消息傳出後，立即獲得了學術界的共鳴，更激起了無數青年學子刻苦攻讀、攀登科學高峰的壯志和豪情，在社會產生了強烈的反響。

特殊貢獻獎產生後，楊亮功、羅家倫代表基金會致函在美國的吳健雄博士，請她約定來臺領獎時間。吳健雄立即復函，將於一九六五年暑假來臺領獎。消息經報紙報道後，在社會上引起了一場不小的轟動。不可否認，許多默默耕耘、卓有建樹的專家學者、科學家雖在國外聲譽卓著，在國內却很少引起社會的矚目，嘉新基金會的這項評獎活動無疑喚醒了社會對學術、對科學的尊重和崇仰，科學家應該得到他們應有的地位和榮譽。

一九六五年七月二十一日，臺北市國賓飯店舉行了一場隆重的頒獎典禮。嘉新文化基金會爲專程從美國赴臺的吳健雄博士頒發特殊貢獻獎。這天晚上，行政院長嚴家淦、中央研究院院長王世杰及駐華使節團團長、菲律賓大使羅慕斯和各界人士共六百餘人出席了頒獎式。當神采奕奕的王雲五代表基金會將第一屆特殊貢獻獎的獎金、獎狀和獎章授予吳博士時，會場響起了熱烈的經久不息的掌聲。

　　頒獎之後，王雲五首先講話。他說：“由於吳博士的得獎，足以證明學術的造詣是無分男女的，希望國內的男女青年都能効法吳博士力爭上游的精神，努力進取，勇攀高峰。”

　　嚴家淦院長、王世杰院長以及羅慕斯先生都發表了熱情洋溢、激動人心的講話。

　　萬人矚目、光彩照人的女物理學家吳健雄博士在受獎後，即席發表了她回國後的第一次公開演說。她首先表示，她能獲得嘉新第一屆特殊貢獻獎，感到無上的光榮和興奮。這種鼓勵，顯示了國內對純粹科學的重視，以及對於學者的關注。這種觀點和態度，對國內國外的學者們都會有同樣的意義。接着，吳博士詳細講解了她推翻宇稱定律的經過以及宇稱定律被推翻後對於物理學上的重大影響。

　　頒獎典禮最後一個令人意外的喜慶場面，使典禮掀起了一個熱潮。

　　吳博士在演說的末尾，突然宣佈，她決定將這特殊貢獻獎的四十萬元新臺幣獎金全部捐出用來鼓勵國內科學研究之用。吳博士動情地說：“我生活簡單，日常費用很少，我想，將全部獎金用在鼓勵國內學術的用途上，這不是更符合嘉新文化基金會的‘取之於社會，用之於社會’的本旨嗎？”

　　吳博士剛講完，立刻引起了全場更熱烈的暴風雨般的掌聲，吳博士的高風亮節激起了人們由衷的讚美，頒獎典禮進入了最高潮。

　　王雲五也無比地喜悅和興奮，笑容滿面，露出欣慰的表情，這種循環而生生不息的效果超出了他的意料之外。對於吳博士的義舉表示由衷的讚佩。他接着說：“吳博士是取之於文化，用之於文化，必然會對中國的文化發生深遠而有意義的影響。"

頒獎晚會自始至終洋溢着熱烈、喜慶、歡快和高雅的氣氛。王雲五極力主張並親自主持的這一活動，超常他達到了預期的效果。

中國最早的基金會是利用美國退回的庚子賠款所設的中華教育文化基金董事會。政府遷臺後，該基金會仍然利用其剩餘的基金，對臺灣學術界進行了相當的補助。

至於在臺發起的基金會，首先是一九六三年成立的嘉新文化基金會，繼而成立的另一基金會，就是規模和數額皆較龐大的財團法人中山學術文化基金會。

中山學術文化基金會成立於一九六五年，是根據全國各界紀念國父百年誕辰籌備委員會的決議而組織成立的，原始基金爲新臺幣六千五百萬元。籌委會聘王雲五、張道藩、徐柏園、何應欽、于斌、谷正綱、谷鳳翔、黃季陸等十五人爲委員。在一九五四年十月五日召開的第一次委員會議上，全體委員一致推選王雲五爲主任委員，張道藩、徐柏園爲副主任委員，阮毅成爲總幹事。後來在辦理財團法人登記時，根據民法規定設置董事會，於是改管理委員會爲董事會，主任委員、副主任委員、委員改稱董事長、副董事長、董事。

成立中山文化基金會的創意是王雲五首先提出來的。作爲紀念國父百年誕辰籌委會主任委員，他建議在海內外紀念國父百年誕辰的捐款收入中，撥出專門款項，成立基金會，以獎助和發揚有關國父思想的學術及文化事業，並設置董事會管理之。王雲五深知學術和文化的重要，紀念褒揚國父的思想和精神的最佳方法，莫過於設立永久性的董事會，才能啓發新知，培植新人，使國父的偉大精深思想，永遠綿延不絕，成爲中華文化的主流思想。無疑，這是他的遠見和卓識。事實證明，自開辦基金會之後，對於弘揚國父思想，倡導研究風氣，獎助優良作品，培養青年後進都起到了積極的推動和鼓勵作用。

王雲五首先確定中山學術文化基金會成員皆爲無給職，全體董事祇儘義務，不領薪俸和補貼。所有的章程和細則，都由他親自草擬。半年召開一次的董事會，王雲五必親自到會主持，每次會議都悉心研究會議報告和討論的議案，並博採衆議，作成決議後，更必督促同仁切實執行。

王雲五認爲，中山學術文化是一個廣義的名詞，凡有利於國家民族的，都應包括在內，它具有多方面的內容。爲此，他首先建議將獎助的內容分爲七類，並分別規定了每年用費佔基金孳息的收入的百分比。這七項獎項包括：

一、學術著作獎助。分爲獎與助兩部分，截至一九七四年的第九次頒獎時止（下同），先後獲得著作獎勵者有七十四人，

獲得出版補助的有六十七人。

二、文藝創作獎助。先後獲得文藝創作獎的有八十七人，獲得各項補助的有五百七十件。

三、技術發明獎助。先後獲此獎的有三十五人，獲補助者五件。

四、專題研究獎助。經核定各大學專題研究所教授的專題研究案共獎助一百一十二案。

五、中山獎座。在各公私立大學設置，每校一名，多爲享有盛譽的資深教授，聘期一年，每年共聘十人。先後應聘者有

九十人次。

六、獎學金。開始分爲碩士和博士研究生兩種。爲鼓勵青年，王雲五曾數次邀請獲得獎學金的碩士研究生舉行茶會，聽取意見，面予指導。在茶會上，王雲五傾心聽取，又詳細地進行解答。由於所談內容廣泛，涉及各種學科，而王雲五博學多聞，使研究生們獲益匪淺。自一九七二年起，由於教育部調整對研究生的補助費，此後獎學金便專門授給博士研究生，每人每月二千元，每年加發購書費二千元，提出論文時，另補助印刷費五千元。先後獲得獎學金的博士研究生有二百七十三人，碩士研究生有八百零一人。爲嘉惠後進，鼓勵莘莘學子，培育時代俊彥，這項基金可謂是功不可沒。

七、其它獎助。僅自一九七〇年起，每年撥給香港中山圖書館購書費就達十萬元，以後仍在不斷續撥。

由於王雲五規定中山學術文化基金獎助，每年祇動用孳息收入，不准動用本金，因此，直到今日，其獎助項目仍在繼續進行，綿延不斷，並將嘉惠永遠。王雲五遠見卓識，創設這一基金會，萬千學子和國家精英將會永遠記取他的這一功績。

政府遷臺後，王雲五還與故宮博物院結下了不解緣。

“九·一八”事變之後，日本侵佔了東三省，繼而從東北而華北，在這種情勢下，我北平故宮所藏的古物日益受到威脅，隨時有被侵奪的危險，爲此，政府便從一九三三年開始，擇其重要者開始南遷。起初遷至南京、上海；一九三七年，全面抗戰爆發，又將古物由南京、上海遷至川黔兩省；抗戰勝利又遷回南京。及至大陸失陷，政府遷臺，又將古物搶運來臺。

古物遷至臺灣後，由於條件所限，存在臺中的北溝，祇起保管的作用，由教育部下設一聯合管理處專司其事。故宮博物院在大陸時設有理事會，作爲最高管理機構，而遷臺的文物中，還有中央博物院的藏品，於是，又在聯合管理處之上，設立一個兩院的共同理事會管理。

王雲五從一九五二年七月開始，被推選爲國立故宮、中央博物院共同理事會第一屆理事長，兩年一任，一直蟬聯至第七任。一九六五年八月，共同理事會改組爲國立故宮博物院管理委員會，王雲五又被推選爲主任委員。

在故博管委會舉行的第一次會議上，王雲五提名並經一致通過蔣復璁爲故宮博物院院長。

共同理事會的主要任務是加強文物的保管，特別是在遷臺初期，在十多年的時間裏，文物由北平而京滬，而京滬而川黔，又由川黔復返南京，再由南京遷到臺灣，輾轉播遷，而且，每次播遷都甚爲匆忙，故而至臺後的首要工作便是查明是否完好無損，清點的同時進行登記造册，因爲到底運來了多少文物，誰也沒有一個準數。這種點查的工作主要依靠專家，以資鑑別。最初的數年裏，都在假期延請專家學者前來北溝的文物倉庫進行這項工作。許多專家學者也將此視爲難得的觀摩機會，非常樂於爲之。點查的工作直到一九五四年才基本結束。

一九五六年，博物院建築了一棟小規模的陳列室，開始對外展出。陳列室祇有四間展室，每次總共可陳列展品約三四件，每月更換一次。展出消息公示之後，遠道的觀光客和對文物有興趣者紛紛前來一睹爲快，燦爛的中華文明立刻令觀衆大開眼界，祇可惜以這種小規模的展覽，兩院藏品達數十萬件，全部文物輪流展出一次，粗略估計一下也需要四十年，遠遠不能滿足觀衆和社會的需要。

　　直至一九六0年，陳誠擔任第二任行政院院長時，才開始考慮兩院遷建臺北之議。主要因爲臺北的交通遠較臺中便利，故宮的文物蜚聲國際，世界各地到臺灣來的遊客，無不以參觀故宮文物爲首要目的，而爲觀賞文物遠赴臺中多有不便。

　　經過反復論證選擇，發現臺北士林的外雙溪地點清幽，交通也便利，特別是傍山鑿有一洞，文物藏在其中極爲安全，於是經共同理事會研究決定，報請行政院，設立故宮博物院遷建小組，以政務委員王世杰主持遷建工作。新館址直至一九六五年秋才落成，故宮的文物也開始陸續北遷，並定於這年的十一月十二日國父百年誕辰隆重開幕。遵照蔣總統的指示，新館定名爲中山博物院，以紀念中國偉大的革命先驅孫中山先生。

　　此後，故宮博物院便以展覽爲主要工作，然後才是研究和出版。

　　由於北遷後的故宮博物院改取院長制，自改制之後，新任院長蔣復璁處理該院的行政事務能得以順利進行。一方面由於蔣院長工作熱心負責，處理事情果斷堅毅；另一方面，王雲五對他予以熱情支持和贊助也有密切的關係。

　　對於故宮博物院，王雲五所作出的的一個最大的貢獻就是編印出版了多種出版物。

　　在對故宮博物院的文物查點將近結束時，王雲五立即恢複了對文物進行介紹和宣傳的出版工作。

　　首先印行的是《中華文物集成》，共分五冊，包括銅器、瓷器、法書、名畫和版刻分冊，在香港印製。

　　一九五六年五月，編印出版了《故宮書畫錄》。

　　一九五九年底，第四屆理事會決定編印《故宮名畫三百種》，成立由王雲五、王世杰、葉公超、張其昀、羅家倫組成的特別出版小組。經過一年的準備，一九五七年，向臺灣銀行籌借美金十二萬元，作爲印製的周轉金，委託日本大塚巧藝社精印，一九五九年正式出版，全書共六册。該書所收録的名畫，雖未能包羅故宫名畫的全部，然而其精品却很少遺漏，尤其是印製精美，是兩院遷臺後的出版物中最精當的圖册。該書出版後，受到讀者的青睞，所印各册很快售罄。一九六0年爲配合中國文物赴美展覽，還再版過一次。

一九六0年，爲配合兩院文物赴美展覽的宣傳，還委託日本大塚巧藝社精印復製長卷，先後選印了十四種，分彩色和黑白兩種，其製作之精良，幾可亂真。

同年，又與香港開發公司訂約，精印故宫藏瓷。從一九六一年開始陸續出版，迄至一九六七年，已印行宋汝窯、宋鈞窯、宋官窯以及南宋、明瓷共十七册，並在不斷繼續印製。

從一九六一年起，就院藏的前賢書法名蹟，按時代與作者選擇精品付諸影印，名爲《故宫法書》，每年至少二册。迄今已出版了王羲之、孫虔理、褚遂良、陸柬之、顔真卿、唐玄宗、朱巨川、懷素、蔡襄、蘇軾等共十一册，其他還在陸續印製中。

一九六五年春，又開始籌劃選印故宫名畫廿册，每册選印名畫五十幅左右，彩色佔十分之一。以八開普及版本印行，印製裝幀均非常精美，售價却非常低廉，深受收藏者歡迎。

王雲五主持故宫博物院的另一項重大活動是文物的展覽。

故宫博物院的文物展覽始於一九五七年，當時建成一座小規模的陳列室，每次展出約三四百件文物，也僅限於在庫房附近。初次遠離庫房的展覽特別是赴國外展覽是以赴美展覽開始的。

　　一九六一年二月十五日，經過近五年的磋商和談判，由中美雙方代表甄選的二百五十件文物，由美方軍艦自基隆啓航運至美國，先後在美國五大博物院展出。

　　爲保證這批文物的安全，理事會要求美方承諾種種保證和措施。中國文物在美展出歷時一年又五個月，直到一九六二年七月全部展品安全運返臺灣，王雲五等才終於舒了一口氣。

　　中國文物赴美展出，每到一地，都會引起該座城市的轟動，許多美國人不出美國本土就欣賞到了中國幾千年的燦爛文化和古代實物，使美國公民對中國悠久的歷史和文明進程有了一個更深刻的瞭解，更直觀的印象，真是大開了眼界。王雲五等故宮同仁爲弘揚中國的傳統文化，宣傳中國的光輝文明，煞費苦心，也達到了預期的目的。

　　日月如梭，白駒過隙，轉眼間已是一九六七年的夏天，再過一天，就是七月八日，農曆的六月初一。六月初一，不是什麼了不起的日子，然而也不是什麼等閑的日子，這天，是王雲五的生辰，更不尋常的是，這天，將逢王雲五的八十大壽。

　　常言道，人生七十古來稀，如今晉到八十，便算是世之耆宿了。王雲五一向認爲，人生若壯遊，能遊到這個途程，其本身就已是世所罕見的了，更何況，王雲五的一生又是如此精采壯麗，波瀾迭起，燦爛輝煌！

　　王雲五的八十大壽，已經不是他個人或他家庭的私事，早已是社會關注的焦點了。

　　實際上，早在三個月前，王雲五的友好同仁和門生就已經在謀劃考慮這件事，使雲老的八十壽慶能夠儘善儘美地過得熱鬧而又富有意義，不同尋常。爲此，他們甚至自發地組成了一個王雲五八十華誕祝壽籌備會，設計了一系列的慶壽活動和極有意義的舉措。

這個籌備會雖不是政府部門的專門組織，其規模和級別却不亞於任何一個臨時性的組織。籌備會舉行的第一次會議，就由曾任行政院長和立法院長、現任考試院長的孫科主持，參加會議的有副總統嚴家淦，總統府秘書長張群，暨各院部會首長黃國書、黃伯度、黃少谷、馬超俊、董文琦、陳慶瑜、鄭彥棻等六十餘人。籌備會經一致通過，決定籌募基金，爲王雲五八十華誕舉辦一系列慶祝項目。

但一生不肯言壽的壽星老人王雲五却不管這些，他對做生日向來設有好感，認爲人生每做一次生日，就離墳墓近一天，所以一向不做生日，即使人生難得一逢的八十大壽，他也照樣想平靜地度過。爲避免勞動親友，他甚至選擇避壽的方式，想躲到一個人家找不到的地方安安靜靜地過這一天，爲找到這個合適的地方，還頗費了他的一番思量。

本來，王雲五想到很遠的地方去，比如到阿里山去住一個星期，把生日包括在中間，但是，到阿里山去，就免不了要遊山玩水，而他的兩腿患有風濕病，行走不太方便，便打消了這個念頭，想去近一些的地方。

適好嘉新水泥公司在淡水有一個招待所，公司領導曾迭次邀請王雲五去那裏住幾天，他覺得正可藉此機會去避避壽。然而一想不對，他如前往淡水，嘉新公司一定會請他吃飯，人一多，消息又走漏了，仍然達不到避壽的效果。

最後，王雲五去了一個不遠不近的、他一生從未住過的地方——醫院。

王雲五於七月五日，即他壽辰的前三日，秘密地住進了宏恩醫院，安安静静地住了三天。王雲五活到八十歲，還從没有進過醫院看病，更没有住過院。這次，他藉避壽，順便也對他身體中已忙碌工作了六十年的機器進行一次徹底的檢查，如有什麼問題，也修理修理。結果，令王雲五甚爲滿意，也令醫師感到驚訝，認爲不可思議的是，他的身體的全部機器運轉正常，没有任何毛病，全身祇在一個地方稍有微疵——掉了三顆牙齒。

王雲五第一次嘗到了"住院"的滋味。

還有一天，就將届八十了。七日這天昧爽（實際是六日晚上的子夜時分），他又照例起了牀，然而，却不必去親自燒水，泡茶，不必親自去厨房煎鷄蛋，一切都有護士小姐料理好了；也無法進行著述，他的書籍也没有帶來。

萬籟俱寂，坐在窗前，可以聞得出屋外草地上的花香，聽得見一種不知什麼蟲的輕微的鳴叫。望着綴滿星斗的夜空，在這八十初度的夏夜，他想得很多很多。

八十年，是一段漫長的歲月，在人生的道路上，也是一段漫長的歷程，而對於他來説，這八十年更是充滿了艱辛、曲折和波瀾，充滿了驚濤駭浪，血雨腥風；正因爲如此，這八十年，也充滿了苦鬥，拼搏，因而，也就多姿多采，光彩奪目了。

自己本是一個寒門子弟，從小病弱而没有什麼過人的天份，命運使他祇能斷斷續續地讀了幾年補習班之類的學校，才依靠勤修自學而取得了優異的成績，終於以一個毫無學歷的人而博得了學子們的敬重。

自從邂逅了國父孫中山先生，他的命運有了一個根本的轉變。任職總統府，服官京師，執教大學，撰寫時論，指點江山，激揚文字，真是青春勃發，年紀輕輕的他也能頗著微名。在教育部，因爲堅持行政的原則而被捲入政爭的旋渦，毅然辭職，那祇是他真性情使然。而在煤油礦事宜處，由於自己平時的勤學苦讀，因爲一件偶然的譯件，使他的譯技一鳴驚人，而受到熊希齡等人的賞識和誇讚。由於友人的極力推薦，他勉任了三省禁烟特派員，以一片爲國分憂的赤誠，拒收鉅額的折扣款，公而忘私，却由於他的人微言輕，被捲入是非的淵藪，成爲政治鬥争的犧牲品。

本來，去職返滬之後，他本想潜心讀書，以期學有所成，又由於胡適的推薦，成爲中國重要的文化陣地商務印書館的編譯所長。以後，苦鬥十年，一次次地想脱離，又一次次被挽留而不忍離去，就這樣，竟爲商務貢獻了二十五年的光陰，而那些供應社會的千千萬萬的圖書也令世人矚目，無人可與匹敵。

抗戰時，擔任國民參政會代表，積極爲國建言，抒展自己議政的抱負，又遠赴英倫，爲國報聘，親身體會到了西方國家對中國的友情和反法西斯的共同奮鬥目標。當抗戰勝利終於來臨時，他又積極爲國共兩黨調停、斡旋，以期國家實現統一，人民獲得一個安定的生活環境。

復員後，他受蔣公之誠邀，一度主長國家經濟部、財政部，而後擔任行政院副院長，他似乎披上了紫金外衣。爲了挽救頹敗的時局，他首倡幣制改革，並爲此殫思竭慮，耗盡心血，却由於他無法抗拒的原因，遭致了失敗。唉，是非功過，將來自有人去評説。他祇有堅決引咎辭職，以積極的態度勇於承擔責任。

所幸能還我初服，他得以自由之身重返故里，不久又輾轉遷播到臺灣，開始了以譯述和爲報紙撰稿的賣文生涯，每日昧爽即起，寫就五千言，倒也自得其樂。

　　國民大會上，他以遠見卓識和機敏的思辯受到代表們的讚揚和推崇，被譽爲“說明專家”、“國大之寶”。繼而，他又被膺選擔任考試院副院長，在爲國家選取人材時，毫不徇私，且不辭勞苦，受到同仁的敬重。

　　與此同時，他積極倡導行政改革，受到蔣公的重視，並命他主持總統府行政改革委員會，經過全體同仁半年的戮力同心，終於完成總統賦予的神聖使命。

　　沒有想到，考試院的任期尚未到期，又被新組閣的陳誠院長力邀擔任行政院副院長，重遊闊別了十年的政院故地。爲了實施自己積極倡導的行政改革計劃，他以古稀之齡，竭儘全力，不辭勞苦，而收效甚微。五年的政院協揆，他已感到精疲力盡，故堅辭任職，掛冠而去。在蔣公和陳院長的力挽下，勉留了五六個月，終於卸去了政院的職務。

　　脫離政院後，奉蔣公的垂注，又被聘爲總統府資政，本着仍擬在其它途徑報國之旨，對於總統的任命義不容辭，仍願爲國分憂，爲政分勞。

　　自從擔任了政大政研所的兼職教授，他重執教鞭，以自己的所學，精心培養後學。十年來，已親自輔導論文的博士就有四名，輔導碩士論文的研究生達二十餘人。

　　更使他沒有想到的是，離開政院後，他又回到了暌違十八年的商務印書館，並被推選爲董事長。然而，物是人非，商務早已不是當年的商務了，祇是一個“爛攤子”，經過半年的精心治理，商務又出現了新的面貌，不僅公私兩利，社會也兼蒙其利。

　　十多年來，他連膺七任中央、故宮博物院的主任委員，然其文物祇是長期保管在密室，鮮有展示者，直到故宮博物院遷至臺北，開闢展廳，其燦爛的中華文明才重現耀眼的光華。

他所主持的嘉新水泥文化基金會和中山學術文化基金會，大力獎助科技人材和文化創新成果，使舊學新知都得到弘揚和光大。爲發展中國的民族文化，可謂竭儘了心力啊。

明天，他就要年屆八秩了，所幸身體猶健，寶刀無疵，他將仍然一如既往，老驥伏櫪，壯心未已，滿懷童心，爲學到永遠，生生不息地工作到永遠呢！

想到這裏，王雲五不禁思緒如湧，激情如潮，佳句既成，詩已擬就。他取出毛筆，用他那龍飛鳳舞的絹秀的草書，寫成《八十自壽》五言八十句詩一首：

鰍生出寒門	少小苦多病	閉戶從兄讀	平凡無特行
遲遲就外傳	輟學因運命	發奮勤自修	早年教學競
一衿尚未青	學子咸知敬	邂逅我國父	青睞使觀政
服官赴北都	講學操筆柄	一時著微名	解職見真性
平日喜潛修	一鳴驚僚友	周旋護法間	誤入是非藪
爲國矢忠誠	潔身拒利誘	賦閑試筆耕	忝厠書林首
苦鬥垂十年	艱難忍釋手	蹉跎廿五春	萬卷孰與偶
抗戰參大計	適時抒抱負	訪英遠報聘	西亞友情厚
勝利終來臨	協商平壁壘	復員膺特命	迭奏經財技
一度入樞垣	褐衣被金紫	挽危倡改幣	功罪付信史
堅辭引咎職	負責當如是	初服幸我還	首先歸故里
播遷到臺嶼	賣文爲生理	一日五千年	盈盈數十紙
宏開國代會	言行著口碑	協辦主銓衡	量材玉尺持
行政倡改革	半年奠始基	重遊紫薇垣	建議待施爲

五載多勞苦　掛冠勿遲疑　勉留五六月　重擔終解除
奉聘爲資政　獻替豈容辭　任教來政大　及門盡研幾
十年四博士　碩士二十餘　商館重主宰　半年景物移
措施兼三利　一舉復令譽　古物長保管　北遷呈異姿
基金宏獎助　舊學與新知　一心爲文化　戮力遺居諸
八秩猶頑健　寶刀尚無疵　滿懷老益壯　學用到期頤

然而，王雲五不知道，就在他寫自壽詩的當日，另一邊，祝壽籌備會和他的一些至親好友也同時在固執地籌辦祝壽活動，並在位於臺北市中正路九五0巷的中山同鄉會國父百齡堂佈置好了壽堂。所有的活動都準備就緒了。

更沒有想到的是，七月七日上午八時，總統蔣中正先生親自到臺北市新生南路三段王雲五的寓所，祝賀王雲五的八十華誕。由於事前沒有打招呼，也沒有任何人預先通知，王雲五不在家，致使王雲五的家人受寵若驚，一時間竟無所措手足，不知道怎麼辦，幸而王雲五的長子學理住在附近，這天，爲預備偶有親友前來祝壽，早早就到家裏來了，總統大駕光降，得以在家接待。

蔣公到達王雲五的寓所，很和藹地詢問了王雲五的家人，當得知站在他面前的是王雲五的兒子時，便問，你是不是在榮民總醫院任醫師的王學善呀？原來，學善在榮民總醫院行醫，儘管時間不長，而經其治癒的要人卻不少，有口皆碑，以至連總統都有所聞。然由於各種原因，學善復與妻子靜華於一九六三年五月重返美國任職了。

學理回答說，不是，我是大兒子王學理。蔣總統又詢問了學理所學的專業和他在臺所任職務等。接着，總統要學理引導，觀看了王雲五的書房和起居室，對這裏的一切都進行了一番巡視。

最後，總統笑問學理，你爸爸住在醫院裏，是不是爲了避壽呀？

王學理見詢問，也笑着回答，家父年屆八旬，也應該去醫院檢查檢查了。

總統蔣公在王雲五的寓所停留了約十多分鐘，贈送了壽屏才離去。

蔣公駕臨王雲五的寓所，祝賀王雲五八十大壽的消息瞬即外傳，不脛而走，王雲五的親友知道後，也紛紛來到王家，爭睹總統蔣公頒贈的壽屏，同時也再三詢問王雲五入住的醫院名稱，以便前去致賀。

另一邊，中山同鄉會也毫不理會王雲五是不是已去避壽及在哪裏避壽，爲他設置的壽堂也早已佈置就緒。許多王雲五的親友和知交已經前往壽堂祝賀，並簽名致意。

八日早晨，祝壽籌備會的理事長孫哲生（科）和幾位友人來到王雲五家，對在家主持接待的王學理說，慶賀岫老八十華誕的壽堂已經設好，賀壽者早有多人。本日下午，將舉行慶祝酒會。孫哲生又告訴學理一個消息，嘉新水泥公司爲祝賀岫老八十華誕，將捐贈一筆鉅款，以供主編一部鉅籍作爲紀念。務請岫老親來出席壽慶，不要拂了大家的一番盛意。

在宏恩醫院，包括院長在內的友人也來相勸。該院王院長曾是軍醫院的院長，他對王雲五說，許多軍方的友人也都想藉岫老八十大壽慶時，一睹岫老的風采，何況現在前往壽堂致賀的親朋至友已絡繹不絕，在這種情勢下，獨獨壽星老人不在壽堂，似爲不妥，不宜峻拒，雲老還是莅臨出席爲宜云云。

　　勢已至此，王雲五欲罷不能，看來避壽是避不下去了，於是，他決定立即出院，將近中午時回到了離開已幾天的家中。

　　下午三時，王雲五在家人的陪護下，來到位於臺北市中正路的中山同鄉會內爲他設置的壽堂出席祝壽酒會，立刻，壽堂出現了一個個感人的場面，壽慶活動達到了高潮。

　　臺灣一九六七年編印的《中山同鄉會會刊》第八期所載《王雲五先生八秩大慶酒會盛況》一文記述的當日壽慶活動盛況，非常詳儘感人，茲摘錄如下：

　　　　總統頒題"弘文益壽"鉅幅壽額，高懸壽堂中央，各界人題贈壽軸二千余件，分別陳列壽堂，琳琅滿目，有如書畫展覽會。各界人士，是日下午四時在本會　國父百齡堂舉行了一個盛大酒會。大會主任委員孫哲生先生，親自主持，恭祝一代學人王雲五先生八十大慶。酒會開始之時，岫老由他長公子王學理陪同，在爆竹聲、恭賀聲中親茬會場接待賓客，岫老精神矍爍，滿面笑容，周旋於賓客人群中，握手、鞠躬，寒喧無絲毫倦意。

　　　　嚴副總統於四時十五分到達壽堂向岫老祝壽，總統府秘書長張群，五院正副院長，各部會首長，省府黃主席，臺北市長高玉樹，各大學校長，立法委員，監察委員，國大代表，文化、工商各界領袖以及學生親友共計三千余人，川流不息，絡驛於途，祝賀之聲，四處可聞，壽星笑口常開，聲聲客氣，在短短中，壽堂喜氣洋溢，令人十分感動。

　　　　兩小時接着，壽堂掀起了另一個高潮，敬仰壽星的各界領袖紛紛呈獻壽禮。館先由嘉新水泥公司董事長張敏鈺代表該公司捐贈新臺幣一百萬元，作爲編撰《雲五社會科學大辭典》的費用；銘傳女子商專校長包德明代表師生捐贈新臺幣二十萬元；嚴慶齡、李建興兄弟等，各以十萬元的禮金，支持王雲五獎學金的五百萬元基金。岫老説：「我一生不肯做壽，這次由於老朋友們爲我出錢出力，要編字典，設獎學金，這些都是對社會、文化有幫助的事，我不敢固辭。」

祝壽會主任委員孫哲生先生接受獻金後，致詞説：「王雲五獎學金的籌募，係作爲紀念雲老過去對社會文化的貢獻；社會科學大辭典的編纂，係爲表揚雲老過去的治學成就，與對社會進一步的貢獻。」

各界捐贈獎學金的款項，迄八日下午六時止，匯計已超過了二百萬元，各界捐款，現在還繼續進行募捐中。除已撥付編印《雲五社會科學大辭典》出版委員會召集人劉季洪新臺幣一百萬元外，現已購入公債新臺幣九十萬元。

岫老即時被無數新聞記者包圍，要他發表生日的感想。岫老説：「我向來不主張做生日，由於孫哲生先生等的發起，及政大校長劉季洪、嘉新水泥公司張敏鈺等的熱心，出了很多錢，也出了很多力，對社會也有幫助，所以我同意了。」發起這個祝壽會，主要是籌募王雲五獎學金的基金，岫老又説：「籌募基金獎勵貧寒而優秀的青年，我是絕對贊成的，但最好把我的名字去掉，我心裏會更好

過"，岫老愈説愈興奮："社會科學是互相貫通
的。我有兩句話，形容這個觀點，'爲學當如群山
式，一峰突起群峰環'。在主修的專科中，不能没
有相輔的專科，例如學法律的不能不懂經濟，學政
治的也要懂得外交。"

岫老的隨侍人員要岫老去休息，但他談興正
濃，又坐回他的太師椅上説："我活着一天，我便要
寫作一天，上帝讓我活多少年，我便要寫作多少年，
如果上帝要我活一百年，我就寫作到一百年。"

數天内，"中央日報"、"徵信新聞"（現"中國時
報"）、"聯合報"、"中華日報"、"新生報"等臺北及全
省各日報均以很大的篇幅發表有關王雲五八十壽慶的消息、專
訪及評論文章，八日當天的晚報以及次日中南部的各日報也無
不以大塊篇幅刊登消息和報道。中央社還以電訊稿分發各國，
因此，世界各地的華文報紙和僑報對此事也都有詳略不等的報
道。

這天，到壽堂參加壽慶致賀的賓客達三千多人，還有數百
慕名而來的青年崇拜者，到壽堂致敬禮而没有簽名，王雲五家
裏没有準備簽名簿，臨時以長條的紅紙代用，簽名者也達三百
多人。這天總共前來致賀的客人共約四千人。據統計，當天，
收到各界捐贈獎學金的款項超過二百萬元。

一位不在位的老人，八十大壽之際，引起社會的如此關注
和各界人士的如此尊崇，竟成爲臺北市以至全省前後幾天的熱
門新聞。

第二天，王雲五在中央日報刊登答謝啓事，對於"蔣公親

臨寒舍致賀，並寵錫匾額隆儀"，"孫哲生先生與各機關首
長、各界領袖發起募集雲五獎學基金"，"學術界知好提倡編
印雲五社會科學大辭典"以及嘉新水泥公司慨捐全部編輯費用
新臺幣一百萬元等盛舉，"高誼隆情，同深銘感"。並在"感
奮之餘，決以餘生爲國家社會儘其義務，用副期許，並答高
厚"。

另外，在王雲五八十壽慶的同時，王雲五自撰的回憶錄
《岫廬八十自述》由商務印書館出版。

王雲五在《岫廬八十自述》的前言中概述了撰寫此書的緣
由和心境。他說：

> "八十年不是一個短時期，尤以余所經歷之八十
> 年，真算得是最多事的時期。就國內言，一次中日
> 之戰，一次八國進軍，把一個根深蒂固的皇朝淪於
> 崩潰，於是應運而起者有兩股潮流，一是革命，一
> 是維新，結果革命成功，把享祚二百六十年的清室
> 推翻了。

> 然而共和建國以來，多事且有過於滿清之末葉。
> ……自民國成立，迄今五十有六歲，幾乎無日寧處。
> ……

> 我不幸而生於此八十年間，亦何幸而生於此八
> 十年間。前者謂覆巢之下，將無完卵；後者謂視野
> 廣大，前無古人。尤以出身寒素，幼年體弱多病，
> 在家世遺傳中，固不敢預期有今日，更遑論幸存至
> 今年。然而小時候經歷愈艱苦，軀體愈強健，精神
> 亦愈積極。從大體言，不敢否認尚有多少成就；從
> 細節言，則躬歷之挫折不勝枚舉。幸而從小藉苦鬥

　　而養成之習慣，對任何挫折，悉視同命運予我之試驗，而以解決難題爲無上之自我報酬。職是之故，任何逆境不足以陷我於消極，轉因"聽之於天"、與"求其在我"之兩種觀念，往往峰廻路轉，別入新境。

　　吾人生息於大地上，有如螞蟻之於大垤中，若進而言宇宙，更微不足道，其比例且遠較螞蟻之於大垤爲渺小。然螞蟻自生自滅，生時祇爲營生，死時却真寂滅。人類則固有流芳百世，或遺臭萬年者；無他，文字之紀錄爲之也。吾人今尚不敢妄斷其他動物有無文化之積累或史料的流傳；即或有之，亦斷不如人類之完整，蓋皆拜文字之賜也。

　　我覺得人於遊覽名勝之時，輒有記述。人之一生，無異長期之遊覽，其不可無記述，亦同此理。余以多次播遷，最後遘難來臺，日記舊文，泰半或已散佚，或不及攜帶。五十二年冬謝政以後，開始撰著年譜，驥留跡爪，因乏蟬聯與系統的資料，頗感困難。幸而搜藏之出版品，間接上可助記憶。三年以來，朝斯夕斯，已屬稿成二三百萬言，另附關係論著三百余萬言；除後者大部分分類集刊，以十二種論集問世外，其年譜本文一時尚難發表。由於友好同學的敦促，今歲一月一日偶然動念，趁此八十開始之年，暫作簡要的報導，即就年譜中摘取要項，筆述完成，命名爲《岫廬八十自述》，亦猶是暫就過去之吾生結一清帳而已。

　　……讀是書者，視爲個人之部份歷史也可，視爲國內國際之現代簡史也亦無不可。

十一月二十五日，“雲五獎學基金籌備委員會”正式成立財團法人“雲五獎學基金會”，並決定就所得親友捐贈的二百餘萬元，撥出一百萬元作爲《雲五社會科學大辭典》的編輯稿費外，以所餘的一百二十萬元組織獎學基金會。其獎助對象爲現肆業國內高中以上的清寒優秀學生。

基金會公推孫哲生（科）爲董事長，林繼墉、劉崇齡等十五人爲董事，訂定了基金董事會章程，以劉慶堯爲總幹事。

一九六八年六月二十四日，臺北重慶南路一幢新建的大樓前張燈結彩，門外兩旁，放置了許多祝賀的花籃，一直擺放到進入大廳通向二樓的樓梯兩邊。大樓內外，到處聽得見陣陣歡欣的笑聲和交談聲，喜氣洋洋的氣氛充盈了整個大樓。原來，這是商務印書館耗資八百萬元新建的中心大樓建成啓用。

真是不容易呀，商務印書館的全體職員，包括全體董事和首腦們，即使在五年前王雲五初任商務董事長時，就是做夢也不敢想像商務在五年後會有今天。

今天，經過王雲五五年的整頓和重振，商務無疑又取得了令同行矚目的驕人的業績。五年前，王雲五剛剛接手商務的時候，他接過來的簡直就是一個“爛攤子”，負債累累，營業水平低下，出書無幾，步履維艱，已瀕臨倒閉的邊緣。曾幾何時，商務又如昔日一般大放異彩。其營業額又由過去的全年二、三十萬元猛增至一九六七年的一千二百萬元，今年又更有越過一千五百萬的趨勢，五年時間增加了七八十倍之鉅。利潤方面僅一九六七年就達到四百多萬，比五年前增加了三十多倍。這期間，商務不但從未向外面借一分錢，還把過去的舊債統統還清了。而納稅方面更令商務同仁自豪，今年上半年，他們就向政府繳了一百二十萬元的稅金，可謂是最忠實、最奉公守法的生意人。

沒有舉行任何慶祝儀式，也沒有精采熱鬧的剪彩典禮，一切的過程正如這幢大樓的最高決策者王雲五的爲人，平實、苦幹和不事張揚，它衹是默默地爲許多新老讀者，爲嗜書的青年朋友們帶來了一個嶄新面貌的館閣，帶來了更充實、更新的內容，也爲自己的營業帶進一個更加欣欣向榮的境地。

昔日破舊、低矮的二層小樓已經找不到了，代之而起的是壯觀氣派的鋼筋混凝土結構的四層大樓。

樓下是營業部，一扇玻璃門隔開了外面街道的煩熱和喧鬧；二樓是倉庫；經理室和辦公室則設在三樓；編輯部則設在頂層。無疑，這也是王雲五的精心設計的。

引人矚目的是，這幢大樓的名稱命名爲"雲五大樓"。

這是一九六七年四月，商務印書館召開的董事會經全體董事一致通過而決定的。這表達了全體董事和商務同仁對挽狂瀾於既倒，扶大廈於將傾的王雲五先生的敬仰和感激之情。確實，館興我興，館衰我衰，商務的董事和同仁都明白這個簡單不過的道理。是王雲五使這個瀕臨破產的商業機構起死回生，又振興發展，重振昔日雄風，才使他們收入豐裕，生活富足，給社會也帶來了實惠和助益，才使他們——董事和商務同仁感到了從來沒有過的自豪和自信，受到了社會的普遍尊敬和讚譽。而這一切，都應該歸功於他們崇仰的王雲老。

從此，"雲五大樓"作爲臺北市的一幢頗具特色的標誌性建築屹立在臺北市的街頭，也永遠屹立在臺灣文化人的心中。

　　望着這商務振興的標誌——雲五大樓，王雲五也笑逐顏開，他認爲，這無疑是對他所取得的成就的最高報賞，他内心感到了無限的歡欣。

　　他對前來道喜的賀客説：“過去，勉勵人們獻身社會的一句古訓是：‘前人種瓜後人收’。可是，如果能夠‘自己種瓜自己收’，不是更有意義和價值嗎？我就是一個能夠‘自己種瓜自己收’的幸運的老人。

　　“我的態度是，不停地工作，爲工作鞠躬儘瘁，其中不經過醫院，由工作間直接到殯儀館！”

　　這時，縈繞在王雲五腦海裏的一個最大的心願，就是完成他那部正在撰寫之中的鉅著——《中國政治思想史》。

三　著書立説

　　是的，王雲五對於撰寫一部《中國政治思想史》縈縈於心久矣，爲此，他已經付諸實施，從一九六八年五月中旬，即他進入八十一歲時起，就已經開始撰寫了。

　　由於從政和教學的關係，王雲五廣爲涉臘政治學，特別是近十多年來，兼任或專任國立政治大學政研所講席，從遊諸子約有百數十人與他共同探討政治問題，其中，三十多人的畢業論文由他指導或共同指導，由於題材不一，使他更加廣泛研究政治學。

　　自從政研所開辦高級研究班以後，增設了中國政治典籍研究一課，由王雲五主講。王雲五本來就對目錄學素有研究，擔任了中國政治典籍研究的教席之後，更加注意古籍中有關政治制度和政治思想的資料，十多年來，不斷發表了一些有關政治的文章，一九六四年輯刊爲《岫廬論政》，由法令月刊雜誌社出版，共約五十餘萬言。然而，該書畢竟還不屬關於中國政治的系統之作。

王雲五認爲，中華民族有着悠久的文化歷史，中國政治也發展最早，規模已具，理想也豐富，十多年來，他縱覽群書，已有所記述，加之已發表的有關中國政治思想的文章，他萌發了一個强烈的寫作衝動，打算以一、二年的時間，通讀中國有關政治思想的圖籍，儘量摘取資料，然後分類部居，在此基礎上，撰寫一部不少於百萬言的《中國政治思想史》，分册刊行。

儘管王雲五在計劃這部書的撰寫時，已八十有一了，但他絲毫不以自己衰老而自餒，而是雄心勃勃，壯志未曾稍減。他深信，以他現在的精力和思維，他完全能够完成這個宏願。因爲，年歲的老弱祇能使他的記憶力和精力減退，而同時，書本知識的積累却使他的判斷力更加敏捷，更有益於對人、做事和讀書。

王雲五是個訂定計劃就要立刻付諸實施的人，從盛夏開始，他全然不顧自己的高齡，仍然堅持一貫的作息時間，每日昧爽約三時左右起牀，自己簡單地做一些早點吃，便開始讀書，查閱資料，記錄整理，撰寫書稿了。

對於歷史人物的取捨，以其言論足以表現政治思想的人物爲標準，那些著作雖豐而無政治思想表現的，即使是學術文章彪炳當世，也一概不予收入。

　　就這樣，在兩年時間裏，年逾八旬的王雲五每日沉緬於中國政治思想的典籍和著述之中，譚然不覺自己已垂垂老矣。

　　王雲五以每日平均四千言的進度，歷時一百日，第一冊撰寫完畢。一九六八年九月，王雲五所著《中國政治思想史》第一冊《先秦政治思想》由臺灣商務印書館出版發行。

　　王雲五在這冊專著中，綜計先秦時代各大學派中，最穩健的要數尊王仁民的儒家，最消極的是重道無爲的道家，最悲天憫人的是兼愛非攻的墨家，最爭取權力的要算重法用術的法家。及至秦政統一中國，箝制思想，衆流始息。漢承秦以後，尊崇儒術，思想漸歸一宗，然而，道家思想仍然被其影響於無形。厥後，除墨家外，法家思想又漸漸抬頭。然而，無論如何，終究不如先秦列國並立時的百家爭鳴。

　　王雲五所撰《中國政治思想史》第二冊《兩漢三國政治思想》一九六八年十二月由商務印書館出版。

　　王雲五在該冊的序言中談到，本書原欲以漢代開國實居首功的蕭何放在該書之首，因爲漢室四百餘年帝業，皆由於蕭何劃策、進賢、守關中、定制度，然而，關於蕭何，除史傳外，別無其它著作可作爲依據，更遑論政治思想，不得已祇好暫缺。而本冊末章的諸葛孔明，由於蜀漢一脈，端賴孔明的遠見和規劃而得以存在與苟延，也是因爲孔明的原作多佚，僅存資料不足道，姑就能夠搜集到的貧乏資料，勉成一章。

　　一九六九年三月，王雲五歷時兩個半月精心撰寫的《中國政治思想史》第三冊《晉唐政治思想》由商務印書館出版。

　　王雲五在此書的序言中簡略論述了晉唐時代政治家的基本思想。他說，傅玄生存時代爲漢末晉初，其政治主張有與現代學說暗合的地方；葛洪所著的抱樸子一書之外篇，有關政治的主張頗多，都是爲儒家和道家進行調和的言論；李世民的政治思想多見於貞觀政要的記述之中，在其自撰的帝範中，也不乏精闢的思想表現；魏徵與王珪同以直言敢諫著稱，其諫言所發揮的政治思想，非常值得重視；張九齡的政治思想比諸早期發展的黃河流域的特出人物，殊不多讓；陸贄有關政治思想的宣公奏議早爲世人傳誦；韓愈、柳宗元、白居易三人對於政治思想也皆有所貢獻，韓愈與柳宗元的不同之處，在於韓愈排佛，柳宗元兼好釋道，白樂天對政治措施與政治思想的貢獻，三人中以他爲最多；林慎思與羅隱在政治上鮮有作爲，却各有蘊藏相當政治思想的專著傳世，前者見於《續孟子》與《伸蒙子》，後者則見於《兩同書》。

　　王雲五在《晋唐政治思想》脫稿並出版後，深感時間緊迫而著述的任務艱鉅，祇是由於興趣濃厚，欲罷不能，而且，自覺時間對他已是越來越少，因此，每日工作時間達十四五小時，而消耗於《中國政治思想史》的著述便超過一半時間。他以八十二歲的高齡，幾乎整日伏案工作，已經不知道什麼叫時間，他的休息也確確實實是工作的延續了。

　　一九六九年六月，王雲五的《中國政治思想史》第四册《宋元政治思想》由臺灣商務印書館出版。

　　該書所述的政治思想主流有二。其一是王安石所發動的新法；而反對的有歐陽修、司馬光及蘇氏兄弟；其二是集道學家大成的朱熹，繼之者爲呂祖謙與真德秀。

　　范仲淹被列爲有宋政治家之首出者，以其事功思想並臻上乘，堪稱宋代空前。文天祥爲宋代忠烈，在政治上其事功雖不足稱，然其思想多甚精當。王雲五在書中將其二人分別列於宋代的首章與末章，可以見其開端，也可以見其歸宿。

　　《宋元政治思想》出版之後，王雲五更加緊時間撰述，兩月以後，即一九六九年九月，《中國政治思想史》的第五冊《明代政治思想》又撰寫完成並由臺灣商務印書館出版。

　　一九六九年的最後一天，王雲五是在他的書案前迎接新年到來的。這天，他感到特別有意義的是，他歷時三月撰述的《中國政治思想史》第六冊《清代政治思想》終於完稿了，由臺灣商務印書館出版。

　　王雲五認爲，由於嚴酷的文字獄，繼而則是羈縻有術，使優秀分子都趨於考據之學，著名學者雖多，大都埋首古籍，逃避現實。因此，清代的政治思想，祇燦爛於清初少數的遺逸之間，如黄宗羲、王夫之諸賢。他們的著作由於藏於名山，得以漏網於清室統治權尚未鞏固之際。

　　鴉片戰爭之後，門户大開，瓜分可慮，愛國之士痛心於危如累卵的國勢，不憚放言高論，以圖挽救，如洪楊劫後的王韜，戊戌犧牲的譚嗣同，是其中的代表。

　　《中國政治思想史》第六冊剛剛脱稿，王雲五又立刻投入了撰述第七冊，亦即最後一冊的衝刺，終於在這年的春節前夕——二月上旬竟其全功。第七冊《民國政治思想與中國政治思想綜合研究》於一九七0年四月由臺灣商務印書館出版。

　　該書分前後二編。前編爲民國政治思想，涵蓋的時期爲民國成立迄於撰稿時止，大約五十餘年。所收入的政治思想家以殁世者爲限，故僅有五人，即孫中山、康有爲、梁啓超、張嘉森等。重點在後編，爲中國政治思想的綜合研究。由於全書以人爲綱，其綜合研究則以事爲綱。共分十二個方面，即：一、原民，二、原君，三、原臣，四、法治，五、人治，六、禮治，七、德治，八、政理，九、財用，十、軍事，十一、土地問題，十二、社會問題。每一方面也自成一章。

綜合研究的取材從最古以迄於最近，全書列舉自先秦以至民國政治思想家九十三人，其言論有合於上述十二方面的，莫不以類相從，構成一個直線的系統，藉以見思想的演進。

至此，王雲五兩年來縈縈於懷的一件大事終於有了一個完滿的結果，也了却了他的一樁非凡的心願。

《中國政治思想史》共分七册，全書共二百多萬字，比王雲五開始撰寫預計的多出一倍以上。

望着放置在案頭的七册洋洋鉅著，王雲五心裏感到無比的歡欣和慰藉。這部書從一九六八年五月開始動筆，到一九七〇年二月上旬寫畢，總計歷時一年九個月，全書一氣呵成，這在王雲五一生的著述過程中，也是少有的，罕見的。王雲五生平著作雖多，然而，像撰寫《中國政治思想史》一樣，在將近兩年的時間內繼續而不輟，又在獨立取材的條件下，完成這部超過二百萬言的鉅制，也是以此書爲首出。

尤其值得一提的是，在撰寫這部書稿時，王雲五已過了八十壽辰，從八十一歲寫到八十三歲，以此衰年的身體，而堅持鍥而不捨，終於竟其全功。王雲五戰勝自我，挑戰人生極限，其精神、毅力和果敢的勇氣，無疑爲青年和後學樹立起了一個永遠的楷模和光輝的典範。

莘莘學子和社會的每一個成員都應該從王雲五的行爲中受到一些啓迪，學到一點超越中國政治思想之外的東西。

二月五日，一九七〇年的春節將屆，王雲五撰著《中國政治思想史》七册完成，興奮之餘，賦詩一首，以爲紀念：

　　去年初度後，著作突轉輪，七卷談政理，發軔自

先秦，兩漢兼三國，晉唐七百春，宋元剛問世，明代
付手民，三月完一卷，時時典籍親，爲免分精力，決
心別成均，育材不自畫，鴻爪貽後人，廣厦千萬間，
芳怨雜苦辛，自强不知息，爲學永無垠，吾生唯一
願，無疾了此身。

　　王雲五所著《中國政治思想史》出版後，立即在社會上引
起不小的反響，在學術界得到了很好的評價，還在該書未全部
出齊時，報刊已經刊發了一些有關的評論文章。如政大政研所
馬起華教授曾有評介《先秦政治思想》的文章，七冊出齊之
後，又先後有不少評論文章問世，如王壽南博士曾撰《清代政
治思想》讀後一文，由《中華文化復興》月刊發表。

　　一九七〇年七月出版的《東方》雜誌第四卷第一期發表了
民國第一位博士周道濟的《介紹王雲五先生鉅著中國政治思想
史》一文。在該文中，周博士總結歸納了該書有十大優點：
一、叙述中肯，二、態度客觀，三、章法允當，四、取材博
洽，五、所據版本精良可靠，六、難辭難句附有註釋，七、分
析入微，綱舉目張，八、綜合研究，慧眼獨具，九、下及民
國，内容最新，十、包羅百家，最稱鉅構。

　　王雲五的《中國政治思想史》陸續出版後，寫作的興趣和
欲望愈益濃厚和强烈，他甚至萌發了一連串的寫作計劃。他對
前來採訪的記者說：「我的時間已經不多了，我要儘量的寫，
這部《中國政治思想史》是留給後世的一件‘紀念’」。
　　「關於‘紀念’的東西，我有一攬子寫作的計劃，如果天
假以年，八十四歲我要完成《中國教育思想史》，八十五、六

歲完成《中國法律思想史》，八十七、八歲完成《中國經濟思想史》，到了日本人所稱的八十八'米壽'，我還有時間的話，我要寫一部《中國哲學史》。《中國哲學史》是我做學問的一項大'野心'，我希望能寫到九十歲！"

王雲五不僅僅是有"野心"，而且是身體力行，說幹就幹的。祇要天假以年，祇要他還健康地活着。正如他說的，你們問我還要寫多久，不如去問上帝，我還能活多久！

一九七0年的春節剛過，也就是王雲五手撰的《中國政治思想史》最後一册即第七册剛剛脱稿不幾天，原打算擱筆一二個月，然後再從事於其它思想史的寫作，然而，擱筆未及半月，他"已覺技癢"了。他是一個一刻也閑不住的人，正如他在詩中所表述的："自强不知息，爲學永無垠"。

他打算立即開始着手撰寫他醖釀已久的《中國教育思想史》。雖然王雲五自己慨嘆"餘生有限，趁此神智尚清明之際，不敢不黽勉將事"，然而，無疑，王雲五在透支自己的生命！

爲撰寫《中國教育思想史》，王雲五翻檢資料，將他自己所撰並於一九二九年由商務印書館出版的《中國古代教育思潮》，加上其後數十年閱覽諸家著作所摘録的有關教育的言論分析比較，認真思索，打算仿照《中國政治思想史》的體例，從古籍諸書中摘取其中有關教育的資料，分類排比，而附以自己的見解。經過一段時日的閱讀和分析，發現在這些資料中，教與學頗不容易劃清界限。比如在孔子的自述中，不僅學不厭，教不倦，而且教學相長，尤其爲中國教育界所盛道；即使參考西方與中國的現狀，大學的教授也是一面講學，一面研究，特別是以研究講座的名義應聘的，更視爲教授中的卓越人材。因而，教與學之間具有密不可分的關係。

　　根據這樣分析，王雲五覺得，如將教育改成教學，則在撰述中，取材一定會更廣泛，而且能益增它們之間的聯繫。爲此，他決定，將原先計劃撰寫的《中國教育思想史》改爲《中國教學思想史》。

　　《中國教學思想史》的體例，與王雲五前撰的《中國政治思想史》大致相同，每册均按思想家分章。資料較少而覺重要的思想家，則集若干人爲一章。

　　脈絡清晰了，撰述起來也就更加順暢了。

　　經過兩個多月的苦幹，一九七０年四月，《中國教學思想史》第一册《先秦教學思想》撰畢並由臺灣商務印書館出版。

　　對於先秦諸子的教學思想，王雲五認爲，當以孔子爲最豐富，各方面無不涉及，真不愧“萬世師表”之稱。孟子對於學，側重方法；對於教則以性善爲基礎，主張順其性而教。荀子對於爲學，首重勸學；於教則以性惡爲出發點，認爲施教首在矯正性惡。道家中的老子與莊子，其對於教學的出發點在知與欲，認爲知爲欲之源，以致有絕聖棄知的憤激之語。墨家對於爲學特別重視，除雄辯學與軍事學有具體的主張外，旁及學與行的關係，習染的影響，一反述而不作的主張。法家的管仲，其教育主要是集中於生活方式的禮節，然而，又重視禮義廉恥，以至被稱爲國之四維。商韓二子雖然與管仲同入法家，然而他們的出發點在法而不在禮，尤其不及四維，其教育思想，純粹以國家的功利爲主。

　　《中國教學思想史》第一册出版後，王雲五繼續抓緊“神智尚清明”的時候，每日奮筆疾書，他深感“餘日無多”，不敢稍有懈怠，否則，精神一鬆馳，意志一稍減，他隨時有輟筆的可能，這樣，那就前功盡棄了，將會給自己、也給後人留下永遠的遺憾。他記起，他的學生和摯友胡適曾在早年撰寫過一部《中國哲學史》的上冊，而後，被佛教問題－－一個廣東和尚慧能絆住了，以致耽誤了該書的寫作計劃，並竟因此再也沒有寫下去，原計劃的中、下冊也不能寫完，成爲一件永遠的憾事。在這個問題上，王雲五不願重蹈胡適的覆轍，他要一鼓作氣地將此事完成。

　　然而，不要忘記，王雲五此時已八十三歲了，人生到了這種年紀，早已是含飴弄孫、頤養天年，而此時，王雲五已經有曾孫了。

　　王雲五不是聖賢，更不是不食人間烟火的仙人，他也有到了這種年紀的老年人的毛病，即特別容易疲倦，寫着寫着就覺得累，即使不寫，祇要坐着就想睡覺，他甚至不能正襟危坐一個小時以上，而他爲寫作《中國教學思想史》，要求自己每天必須工作十小時以上！

　　爲了克服老年人的諸多毛病，克服疲倦，他採取間歇休息的辦法，工作一個小時，便站起休息一會兒，然後又坐下來繼續寫。每天就這樣周而復始，寫一個小時，覺得疲倦，想打磕睡了，就站一會兒，精神好些了，又坐下再寫……，每天從昧爽三時起到上午九時，工作大約四、五個小時，然後，他還到"雲五大樓"去"上班"，商務印書館有一些事情必須他親自去處理，所以，儘管他已是八三高齡，還堅持每天去商務工作幾個小時。

　　還有，他還遇到了一個過去從未遇到的問題。過去，他晚上八時睡覺，能很快入睡，一枕黑甜，一直睡到半夜三時。如今，他一個晚上往往醒來幾次，睡睡醒醒，醒醒睡睡，雖然看似像過去一樣睡了六七小時，睡覺的“質量”却明顯不如過去，這樣，精神便也明顯不如過去，更容易覺得疲勞。於是，自茲伊始，他每天便增加了一項“午睡”的內容。當然，稱為“午睡”，其實也就是在躺椅上打個盹而已。

就在這樣的情況下，從這年的五月至八月，王雲五又完成了《中國教學思想史》的第二冊《漢唐教學思想》的撰稿工作，並於同年（一九七○年）九月由臺灣商務印書館出版。

王雲五認為，在漢代，陸賈和賈誼都是以儒家的立場論述學與教；劉安劉向都是以雜家的立場論述學與教；楊雄雖然以文學著稱於世，其實他對於學與教都有獨到見解；王充是漢代卓越的思想家，在其所著的《論衡》中，有《問孔》、《非韓》及《刺孟》三個專篇，而在《案書》篇內也有反墨的言論，對於儒法墨三家都有大膽的批評，屬於雜家一類；王符、荀悅與徐幹都是後漢的思想家，他們分別所著的《潛夫論》、《申鑒》及《中論》，在其主張中，都重視學與教；晉朝的葛洪為儒道兩家的調和者；南北朝的顏之推，以其所著家訓著稱於世，其實，這也是一部有關教學的重要典籍；隋代的王通為唐初許多名臣學者所師承，除政治思想影響深而遠外，其教學思想也相同；李世民為唐代政治思想家之源，其教育思想也是如此，由於他是一代之主，其思想最足以影響臣下。他即位以後，知人善任，尤能納諫，於是百廢具舉，諸善並行；魏徵是政治家，在其諫言和與太子應對的言詞中，却發現有相當的教學思想；張九齡是有唐一代的第一流人物，其論為學注重以古為鏡，論教側重於教化與化俗；趙蕤隱居不仕，而好經世之學，所著長短經，多經世之言，當然也有不少關於學與教的觀點；韓愈與柳宗元同為唐代古文大家，其學術事功多為文名所掩，然而，他們二人對於學與教均有相當的理想；白居易夙以詩名掩其它，實際上，他的教學思想也相當豐富。王雲五認爲，除關於師說的論辯外，其它有關教育的主張，韓柳與白居易殆無大的差別，這是因爲他們都是出於儒門的緣故。

《漢唐教學思想》一書出版後，王雲五又夜以繼日地全身心地投入了《中國教學思想史》第三冊的撰述。

然而，王雲五並不能以他的全部時間從事這項工作，除商務印書館的日常工作外，他還有大量的社會工作以及總統府資政的工作要做。

一九七0年七月十六日，應日本文部省及文化廳聯合邀請，以王雲五爲團長的中國代表團一行八人前往日本，訪問了日本各大博物館，並參觀了萬國博覽會。王雲五在日本的七天時間裏，以兩天的時間參觀了萬國博覽會的七、八個館，跑了四個城市，參觀了三個博物館，三座寺院，出席了幾次座談會和酒會，還分別遊覽了城市的市容。雖然感覺到有點累，甚至很疲倦，但還是挺過來了。回到臺北，他自豪地對迎接他的親朋好友說：“去了七天日本，一根毛都沒有少。”

他還必須參加並主持故宮博物院、中山學術文化基金會、嘉新文化基金會、雲五獎學金基金會等機構和團體的許多會議，主持這些基金會的頒獎典禮等活動。

王雲五還要參加政大政研所的碩士和博士論文答辯會。出席答辯會之前，他必須預先審閱這些碩士或博士的論文，而這些論文，短則五、六萬字，長的有些甚至達到三、四十萬字。

他還應邀爲許多出版物寫稿、撰寫跋文，爲許多學術著作撰寫序言。

就在這樣的忙碌狀態下，他仍然堅持每日著書不輟，並終

於這年（一九七0年）年底完成了《中國教學思想史》第三冊
《宋元教學思想》的撰述工作。該書於一九七一年二月由臺灣
商務印書館出版。

　　在該書中，王雲五指出宋元兩朝教學思想的脈絡雖然是由
范文正開其端，繼以歐陽文忠，王荆公、司馬文正及蘇文忠諸
大家。實際上則是以理學家朱晦翁爲其重心。晦翁上承周程張
四子，而與併世的呂東萊、葉水心、陸象山大同小異，都是以
宋代的理學作爲關鍵。下傳至元代，其代表人物如許魯齋與吳
章廬，也無非是繼承有宋理學的餘緒。

　　王雲五在其撰寫的序言中感慨説：士君子達則兼善天下，
窮則獨善其身，然而所謂兼善天下者，乃其所處時代的天下，
而非永久的天下；所謂獨善其身者，也並非真獨善也。修學立
言的效果，不僅吸引當世人的從遊，其立言垂教，往往愈久彌
芳。假使孔孟得志於政途，他們的造福僅是一時的一國，又豈
能成爲萬世的師表；假使晦翁得志於朝廷，又怎麼能立言垂
教，以至於不朽？這樣看來，則達非真達，窮非真窮，也衹是
視其人而已。

　　僅僅過了三個月，王雲五所撰《中國教學思想史》的第四
冊《明清教學思想》完成，這年五月由臺灣商務印書館出版。

　　《中國教學思想史》第四冊剛剛出版不久，在王雲五的
"書城"裏，又增添了一部令王雲五欣喜不已的鉅著，－－洋
洋十二鉅册的《雲五社會科學大辭典》。

　　這套書是一九六七年王雲五八十壽慶時,在嘉新水泥公司
捐資一百萬元（後又加捐二十五萬元）的支持下，由政大校長
劉季洪先生主持編撰的。爲編撰此書，專門組織了一個出版委

員會，又另組設一編纂委員會，由社會科學（包括人文科學）十二部門的主編爲委員。十二分册包括社會、統計、政治、國際關係、經濟、行政、教育、心理、人類、地理、歷史等十二個方面的内容，分别邀請國内社會科學與人文科學的權威、專家、學者參加編撰，每册九人至數十人不等，全部專家不下二百人。各就約定的範圍分别撰述。全體專家用了三年的時間，終於全部完稿，並已陸續出版，一九七一年七月最後一册的出版，標誌着這套集中了二百多位專家學者三年的辛苦勞動已經結出豐碩的成果。

《雲五社會科學大辭典》平均每部六十萬言，最多者超過了八十萬言，全書的總字數達七百萬言以上。爲保證内容的質量，各分條辭目都署上了撰述人的姓名，以明責任。

在王雲五一生的出版生涯中，曾經兩度嘗試編撰綜合大辭書，都因各種原因，最後功敗垂成。

第一次是一九二四年開始計劃編纂的中國百科全書，已聘定專家和編譯員若干人。到一九三一年，已成稿達五千餘萬言，佔全書的一半，却不幸由於遭"一・二八"的戰火，全部書稿也毁於戰火之中。

第二次是從一九二八年起籌編的大規模辭典。先是王雲五自己以業餘時間搜集資料，又得到親朋好友相助，到一九三六年，歷七八年的時間，收羅了八百餘萬件資料卡片。豈料一九三七年八月中日全面戰争爆發，國軍撤離淞滬，王雲五南下香港繼續領導商務業務，隨身衹携帶該書"一"字爲首的資料盈篋，其餘大部分資料也毁於戰亂。僅存的碩果是經過十月之後排印的中山大辭典"一"字長篇出版。該書收入"一"字爲詞頭的詞條五千四百七十條，共計不下百萬言。

往事想來真是不堪回首。

所喜今日，藉他八十壽慶，在友人和社會各界的相助下，一部綜合性的社會科學大辭典，竟於無意中終告完成，他一生的宿願得以一嘗，真是如天之福，幸莫大焉！

王雲五認爲，如果要用什麼來慶賀他的壽辰的話，這無疑是最好的禮物，最有意義的紀念了。

在這樣的喜事盈門的情狀下，王雲五也不顧年邁體衰，加緊了《中國教學思想史》的撰述工作。

一九七一年七月，《中國教學思想史》第五册《革新時代教學思想》撰寫完稿，並由臺灣商務印書館出版。

王雲五在序言中説：「自清末鴉片戰爭以來，創深鉅痛，當局目擊西洋之船堅炮利，在學與教；爲適應局勢，不免有多少改革，由技藝漸及於學術。此種新勢力之衝擊，爲我國數千年所僅見。於是我國教學思想便進至一個革新時代，此一革新的時代，起自咸同，迄於今兹；因而本册名稱當爲革新時代教學思想。」

在這册書中，王雲五將内容分爲六章：第一章爲革新時代初期教學思想，主要論述這一時代初期的若干主政者，根據當時的需要，就新教學制度思想所作出的點點滴滴的貢獻。第二章論述張香濤綜合初期的革新而奠定系統化的基礎，實際上，革新的重鎮當公認爲是創造民國的國父孫中山先生，這方面放在第三章詳述。王雲五認爲，在民初，直接或間接主持教育行政與學術研究爲時最久，對教學思想有不少貢獻的，則應首推蔡元培先生，這方面放在第五章詳述。另外，這一時期對教育與學術均有相當貢獻的梁啓超和胡適之二位，分別放在第四章和第六章論述。

　　王雲五還在該書的六章之外增一附錄，將他本人從事教育六十年來有關爲學與教育的主張和見解文章二十餘篇，共約十萬言附於書末，目的在"就正於大雅閎達"。

　　最後，王雲五又專撰一册，作爲中國教學思想的縱斷叙述，這就是《中國教學思想史》的第七册《中國歷代教學思想綜合研究》。該書於一九七一年十一月由臺灣商務印書館出版。

　　在這册書中，王雲五對中國歷史教學思想的綜合研究論述特爲詳儘，共從十個方面，即爲學目標、爲學方法、師友、教育目標、教育方法、教育科目、學校制度、德育與道德、智育與智慧、士人與取士等進行論述。每項資料後面皆附有著者評語外，每章之末又殿以著者的結論。全書共約九十萬言。真是窮源竟委，鉅細無遺。

　　洋洋二百多萬言的《中國教學思想史》六册全部出版。這部耗費王雲五兩年的辛勤汗水，凝結了他一生心血的論著終於完成了，了却了王雲五多年來縈繞在心頭的一椿心願，一生將心血和精力傾注於教育的王雲五至此可以了無遺憾了。

　　須知，王雲五此時已將進入八十五歲了。以八十多歲的老人克服種種困難，戰勝因老齡而帶來的種種疾病和不適，在進入八十以後，先後共寫出五百多萬字的專著，這，不能不説是生命的奇跡，人間的奇跡！

　　王雲五絶未因爲《中國政治思想史》和《中國教學思想史》著述完成並出版就此擱筆，他的"野心"還遠不止此！

　　《中國教學思想史》最後一册出版之後，王雲五便立即打算着手進行《中國經濟思想史》的撰述工作。

　　然而，一件意外的工作使他暫時改變了這一撰述計劃。

　　他的政大政研所的學生，也即中國自己培養的第一位博士周道濟獲取政大研究所博士後，赴美國哥倫比亞大學研究二年，返國後被聘爲中國文化學院教授和政研所主任。一九六八年，因商務需要，王雲五徵得周道濟同意，又商得中國文化學院院長張曉峰批准，轉到商務印書館擔任總經理和總編輯，協助王雲五工作，非常得力，至今已經五年了。

　　此時，周道濟考慮商務印書館成立至今，已有七十餘年的歷史，對於中國的文化與教育不無相當貢獻，爲了前事不忘後事之師，將商務印書館七十餘年的歷史和事跡整理出來，撰爲信史，當十分必要。而商務歷經戰亂，故老凋零，自二十年代初與商務患難與共、親眼目睹商務走到今日的，五十年來祇剩下王雲五一個人了，擔當起爲商務撰史的任務，自然非王雲五莫屬。爲此，周道濟力勸雲師在前撰兩書完成之後，暫緩擬議中的撰述計劃，從事撰述商務館史的工作。

　　對於周道濟的建議，王雲五認爲，爲商務七十年留下鴻爪，確有必要，自己擔當起此責也責無旁貸，即使自己已是衰邁之年，也在所不辭。幾經考慮，愉快地答應了下來。

　　於是，就在《中國教學思想史》的最後一冊剛剛付梓之日起，王雲五便開始搜集一切足資參考的資料，爲撰寫商務的歷史作前期準備。

　　撰述這本書，自一九二一年開始的五十多年，王雲五均已親歷，他又保存有宏富的資料，撰述當沒有問題。但此前的二十五年，他尚未加入該館，未及躬與其事，其當事人或親歷者無一健在，祇能依賴前輩手撰的回憶錄，或距今三十年前對他偶爾的口述，東麟西爪，極力追憶。經過一段時間的思考和整理，這一時期的撰述已渡難關，後面的事情便可漸入坦途了。

王雲五計劃以一年時間完成此書的撰寫工作。

此書書名定爲《商務印書館與新教育年譜》。

王雲五認爲，商務的創辦，實際是受了中國新教育的影響，其間商務的作述和功業，又轉而影響於新教育，這樣合併撰述，以商務的發展同中國的新教育息息相關，連成一條主綫，也可有一個清晰的脈絡。讀者閱讀此書，除能藉此一覘商務過去七十餘年的歷史，其中間屢遭鉅劫，又如何苦鬥復興，維持不墜，同時還能瞭解中國新教育的發展及其與商務的相互關係。

王雲五開始撰寫《商務印書館與新教育年譜》時，已經八十五歲了。

他仍然堅持每天昧爽之時即起，自己親自動手做早點，用過早餐之後，即開始進行撰述，一直寫到上午八、九點鐘。

然而，畢竟是年歲不饒人，此書開始寫作不久，王雲五突然老病發作，每日總是感覺疲憊萬分，每次工作祇能堅持一二個小時，便必須休息時許；竟日還必須睡眠多次，睡睡起起，起而復睡，以至到後來，夜間失眠，從來不知失眠爲何物的王雲五感覺「其苦滋甚」。撰述也祇能時作時輟。尚未寫完一半，即因老病不得已擱筆休息，三四個月後才又恢複寫作。他記得六年前撰述《岫廬八十自述》時，該書的分量和篇幅都與手頭這本書相差無幾，而當時他的精神和體力均非今日可比，全書一百多萬字，一氣呵成，毫不感覺困難，如今，他的神智雖不讓疇昔，精力卻遠不如從前。唉！王雲五嘆道：我確實是老了！

但王雲五仍然「扶病爲之」，每每病情稍有好轉或較爲穩定，又立刻動筆。幸而因爲老病，甚少外出，他得以整日在家裏從事這項工作。雖然每次祇能工作一、二小時，斷斷續續的時間加在一起，爲時也甚可觀。

就在這樣"苦況不堪言狀"的情形下，王雲五終於這年（一九七二年）年底將這部書稿寫完。由於已是扶病寫成，排版後的初校由他自己親任之後，再行詳校就祇好委託他的學生、現任政大教授的王壽南博士代勞，王博士一面在政大執教，一面爲此書校訂，其辛勞至勤，可以想見。

一九七三年三月，這部以王雲五生命作爲代價的嘔心瀝血之作《商務印書館與新教育年譜》終於出版了。

王雲五在篇首寫道："商務印書館是新教育的產物，也是新教育的動力。

"本書將一個出版家的代表與新教育併論，理由是因出版物固可衡量教育的進展，教育也能影響出版物的發達。出版物數量種類之多，固爲進步之徵，然創造性之出版物不僅足以影響後起之出版物，且能及於教育，其關係重大。"

該書共計一百餘萬字。詳略得當，體系嚴整，內容極爲豐富。無疑，它是商務印書館一部重要的歷史資料和記錄，不僅詳儘地記錄了商務印書館七十多年的成長和發展道路，也可以窺見中國新教育的一般發展趨勢；同時，它實際上也是王雲五五十年來的一部傳記，一部天才出版家和學者的奮鬥史，成功史。它忠實而清晰地表現了王雲五作爲一個優秀的企業領導和文化機構的首腦，堅定而卓有遠見地推行科學管理而取得的輝煌業績，記載了他的不同凡響的人生軌跡。從這部書中，我們可以看到中國在本世紀初創建的一個企業是如何逐步走向成功。通讀此書，讀者無疑可以得出一個這樣的結論：商務印書館，中國民營企業的一個成功的典範，一個爲社會作出卓越貢獻的中國企業的榜樣！

四　名譽博士

王雲五在八十歲以後，寫了一部洋洋大觀的著作——《中國政治思想史》，是他一生中可視爲"首出"的鉅著，那是他通過鍥而不捨的艱苦勞動而得來的成果。與此同時，他也接受了一項他平生從來沒有獲得過也從來沒有主動追求過的榮譽——名譽法學博士學位。對此，他甚至連想也沒有想過。

鑒於王雲五六十多年來對學術文化、教育和政治上的卓越貢獻，一九六九年九月，韓國建國大學決定贈授王雲五名譽法學博士學位。

本來，王雲五本着自己一貫的原則，向來不接受這一類的贈授，他一生不要說學位，連畢業文憑都沒有拿過，祇是頑強地在書海中遨遊了七十年，却同時在社會和政府的高層工作了幾十年，同樣獲得了社會的讚譽和尊敬，因此，王雲五對於學位並不怎麼感興趣。王雲五說："我讀書是因爲興趣，不是爲了名，也不是求利。"

確實，如果王雲五醉心於學位的話，遠在四十一年前，他便已經擁有上海某大學名譽文學博士的頭銜了。

一九二八年前後，國民政府規定上海的各私立大學必須辦理登記，其時，上海一所很有名望的教會大學爲了讓教育部取消不准授宗教課程的規定，特別擴大校董會，邀請王雲五和另一位教育界的名人擔任校董，並準備授予王雲五名譽文學博士學位，但有一個條件是：必須向教育部力爭和疏通，以達到取消禁授宗教課程的目的。

王雲五認爲，這樣做"有違我做人的原則"，將這頂送上門的博士帽推了出去。

這次，由於中韓關係密切，王雲五又是中韓文化理事會的理事長，爲了進一步促進中韓兩國兄弟般的友好關係，加之他的及門韓國弟子有許多任職於該國文教界，寄望殷殷，因此，本想拒絕的王雲五，在朋友們的勸説下，接受了這項贈予。

經過聯繫和磋商，王雲五決定於十月十五日前往漢城，參加贈授儀式。

韓國建國大學考慮到王雲五年歲已老，爲便於旅途和生活起居的照顧，請王雲五帶一秘書隨行，並特別説明，來回的機票一概由該大學負擔。但王雲五考慮，帶位秘書，其韓文和我一樣不懂，英文也許還講不過我，如果祇是幫我料理行李，大可不必。他説："如果我帶秘書去，恐怕要我照顧他了！"拒絕了建國大學的盛意，決定獨自前往。

不過，正在撰述《中國政治思想史》惜時如金的王雲五對於前往韓國參加贈授儀式，來回短短的幾天時間，他也認爲是一種無可奈何的莫大的浪費。

王雲五於十月十五日乘飛機飛往漢城。

王雲五儘量省去了迎送的一切禮節，甚至在動身前不讓衆親友獲知此事，以免勞動多人送行，累人累己，祇有韓國駐華大使金信和故宮博物院蔣復璁院長到機場送行。飛抵漢城時，韓國建國大學校長文博士、研究院院長金博士及中國駐韓大使館范公使等在機場迎候。

韓國建國大學舉行的贈授儀是熱烈而隆重的。

十六日上午九時，建國大學的金院長親自到王雲五下榻的延世大旅館迎迓，將王雲五接到該校校長接待室。因該校正停課，贈授儀式就在校長接待室舉行。

建國大學董事長劉博士、研究院長金博士、中國駐韓唐大使、范公使以及該校主要教授等共數十人參加了贈授儀式。

贈授儀式由建國大學校長文校長主持。文校長首先致詞，他稱頌王雲五先生一生在行政、教育、文化方面的功績以及對於學術政治和推進人類文化所作出的卓越的貢獻。

研究院長金博士介紹了王雲五在學術、文化、教育等方面所作出的貢獻。該校董事會主席也作了熱情洋溢的演講。

王雲五也用中文作了《從有關人民的名詞看中國政治思想的演進》的演講。

王雲五演講完畢，建國大學校長文博士隨即爲王雲五在進入校長接待室之前已經爲他穿戴好了的博士服轉撥帽綬，該校劉董事長爲王雲五披上博士坎肩，授給了王雲五名譽博士證書。贈授博士學位的儀式就算完成了。

王雲五改用英語致了答謝詞。接待室裏不時響起陣陣熱烈的掌聲。王雲五與在場的主人和賓客們一一握手。

至此，王雲五在八十二歲時，獲得了他生平第一個學位，戴上了他生平第一次戴上的博士方帽。儘管經他親自執教的博士學生已有十多人，經他親自指導論文的博士學生也有八九人，而在此之前，他自己卻沒有得過一張文憑，沒有拿到過一個學位。

第二天，即十月十七日，王雲五又參加了一個臨時爲他舉行的贈授儀式－－漢城慶熙大學贈授王雲五大學章的儀式。

漢城慶熙大學也是韓國一所有名的大學，該校原來也打算贈授王雲五名譽學位，却被建國大學捷足先登。在獲知王雲五將要到漢城來接受建國大學名譽學位後，不便再給王雲五贈予一個學位，而且，贈授名譽學位須經教育部批准，爲時來不及了，於是，經校長提議，校董會通過，決定贈授王雲五大學章的榮譽。大學章是贈與校外著名的學者或對文化教育有重大貢獻的的人的，不必報經教育部批准。

中國的學者獲得這項榮譽的，王雲五還是第一個。

王雲五愉快地接受了這項榮譽。

贈授儀式別開生面，獨具一格。慶熙大學的尹院長親自到旅館將王雲五迎到學校後，王雲五第二次穿着博士冠服出席了贈授儀式。到慶熙大學時，該校各院院長及著名教授已群集校長招待室熱烈歡迎，唐大使也早已到達迎候。

贈授儀式開始，慶熙大學趙校長用英語稱頌王雲五先生對於學術教育以及政治方面的貢獻，並爲該校未能及時贈授王雲五名譽學位表示遺憾和歉意，然後親自將大學章佩帶在王雲五胸前。

王雲五在致答謝詞之後，又將自己剛剛編著出版的《中國政治思想史》一至六册（第七册尚未及出版）贈給了該校。

隨後，慶熙大學特爲王雲五先生舉行了一場別開生面的中國唐代衣冠表演。

慶熙大學七名師生分穿着中國唐代皇帝、皇后、太子、公主、後妃、內臣和外臣服飾，魚貫走進了招待室的臺前，在唐宮音樂的伴奏下，他們或行或站，或歌或舞，或者組成各種造型，進行了精彩的表演。演員們的雍容華貴和高雅的氣質更增添了贈授儀式的喜慶和歡快氣氛，也給王雲五留下了深刻的印象。從來不進劇院、不看電影、不看戲的王雲五也感覺得到了一次莫大的藝術享受。

　　演出結束後，王雲五與趙校長、唐大使和身着唐代衣冠的演員們合影留念。

　　後來，唐大使告訴王雲五，這種表演，在韓國是一種特殊的禮儀，是對最尊貴的客人才舉行的。無疑，王雲五在韓國享受了該國有關方面最高的敬禮，最隆重的接待。

　　"你看，我這不是好好的回來了嗎？"一回到臺北的寓所，一臉喜色的王雲五高興地對"老太婆"說。因爲，老妻對丈夫八十二歲時獨自一人乘飛機赴漢城不放心，臨走時千叮嚀，萬囑咐，一付憂心忡忡的樣子，王雲五一邊出門還一邊說"放心，放心"，可"老太婆"就是放心不下。

　　見到"老爺子"回到家裏，"老太婆"才算一塊石頭落了地。

　　"也難怪，"王雲五對隨同來採訪的記者說，"在中國古代，如果七十出遠門，說等於帶着棺材走，"王雲五說話一點不顧忌，還打着哈哈笑說，"我已經八十二了！"

　　記者請王岫老重新穿上博士服，以便爲他照一張"博士照"，王雲五欣然答應了。

　　然而，這身博士服穿戴起來相當費事，在韓國，是由工作人員爲他穿戴的。老人家已經忘記了兩天前人家是怎樣替他裝扮的。

　　"這襲博士服價值一百美金，本來應該是由我自己出錢做的，但是，建大很客氣，一定要送給我，我祇好恭敬不如從命。"

　　王雲五一邊穿戴博士服，一邊同記者聊天，"他們來信要我的身材和尺寸，我很慚愧地告訴他們，身高祇有一百五十公分。"說完，王雲五自己哈哈大笑起來。

話說完，博士服也終於穿好了。

"博士袍頂合身，不是嗎？"王雲五身着博士冠服，展示給記者看，"但是帽子太小。他們祇要了我的衣服尺寸，沒有要我的頭的尺寸。他們沒有想到這麼矮個子的人，有這麼大的頭！"說完王雲五又哈哈大笑起來。

戴着鑲綴黑絲絨、藍白緞子的博士袍，頭頂飄拂着黃流蘇的博士方帽，王雲五讓記者攝下了中國一位八十二歲時獲得博士學位的老人的博士照。

面對手捧一本藍絲絨燙金封面的韓國建國大學頒贈的榮譽法學博士證書的王岫老，記者奪口而出："祝賀你，王岫老，你有了一張文憑了。"

王雲五似乎一下子沒有想到，驚訝地瞪着望了記者一眼，接着又哈哈大笑起來。

爽朗的笑聲，震憾屋宇，那簡陋而充塞着知識和智慧的"書城"，似乎都被撼動了。

五　雲五圖書館

有病方知無病福，況復卅年病未嘗，
藥爐茶竈逾半載，悵望何時得健康。

生老病死原常事，祇恨不時入睡鄉，
晝眠夜起真顛倒，廢人半個自悲傷。

　　　疇昔一天萬言稿，如今三月嘆文荒，
　　　二度聚書三萬册，公諸同好勿徬徨。

　　進入八十五歲以後，一向自豪地宣稱自己“一生沒有換過一個零件”的王雲五，也不免老病叢生，身體大不如前。他不得不告別杏壇，告別課堂，告別了他那夢繞情牽的大學研究所的講臺。

　　那牽掛了他大半生的商務印書館也去得少了。他不得不大部分時間就在家裏，將自己關在書房，他已經沒有足夠的精神和體力去參加那些過去他從不缺席的各種會議了。

　　尤其使他感到可嘆的是，原先曾矢志完成的一系列著述計劃，包括擬議中的《中國經濟思想史》的寫作，也由於心有餘而力不足，不得不放棄了。

　　前不久，醫生又發現他患有心臟病，堅囑他“不能勞累”。如今，他就是想“勞累”，也“不能”了，因為，他根本無法勞累。

　　然而，王雲五又是個閑不住的人，體質弱了，記憶力和判斷力仍如往昔，他的大腦每天都在進行積極的運動，積極的思考；仍然在想，想讀書，想寫作，也想社會諸事，甚至他身後的事，都想到了。

　　最近，王雲五想得最多的一件事，就是那些終生與之相伴的他視作自己生命一樣的數萬册圖書，必須在他在世時作出妥善的安排。

　　他是個依靠自學苦讀而成功的人，書與他結下了不解之緣，他一生一世一刻也不能離開書，可以說，沒有書，也就沒有他王雲五的今天。因此，在他離開這個人世之前，他必須爲他一生收藏的這些書找到一個合適而又令他滿意的歸宿。

經過一段時間的深思熟慮，本着“取之於社會，用之於社會”的宗旨，他決定，將他的全部藏書貢獻給社會，而最理想的辦法，莫如成立一座圖書館，安置他所有的圖書，向社會開放，供大衆閱覽。

這座圖書館就叫“雲五圖書館”。

要建立圖書館，必須具備兩個條件：資金和場地。

在王雲五的一生中，教過書，做過官。而做官是發不了財的，他從政界上退下來時，真是兩袖清風，家中除了書以外，一無所有，可是，自從接任商務印書館董事長之後，他的經濟情況倒意外地好轉起來。儘管他的董事長一職是不支領薪水的，可是由於商務營業的暢順和營業額飛速上升，利潤也成倍甚至數十倍地增長，他也因此水漲船高，分得了不少的股息和紅利。他的著作因爲暢銷，也分得了大量的版稅，金錢竟因此源源而來。到現在爲止，他已經有好幾百萬的積蓄了。

至於場地，由於他的圖書珍藏已超過了兩萬冊，他那並不寬敞的家裏已經遠遠放不下。除了書房、臥室和客廳裏都擺滿了書之外，還借中山基金會、商務印書館的倉庫以及政大的辦公室存放了部分藏書。這些書，幾乎每本都極具參考價值。爲此，他以五十六萬元將他住房對面一幢樓房中的底層買了下來，作爲他集中存書的場所。首先對全部圖書進行清理和分類。他準備請一位圖書館學的專家，以兩年半時間完成這件工作。

他還計劃在他和“老太婆”去世以後，將他現在居住的宅屋，翻建成一幢三層的樓房，作爲“雲五圖書館”的永久館址。

　　一九七二年初，王雲五自擬了“財團法人雲五圖書館組織章程大綱”。

　　這個大綱對創設本財團法人的緣起進行了陳述：“本人性喜讀書與聚書，……來臺後，……從事賣文從政及講學，爲供參考，二十年來又陸續聚書二萬册。

　　“現以衰年體弱，謝政後重主商務印書館八年於茲，……收入不薄，總計服務七十年來，惟此時略有積蓄，因決計創設雲五圖書館，除將全部藏書捐入外，另捐新臺幣一百萬元，以充本會之基金。

　　“凡學術團體及各界友好人士願捐助本會基金或以圖書見贈者，一律歡迎，尤望商務印書館顧念本人四度再造該館之勞積，今後所有出版新書，各一部見贈，藉資充實。本人去世後，將另以遺囑方式續捐其他資產，補充資金。

　　“上述資金一百萬元，包括以五十六萬元在本人住宅前面新建洋樓購其底層，另撥本人所有之商務印書館股份二百股實值新臺幣一十二萬元，大同電機公司股份十四萬股，味全食品公司股份一萬股，實值二十萬元，總計一百萬元有奇。所有上開三種股份股息紅利收入，每年在五萬元上下，以供圖書館用人行政及添置新出書刊，業可勉敷應付。”

　　王雲五又指名邀請他的友人和學生阮毅成、王德芳、周道濟、徐有守、傅宗懋、王壽南、曾濟群、張連生、徐應文、陳寬强等十人爲雲五圖書館基金會董事。這些友人和學生都愉快地接受了邀請。

　　這年五月十二日，雲五圖書館基金會舉行第一次董事會，通過了基金會章程，宣告雲五圖書館董事會成立，創設人王雲五自任董事長。按照章程規定，在創設人去世後，由董事會在一個月內以過半數同意票推選適當人補缺。

數日之後，王雲五又指定邱創煥、陳水逢以及他的兒子王學理、王學善爲基金會董事。至此，董事人數共有十五名。

七月五日，臺北地方法院核准"財團法人臺北市雲五圖書館基金會"設立登記。

經過兩年多的緊張籌備和辛苦勞動，一九七四年十月二日，雲五圖書館在中央日報上刊登公告，宣佈雲五圖書館正式對外開放：

　　　　自本年十月二日起，除星期日及例假日外，每天下午一時至七時公開借書及供閱覽，不收任何手續費，亦無須保證，各憑良心維持公益。尚祈鑒察。

十月二日中午，座落在臺北新生南路三段十九巷三號的雲五圖書館前，聚集了不少中青年人，甚至有不少老年人，他們都是得知雲五圖書館今天開始對外開放，前來觀覽的。這些人與其說是來看書的，而更多的人不如說是來一觀他們所景仰的王雲五老人一生的收藏究竟是個什麼樣子，他們是來領略一下這位世紀奇人是通過一些什麼東西才造成了諸多的人間奇跡的。特別是一些中老年人，他們的一生幾乎就是伴隨着王雲五的名字過來的，因而，他們是抱着一種探秘的心理走進雲五圖書館的。

雲五圖書館佔地約五十坪，分地上與地下兩層，地上一層是圖書室和閱覽室，地下是雜誌的收藏和陳列室。

經過仔細的統計和整理，加之兩年來社會各界的捐贈，雲五圖書館的藏書已增至四萬册。這些精美的精神食糧整齊地擺放在書架上，一排排，一列列，一層層，令前來一瞻豐采的讀者們、觀衆們大飽眼福，也確實令人賞心悅目。許多中老年人一邊巡視，一邊嘖嘖讚嘆，透過這些寶貴的珍藏，他們似乎明白了王雲五老人何以能够造成這諸多的人間奇跡的。

確實，無論是中老年觀衆還是青少年讀者，走進雲五圖書館這座知識的寶庫，這個神秘的殿堂，都會領悟一個極爲簡單而又無可辯駁的道理，世紀奇人王雲五老人之所以造成這諸多的人間奇跡，除了他的天才之外，他的異於常人、超於常人的勤奮、苦讀以及拼搏精神是其中一個重要的原因，這是至關重要的。任何人祇要能看完這麼多書，他也一定會有一個焕然一新的精神面貌，一定會做出不凡的業績來的。這一點，已經没有人懷疑了。

許多讀者，特別是青年讀者一走進雲五圖書館，就立即迫不及待地尋找着他們心儀已久的圖書，並立即專心致志地在館內開始閱讀、進修。與進入其它任何一座圖書館不同的是，這裏，似乎每一本書的後面，都站着一位慈祥可親的老人，這位老人是他們崇尚的楷模，是他們心中的偶像，這位老人正是看了這些書之後才成爲今天的世紀奇人的。而這裏的每一本書都是老人讀過或觸摸過的，因此，當他們也在閱讀或觸摸這些書的時候，竟不由得會產生一種奇異的感覺，這種感覺是神聖的，虔誠的，他們和老人在看着同一本書。他們似乎都覺得，他們將來也可以並且能够成爲和老人同樣的人。

當然，進入雲五圖書館的人中，最興奮、最欣慰的，莫過於這座圖書館的主人－－王雲五本人。

這幾天，祇要精力稍好，已經八十七歲高齡的王雲五就會要家人攙扶着，走到位於宅屋對面的雲五圖書館來。

　　雲五圖書館的建立並正式對外開放，了却了他的一樁最大的宿願，他與之終生相伴的數萬册圖書有了一個最適當的歸宿和着落，久懸在他心頭的一塊石頭終於落了地，老人心中感到無比的慰藉和舒暢。走進這座由於書太多而略顯狹窄的圖書館，望着這些熟悉的“家珍”，王雲五心中的感奮和欣慰真是無可名狀，他似乎聞到了一股清幽而雅致的馨香。是的，這的的確確是從那些書中散發出來的。

　　在靜謐而清雅的閱覽室裏，王雲五似乎看到，那每一本書的後面，都站着一個英姿煥發的有爲的青年。

　　老人的臉上，綻開了舒心的笑容。

六　兒女躍龍門　桃李吐芬芳

　　王雲五還有許多值得欣慰和令他舒心的事。

　　除雲五圖書館正式對外開放之外，兒女的進步和他們所取得的成就則是王雲五最感欣慰、最爲感奮的事情了。

　　王雲五共有七男一女，皆學有所成，現各各在臺灣、香港和美國供職，他們不僅能够獨立，而且在所供職的機構皆有優良的表現和奮發上進的精神，王雲五每想到這些，心中總是充滿慰藉之情。

　　最近，小兒學善從美國傳來的好消息，更令王雲五感奮不已。一九七六年一月，學善正式升任第一流大學－－杜克大學醫學院正教授，一月十三日，該校校刊公佈了這一消息。

　　學善的就學途徑充滿了坎坷和艱辛，小學剛剛畢業即因抗

戰爆發而播遷，中學期間更是備嘗艱苦；在臺大醫學院畢業
後，以醫學士的資格赴美實習，在杜克大學專攻精神病科達五
年之久；二十年來，由助教、講師、助教授而副教授，不僅如
此，學善還膺選爲全美精神學院院士，最近，聯邦政府在全國
掄選對精神病學有專門研究的專家五十人赴華盛頓，王學善也
在膺選者之列，並一度應聘爲美國聯邦衛生教育福利部長十二
名專家顧問之一，頗著聞望，有許多學術著作和論文。最近，
又被晉升爲正教授，這在該校尚屬創例，在美國也屬罕見。消
息傳來，王雲五欣慰和感奮不已，填《過龍門》詞一首，以表
喜悅之情：

> 美玉待切磋，俊傑折磨。少時逸樂老奔波。艱
> 困備嘗礪志氣，影響彌多。　廿載甘苦過，沉醉弦
> 歌。名歸實至奈吾何。國際蜚聲憑實學，遠景巍
> 峨。

　　獨女鶴儀，幼患小兒麻痺，小學尚未畢業便無法赴校讀
書，祇好家居攻讀，由母親和兄弟輔導。然鶴儀聰敏過人，矢
志不移，身殘而志堅，學習異常刻苦，進校時間雖不多，卻依
靠自學苦讀，在中英文和書畫方面皆達到相當造詣，其志向和
毅力酷似父親。王雲五在鶴儀身上似乎看到了當年自己的影
子，更是對她呵護有加，關懷備至。
　　然而，由於身患殘疾，鶴儀直到二十歲仍不良於行，不得
已隻身赴美動手術，接連幾次的手術使她經歷了生死和痛苦的
考驗。沒有想到，殘病稍癒又遭車禍，轉使病情惡化。雖然如
此，鶴儀仍以常人所不能想像的剛毅和意志，刻苦學習，並以

未經中等教育的資格直接考入美國的教會大學，以三年時間讀完大學部，又考入哥大專攻數學，取得碩士學位，並因此考入某大公司任統計員，有一份固定的工作和穩定的收入。

　　現在，鶴儀已能獨立生活，並以殘疾之身學會了駕駛汽車，上下班出入可分乘輪椅和自駕汽車。

　　由於她在公司的工作能恪盡職守，做出了出色的成績，最近，鶴儀所在的公司正在裁員，許多員工失去了工作，鶴儀反以優秀的業績升任統計處主任，增加了年薪數千元。這不能不說是一個奇跡。

　　王雲五想起女兒鶴儀，一股溫馨和慰藉之情便會油然而生，他喜而填《畫堂春》詞讚美女兒的品格和精神：

　　　　吾家有女最堅貞，隻身萬里西征。幼年病患實
非輕，不良於行。屢經刀圭手術，居然苦學有成。
殘而不廢令人驚，業績優宏。

　　王雲五的第三代即孫輩也有出類拔萃的人物。

　　二兒學武最小的女兒在NJ州中學畢業時，成績為全州之冠，獲得麻省理工學院接受她從大一直至獲得博士學位為期六年教育的獎勵。經三年學習，已提前獲得化工碩士學位。一九七五年，又有三所著名大學同時以高津貼爭取她入校學習，最後，她選擇了條件最優，每年允給津貼七千元的加州技術學校並轉入該校就讀。經過兩年時間，已讀完全部課程，並通過資格考試，目前正在撰寫論文，大約一二年內即可完成。

　　獲知這個消息，王雲五頗以為快。

　　另一孫兒建業，畢業於香港英文中學，一九六七年隨其父

母從香港移民美國，抵美後即入一所初級大學就讀，二年後畢業時，以優異成績直接升入加州大學，又經過二年畢業，即考入洛杉磯加州大學新設的法學院，經過四載學習，取得法學博士學位，畢業時成績居全班第五名。建業畢業後又通過了美國政府舉辦的專業律師考試，現在美國執業律師，享有很高的社會地位，生活優裕。

正所謂有其父必有其子，有其祖乃有其孫。孫兒如此，作爲祖父，他知悉這些喜訊，如何不會衷心歡喜，快何如之！

一九七六年九月某日的清晨，王雲五接五兒學哲自美國打來長途電話，告知其子春申之妻生下一女嬰。春申自幼在王雲五身邊長大，祖孫倆人感情深厚，如今，愛孫做了父親，也就是說王雲五又當上了曾祖父了。王雲五一聽此訊，不禁喜從中來，因他已有幾個外曾孫，却還沒有內曾孫，今日的喜訊，即是告知他有內曾孫了。當然，至於內曾孫是男是女，他是同等重視的。爲此，他也填《畫堂春》詞一首，以誌慶賀：

> 報道五兒慶抱孫，長孫孫媳掄元。東西兩地喜盈門，男女同尊。　正值三秋佳日，欣逢四代同堂。吾家海外互爭光，源遠流長。

王雲五還有值得欣慰和令他舒心的事。

除了他視爲一生勞積的一部分的數十本著作外，他培養的數十名學生也是他的得意之作！

自執教政大政研所以來，經他教過的學生已有數百，他親自指導論文的碩士生和博士生也有三十多人了。這些學生特別是碩士和博士們，如今已經走上社會，成爲各行各業、社會各界的骨幹份子和中堅力量，有不少已經步入領導階層，主持一個行政或事業機構，更多的則在教育或文化部門執教或負責一個部門的工作。

王雲五感到欣慰的是，每年他的壽辰時，那些壽慶籌備直至舉辦活動似乎已經成爲他的學生的“專利”了。每到此時，那些已成爲各大學的教授、副教授的學生們圍坐在他的周圍，有如衆星拱月一般，大家喝着暖壽的美酒，唱着祝壽的讚歌，壽堂內外洋溢着一片歡聲和笑語。王雲五眼見他所教誨的學生一個個都已成材，他心中的愜意真是不可名狀，也往往興高采烈，談笑風生，豪情溢於言表。

政大政研所的莘莘學子自步入社會，忙於各自的工作，也正好藉這個機會聚在一起，暢叙幽情，傾談各自的工作情況和感想。每到這個時候，學生們無拘無束，王雲五也喜形於色，笑逐顏開。那幕情景，是誰看了都會羡慕不已的。

提起在政大政研所數年攻讀碩士和博士時的學習生涯，想起受教於恩師王雲五的難忘的幸福歲月，許多碩士和博士都有刻骨銘心的溫馨的回憶。有的在畢業後仍始終與雲師保持密切的聯繫，甚至成爲他生活中的“密友”，事業上的親密助手。

徐有守就是王雲五的一位受教並追隨、請益達二十餘年的學生。他一九五四年考入政大政研所，其碩士論文《公務職位分類的理論與方法》是由王雲五指導撰寫的，一九五六年獲碩士學位。由於其頭腦敏捷，筆頭來得快，特別是作記錄異常快捷而準確，爲一般人所不及，頗得王雲五欣賞。

奉蔣總統之命，王雲五負責總統府臨時行政改革委員會之後，聘徐有守爲該會秘書，協助他從事改革會的調查和報告撰述工作。一九五八年，王雲五轉任行政院副院長，徐有守又以行政院參議的名義擔任了副院長室助理，得以能隨時向雲師請益。一九五九年四月上旬，王雲五在副院長任上作僅有的一次單獨環島巡視，在半個月的巡視過程中，祇帶了徐有守一人爲隨行人員。由於徐有守熟悉行政工作，文思又敏捷，對雲師的工作意圖和方法心領神會，得心應手，與雲師配合默契，使王雲五深慶得人。

王雲五在辭卸行政院副院長之職半年後，致力於臺灣商務印書館的振興，並被聘爲董事長。在諸多的改革措施中，即於一九六五年初聘徐有守爲商務印書館總編輯，負責該館的業務，徐有守於是辭去公職赴任。不久，原經理趙叔誠提出辭職，王雲五又聘徐有守兼任經理，將商務印書館的重擔全壓在徐有守的肩上，足見王雲五對徐有守信任之切，期望之殷。

徐有守受雲師的重託，在董事長王雲五的督導下，負責全館的經營與編務，不敢稍有懈怠。由於百事叢集，而事必躬親，每日從早到晚，夙興夜寐，殫精竭慮，工作極爲緊張勞頓，以致數月之後，竟引起全身燒熱，精神煩燥，繼而偏頭作痛，間常痛極而嘔吐，數日一發，實難忍耐。他起初並不介意，以爲隨着時間推移病況會有所好轉，故對此事從不對人言，商務同仁對此均不知曉，而他仍然工作疲累如恒。不料一年以後，病狀加劇，轉爲胸腹時痛，幾至百病叢生。

王雲五偶爾知悉此事後，堅囑徐有守住院詳加檢查。結果却身體完好，並無明顯疾病，僅是因爲過度疲勞，加之時時憂心商務營業，以致精神焦慮，心理負擔過重所致。

徐有守出院後，病況仍有增無已，爲個人的健康，更爲了避免造成商務工作的疏失，經過再四考慮，不得不向王雲五董事長請求辭職休養，並先後在五個月內，每月提出一次辭呈。

　　王雲五對徐有守信任有加，對於他的請辭，初則堅持不允，久之也感到事關健康，對商務也無益，不可相強，於是於一九六七年秋批准了徐有守的請辭。並聘他爲東方雜誌特約編輯，爲該刊寫稿兩年。

　　徐有守辭卸商務之後，在家養疴三個月，諸病多不藥而漸癒。以此，深感自己不能勝任商務營業，而以從政爲終身事業較爲適宜，於是再度服任公職。

　　通過此事，徐有守對恩師王雲五的信任和關愛感激不已。他知道，在“一·二八”淞滬戰爭時，商務全毀於炮火之中，在此後的數年間，雲師致力於商務的復興，別人以每日八小時工作爲最高度，而他每日工作時間竟達十五、六小時，精力仍充沛如常。雲師當年四十七歲，正是他任職商務數月而致百病叢生相近的年紀，兩相比較對照，真是愧惶無已。雲師堅強的意志，以及超人的精力更使他深爲欽佩。

　　金耀基是王雲五政大政研所時的學生，一九五九年畢業時，其論文《中國民本主義思想之研究》就是王雲五指導的。金耀基思維敏銳，學習勤勉刻苦，文章精妙，才能超群，深得王雲五賞識，是他的一員愛將。

　　一九六三年四月，喜逢金耀基新婚，王雲五不但出席了他的婚禮，還興致盎然地做他的證婚人，並撰七律詩一首致賀。詩曰：

　　　　　　同學少年皆不弱，　金生才調更無倫，
　　　　　　欣聞用世璠璵器，　迎娶名門淑慎人。

　　　　共享温馨還戒旦，　能和律呂自成春，
　　　　老夫笑眼看佳偶，　採筆題詩賀令辰。

　　一九六七年七月，商務印書館的“東方”雜誌在臺灣復刊，王雲五即聘金耀基任主編。

　　不久，臺灣商務印書館經理兼總編輯徐有守由於身體的原因，屢請辭職，王雲五不便固留，便有意讓金耀基接任該職。豈料此時，一心想繼續深造的金耀基獲得美國匹茲堡大學獎學金攻讀博士學位，機會難得，如果放棄，年已三十三歲的金耀基恐難有此機會了。在魚與熊掌不能兼得的情況下，金耀基懇請恩師准予他不接受商務印書館經理兼總編輯的職位，甚至辭去《東方》雜誌主編的工作。

　　對於金耀基的選擇，王雲五不但沒有絲毫責怪的意思，而且深表嘉許。

　　此後，金耀基去國萬里，輾轉於美、英各地，後又受聘香港中文大學。王雲五即與金耀基開始了頻繁的鴻雁傳書。

　　王雲五與金耀基的通信內容，或關心學業，或委託搜集圖書資料，或商洽出版事宜，傾談身體病況,個人心事，甚至兒孫事業發展，幾乎無所不談。他們的關係，已經遠遠超出了一般的師生關係，字裏行間洋溢着一位師長兼父輩對後學和晚輩的殷殷之情和拳拳愛心。

　　一九七五年七月九日，是王雲五八十八歲生日，政大政研所的研究生們依照慣例以茶會爲王雲五祝壽。近幾年來，王雲五的身體一直不太好，可是在八十八歲壽辰前後幾個月內健康情況却極佳。祝壽茶會的會場設在臺北市金華街政大公共行政及企業管理教育中心的三樓會議室。這天，欣逢壽辰的王雲五竟能健步登上三樓。茶會原預計一個小時結束，由於王雲五情緒極佳，侃侃而談"生與死"，講述八十多年中經歷過的"九死一生"，歷時二小時而毫無倦容。參加祝壽的學生爲示慶賀，決議共同出版《我所認識的王雲五先生》一書。

由於王雲五交遊滿天下，若公開徵稿，來稿數量可能極多，將導致卷帙浩繁，篇幅過大，編輯和印刷的費用將會産生困難，爲此，決定徵稿範圍限於政大政研所一九六八年以前王雲五的受業弟子們自行撰稿。至於對王雲五師生關係之外和六十七歲以前的的事功，則特別約請極少數幾位政大政研所以外和王雲五有密切關係的人士來撰述。同學們又公推長於史學，辦事篤實而負責的王雲五的高足王壽南博士負責集稿編輯。

遠在英國劍橋大學進行研究的金耀基得到邀函，也欣然爲該書寫了《我所認識的王雲五先生》一文。

一九七五年底，《我所認識的王雲五先生》由臺灣商務印書館出版。該書由王壽南主編，楊亮功題署，收入楊亮功等四十二位王雲五的學生及友好撰寫的文章共四十六篇。王雲五親爲該書撰序。

《我所認識的王雲五先生》構想十分新穎，内容也十分豐富充實，與其説各人撰述的衹是他們自己的親身所歷所見和所感，衹是王雲五一生經歷的一個片斷和花絮，合在一起，便蔚爲大觀，實在是王雲五一生輝煌歷程的一篇歷史證言。

這本新穎的著作出版後，在社會上引起了極大的和極佳的反響，王雲五也異常珍愛它。

一九七六年三月十六日，金耀基在英國收到臺灣商務印書館寄來的有王雲五親筆題字的《我所認識的王雲五先生》一書後，給雲師來信説："吾師親筆題字，彌足珍貴。吾師所作長序，不止文彩煥然，而龍飛鳳舞，書法尤爲精妙，撫書思人，如回吾師左右，余平生知遇，當以師爲第一人，浩浩師恩又豈‘短文’所能表達於萬一。”

在信中，金耀基還向雲師匯報了他在英國劍橋大學研究的情況和將赴德、美兩國講學的行止安排。

三月二十五日，王雲五即致函在英國的金耀基，感謝他的“遠承存念，欣慰無已”。王雲五還毫不掩飾他對金耀基《我所認識的王雲五先生》一文的欣喜滿意之情。他說：“通讀諸文，雖互有特色，然文章之典雅有力，實推同學之文爲最”。他還誇獎金耀基“赴德講演，嗣又應聘爲美國最著名之麻省理工學院客座研究員，實爲最大之榮譽，實至名歸，信不誣也。”

在信中，王雲五由學生的卓然業績而聯想到自己的兒孫，於是在信中充滿喜悅地談到了“小兒學善”、“老二之最小女兒”在美國學有所成、業績優異的情況，然後說，“雲頗引以爲快，同學誼屬至交，敢以告此，想亦爲所樂聞也”。

確實，在王雲五的眼裏，像金耀基這些學生，已經不僅僅是他的學生，而是遠遠超出師生關係的“至交”，是他的親人。在他的心中，他早已把他們看成是他的兒女了。

遠在美國的胡述兆也是他的這些“兒女”中的一個。

胡述兆是江西新喻人，原在江西中正大學化學系讀書，一九四九年隻身一人來到臺灣，因生活貧困，無法繼續讀完大學，在就業數年後，一九五三年考入臺大法律系，一九五七年畢業後，又考入政大政研所，成爲王雲五的門生，開始了他多姿多彩的人生。

　　一九六0年夏，胡述兆取得政大政研所的碩士學位，其碩士論文《美國參院批准條約權的研究》的指導教師便是王雲五。由於符合報考高級研究生（博士）的條件，便申請攻讀政研所的博士學位。

　　八月底，博士班的招生放榜，胡述兆又被錄取。其攻讀的博士論文爲《美國參院官員任命同意權的研究》，王雲五又是指導教師之一。胡述兆便一心投入了博士學位的研習之中。

　　在放榜之前，政大教務長羅志淵教授告訴胡述兆一個信息。他説，國民大會剛剛成立一個憲政研討委員會，爲了對國大代表提供憲政研討資料，該會秘書處決定設立一個編輯科。科長一職，據該會副秘書長面告，擬請政大在政治研究所的畢業生中推薦。但有一個條件，被推薦的人，必須是大學法律系畢業，並已經過高等考試及格，具備國家公務員的任用資格，以便於進行公務。羅教授説：“你剛好符合這三個條件，在今年畢業的碩士生中還祇有你一個。如果你願意去的話，我就向國民大會推薦，如何？”

　　胡述兆一心想讀博士，在博士班沒有放榜之前，暫不願考慮這一職務。開學後不久，胡述兆聽説，那個編輯科長的位置至今仍然懸缺，一直沒有找到他們所需要的人選，有些心動了，便徵求教務長的意見。

　　羅教務長説：“你現在已是政研所的高級研究生，首先應該去徵求你的指導教師王雲五先生的意見。”聽了羅教務長的建議，胡述兆不知道當説不當説，拿不定主意。爲此，他先去找了鄒文海老師徵求意見。鄒先生熱情支持胡述兆的選擇，鼓勵他去找王老師商量。

　　於是，胡述兆鼓起勇氣去請示王雲五先生，他不知道雲師會作出什麼反應，如何進行答復。

　　沒有想到，聽了胡述兆的情況介紹和他的想法，王雲五竟熱情地爲胡述兆想了一個兩全之策，他説：“國民大會秘書處編輯科剛成立，工作一定很忙，博士班第一年的功課也很重。要想兼顧實在很難。我看，你不妨休學一年，先去試試。一年以後再作下一步的打算。”

　　王雲五爲學生考慮如此細密周全，令胡述兆胸中湧出一股溫馨感激之情，真有一種面對慈父的感覺。

　　一九六〇年十月底，胡述兆辦理了休學一年的手續後，正式到國大秘書處就職。一年以後，他已經熟悉了國民大會秘書處編輯科的工作，獲得國民大會和政研所的同意後，便一邊擔任編輯科長，一邊回到政研所繼續攻讀博士學位，又開始了與雲師的密切交往。

　　王雲五對各位高級研究生的指導研究，包括授課在內，因爲人數不多，或在校內，或在家裏。特別是在擔任行政院副院長期間，上班時間要忙於公務，對高級研究生的指導幾乎全部是在家裏進行的。由於撰述博士論文的緣故，胡述兆也經常到雲師家裏去請教。

　　在王雲五家遇到的一件事，給胡述兆留下了深刻的印象。

　　胡述兆以及政研所的高級研究班學生都知道，王雲五向來是晚上八、九點就寢，清晨三時左右即起，每天自三時至八時，是他讀書寫作的時間。因而，學生有事要去見他，必須在早上八時以前，因爲他晚上須早睡，早上八時以後又要去上班，均不合適，所以，每次去雲師家請教，都要鷄鳴早看天。甚至不僅僅是他的學生，就是政府的高級行政官員要到他家拜訪請示，也必須遵循這個規律。

　　那一次，胡述兆因爲博士論文的幾個問題要向雲師請教，由於計算了等車、轉車和路上的時間，這天，胡述兆不到六時便出門了，從政大前往雲師家。這天，胡述兆到達王雲五位於新生南路三段十九巷八號的雲師寓所時約爲早晨七時左右。

　　通常情況，如果王雲五沒有重要的事情，照例是由他的司機應門，然後將客人延入大門右側的書房外的小客廳，同他交談。這天，大概王雲五正在處理某件事，司機開門後，要胡述兆到客廳稍等，於是，胡述兆静静地坐在客廳等候。

　　剛坐下不久，又有兩位先生相繼來到。胡述兆認出，一位是當時的財政部長嚴家淦，另一位是經濟部長楊繼曾。他們大概有要公要立即與王雲五商談，所以等不及八時以後到行政院去，然而，這兩位要人也和胡述兆一樣，被延入客廳等候。見到嚴、楊二先生進來，胡述兆的第一個反應就是，今天行政院可能有重要事情，他請教博士論文的事情恐怕談不成了。但他仍然坐在那裏，等候雲師的安排。他甚至作好了思想準備，如果雲師先請二位部長進去談公事再來解答他的論文問題，他也覺得沒有什麼不妥。畢竟他的問題不是很緊迫的事情。

　　數分鐘後，王雲五從內書房走進客廳。令胡述兆沒有想到的是，王雲五先向兩位政府部長告罪，然後笑着對他們説：“這位胡同學從木柵政大來，與我討論他的論文。我們很快就完，請兩位稍等。”然後，就將胡述兆延入內書房，耐心地聽完“胡同學”提的問題，又耐心地進行了解答，一點也沒有催促或草草解決的意思。倒是胡述兆見外面有兩位政府部長在等候，怕耽誤他們的公事，本來他有好幾個問題要向雲師請教，爲避免兩位部長久候，祇好趕緊草草結束。然而，王雲五師對學生的愛護之殷，給胡述兆留下了終生難忘的印象。

　　由於胡述兆在政大的博士論文題目是《美國參院官員任命同意權的研究》，而當時國內在這方面的資料却極爲有限，爲此，他亟想到美國去進修一年，順便搜集論文所需的資料。此舉也得到了王雲五師的支持。

　　一九六二年，胡述兆費盡了周折，辦妥了自費去美國留學的護照。赴美後先在哥倫比亞大學攻讀美國政府，其後改念圖書資訊學。一九六七年，胡述兆應聘至賓州的聖佛蘭西斯大學任教，講授圖書館學與政治學。在長達近二十年的時間裏，與恩師王雲五保持了密切的聯繫。

　　一九七二年七月六日，王雲五寫信給胡述兆，函中説明了他的身體近況：“雲年來衰老，心臟衰弱，而食少事繁，能活多久，不敢自信。然八十五年來，總算沒有偷懶，不敢言功，畢竟尚有微勞，尚無遺憾。”

　　王雲五在詳告他成立“雲五圖書館”的經過之後，託胡述兆購買美國哥倫比亞大學出版的《中國名人錄》中列有王雲五詞條的一册書，並聲明，“需款若干，當即奉繳”。

　　收到雲師的信，感於雲師捐獻圖書館的義舉，胡述兆立刻購買了該書全套共四册，贈送給“雲五圖書館”。並於這年寒假，趁與夫人吳祖善回家探親時，將載有雲師傳記的第三册隨身帶在身邊，到臺北時面呈給恩師。

　　闊別十年，王雲五見到了遠行的學生，就像見到了久別的遊子，欣喜之情，真是無以言表。在與學生的數次聚談中，王雲五表現出了極高的興致和極好的精神。他送了許多有他簽名的自己的著作，並就“雲五圖書館”的組織、編目分類以及將來的展望，向已成爲圖書館學專家的學生請教和探討。

　　胡述兆在離臺返美去向恩師辭行時，年屆八五的王雲五站起來送別學生，神情有些凄然地説：“這恐怕是我們最後一面了。”遠行的遊子胡述兆聽了，心裏甚爲難過，馬上對恩師説：“老師千萬不要這樣説，你九十大慶時，我會再回來爲你老人家祝壽。”

一九七四年，在聖佛蘭西斯大學服務滿七年的胡述兆照規定可以休假一年，然而，鑒於該院有一個特別的規定，不管你拿到多少碩士學位，也衹能到副教授爲止，要想升正教授，非獲得博士學位不可。因此，已經取得五個學位（一個學士、三個碩士和一個高級碩士）的胡述兆儘管不想再讀書了，儘管其時他已四十八歲了，仍然決心利用這一學年的假期，加上前後兩個暑假的時間，找一個學校去讀博士。正巧，佛羅里達州立大學答應給他一年的全部獎學金，於是，胡述兆又踏上了求學深造的道路。

一九七七年四月，胡述兆的博士論文撰寫完畢，衹等口試通過，即算大功告成。王雲五在得悉這一消息後，欣喜異常，以九十高齡，寫信給胡述兆表示慶賀。他在信中説：“聞吾弟博士論文業已寫就，並得主任教授美評，口試定能通過，毫無疑義，果爾則吾弟將爲留美萬千同學中首得圖書館學博士之一個，可喜可賀。……”

出身農村、家境貧困的博士陳水逢在談起他的受業經歷和過程時，深感雲師對他的循循教導和儘心培育，除是一位嚴師外，有的時候，倒更像一位慈父。

由於出身農村，陳水逢養成了率直的個性和勤奮刻苦的頑強毅力。他深知，以他的條件，衹有通過比別人付出更多的勞動，才能獲得豐碩的成果，因此，一九五八年考入政大政研所後，他以超常的毅力和奮發的精神，以優異的成績獲得了碩士學位。一九六一年夏，又順利通過了政大政研所高級研究生的甄選考試，開始了攻讀博士的艱苦歷程。

陳水逢在申請讀博士之前，曾就自己的博士論文選題徵求過雲師的意見，王雲五根據陳水逢熟悉日文的條件，建議他繼續研究日本問題。幾經斟酌，選定爲《中國文化之東漸與唐代政教對日本王朝時代的影響》。王雲五並答應做他的論文指導教師之一。

陳水逢在攻讀博士期間，充分顯示他出身農村的堅強和吃苦耐勞，在兩年多的時間裏，他每天除了上課或到圖書館閱讀參考資料外，其餘時間幾乎全部在自己那間四個半榻榻米大小的寢室兼研究室閱讀群籍，撰寫論文，每天的睡眠時間還不到四、五個小時。以此，在不到兩年半的時間裏，便修完了十個學分，撰寫了近一百萬字的論文草稿。

當陳水逢決定把論文油印本提出申請校方審閱時，不明實際情況的王雲五起初對陳水逢如此“快手”感到驚訝，繼而一再勸陳水逢把提交論文的時間推後一至兩年。因爲一般修習碩士學位者大約需要二、三年，修習博士需要五、六年，陳同學在兩年半時間就將博士論文提出，無疑會使審查教授有急就章之感，造成先入爲主的草率的印象。

然而，當陳水逢將自己兩年來的學習情況、他每天的作息起居等據實向雲師報告之後，王雲五受到了深深的感動，他直覺，對於這樣一個奮發努力，勤奮刻苦的學生，不能用常規的尺度和標準來衡量和要求，他滿口答應將論文提出審查。王雲五説：“你每天用在研究閱讀的時間，等於一般同學的兩倍，甚至三倍，兩年時間已經等於一般同學的四年或者五年。你這種學習精神，不僅應該肯定，而且應該嘉許。對於特別努力、分秒必爭的青年，不應拘於成規，而應該得到特殊對待的。"

　　陳水逢家境不佳，暑假農忙時，全家都忙於農事，包括年邁的雙親和寡嫂，甚至幼年的弟妹也要下田幫忙。陳水逢無論是暑假或寒假返家，也都要隨父母下田做苦工和農活，並習以爲常。每當假期結束回到臺北，陳水逢總要去看望拜謁雲師，而當王雲五看到陳水逢曬黑了的臉孔，變得更加粗糙的手掌，又進一步瞭解了陳水逢的家境和生活之後，總是一再叮嚀他，不要因爲下田做工弄壞了身體，要注意休息和調養。

　　確實，王雲五通過陳水逢，似乎又看到了年輕時自己的影子，對於這種窮且益堅，其志彌高的奮發精神，不低頭、不氣餒的堅強意志，他向來是非常讚許的。

　　"水逢同學，多努力吧。古語曰：將相本無種，男兒當自強。你一定會有一個遠大的前程的！" 王雲五握着陳水逢的手，勉勵說。

　　直到陳水逢畢業後走上了社會，王雲五還以有這樣一位堅韌不拔、矢志不移的學生感到欣慰，往往一有機會便說他有一位非常能吃苦耐勞的農夫博士弟子陳水逢，甚至經常以陳水逢爲榜樣來勉勵後期的學生，希望他們也能像陳水逢一樣，刻苦努力，奮發向上，才是中國青年應具備的品德和精神。

　　王雲五曾經親筆書寫他的一首詩贈給他的學生：

　　　　　　處世若壯遊，　胡爲不勤生。
　　　　　　壯遊不易得，　豈宜虛此行。
　　　　　　偶爾一回醉，　終日須神清。
　　　　　　雪泥著鴻爪，　人生記里程。

豹死既留皮，人死常留名。

盛名皆副實，人力勝天成。

人人存此念，　大地盡光明。

一九六四年十一月，陳水逢的博士論文通過教育部主持的博士學位論文審查口試後，王雲五欣喜之極，興之所至，賦詩一首，作爲勉勵。

《喜闻及门陈子水逢博士通过博士学位试並勗前途》：

執教政研滿十年，　及門博士周子先。

寒窗幾究逾十數，　論著完成僅三篇。

唐代文明東瀛漸，　陳生毅力針硯穿。

學無止境須記取，　前途猶遥待加鞭。

王雲五又題贈"邦家之光"橫匾一塊，以表示對陳水逢以農家出身而獲取博士學位努力奮發精神的鼓勵、讚賞及殷殷厚望。

對於恩師王雲五，政治研究所學生王壽南有着更深的感觸。王壽南是福建崇安人，生於一九三五年。他於一九五八年秋臺大歷史系畢業後，考入政大政研所。在政研所五年的時間裏，他的碩士論文《歷代開國帝王研究》和博士論文《唐代藩鎮與中央關係之研究》都是由王雲五指導或參與共同指導的。

進入政大政研所不久，王雲五便要王壽南擔任其長孫春申的家庭教師。以此，他每星期都有二至三次到雲師家裏去，自然與雲師見面、談話的機會也漸漸多了起來，接觸也更加密切，他對雲師的瞭解也就更多、更深刻了，也更加敬佩了。因爲這個原因，他對人生的態度也受了王雲五師很大的影響，養成了積極地對待人生，嚴謹認真、踏實縝密的做學問態度，深受王雲五賞識和器重。在王雲五的眼裏，他是個"篤實而負責"的研究生，是個適宜做學問的人，故而他獲得博士學位後，即受聘政治大學歷史系，後由於優異的教學成績而被聘爲教授，直到升任歷史系主任、研究所所長及文學院院長。

王壽南知道，王雲五師在晚年有一件一直想做並也確實在做的事便是撰寫年譜，却由於一些說不清的原因中斷了。在王雲五去世後，一九八四年，編撰出版一部王雲五年譜的事便被他的兒女、朋友、同好、學生提了出來。這件事理所當然地落到了王雲五的高足、出身於臺大歷史系而後在政大歷史系任教的王壽南肩上，雖然王壽南工作極爲繁忙，但想到和王雲五師那份難得的感情以及雲師那個未了的心願，王壽南便毅然承擔了這項工作。

工作雖接了下來，但困難是可想而知的。王雲五的人生歷程極其豐富，接觸的人與事太廣，要涉獵的資料太多，要在王雲五百年誕辰之前的三年時間完成此任幾乎是不可能，然而，此年譜又必須趕在這天出版才有意義。爲此，王壽南幾乎是夙興夜寐，日夜趕工。

王雲五的自撰年譜祇寫到一九六六年七十九歲便中斷了，何況，那份年譜還凌亂不堪，殘缺不全，而新編年譜也不能照抄自撰年譜。爲以優秀的質量完成年譜的編撰工作，王壽南除利用王雲五留下的資料外，還向行政院、考試院、國民大會、故宮博物院、中山學術文化基金會董事會、國立政治大學、臺灣商務印書館等十多家行政、學術、文化機構查閱檔案資料，並向王雲五的親友徵集資料。

在諸多熱心師長、友人的幫助下，一部近二百萬字的四卷本《王雲五年譜初稿》終於在王雲五百年誕辰的一九八七年六月正式出版。

《王雲五年譜初稿》以編年體方式記述了王雲五一生的事跡，史料翔實，內容豐富，脈絡清晰，記述適宜得體，是研究王雲五一生的一部重要專著。

“篤實而負責”的王壽南爲他的恩師做了一件實在而綦重的事情。王雲五如地下有知，也當含笑於九泉。

是的，王雲五對他的學生所取得的一切成績都是“可喜可賀”，感同身受的，特別是那些鍥而不捨，在學業上精益求精的學生，他覺得更加難能可貴，因爲，他自己的一生就是這樣過來的。學到老，做到老；衹有前進，沒有後退，就是他一生行爲的生動而質樸的寫照。正如他在八十九歲時寫的一首《少年遊》詞所說的：

　　　壯遊萬里氣如虹，萬卷讀書同。嶺峻山叢，竹修林茂；踴躍進行中。　少年字彙無“難”字，有始須有終。映雪囊螢，臥薪嘗膽，矢志竟全功。

當然，要說遺憾，王雲五也有遺憾的事情。

在他的心底深處，有一件無法排遣的心願無法得到實現，那就是，他多麼想回到大陸，回到家鄉去看看，看看那些他曾經度過少年時代的泮沙鄉村、街衢，看看自小寄身、啓蒙始業、滯跡達二十多個春秋，又經過小別，爲待候雙親，襄讚文化，留下半生足跡的上海，看看那些華夏的名勝和他曾經無數次流連過的；那些地方曾是他苦學、奮鬥和拼博的戰場，是他抒豪情，寄壯志，展露胸懷的舞臺；那些地方曾經灑下過他的心血和汗水，曾經留下他疾步奔走的足跡；甚至留下過他的屈辱和痛苦的回憶……

然而，百無一用是書生，即使是名垂遐邇的王雲五，也祇能將這個願望深深地埋藏在心底，在夢中進行故地重遊。

有時，百無聊賴之時，他的大腦却異常活躍，他會情不自禁地將這些夢境化作他筆下的詞句。

思念起杭州西湖的白堤與蘇堤，岳墳和蘇小小墓，靈隱寺前的飛來峰，他作《柳梢青‧憶西湖》詞：

> 吳山立馬，西湖環眺；二堤居下。紅粉精忠，同留佳話，同入視野。 泛舟旁繞三潭，看月印。縱觀遠景，峰號飛來，塔鎮精怪；誰識真假。

想起南京的玄武湖，王雲五更加心馳神往，他作《南鄉子‧憶金陵》詞以抒其懷：

> 美景不勝收，郊外名湖號五洲。響晚驅車欣賞去。舟舟！素識榜人欸我優。 週日登山遊，遍地楓紅便知秋；如火如荼迎眸耀。憂憂！待得春來定去留。

重慶和成都，是抗戰時期他曾經拼博和奮鬥的地方，物質條件雖備極簡陋，工作也異常艱難，却令他難以忘懷。因爲，在那裏，他更加體會到了人生的的價值，更加感受到了拼搏和奮鬥的快樂和幸福。他又作《過龍門·憶渝州》和《漁家傲·懷錦城》抒發自己對這兩地的追思：

> 寄寓在高山，四望闌珊。千坡百折任往還，徒步登臨一白首，自恃體頑。　偶往北温泉，風景鮮妍。浴罷飄飄地行仟。携手漫遊清静地，塵慮盡蠲。

> 白帝城郊風景異；瞻仰丞相祠堂器，俯察薛濤井邊地。千古事，老臣名妓不相避。　把酒論人孰賢否？流芳遺艷同一死，佳話流傳垂青史。泯彼此，供人憑吊殆相似。

唉，一切都已成過去，往事如烟，逝者如斯，王雲五慨嘆自己縱然是壯志衝霄漢，到了這個年紀，老且病體，也祇能在書城裏空懷一腔熱血，想到這裏，他又作《解佩令·傷老病》詞，算是對自己的一種解脱和歸結罷：

> 四年抱病，午夜夢醒；把平生學行溯究竟。有限餘生，恨祇恨，未能起勁。惜流光，寸陰是競。

> 年年歲歲，逝水如斯。欲挽留，水月花鏡。悵望前程，且寬解，聽天由命。覓歸途，夕陽掩映。

儘管王雲五已是“夕陽掩映”，儘管如王雲五所説，“虚度年年如舊”，轉眼間，已是一九七七年春夏之時，這一年的春夏無疑會出現一個不尋常的日子－－王雲五的九十壽辰就要來臨了。

　　早在去年十一月，因爲父親和爺爺明年逢九秩壽辰，旅居香港及美國各地的兒孫們多擬在壽辰時返臺慶祝，在香港的五兒學農首先表示了此意。王雲五接函後便立即致信勸阻。

　　王雲五考慮，與其讓兒孫四五家耗費大量旅費，同時來臺祝壽，不若化整爲零，從六月上旬至八下旬，兩月之間，排定時日，每家在臺小住旬日或半月，並且最好是一家之中也化整爲零，這樣，歡敘之時日較長，且可省去旅居旅舍的費用和種種不便。

　　一九七七年五月，遠在美國的學生胡述兆來信稱他要實踐一九七三年回國時對雲師的諾言，“如論文順利通過，並無其他特殊事件發生，則可望七月間專程回國爲我師祝壽。”王雲五收到信後，立即回函，“吾弟意欲於通過口試後專程返國致賀，萬不敢當，千乞取消是議，切盼，切盼。”

　　然而，熱情洋溢的祝壽活動早在年初就已經悄然開始了。

　　二月四日，旅美畫家葉醉白（錕）寄來函件，特獻“高風圖”畫一幅，寓高山仰止之意，爲王雲五祝壽。

　　四月初，已經獲得美國法學博士的孫兒建業偕其妻自美國來臺探望祖父母，並爲祖父慶壽。建業夫妻在臺小聚一週，令壽星老人欣喜異常。

　　五月中旬，旅居美國的學生胡述兆在動身返臺爲恩師慶壽之前，特購買一套共二十鉅冊的《國際百科全書》寄贈“雲五圖書館”，作爲壽禮。王雲五得訊，回信稱謝，“厚誼盛情，銘感無既”。

　　六月一日《東方》雜誌副刊的第十卷第十二期刊登王雲五撰《九秩百咏》詩，這一百首附有詳註的七絕詩記述了他從兒時到九旬之際的一生大事，可以說，實際就是王雲五以詩歌形式的一生自傳。王雲五一生的足跡和事功有了一個清晰的軌跡和輪廓。

進入七月，王雲五九十壽辰臨近，各報開始報道有關王雲五壽慶活動的消息和關於王雲五的專訪稿件。

七月十日，《大華晚報》刊出該報記者程榕寧所撰《王雲五九十初度》訪問稿。

七月十一日，臺灣《新生報》刊出該報記者楊艾俐所撰《王岫老將於本月十六日歡度誕辰，海內外門生發起百書獻壽活動》專稿。

七月十二日，《中央日報》刊出該報記者胡有瑞所撰《學術界的奇人－－王雲五》訪問稿。

七月十五日是王雲五九十壽辰的前夕，商務印書館舉行的活動使王雲五的壽慶活動出現了一個小小的高潮。

這天，商務印書館同仁在“雲五大樓”擺下壽宴，爲王雲五暖壽，該館爲王雲五所塑的半身銅像也同時舉行揭幕儀式。

這天，出席暖壽宴會和揭幕儀式的除商務同仁外，政大政研所畢業生、王雲五的高足傅宗懋、徐有守、陳寬強、王壽南、陳水逢、曹伯一等應邀參加，專程從美國和香港回來祝壽的胡述兆教授和時任香港中文大學新亞書院院長的金耀基也作爲貴賓應邀出席。

這天，壽星老人王雲五精神極佳，顯得非常興奮和喜悅，他身穿灰布長袍，腳着黑布鞋，拄着拐杖，端坐在上首，微笑着接受晚輩和學生們的鞠躬禮，壽堂內洋溢着一片喜慶的氣氛。

王雲五的半身銅像由壽星老人揭幕，當王雲五由人攙扶着緩緩揭下紅色的絨布時，四周響起了熱烈的經久不息的掌聲。

銅像安置在"雲五大樓"的門廳之內，任何人祇要走進"雲五大樓"，便立刻可以看見雲五老人剛毅和慈祥的面容，似在向你微笑招呼，也似在鞭策你、激勵你刻苦學習，努力精進。年輕人看見他的睿智而堅毅的眼神，也許還會增加一點自強不息，奮鬥成功的精神和信心。

銅像的底座前方，鐫刻着一篇大約二百來字的行書銘文，這是根據王雲五本人的意見，由商務印書館總經理張連生商請王雲五的門生金耀基撰稿並親筆書寫的。銘文如下：

> 王雲五先生，號岫廬，公元一八八八年生，先生出身於平凡的學徒，自強不息，以牛馬駱駝之精神，苦鬥不懈，終成一代奇人。先生在學術文化政治教育上獨特之貢獻皆已化爲時代共有的資產。惟千百年後，先生仍將被記得他是萬有文庫的主編者；四角號碼檢字法的發明人；現代科學管理之先驅；雲五圖書館之締造人；商務印書館的偉大鬥士與化身。王雲五三個字已成爲一空無依傍的人，憑一己之努力攀登社會顛峰的象徵。人生如壯遊，雲老九十年的壯遊，在歷史上已留下了無數的足印，但他還計劃着明日的旅程。

> 丁巳六月臺灣商務印書館全體股東敬獻
> 門人金耀基恭撰並書

起初，文章敏捷精妙，素有快手之稱的金耀基剛接到張連

生來函要他寫此文時，嚇了一跳，當即打電話給張總經理堅
辭。他説，非不爲也，是不能也。經過幾番勸説和推辭，張連
生乾脆言明，這是雲老自己的意見。金耀基才無話可説了。

　　爲完成此文，金耀基真煞費了不少腦筋，他有一種"一部
二十五史，不知從何説起"的感覺。經過冥思苦索，這篇二百
零九字的文章，竟費了十天時間，用了幾個漫漫長夜才寫成。
自認爲是他從會作文以來，寫得最慢，也最無信心的一篇。文
章寄出以後，他還附呈雲師一函，誠摯表示，文或書或二者皆
不妥，即請在所餘期間內，另請人寫撰。

　　沒有想到，文章寄出之後，即接到張連生電話説，雲老看
了以後很欣賞，很滿意，已經拿去鎸刻了。

　　果然，又過了幾天，又接到了王雲五師給他的一封信：

　　　耀基同學：昨由商務轉到 手書，獲讀所爲文，
　　敬佩無量，以短短二百言，描述雲五九十年生涯，重
　　要言行殆皆具備，至扼要而有力，堪稱能手，書法亦
　　甚秀麗，是文可謂不朽之作，雲五得藉此而名垂不
　　朽，幸何如之。匆復道謝，順頌
　　撰祺！

　　　　　　　　　　　王雲五　五月十六日

　　收到此信，金耀基心裏一則以愧，一則以喜，算是向老師
交了一份滿意的答卷。

　　由於金耀基和胡述兆都學有所成，專程從海外回國來爲老
師祝壽，爲此，司儀特別要他們二人與雲師合影留念，於是，
他們分別站在王雲五老師身後的兩側，王雲五也笑咪咪地欣然

與兩位高足合影，留下了一張珍貴的相片。

在王雲五九十壽辰來臨之際，總統嚴家淦於壽辰之日的頭天上午九時親到王雲五的寓所道賀。

七月十六日，舊曆的六月初一，是王雲五九十壽辰，這天，王雲五的九十壽慶活動達到了高潮。

上午十時，王雲五的親友、門生以及名界人士一千多人，聚集在位於臺北延平南路三軍軍官俱樂部設置的壽堂內，爲"國之大老"王雲五拜壽。行政院長蔣經國、總統府資政張群、陳立夫、考試院長楊亮功、監察院長余俊賢等都親至表示祝賀。壽堂內顯得極爲熱鬧歡愉。

根據中央日報第二天刊出的有關王雲五九十大慶祝壽活動的報道，簡述如下：

上午，設在三軍軍官俱樂部的壽堂，充滿了喜氣，壽堂中央爲嚴總統所贈的"碩學遐齡"壽軸，旁邊是行政院蔣院長致贈的"碩德大年"，另外還有張群、楊亮功、陳立夫、余俊賢等的祝壽詞。壽堂前爲九層高的生日蛋糕，上面插滿了蠟燭，九個大紅色的壽字，周圍都鋪滿了鮮花及松柏。

壽星王雲五更是精神奕奕，笑容滿面。他身着深藍色長袍，胸前掛着紫羅蘭花，在祝壽歌聲中，由張群攙扶着，步入壽堂。親友們都以熱烈的掌聲向他致賀，接着大家並以三鞠躬向他拜壽，王雲五同時向大家致謝。

張群與王雲五具有親戚兼朋友的情誼，昨天特別被親友們公推在此項盛會中致詞。

張群指出，王雲五以苦學成名，歷史久遠的商務印書館，是他畢生事業所寄，但他也曾以學者從政，擔任過政府中許多重要職務；同時又是名教授，著作等身，桃李滿天下，對國家社會的貢獻極多。

張群認爲這位學貫中西的名人，特別值得稱道且足爲大家楷模的，是他治學與待人治事的精神，這也是他在學術和事業上獲致高度成就具備的條件。

他指出，王雲五出身寒素，幼年體弱多病，在畢生爲事業奮鬥中，更是"躬歷之挫折，不勝枚舉"；孟子所説"天將降大任於斯人也，必先苦其心志、勞其筋骨、餓其體膚……"，正是對雲五先生生平的最切合寫照。從他的生平，我們可以相信，一個人事業的成就，固需堅苦奮鬥，就是身體的健康，也同樣需以奮鬥精神去磨煉。

張群説，雲五先生雖進入九十歲，但仍孜孜不倦從事寫作和事業，真可謂老當益壯，希望大家能以他的精神爲楷模。"他這個不平凡的'生意人'，希望的是'生意興隆，財源茂盛'，我想在此將這兩句話改寫'生趣興隆、精神茂盛'，作爲對雲五先生祝壽的祝詞。"

王雲五接着致詞，感謝大家的盛意與祝賀。他説他生平不願做壽，原因之一是他的生日，正是母難之日，再則是國難當前，使他失去祝壽的情趣。

王雲五講到最近身體衰弱，但是他自認愛國之誠，老而彌篤。他説，午夜失眠，由於身體衰弱不堪，但腦力却未糊塗，無時不殫精竭智，以期有補於大局。

他説，他自來把困難視爲一種試驗，藉以鍛煉自己，所以絶不消極。現在體力衰弱，力不從心，但無日不滿懷激奮。

王雲五致詞後，就在樂聲及掌聲中，吹熄了大蛋糕上的蠟燭，親手切開了壽糕請來賓分享。又是一波波的人群，爭擁上前向他祝福。

　　這天，王雲五還自費購買了足量的剛剛出版的《岫廬最後十年自述》，在壽堂上分贈。凡來祝壽的親友，人各一本。參加祝壽的親朋好友得到了這份珍貴的禮物，真是意外地驚喜了一陣，可謂皆大歡喜。

　　《岫廬最後十年自述》記述了王雲五從一九六七年下半年至一九七七年上半年整整十年的經歷和大事。並附王壽南博士所撰王雲五先生著作年表。全書共一千一百八十頁，約一百二十萬字，是王雲五自八十一歲到九十歲期間事業的忠實記錄。

　　王雲五在該書的自序中說：

　　　　……至本書所以如是命名者，因去年為余八八生
　　辰，承政大政治研究所舊遊諸子盛意，為設茶會於政
　　大企管中心，並有知好若干人聞風自動參加。會中決
　　議集體為余撰著《我所認識的王雲五先生》一書。余
　　於面謝隆情之致詞中，附帶宣稱，設幸能健存至九十
　　生日，當續撰《最後十年》以為八十自述之續；蓋余
　　患心臟衰弱已三四年，雖未惡化，然衰老日甚，對於
　　壽命不敢過存奢望，擬名為最後十年而不名最近十年
　　者，職是之故。

　　王雲五在壽慶時送出了一千多本《岫廬最後十年自述》，卻收到了更多的贈書。

　　在壽辰來到之前，他便一再聲明，不收受任何禮品，但卻歡迎捐贈圖書移贈雲五圖書館。於是，各界人士紛紛致贈所著或所藏圖書，壽慶活動後粗略統計，竟達五千餘冊，使王雲五欣喜異常。

　　爲了使這些新收到的圖書及時上架，在最短的時間内讓讀者借閱，王雲五虛心請教他的學生、在美國執教的圖書館學博士胡述兆，根據他在美國教授圖書館學的實際經驗，有没有什麼簡便的辦法？

　　胡述兆畢竟是圖書館學專家，他立即回答説，最簡便的臨時辦法，就是依收到的先後編號，這樣，每本書都有一個臨時的號碼，將這些書排列在圖書館中一個特定的區域。然後，每本書做兩張臨時卡片，一爲著者卡，一爲書名卡，將它們混合排列於已經正式編目分類的書卡中。如此，這五千本書在書架上排列的順序不生問題，而且讀者有兩種方法可以找到一本書。用這種簡便的臨時辦法，不出幾天，五千册書便可處理完畢。至於正式的編目分類，等管理員有空時，再慢慢一本一本做，做好一本，換一套正式卡片，並不影響新書的使用和流通。

　　聽了學生的一番經驗之談，王雲五頗以爲然，也非常高興，欣然説：“嗯，就依你的方法辦。”

　　於是，不久，在雲五圖書館的一個專室，又增加了一批新書供讀者閱覽。

　　五千本圖書使雲五圖書館得到大大的充實，一生愛書如命的王雲五在九十壽辰時收到這樣豐盛的饋贈，覺得比什麼贈禮都要好上十倍、百倍。他在三軍軍官俱樂部的壽慶茶會上致詞時，曾經坦率地説，對於這樣的壽慶活動，覺得“無絲毫樂趣”。然而，如果説他的九十壽慶有什麼令他感到欣慰和有所收獲的話，這五千本圖書則是最令他欣慰和最寶貴的收獲了。

　　壽慶過後的七月十九日中午，王雲五在信義路的沁園請客，邀請的都是與他聯繫密切的高足。應邀赴宴的有金耀基、胡述兆、陳寬強、傅宗懋、周道濟、王壽南、邱創煥、曹伯一、陳水逢九人，由他在美國新澤西州任工程師的公子王學武夫婦作陪，連王雲五自己，恰好一桌十二人。

　　看見這些學有成成、現正在學術教育以及政界發揮砥柱作用的學生圍坐在他的周圍，正是"從遊多俊彥，高官教授賢"，王雲五真是喜從中來，欣慰之情溢於言表。他特意讓遠道返國爲他祝壽的學生金耀基、胡述兆分坐他的兩旁，言談之中充滿了對這些愛徒的歡欣和喜愛之情。這天的宴席，他不再是"無絲毫樂趣"，而是興味盎然，口味奇佳。列坐兩旁的金耀基和胡述兆頻頻爲他老人家夾菜，他都照吃不誤，還破例喝了點酒，並在席間談笑風生，豪情不減當年。學生們怕他疲倦,要他休息休息，他仍渾然不覺，還高興地要陳寬強請來的攝影師與學生們照了許多相，宴席上充盈着一片溫馨之情。

　　八月底，胡述兆假期結束，在即將去美之前到恩師王雲五家辭行。王雲五仍然精神矍爍，他再次對學生專程回國爲他祝壽表示謝意，並送了幾本新著給胡述兆。

　　胡述兆深情地對老師說："老師現在的身體，比我上次回來時更爲健康，我相信你老人家至少可以活到一百歲以外。以後我每五年回國一次，爲你祝賀九十五歲及一百歲。"

　　王雲五聽了，頗爲高興，連聲笑着說："不敢希望，不敢希望！"

　　臨告別時，王雲五取出一枚金光閃閃的金幣，交給胡述兆說："這是臺灣發行的'總統紀念金幣'，我有兩枚，送一枚給你，留作紀念吧。"

　　見老師拿出如此貴重的物品相贈，胡述兆受寵若驚，愧不敢受，又見老師情真意切，才滿懷感激地收下了。

　　這枚金幣，胡述兆以爲，紀念金幣也者，重在紀念，當係
鍍金。誰知拿回家裏，向家人展示，內兄吳祖澄告訴他，這是
純金的，剛發行時，要排很久的隊，才能買到一枚，而且價錢
極貴！

　　胡述兆又細觀這枚不同凡響的金幣，覺得其價值固然昂
貴，而老師對他的深情厚意，更無法用金錢所能衡量。他更加
覺得，這份情意，真是太重、太重了。

七　　哲人逝去

　　儘管金耀基在參加王雲五九十壽辰返港後給老師來信說：
"吾師之精神、思維、講話較之三年前尤佳"，王雲五却非常
清楚自己的病況，"衰年急病，變幻匪常，可能隔宿即變爲古
人"。

　　還是在五年前，八五生辰未久，王雲五忽感疲乏無力，極
易渴消，經西醫檢查，謂患了糖尿病。醫囑必須戒口，家人爲
保老人健康，嚴格執醫勸戒，王雲五覺得口味不適，未免少
食，以致半年之內體重驟減四十餘磅，人也消瘦多了。

　　四五年來，由於心臟衰弱，他的全身器官無不受其影響，
除兩足無力日益加甚外，手指也感到乏力，甚至有時不能執筷
子，以致不得不用手指代替筷子吃飯。奇怪的是，寫起字來却
沒有絲毫影響，除徑尺之字無力操筆外，其它大小字體，無不
揮寫自如。王雲五認爲，這大概是由於一天吃飯執筷僅三次，
而一生執筆寫字却幾乎每日從不間斷的緣故。他說話的聲音還
顯得缺乏力氣，與從前的大嗓著稱而迥異。眼力也日益昏花。

全身中尚有效力的器官，唯腦與耳胃三者。記憶力銳減，腦筋却不糊塗，判斷力轉而增強，他希望糊塗而不可得，有心無力，更加苦不堪言，覺得“生不如死”。

儘管如此，王雲五認爲即使在這樣老邁的病況下，“其愛國之殷，愛國之切，不稍讓於熱血青年”。

一九七七年底，王雲五獲悉前美國中央情報局副局長、國務院情報研究司司長、現喬治城大學戰略和國際研究中心主任克萊恩所著《一九七七年世界國力評估》一書，提出了一個計算國力的模式，即國力除了考慮土地面積、人口、經濟實力、軍事能量外，國策和貫徹國策的決心更是關鍵因素，前後相乘，才等於國力。克萊恩根據這兩個有形和無形的條件，對世界各國都打了分數，在國策和決心一項裏，中華民國的得分，僅次於以色列。得到這一訊息，王雲五非常興奮，他立即致函在美國的胡述兆，說“吾弟主持圖書館定有所聞，特煩代爲購置一册，”並囑“除去布面書皮，減輕重量，航郵寄來敝寓，俾趕速譯印”。又再三聲明，“所有購書及航郵費，務祈明示，此係商務所需，必須奉還”。

胡述兆收到雲師的信，由於此書他早已讀過，故很快將名爲《世界國力評估》的書函購到，又立即航郵寄給了雲師。胡述兆同時給老師寄去一信，聲明此書由他贈給“雲五圖書館”，故沒有按照老師的囑咐，將布面書皮除去。然而，王雲五收到書後，堅決不肯，又給胡述兆寄去一信和一張支票，表示“萬不敢當，因事屬商務營業，謹奉還書價及郵資共十七元五角，務乞哂收”。並再三稱謝，“此書如此迅速購得，端賴同學之大力，受惠已多，感謝無旣”。

胡述兆知道雲師做事，向來公私分明，祇好將支票收下。

　　王雲五收到胡述兆寄來的《世界國力評估》一書，立即物色到政大教授、前文化局長王洪鈞先生漢譯，爲了趕在三月下旬出版，要求王洪鈞教授一面趕譯，一面交稿，同時陸續趕排。三月份，《世界國力評估》即如期出版了。

　　三月八日，國民大會集會在即，王雲五致函國民大會秘書長郭澄，表示願自購克萊恩新著《世界國力評估》一千二百五十本分贈全體國民大會代表。王雲五在函中殷切地説："

　　　　……此次國大集會，雲五所領出席費頗豐，以衰老久病之身，除必要時仍當抱病出席外，其他會議及一切活動多未能參加，無功受禄，殊覺不安適。本年一月新出版之世界國力評估爲美國對於世局研究教授之克萊恩博士新著，特飛函航購一部，遍讀一過，覺其評估，確具精密基礎，不僅大有助於美國對世界策略之正確形成，其於我中華民國不僅足以安定人心，振奮士氣，勇往邁進，於達成光復大陸外，尚有視天下安危爲己任之職責。實爲我國人人當讀及先睹爲快之傑作，惟佳作必須善譯，經商定國內一流之譯者及精通國際大局之王洪鈞教授，不分晝夜，以不滿一月之時光，譯畢十五六萬言並陸續成稿，由弟與浦逖生教授分別核閱後，陸續發排，決以卅五日之短時光，譯印完成，準於本年三月下旬全書出版，……弟以所領出席費，一次預約平裝本一千五百部，除以一千二百五十部送交國大秘書處，請爲分贈全體出席代表一千二百餘人，人各一書，以供參考，並藉以慶祝經國、東閔兩先生，當選總統副總統，……尚有二百餘部，當分贈立監兩院各召集人，及文復會常務委員。

王雲五以衰老久病之身，仍希翼“安定人心，振奮士氣，勇往邁進”，“視天下安危爲己任”，其“愛國之殷，愛國之切”，真是“不稍讓於熱血青年”啊！

一九七八年底，在即將進入一九七九年，也即王雲五即將進入九十二歲之際，《東方》雜誌以號外形式發表他所撰寫的《一九七九年開始時的二十大願》，免費贈閱社會各界。

在這篇共約一萬字的文章中，王雲五以一個平民的身份，分別國家和區域，包括對中國、美國、蘇俄、日本、西歐、中東、南美諸國、非洲國家、東南亞各國、伊朗、以色列、英國等，分別就個人的希望，提出若干大願。其中特別對中國提出了自己的殷切希望。在第一大願中，提出要“取法重慶精神，刻苦節約”。他説：

> 我國八年抗戰之臨時首都重慶，處境艱難，尤以來歸日衆，物資短缺，不得不刻苦節約，因而養成所謂重慶精神。易言之，即人人爲國効力，不避危險，不辭勞苦，蔚爲特別氣氛，用能履險如夷，卒獲最後勝利。今者……當局政策正確，日益繁榮，物資豐富，經濟發展，突飛猛進。……然而居安思危，古有明訓。人人不可不時加警惕，磨礪以須，雖處繁榮之境地，不忘重慶精神。儘量節約不必要之消費，移以加强國防，寶島始能保其磐石之安。余所以列爲第一大願者，以精神足以影響，操縱一切也。

　　然而，正如王雲五在一首詩中寫道：

> 生機不耐久，　歲月難逾九，
> 最後十年終，　何惜一藐躬。

　　進入一九七九年，王雲五身體更是每況逾下，就在去年年底，他在家中因為腿脚無力，不慎失足跌倒兩次。一次跌傷鼻部，經過醫治，旬日始癒；不久又扭傷腰部，後雖算稍癒，然起坐均不安，更不能行動。過去他習慣用毛筆寫字為文，然而寫毛筆字須正襟危坐，現在由於腰病，不得已祇能整日仰臥長椅，非不得已必須寫字時，也祇能側身以圓珠筆代替了。

　　這年一月，他為中山學術文化基金會集刊第二十二集撰序，在短短的序文中，對自己的病況有所叙述。他説：

> 　　今者雲五衰年九二，老病益深，手足無力。至
> 不能執箸為食。……是則本文可能成為絶筆，唯盼
> 本會諸君子繼續余志，恒久編印，以至於無限期，謹
> 表達此最後之希望也。

　　三月二十一日，王雲五致函他的政大政研所時的學生、現任內政部長邱創煥，告知他的病情説：

> 　　雲五老病，衰弱日甚，五官六腑，惟兩耳尚稱健
> 全，腦部僅剩半個；記憶幾等於零，……胃部向極健
> 強，今亦時患不消化。俾晝作夜，全日大半於睡牀或

半睡眠中度過去。自計等於半個廢人，……

　　七月六日，王雲五因"不明熱"急診住入臺北榮民總醫院。經醫生精心治療，一星期後，熱度已退，出院返家。返家後還爲臺灣出版的張元濟著《涉園序跋集錄》撰寫了一篇跋文。

　　這是一篇記事清楚，思維明晰，結構嚴謹，語言練達活躍的跋文，又因爲是王雲五一生的最後一篇文章，特照錄於後：

　　　　涉園者，海鹽張菊生先生元濟之書齋也。揣其命名之意，殆謂涉水未深，自謙其爲學之膚淺；實則菊老於舊學無不深究，尤以版本校勘爲最，於新學亦無不博通，故其處世致用之方，多令科學化也。菊老世代書香，家學淵深有自。自宋張九成以迄清末，科第迭出。菊老甫逾弱冠，即入詞林。散館後，考入彼時總管外交之總理各國事務衙門，於國際局勢瞭如指掌，任職京華時，即提倡革新，首先就革除纏足陋俗，解放婦女，大疾呼聲，爲彼時士夫所未嘗道及；故其對維新之號召，遠在康梁以前。及戊戌維新失敗，康梁亡命海外，六君子授首市曹以後，菊老竟被牽累，革職永不敘用。於是樸被南下，道出上海，爲南洋公學所禮羅，聘任中文總教習，與西文總教習美人福開森博士甚相得，相約交換語文學識。不數年菊老已能以英文撰文交談，不讓英文專家矣。

　　　　彼時商務印書館由美華書館職工四人發起創業，其始甚著成績，越數年後，終以非讀書人營出版業，未能繼續進展，於是其發起人之一夏君堅勸菊老加入主持編輯大政，經菊老同意後，首設編譯所，除國語重要教科參考圖書外，別設涵芬樓爲編譯所參考資料館。二十餘年搜羅中外圖籍，爲全國之冠，其中善本尤多，冠於全國。自民國四年起，景印善本叢書，以期大衆化。其最早而最著稱者爲四部叢刊正編，都六千四百九十九卷，訂爲四百四十冊，其中無一非宋元舊槧或後代精印精校者，而出自涵芬樓所藏者約佔半數，餘則分向海內藏書家三十餘處徵集，蔚爲善本之大成。

自時厥後，菊老繼續廣搜善本，妥爲編輯，付諸景印。迄於大陸淪陷，都三百三十餘種。每書皆由菊老就其專精版本學之長才，一一加以考證。茲經同仁依四部次序，集其所爲序跋三百餘篇，匯刊爲一冊，顏曰涉園序跋集錄，讀此不僅可知菊老在其直接間接主持本館之下所刊行之善本，且可藉此獲得版本學之精要也。

余於民國十年以後進加入本館，爲第三任編譯所所長，漸與菊老爲忘年交，無話不談。菊老平素撝謙逾恒，一日笑語余曰：「余平素對版本學不願以第二人自居，茲以遠離善本圖書薈萃之故都，或不免稍遜傅沅叔（增湘）矣」。即此一語，可知其對版本學自信之造詣。余於跋涉園序跋集錄之末，謹贅一言，以留鴻爪。

　　　　　中華民國六十有八年七月二十五日

　　　　　九二叟王雲五識

八月四日，王雲五患肺炎，送入臺北榮民總醫院急診，入院時症狀爲咳嗽、發高燒，經醫師診斷爲肺炎，住院後由姜必寧、星兆鐸兩位醫師主治。到八月十二日，咳嗽已止，高燒亦退，自覺精神也好多了。

也許是數十年形成的習慣，十四日清晨四時，王雲五已經醒來，命特別護士爲其沐浴。浴畢，即感不適，護士急招醫師，診斷爲冠狀動脈梗塞，至六時三十分，王雲五停止了呼吸，溘然與世長辭。終年九十二歲。

八月十四日上午十時，王雲五的親友學生十餘人集會於臺北市新生南路三段雲五圖書館商議治喪事宜，決定組織治喪籌備小組，第二天，治喪籌備小組又決定組成王雲五先生治喪委員會，請前總統嚴家淦擔任治喪會主任委員。

治喪委員會又決議請王雲五的門生、政大教授雷飛龍撰寫《王雲五先生事略》。

國喪元老，全民震悼。總統蔣經國發佈褒揚令：

> 總統府資政王雲五，歷任中央民意代表及行政、考試、財經重職，久參憲政建國大計，力謀民族文化復興，竭誠翊讚，同濟艱難，復致力於教育學術事業，著作等身，裁成尤衆。衡其畢生業績，不惟流譽當時，亦且垂名來葉。茲聞耆年溘逝，震悼良深，應予明令褒揚，用示政府篤念勛德之至意。

九月十四日上午，在臺北市民權東路市立殯儀館舉行的家祭儀式上，蔣經國總統於八時五十分親至靈堂，在王雲五先生靈前獻花，行鞠躬禮致敬，並親頒“耆勛亮節”挽額，前總統嚴家淦也頒贈“耆德儒宗”挽額，副總統謝東閔頒“碩學鴻謨”挽額，以表示對王雲五先生的崇敬和追念之情。

公祭開始後，陳立夫、谷正綱、馬紀壯、葉公超等四人爲王雲五先生靈櫬覆蓋中華民國國旗，表示了對王雲五先生悼念和祭奠的最高禮儀。

萬千的中國人遙望海天，目送老人仙去。阿里山中，徐徐的清風裏，似聞人們的哀泣；日月潭上，深幽的潭水中，如見老人慈祥而堅毅的面容。旅人止步，過客停息，交遊中斷，興談驟歇。數以千萬計的人們，不分男女，無論老少，專家學者，教師學生，政府官員，普通市民，軍人、職工，甚至工人、農民，都在以各種方法緬懷王雲五先生不朽的豐功偉績，追思王雲五先生崇高的精神和情操。

八月二十二日，經王雲五家屬同意，負責保管王雲五遺囑的陳寬强律師將王雲五在一九七二年三月二十五日預立交他保管的遺囑公開發表。

王雲五遺囑如下：

　　我辛苦一生，少數資產，皆陷於大陸，概不置論。來臺逾廿年，薄有積蓄，已捐資產約值壹百伍拾萬元新臺幣及全部藏書約二萬冊，創立財團法人雲五圖書館。我的兒女皆能自立，對於我的遺產皆不存任何希望。我所存全部書畫及精印藝術品，分給諸兒女爲紀念，由淨圃、馥圃及應文主持，以抽籤方式分配之。除上開分配外，所有全部剩餘資產連同身後各項收入，一律捐於財團法人雲五圖書館，由全體董事依

該財團法人章程利用或將雲五圖書館擴充爲雲五紀念
館。新生南路十九巷八號房屋，於淨圃、馥圃去世
後，即歸於雲五圖書館或紀念館，並接受其所有權，
惟保留新建之小樓房一幢，作爲旅外兒女回國時暫
住，其他各部分則供圖書館或紀念館利用。遺産處理
人（即遺囑執行人）即以財團法人雲五圖書館董事會
兼任之，基金會董事長由陳寬强君擔任之。

　　　　　預立遺囑人王雲五時在民國六十一年
　　　　　三月廿五日於臺北市

王雲五遺言如下：

　　諸位股東、諸位董事、諸位同仁：敬啓者雲五
四度復興商務印書館，此次久病侵尋，自知不久於人
世，殊不願人亡政息。至於主持公司大計，端賴董事
長之得人。現任董事劉發克君爲本公司最大股東。痛
癢相關，定能力儘所能以謀公司之發展，且劉君留美
研究化工，歸國後主持業務亦極穩練。平時不多言，
言必有中，深爲余所佩服，敢竭誠向董事諸公推薦，
於余去世之後，公推劉君繼任董事長，定能發揚光
大，使公司業務，日進不已，則雲五雖死之日，猶生
之年，掬誠盡言，願我股東董事以愛余者愛劉君，則
公司萬幸，個人萬幸矣。

　　　　　民國六十一年十一月十五日王雲五親筆留言

尾　聲

　　在臺北縣樹林鎮山佳之净律寺的佛教墓園裏，一個據風水先生説屬青龍回頭飲水勢的山坡前，王雲五的墓便點綴於清幽的環境之中。一代奇人王雲五就長眠在這裏的地下。

　　松林環繞，古柏青翠，墓前地勢開闊。夏日，有松濤陣陣；冬日，可見古柏隨風婆娑起舞。春秋佳日，來净律寺焚香拜佛的善男信女，在祈求佛祖保佑之後，更可來這裏憑吊一番，以緬懷惠擇萬家的王雲五先生的偉業豐功，追思這位奇才造福人間、推動社會進步發展的高風亮節。

　　古刹净律寺的王雲五墓無疑已經成爲樹林鎮的一塊絕佳園林，一處人們樂於流連往返的風景勝地。

　　以净律寺的佛教墓園作爲安葬地，還是王雲五親自選定的。

　　一九七四年農曆六月初一，正是王雲五八十七歲生辰，這天，因身體不適，加之颱風侵擾，王雲五謝絕了所有親朋好友的祝壽活動，在家靜休。

這天上午，樹林鎮淨律寺的住持釋廣元冒着風雨來到王雲五家爲王雲五祝壽，並切望王雲五爲該寺新建的大雄寶殿主持破土典禮。王雲五久有到淨律寺一遊的打算，却由於事繁和體弱，一直未能成行。這天，王雲五不但抱病起牀接見廣元法師，並答應擇日前往淨律寺主持破土典禮。

九月二十四日上午，王雲五由阮毅成、孫亞夫二位先生陪同，準時來到淨律寺，爲大雄寶殿主持了破土典禮，並當面施金兩萬元。然後在衆信徒和僧人的簇擁下，走了將近十五分鐘的山坡路，才進入寺殿並上香拜佛，與上山隨喜典禮的來賓合影，又應廣元法師的請求，在書房裏當衆題寫"閎揚佛典"匾額。

第二天，廣元法師專程到王雲五寓所拜謝，王雲五便問他："我很喜歡你山寺風水的清秀，不知你公墓內尚有多餘的地沒有？我想留塊地，聽說陽明山公墓都葬滿了。"

王雲五的話正中廣元法師的下懷，立刻高興地説："有，有！當我去年底從日本回來，看到老師病重的信息時，就想奉獻老師一塊壽域。我還曾請教過阮毅成先生，但阮先生覺得有所忌諱，不便轉達，我也不便啓齒。若不是老師親自問起，我還是不敢説哩。我看這樣好了，我回去就請地理師，爲老師看塊地。"

王雲五見廣元法師如此看重此事，便懇切地説："我把生死看得很開，你隨便爲我留塊地好了，我身後的事，越簡單越好。"

雖然王雲五如此説，廣元法師回去後，還是請了一位地理名師慎重地選定了一個山頭，寫好奉獻書，送給了王雲五。

現在，一生中從十四歲起直至逝世前沒有停止過工作，進行了一次有聲有色的壯遊的王雲五長眠在他親自選定的墓地裏，他可以好好地休息了。壯遊已經結束，一生服膺是一就是一，是二便是二，踏踏實實爲人處世做學問的王雲五也可以總結一下一生的作爲了。

據王雲五的門人王壽南博士粗略統計，從一九一四年開始，截至一九七七年六月止，王雲五共出版著作專書共八十一部，翻譯書籍十一部，寫作論文約二百九十一篇，這還僅以在臺灣所能搜集到者爲限。王雲五早歲在北平、上海、重慶發表於報刊雜誌上的文章，在臺灣已難以覓得，尚不包括在內。

然而，王雲五是一位有着多方面成就的奇人，即使是如上所述的洋洋乎大觀哉的著述，也僅是他一生成就的極小的一部分。

如果要細數王雲五一生的成就，那可能又要寫一部書了。因爲王雲五在各方面的興趣和成就廣得驚人，在人生的舞臺上，他扮演過各種不同的角色：小學徒、大出版家、教授、民意代表、社會賢達、內閣副總理、學者、文化基金會董事長、總統府資政……他的多方面的興趣和才能，使他變成無所不在的放射性人物，也變成社會各層面的人都可認同的對象。這說明，他是一個實實在在的，看得見、摸得着的人，是一個普通的人，而不是一個高不可攀的神。

金耀基在他的《我所認識的王雲五先生》一文中，是這樣評價他的恩師的：

　　……作爲一個人，雲五先生無疑是成功的。他的成功，不止是世俗的尺度的具體成功，而更是一種超出的時空的抽象的成功。我相信，王雲五三個字最生動的意義是落在象徵層次上的，王雲五象徵了一個貧苦無依的人的奮鬥成長的故事。他的成功沒有半點的僥倖，也不是純靠天份，而是憑他的不服輸、不肯認命的戰鬥性格，憑他的"牛馬駱駝"苦幹與堅毅的精神。在他成功的道路上，他曾受到許多次不同性質的挫折，但在挫折中他再挺起一若無事。……他並非不知老之將至，但他永不會允許自己安足地停憩。……歲月磨耗了他的健康，但仍沒有奪去他的頑強的精神。他是老兵，但他一直在新疆場上。……

確實，任何一個人，雖然不可能或者說很難成爲像王雲五這樣的通人，成爲第二個王雲五，但却可以從王雲五身上學到一點什麼，成爲一個對社會有用的人。因此，王雲五的貢獻實際已經成爲時代和社會的共有的資産，他正是這個時代和社會的智慧和能力的代表性人物。

當然，王雲五在現代中國歷史上所走過的足跡，他在文化、出版、政治、教育方面的許許多多的事業與工作，有他個人的獨特的成績，這是誰也不可否認的，然而，有些事却與時代和社會的人物、問題牽扯、纏繞在一起。哪些是屬於個人的，哪些是屬於時代的或社會的，就屬於見仁見智，甚至很難分得清楚。這其中的是非、功過、孰多孰少，便是以後史學家去分析評判的事情了。

最後，還是以金耀基教授的話作爲本傳的結束語吧：

他這九十二年的生命，確是一次偉大的壯遊，他在現代中國不知留下了多少足印。現在，他在人

間的壯遊已止，他正開始了在歷史中的壯遊。翻展
一部中國現代史的廣闊畫面，驟一看，人物湧湧，
但仔細看去，真正一個個有清楚的面目，站得挺挺
的，就不很多了。雲五先生便是其中的一位。

　　　　　　　　　一九九九年十二月初稿
　　　　　　　　二〇〇〇年八月改於中秋前夕
　　　　　　　同年十月再修改於江西新喻市
　　　　　　　　　仙女湖白鷺山莊

後　記

　　當經過無數個日日夜夜的伏案勞作，又經過無數次海峽兩岸的鴻雁傳書和隔海電話，終於通過定稿而第四次打印出的《王雲五傳》正稿即將寄往臺島時，筆者———一位與王雲五先生從未有一面緣、更沒有親炙並受過他老人家教誨的大陸作家，卻寫出了五十年代之前在大陸幾乎家喻戶曉，五十年代之後更是聲震臺島的王雲五先生的傳記，望着置諸案頭的厚厚一摞長達四十多萬字的已定稿，想起五年來爲了寫作《王雲五傳》而進入王雲五先生坎坷、傳奇又輝煌的人生，筆者心頭不禁感慨萬千———這真是海峽兩岸炎黃子孫的一段奇緣啊！

　　許多人曾經問我，你怎麼想到寫《王雲五傳》，並且成功地完成了創作？

　　在這裏，我要說的是，筆者有幸，沒有親炙過王雲五先生，卻親炙過王雲五先生的高足——馳譽國際圖書資訊學界的學術泰斗，首開臺灣大學圖書館學系博士班並兼任政大政研所博士班教授，現臺大名譽教授胡述兆博士。幸運的是，胡教授就是敝故鄉人。

而維繫着我們之間聯繫的仍然是——書。

一九九五年夏，時任臺大圖書館學系主任兼圖書資訊學研究所所長的胡教授應邀來大陸講學，順便返歸故里探親，當地政府官員便將筆者出版不久的介紹宣傳本地名人的拙著《傅抱石傳》贈送給他。胡教授也因此與筆者有一面之緣，繼而有了深入的交往。

傅抱石是馳譽世界畫壇的一代宗師，胡教授在青少年時代便對傅抱石非常景仰和崇拜，恰巧不久，《傅抱石傳》榮獲首屆“中國優秀傳記文學作品獎”，胡教授便萌生了一個願望，要讓《傅抱石傳》在臺灣出版，爲此，我們之間便開始了密切的聯繫。

胡教授是於一九七九年應臺大之聘，從美國曾執教十六年的聖佛蘭西斯大學返國任教的，到臺大之後，便開始了促進兩岸圖書館學界學術交流的活動，經常赴北京、上海、武漢、南昌等地的大學進行訪問和講學。對於這位一生讀過十所大學、跨越四門學科、獲得過七個學位而桃李滿天下（世界）的德高望重的學者，筆者充滿了敬仰之情。有一次，筆者向胡教授表示，想寫寫他，希望能得到他的支持。哪知，胡教授謙遜地說：“寫我，雖然不無落筆處，但是，你真要寫，就寫我的恩師王雲五先生吧。”

就這樣，王雲五這個名字進入了筆者的創作計劃之中。

胡教授返臺不久，就寄來了整箱的資料，幾乎囊括了所有有關王雲五先生生平的著作，都是極其珍貴的書籍以及信函、照片等，還有王壽南先生歷時數年編撰出版的《王雲五先生年譜初稿》。其中許多書籍都是王雲五先生贈送給胡教授的，有王雲五的親筆題署。可以說，如果不是胡述兆教授，要寫王雲五的傳記，簡直是不可能！

如果說，在此之前，筆者對王雲五先生的了解還僅限於膚淺而朦朧的表層，如發明四角號碼檢字法等人所共知的東西，那麼，當閱讀並深入研究了這些資料之後，筆者發現自己進入了一個不可思議的博大精深的世界。王雲五先生充滿了奮鬥、博擊和傳奇人生的每一步都令筆者激動不已，有時甚至徹夜難以入眠。筆者發現，他的精神境界與此前筆者所寫的《傅抱石傳》的傳主竟是那樣的相似，無疑，他們都是人類的精英，是在各自的領域創造出耀眼的燦爛的輝煌，將世界推向前進的天之驕子。也許，正是由於這個原因，王雲五先生才至今沒有一本完整的傳記問世。而這副擔子竟然落到大陸一位與王雲五先生沒有任何淵緣的作家肩上，正所謂“鐵肩擔道義”，筆者感到了自己肩上這副擔子的沉重的份量。

當然，儘管有胡教授寄來的整箧資料，還必須繼續充實它、豐富它。王雲五先生的前半生是在大陸渡過的，他一生的輝煌和精華，很重要的一部分是在大陸完成的。爲此，筆者開始沿着王雲五先生的足跡進行深入的調查和採訪。

然而，令筆者悵然若失的是，筆者所到之處，竟然很難找到王雲五先生的痕跡。

在雲五先生的故鄉，廣東中山市，經事先聯繫並有充分準備的地方誌官員提供給筆者的有關王雲五的資料，衹是一份僅五頁紙的簡介，還不及筆者所掌握資料的萬分之一，而且言談之中，給筆者的強烈印象是，他們對這個人物不感興趣。

當筆者再深入到雲五先生的故里——中山市南蓢鎮(雲五先生的故里泮沙村與孫中山先生的故里翠亨村同屬南蓢鎮），找到鎮政府，一位接待的官員竟然不知道王雲五是何人！

雲五先生的故里泮沙村一位村長之類的官員倒是知道他們村曾有王雲五其人，但對王雲五先生的事功仍一無所知。當筆者提示一句，王雲五先生在臺灣可是個聲名顯赫、家喻户曉的人物，他竟然感到很驚訝，很意外，連問：哦，怎麼呢？

在筆者接觸的畢業於大學中文系的青年人中，幾乎没有一個人知道王雲五，他們都衆口一辭地問筆者：王雲五是誰？

這不禁令筆者發出深深的感嘆！

王雲五，這位一生衹受過五年非正規教育，無黨無派，卻在中國近現代帶領中國文化與出版的重要堡壘——商務印書館在艱難的戰亂中重振雄風、別開新局的大出版家，至今仍影響深遠的四角號碼檢字法與中外圖書統一分類法的發明人，企業現代科學管理在國內的最早推行者，在臺灣最早倡行博士教育制度並指導培養出九位博士的“博士之父”，縱橫跨越中國教育、政治、出版、文化等多個領域，一生著作達八十多部（本）的學術界“通人”，歷官至國民政府經濟部長、財政部長、考試院副院長、行政院副院長的“國之大老”，其在中國現代文化史上的貢獻和影響，是無論怎樣評價都不會太過份的。然而，由於政治的原因，半個世紀以來，他在大陸卻被打入了“另冊”，以致被湮沒，被社會遺忘了，對於一個昌明的社會來說，這不能不說是極不正常的現象。筆者對此強烈地感到了一種“不公”。爲此，筆者益增了一種責任感和使命感，應該還歷史以本來面目，爲王雲五先生討一個“公道”。如果本書的出版能有助於這歷史本來面目再現於大陸，那將是筆者最大的慰藉。

值得欣慰的是，就在本傳的撰寫過程中，政治的禁錮已漸漸鬆動，人們的思想觀念也正在改變，在世紀之交，在大陸，對王雲五先生的研究已有了很大的突破，上海和北京相繼出版了兩部關於王雲五的研究作品：《王雲五評傳》和《文化的商務——王雲五專題研究》。儘管書中内容各抒己見，但畢竟，王雲五先生又回到人們的視綫和研究領域之中了。

這無疑是一個巨大的改變，一個好的開端，相信隨着政治文化的進一步昌明，隨着本書在臺灣和大陸的出版，在大陸必會有更多的學者和後學投入對王雲五的研究，王雲五亦會得到恰當的正確公允的對待。畢竟，正如王雲五先生的高足、香港中文大學副校長金耀基先生所言：雲五先生是屬於兩岸的中國人的。

　　本書除胡述兆教授費去大量心力，數度對書稿進行一絲不苟的校讀並提出修改意見（有一次傳真給筆者的修改意見就達九頁紙）外，筆者所崇敬的金耀基教授和臺灣政治大學歷史系主任兼研究所長王壽南教授也審閱了本書稿，遠在美國的王雲五先生的公子王學哲先生不但詳閱了書稿，還訂正了不少稿中的誤漏，金耀基教授還熱情爲本書撰寫了序言。在此謹致以誠摯的謝忱。

　　　　　　　　　　　　　　作　　者

王雲五傳

本公司法律顧問
紀 鎮 南 律 師

著作者：胡志亮
出版者：漢美圖書有限公司
登記證字號：新聞局局版台業字第3204號
發行人：胡述兆
印行者：漢美圖書有限公司
地址：台北市重慶南路一段99號世界大樓1011室
電話：(02)2383-1081　　傳真：(02)2389-6242
郵政劃撥帳號：18874017
本公司美國分公司：

紐　約：52-25 Barnett A
　　　　LIC, N.Y. 11104
　　　　TEL: (718)898-9
　　　　FAX: (718)898-

洛杉磯：21540 Prairie St., Unit D
　　　　Chatsworth, CA 91311, U.S.A.
　　　　TEL: (818)998-0974
　　　　FAX: (818)998-0512

2001年6月初版
定價：平裝新台幣500元／精裝新台幣580元
ISBN 957-8283-10-5(平裝)　　　　ISBN 957-8283-09-1(精裝)

ISBN 957-82-8310-5 (782)　11120000
9 789578 283107
王雲五傳　　　(全)　NT$ 500
臺灣商務印書館發行

國家圖書館出版品預行編目資料

王雲五傳 / 胡志亮著. -- 初版. -- 臺北市：
漢美, 2001(民90)
　　面；　　公分.

ISBN 957-8283-09-1(精裝). -- ISBN 957-
8283-10-5(平裝)

1. 王雲五－傳記

782.886　　　　　　　　　　90008876